Νίκανδρος Μπούρας

Έλληνες στο Λονδίνο

2η ΕΚΔΟΣΗ

Ακακία

Published in England by AKAKIA Publications, 2014
1st Edition 2013

Νίκανδρος Μπούρας

ΕΛΛΗΝΕΣ ΣΤΟ ΛΟΝΔΙΝΟ

2η ΕΚΔΟΣΗ / 2nd EDITION

ISBN: 978-1-909884-40-3

Cover Images:
Source: ShutterStock.com / Copyright: Aleksandar Mijatovic / File No: 109678985
Source: ShutterStock.com / Copyright: Mike Demidov / File No: 108068621
Source: ShutterStock.com / Copyright: LazyCrazy / File No: 72824476
Source: ShutterStock.com / Copyright: Argus / File No: 27178252
Source: ShutterStock.com / Copyright: Breezeart.us / File No: 1492725
Source: ShutterStock.com / Copyright: Irisphoto1 / File No: 106479773
Mixed and Designed by AKAKIA Publications

Ακακία
PUBLICATIONS

St Peters Vicarage, Wightman Road, London N8 0LY, UK

T. 0044 203 28 66 550
T. 0044 203 28 96 550
F. 0044 203 43 25 030
M. 0044 7411 40 6562

www.akakia.net
publications@akakia.net

2014, London, UK

Σα βγεις στον πηγαιμό για την Ιθάκη,
να εύχεσαι νά 'ναι μακρύς ο δρόμος,
γεμάτος περιπέτειες, γεμάτος γνώσεις...
...Πάντα στον νου σου νά 'χεις την Ιθάκη.
Το φθάσιμον εκεί ειν' ο προορισμός σου.
Αλλά μη βιάζεις το ταξείδι διόλου.
Καλλίτερα χρόνια πολλά να διαρκέσει
και γέρος πια ν' αράξεις στο νησί,
πλούσιος με όσα κέρδισες στο δρόμο,
μη προσδοκώντας πλούτη να σε δώσει η Ιθάκη.
Η Ιθάκη σ' έδωσε τ' ωραίο ταξείδι.
Χωρίς αυτήν δεν θά 'βγαινες στον δρόμο.
Άλλα δεν έχει να σε δώσει πια.
Κι αν πτωχική την βρεις, η Ιθάκη δε σε γέλασε.
Έτσι σοφός που έγινες, με τόση πείρα,
ήδη θα το κατάλαβες οι Ιθάκες τι σημαίνουν.

Καβάφης - Ιθάκη (1911)

ΠΕΡΙΕΧΟΜΕΝΑ

Πρόλογος 1ης Έκδοσης του Νίκου Μουζέλη 9

Πρόλογος 2ης Έκδοσης του Richard Clogg 11

Εισαγωγή 13

Κεφάλαιο Ι: Πρώτες εντυπώσεις και εμπειρίες 19

Κεφάλαιο ΙΙ: Έλληνες Πανεπιστημιακοί Δυτικής Ευρώπης 29

Κεφάλαιο ΙΙΙ: Έλληνες ασθενείς στο Λονδίνο 49

Κεφάλαιο IV: Ελληνική Εταιρεία Μελετών και Επιστημονικού Προβληματισμού (ΕΛ.Ε.Μ.Ε.Π.) 63

Κεφάλαιο V: Θέματα υγείας 77

1. Οι διαλέξεις Reith 77
2. Η αντιμετώπιση του στρες 81
3. Εθνικό Σύστημα Υγείας (ΕΣΥ) 87

Κεφάλαιο VI: Λέρος 97

Κεφάλαιο VII: Πολιτιστικές δράσεις 109

1. Ελληνικό Πολιτιστικό Κέντρο (Hellenic Cultural Centre) 109
2. Ελληνικό Ίδρυμα (Hellenic Foundation) 119
3. Ίδρυμα Ελληνικού Πολιτισμού (Foundation for Hellenic Culture) 127
4. Ελληνικό Κέντρο (Hellenic Centre) 131
5. Ελληνική Εταιρεία Λονδίνου (London Hellenic) 135
6. Κέντρο Ελληνικών Σπουδών (Centre for Hellenic Studies του King's College London) 139
7. Βρετανοελληνική Επιτροπή Πολιτιστικής Φιλίας 141
8. Η πρώτη επίσκεψη του οικουμενικού πατριάρχη Βαρθολομαίου 145
9. Ελληνική Συλλογή (Greek Collection) 147
10. Πάριο Χρονικό 149

Κεφάλαιο VIII: «Μάρμαρα» του Παρθενώνα 151

Κεφάλαιο ΙΧ: Ιατρικές εταιρείες	159
1.Ελληνική Ιατρική Εταιρεία Βρετανίας	159
2.Παγκόσμια Ελληνική Βιοϊατρική Εταιρεία	165
Κεφάλαιο Χ: Το Ελληνικό Forum του Λονδίνου	177
Κεφάλαιο ΧΙ: Ελληνικό Παρατηρητήριο	189
Επίλογος	197
Επιλογή Βιβλιογραφίας	203
Φωτογραφίες & Προγράμματα Εκδηλώσεων	211
Κατάλογος Ονομάτων / Index	243
Για το Συγγραφέα	255

ΠΡΟΛΟΓΟΣ 1ης ΕΚΔΟΣΗΣ

Ξεκινώντας την ανάγνωση του βιβλίου του Νίκανδρου Μπούρα νόμισα πως επρόκειτο για αυτοβιογραφία ενός διακεκριμένου επιστήμονα, η οποία εστίαζε στην έρευνα και στις επαγγελματικές κυρίως δραστηριότητες του. Γρήγορα, όμως, κατάλαβα πως επρόκειτο για κάτι διαφορετικό. Για μια καταγραφή, αξιολόγηση και ανάλυση των κοινωνικών, πολιτισμικών και επιστημονικών δραστηριοτήτων της ελληνικής κοινότητας του Λονδίνου. Μιας κοινότητας που αποτελείται από χιλιάδες έλληνες φοιτητές και επιστήμονες, καθώς επίσης και από σημαντικούς επιχειρηματίες και επαγγελματίες.

Με γλαφυρό και απλό (αλλά όχι απλουστευτικό) τρόπο, ο συγγραφέας δίνει μια γενική εικόνα των πολυάριθμων οργανώσεων, που, παρά την έλλειψη πόρων, κατόρθωσαν κατά την περίοδο 1974-2004 να ενεργοποιήσουν τους Έλληνες του Λονδίνου και να τους εντάξουν στη δημόσια σφαίρα μέσω ποικίλων δραστηριοτήτων: από διαλέξεις και συνέδρια μέχρι εκθέσεις τέχνης και συνεχείς προσπάθειες σύνδεσης της λονδρέζικης διασποράς με το εθνικό κέντρο. Παρόλο που έζησα στο Λονδίνο περισσότερο από τέσσερις δεκαετίες, δεν είχα αντιληφθεί τον μεγάλο αριθμό και τον δυναμισμό αυτών των οργανώσεων. Κυρίως κατά τις δεκαετίες του 1970 και 1980, δηλαδή όταν το μεταπολιτευτικό κλίμα του ενθουσιασμού και της ελπίδας για ριζικές μεταρρυθμίσεις στη χώρα μας ήταν κυρίαρχο, βλέπουμε αντίστοιχο κλίμα να αναπτύσσεται και στη Βρετανία, και κυρίως στο Λονδίνο.

Ο Νίκανδρος Μπούρας περιορίζει την έρευνά του σε οργανώσεις στις οποίες είχε ενεργή συμμετοχή. Παρ' όλα αυτά, ως ενεργός πολίτης και εξετάζοντας τις πολύπλοκες διασυνδέσεις με άλλες οργανώσεις, καθώς και με τρέχοντα γεγονότα στον ελληνικό χώρο, κατορθώνει να δώσει μια σφαιρική εικόνα του τι συνέβαινε στην ελληνική κοινότητα του Λονδίνου, μια κοινότητα ανοιχτή στην πολυπολιτισμικότητα της βρετανικής κοινωνίας, αλλά και στις εξελίξεις της μεταπολιτευτικής Ελλάδας. Βέβαια, παρά τον δυναμισμό της, όπως σωστά τονίζει ο συγγραφέας, υπήρχε στην κοινότητα έντονος κατακερματισμός. Συχνά η επικοινωνία μεταξύ των ποικίλων οργανώσεων ήταν ισχνή ή ανύπαρκτη, ιδίως αν συγκρίνουμε την περίοδο που εξετάζει ο Νίκανδρος Μπούρας με εκείνη της δικτατορικής περιόδου. Πράγματι, όσοι Έλληνες έζησαν στο Λονδίνο την περίοδο της δικτατορίας θα θυμούνται ότι η κατάτμηση και η έλλειψη επικοινωνίας ήταν σημαντικά μειωμένες αφού οι δραστηριότητες της κοινότητας, ιδίως στον χώρο των πανεπιστημιακών και των φοιτητών, είχαν τότε έντονο πολιτικό χαρακτήρα. Έτσι, οι συχνές κινητοποιήσεις και ενέργειες εναντίον της δικτατορίας των συνταγματαρχών λειτουργούσαν ενοποιητικά, διαμορφώνοντας κλίμα αλληλεγγύης, το οποίο όπως ήταν φυσικό, χάθηκε μετά το 1974. Έτσι, μετά την πτώση της δικτατορίας, οι κυρίως πολιτικές δραστηριότητες αμβλύνθηκαν, ενώ οι κοινωνικές και πολιτιστικές εντάθηκαν.

Κλείνοντας θέλω να τονίσω πως το βιβλίο του Νίκανδρου Μπούρα, είναι γραμμένο με συστηματικό και καλά αρθρωμένο τρόπο, δεν αποτελεί μια απλή αφήγηση που αφορά μόνο όσους Έλληνες έζησαν στο Λονδίνο κατά την περίοδο 1974-2004. Αποτελεί επίσης σοβαρή συμβολή στη βιβλιογραφία για την ελληνική διασπορά, η οποία, ως γνωστόν, έχει συμβάλει με ποικίλους τρόπους στη διαμόρφωση της νεοελληνικής κοινωνίας.

Νίκος Μουζέλης

ΠΡΟΛΟΓΟΣ 2ης ΕΚΔΟΣΗΣ

Greece has traditionally been a country of emigration. In the last two decades of the twentieth century this pattern of emigration largely ceased, and Greece became a country of immigration. A significant number of these immigrants were Australians of Greek descent. The debt crisis that began in 2009 brought this process of immigration to an abrupt end. Greece once again became a country of emigration, particularly among the educated young faced with the daunting prospect of a youth unemployment rate of over fifty percent, and many of the Greek Australians have returned to Australia. Greece is a country with few natural resources and a small industrial sector. Tourism is a major contributor to the balance of payments, but Greece's main hope of recovery from the present crisis lies in its human capital, an important part of which is to be found in the world-wide Greek Diaspora.

Nicandros Bouras' Ellines sto Londino is a welcome addition to the literature on this world-wide Diaspora. His book covers a period of some thirty years after the metapolitefsi of 1974 and affords an account of his experiences of living in the UK while following a distinguished career in psychiatric medicine. There is much of interest on the Greek contribution to British medicine, and more generally on the remarkable Greek contribution to university life in the UK and in Western Europe. There is much valuable information about the various cultural and educational initiatives of the Greek community in Britain. Ranging from the Elliniki Iatriki Etairia Vretanias to the Elliniko Idryma, these received a major boost with the establishment in 1994 of the Hellenic Centre in London. There is an interesting series of photographs of events associated with these initiatives in many of which Nicandros was centrally involved. An underlying theme of the book is the way in which attempts were made to persuade successive Greek governments to make use of the talents of expatriate Greeks, efforts that met with a mixed response.

A number of documents associated with such organisations as the Elliniki Etaireia Meleton kai Epistimonikou Provlimatismou (ELEMEP) are reproduced. The age of email, websites, the internet and social media is, in many ways, a boon to mankind but something of a disaster for the future historian. It is just as well that Nicandros has preserved and made available such material on an interesting and little known chapter in the history of the Greek Diaspora. Otherwise, this might have vanished irretrievably from the historical record.

Richard Clogg

ΕΙΣΑΓΩΓΗ

Το Λονδίνο αποτελεί έναν από τους τόπους όπου διαδραματίστηκαν σημαντικά γεγονότα της σύγχρονης ελληνικής ιστορίας. Το βιβλίο αυτό εξιστορεί τις προσωπικές εμπειρίες του συγγραφέα από το 1974 μέχρι το 2004. Αναφέρεται σε γεγονότα και σε δραστηριότητες στα οποία είχε προσωπική ανάμειξη, ή στενή σχέση με τους πρωταγωνιστές τους, και βασίζεται κυρίως σε προσωπικά αρχεία, αλλά και σε κάποιες συμπληρωματικές πληροφορίες από φίλους και γνωστούς. Με σαφή στοιχεία αυτοβιογραφίας, όσα αναφέρονται αφορούν μια συγκεκριμένη κατηγορία γεγονότων, σχετική κυρίως με κοινωνικοπολιτικούς προβληματισμούς και πολιτιστικές δράσεις. Πλην ελαχίστων εξαιρέσεων στο αρχικό κεφάλαιο, δεν περιλαμβάνονται γεγονότα που είχαν σχέση με την επιστημονική και επαγγελματική σταδιοδρομία του συγγραφέα. Εξ' άλλου, στην πλειονότητα τους, όσοι συμμετείχαν στις δραστηριότητες που αναφέρονται σ' αυτό το βιβλίο το έπρατταν εθελοντικά, δεδομένου ότι ο εθελοντισμός είναι ιδιαίτερα αναπτυγμένος και θεσμικά καθιερωμένος στη Βρετανία. Υπήρχε, επίσης, και κάποιος κοινωνικός χαρακτήρας σε αυτές τις δραστηριότητες καθώς αποτελούσαν αφορμή για συναντήσεις με άλλους Έλληνες και για διατήρηση μιας κάποιας επαφής με τα δρώμενα στην Ελλάδα.

Οι εξιστορήσεις δεν περιλαμβάνουν κατά κανέναν τρόπο όλα όσα συνέβησαν στον ελληνικό χώρο του Λονδίνου τα τριάντα αυτά χρόνια. Υπήρξαν και πολλές άλλες δραστηριότητες, εκδηλώσεις και πρωτοβουλίες από πολύ αξιόλογες οργανώσεις, στις οποίες όμως δεν υπήρχε προσωπική ανάμειξη μου και τις οποίες δεν παρακολούθησα στενά, όπως αυτές στις οποίες αναφέρομαι.

Η παρουσία των Ελλήνων στο Λονδίνο είναι βεβαιωμένα εμφανής κατά τους Αρχαίους, Ρωμαϊκούς και Βυζαντινούς χρόνους. Ο πρώτος Έλληνας που επισκέφθηκε την Αγγλία ήταν ο Πυθέας. Ανεκτίμητες πληροφορίες για την Αγγλία έγραψε όμως ο Κερκυραίος Νίκανδρος Νούκιος, που έζησε στη Βενετία το 1545 και τύπωσε τρίτομο έργο με τον τίτλο *Αποδημίες*. Αποτελεί περίεργη σύμπτωση το γεγονός ότι έχουμε το ίδιο ασυνήθιστο πρώτο όνομα με τον Νίκανδρο Νούκιο, του οποίου την προσφορά στην Αγγλία έχει επισημάνει, μεταξύ άλλων, ο Γιώργος Σεφέρης.

Οι Έλληνες είναι από τους κατ' εξοχήν λαούς της μεγάλης ανά τον κόσμο διασποράς. Από τον 16ο αιώνα έως τα τέλη της δεκαετίας του 1960 σημαντικός αριθμός Ελλήνων έφυγαν από την πατρίδα τους προς όλα τα σημεία της Γης, με σκοπό την ανεύρεση εργασίας και την αναζήτηση καλύτερων συνθηκών ζωής. Τον 18ο αιώνα οι ελληνικές κοινότητες της κεντρικής Ευρώπης γνώρισαν μεγάλη οικονομική άνθηση. Το ίδιο φαινόμενο συνεχίστηκε και στον 19^{ο} αιώνα, με την ακμή των ελληνικών κοινοτήτων στην Αίγυπτο (κυρίως στην Αλεξάνδρεια) καθώς επίσης και στο Λονδίνο. Η ζωή των Ελλήνων στο εξωτερικό κινούσε πάντα το ενδιαφέρον στην Ελλάδα, όπως προκύπτει και από τις σχετικές αφηγήσεις, αλλά και από τα τραγούδια για την ξενιτιά, που βρίσκονται βαθιά ριζωμένα στην πρόσφατη ελληνική παράδοση.

Μολονότι έχουν εκφραστεί κάποιες επιφυλάξεις για τη χρησιμοποίηση του όρου «Ελληνική διασπορά» θεωρώντας ότι ο όρος είναι δόκιμος μόνον για λαούς όπως είναι οι Εβραίοι και οι Αρμένιοι οι οποίοι εξαναγκάστηκαν να φύγουν από τη χώρα τους για ειδικούς λόγους ο όρος φαίνεται να έχει επικρατήσει πολύ περισσότερο τουλάχιστον σε σχέση με άλλους όρους, όπως απόδημοι, ομογενείς, μετανάστες, κ.ά.

Η μελέτη, ωστόσο, της Ελληνικής διασποράς των Νεότερων χρόνων παρουσιάζει ακόμη μεγάλα κενά, παρά το γεγονός ότι σχετικά πρόσφατα έχει προσελκύσει το ενδιαφέρον αρκετών μελετητών και αναλυτών. Ενδεχομένως σε αυτό να συνετέλεσε και η πολυεθνικότητα των σύγχρονων κοινωνιών, καθώς επίσης και η παρουσία δεύτερης και τρίτης γενιάς Ελλήνων στο εξωτερικό. Ιδιαίτερο ενδιαφέρον εμφανίζει το βιβλίο του βρετανού ιστορικού της νεότερης Ελλάδας Richard Clogg, με τον τίτλο *A Concise History of Greece* (αργότερα κυκλοφόρησε και στα ελληνικά με τον τίτλο *Συνοπτική Ιστορία της Ελλάδας*), όπου εξετάζονται και πτυχές της ελληνικής διασποράς κατά τη διάρκεια του 20ού αιώνα. Οι πληρέστερες μέχρι σήμερα μελέτες έχουν γίνει για τους Έλληνες των ΗΠΑ, που αποτελούν και τον πολυπληθέστερο και ακμαιότερο ελληνικό πληθυσμό του εξωτερικού. Σημαντικές είναι επίσης οι μελέτες για τους Έλληνες του Καναδά, ενώ ιδιαίτερο ενδιαφέρον παρουσιάζουν και οι ιατροκοινωνικές προσεγγίσεις του Ελληνισμού της Αιγύπτου. Η πολυάριθμη και εύρωστη κοινότητα των Ελλήνων της Αυστραλίας προσελκύει, επίσης, ολοένα και μεγαλύτερο ενδιαφέρον. Εξάλλου, τα ειδικότερα προβλήματα των Ελλήνων της δυτικής Ευρώπης, κυρίως από την εποχή του μεγάλου μεταναστευτικού ρεύματος προς τη Δυτική Γερμανία κατά τις δεκαετίες του 1950 και του 1960, έχουν γίνει αντικείμενο πολλών συζητήσεων και μελετών, τόσο στο πεδίο των κοινωνικών επιστημών όσο και στις τέχνες (λογοτεχνία, κινηματογράφος, κ.ά.). Τα τελευταία χρόνια έχει εκδηλωθεί, επίσης, μεγάλο ενδιαφέρον για ένα άλλο κομμάτι της ελληνικής διασποράς, τους Έλληνες που ζούσαν στην πρώην Σοβιετική Ένωση και στις διάφορες βαλκανικές και ανατολικές χώρες. Συνήθως, οι εκδόσεις αυτές αφορούν ειδικά θέματα ή ομάδες ελλήνων σε συγκεκριμένες περιοχές.

Παράλληλα, έχουν γίνει μεμονωμένες προσπάθειες για μια γενική ιστορική θεώρηση της ελληνικής διασποράς, καθώς επίσης και για τη συγκέντρωση και αξιοποίηση του υπάρχοντος, εν πολλοίς διάσπαρτου και ανεκμετάλλευτου, ιστορικού υλικού. Είναι ενδιαφέρον ότι έχουν αρχίσει να δημιουργούνται και στην Ελλάδα ειδικά κέντρα για τη μελέτη της Ελληνικής διασποράς, όπως συμβαίνει και σε άλλες χώρες όπου υπάρχουν ανάλογα φαινόμενα.

Η εξέλιξη της ελληνικής διασποράς έχει πολύπλευρο χαρακτήρα και είναι άρρηκτα δεμένη με τις οικονομικές, κοινωνικές και πολιτικές εξελίξεις στην Ελλάδα. Η ελληνική διασπορά δεν αποτελεί ομοιογενές σύνολο, αλλά περιλαμβάνει ετερογενείς ομάδες που κατά κανόνα συνυπάρχουν αρμονικά με τις γηγενείς κοινότητες. Τα χαρακτηριστικά, λ.χ. της ελληνικής ομογένειας στις ΗΠΑ είναι τελείως διαφορετικά από αυτά των Ελλήνων της Γερμανίας, ή της ελληνικής παροικίας του Λονδίνου, - ή ακόμη περισσότερο - των ελληνικών κοινοτήτων της Αφρικής και των Ινδιών. Είναι αξιοσημείωτο ότι ακόμη και στην ίδια χώρα του εξωτερικού, όπου υπάρχουν Έλληνες, παρατηρούνται σημαντικές διαφοροποιήσεις μεταξύ τους.

Οι ραγδαίες τεχνολογικές εξελίξεις στις μέρες μας, ο εκμηδενισμός ουσιαστικά των αποστάσεων, η δυνατότητα άμεσης επικοινωνίας, ακόμη και η ένταξη της χώρας μας στην Ευρωπαϊκή Ένωση επηρέασαν ουσιαστικά τη σύνθεση των Ελλήνων που ζουν στο εξωτερικό. Σήμερα, εκτός από τις γενιές των Ελλήνων της διασποράς, που προέρχονται κυρίως από τα διαδοχικά μεταναστευτικά ρεύματα του παρελθόντος και που, στην πλειονότητα τους, είναι πλήρως εγκλιματισμένοι στις χώρες που ζουν, έχουμε και ομάδες Ελλήνων του εξωτερικού, στις οποίες περιλαμβάνονται επιστήμονες και πανεπιστημιακοί, στελέχη ελληνικών ή πολυεθνικών εταιρειών και διεθνών οργανισμών, καλλιτέχνες και άλλοι επαγγελματίες. Σε αυτούς θα μπορούσαν να συνυπολογιστούν, ίσως, και οι χιλιάδες έλληνες φοιτητές, μερικοί από τους οποίους θα ζήσουν στο εξωτερικό για πολλά χρόνια και ίσως παραμείνουν εκεί μόνιμα. Αρκετοί από τους Έλληνες της σύγχρονης διασποράς θα ζήσουν για μεγάλο χρονικό διάστημα στο εξωτερικό, πιθανότατα τα παραγωγικότερα χρόνια της ζωής τους, ενώ σε αρκετές περιπτώσεις τα παιδιά τους που θα γεννηθούν εκεί ενδέχεται να αφομοιωθούν, όπως έγινε με παλαιότερες γενιές Ελλήνων. Υπολογίζεται ότι μόνο στις ΗΠΑ οι έλληνες καθηγητές πανεπιστημίων ξεπερνούν τις 3.000, ενώ περισσότεροι από 15.000 Έλληνες διαπρέπουν σε πανεπιστήμια και ερευνητικά κέντρα των χωρών της Ευρωπαϊκής Ένωσης. Ποτέ, κατά το παρελθόν η Ελλάδα δεν διέθετε τόσο πολυπληθές και αξιόλογο επιστημονικό δυναμικό ομογενών.

Οι αναφορές στους Έλληνες της Αγγλίας είναι, ωστόσο, λιγοστές. Από τις περισσότερο ενδιαφέρουσες είναι τα βιβλία του Αλέξανδρου Πάλλη *Ξενιτεμένοι Έλληνες* και του Peter Calvocoressi *Τα βήματα της ζωής μου,* που προσφέρουν μια αποκαλυπτική εικόνα για τον τρόπο με τον οποίο ζούσαν ορισμένοι από τους πιο εύπορους αλλά και αφομοιωμένους από την βρετανική κοινωνία Έλληνες που ζούσαν στη Βρετανία του 19ου αιώνα. Είναι χαρακτηριστικό ότι και οι δύο συγγραφείς είχαν μεγαλώσει στο Λίβερπουλ και είχαν φοιτήσει στο περίφημο σχολείο Eton.

Πολλά στοιχεία προσφέρει, επίσης, η πρόσφατη εργασία του Χάρη Μεττή, *Οι ρίζες του παροικιακού ελληνισμού της Μεγάλης Βρετανίας*, στην οποία ο συγγραφέας χρησιμοποιεί πολλές πρωτογενείς πηγές. Τα σύγχρονα γεγονότα που αφορούν τους πολιτιστικούς και πολιτικοκοινωνικούς προβληματισμούς για την Ελλάδα κατά την περίοδο «1974-2004», δεν έχουν ακόμη καταγραφεί, εκτός από μεμονωμένα περιστατικά που περιέχονται στο ανέκδοτο ακόμη βιβλίο αναμνήσεων του Richard Clogg.

Ελπίζω ότι το παρόν βιβλίο, το οποίο, όπως προαναφέρθηκε, περιλαμβάνει προσωπικές μαρτυρίες για συγκεκριμένα γεγονότα που στην εποχή τους συζητήθηκαν και σχολιάστηκαν έντονα, θα συμβάλει στην κάλυψη αρκετών κενών της σύγχρονης ιστορίας των Ελλήνων του Λονδίνου, καθώς επίσης και στη γενικότερη μελέτη του ελληνισμού της διασποράς. Επίσης, ελπίζω ότι έχει ενδιαφέρον για τους επιζώντες να θυμηθούν πρόσωπα, καταστάσεις και γεγονότα.

Εκφράζω θερμότατες ευχαριστίες σε όλους όσοι βοήθησαν και συνεισέφεραν με τις αναμνήσεις τους στο να γραφτεί αυτό το βιβλίο. Αν και έχω πλήρη συνείδηση του κινδύνου να παραλείψω αρκετά ονόματα, θεωρώ υποχρέωσή μου να αναφέρω τους Περικλή Βασιλόπουλο, Γιάνη Γιανουλόπουλο, Richard Clogg, Γιώργο Λ. Ευαγγελόπουλο, Βασίλη Καπετανγιάννη, Κώστα Καρρά, Ελένη Cubitt, Ηλία Μόσιαλο, Μιχάλη Μόσχο, Νίκο Μουζέλη, Χαράλαμπο Μουτσόπουλο, Ραφαήλ Παπαδόπουλο, Δημήτρη Παπούλια, Ανδρέα Παππά, Γιώργο Πετρόχειλο, Γιάννη Σπράο, Βικτωρία Σολωμονίδου, Στάμο Ι. Φαφαλιό, Κωστή Χλουβεράκη και Γιώργο Ψαχαρόπουλο. Πολλές ευχαριστίες επίσης στις εκδόσεις Ακακία και τον πατέρα Παύλο Γρηγορίου.

Ευχαριστώ, επίσης, εγκάρδια τη γυναίκα μου Μαρία για την απεριόριστη υποστήριξή της και την καθοριστική της συμπαράστασή και συμβολή όλα αυτά τα χρόνια, καθώς επίσης και τις κόρες μου, Χριστίνα και Ειρήνη, που στα παιδικά τους χρόνια βοηθούσαν όσο μπορούσαν σε γραμματειακές εργασίες!

Η θερμή υποδοχή και το έκδηλο ενδιαφέρον που προκάλεσε το βιβλίο επέβαλαν την Β΄ έκδοση σε σύντομο χρονικό διάστημα, η οποία περιλαμβάνει μερικά συμπληρωματικά στοιχεία και διευκρινήσεις. Επίσης θεωρήθηκε απαραίτητη η προσθήκη ευρετηρίου ονομάτων.

ΚΕΦΑΛΑΙΟ Ι

ΠΡΩΤΕΣ ΕΝΤΥΠΩΣΕΙΣ ΚΑΙ ΕΜΠΕΙΡΙΕΣ

Βαριά συννεφιά και σκοτεινή μέρα, στις 4 Ιανουαρίου 1974, στο αεροδρόμιο του Ελληνικού, στην Αθήνα, όταν φεύγαμε μαζί με τη γυναίκα μου, Μαρία, για το Λονδίνο. Η ατμόσφαιρα γινόταν ακόμη βαρύτερη, γιατί δεν είχαν περάσει ούτε δύο μήνες από τα γεγονότα του Πολυτεχνείου. Στις 17 Νοεμβρίου, όταν έγινε η εισβολή στο Πολυτεχνείο, ήμασταν στην Πάτρα για το πρώτο ετήσιο μνημόσυνο του άνδρα της αδελφής μου, ο οποίος είχε πεθάνει σε ηλικία μόλις 33 ετών από κακοήθη αρρώστια. Την επόμενη μέρα, ο οικογενειακός φίλος Ασημάκης Φωτήλας, μετέπειτα υφυπουργός Εξωτερικών στην πρώτη κυβέρνηση του ΠΑΣΟΚ, ήρθε βιαστικά να μας πει ότι τα τανκς μπήκαν τη νύχτα στο Πολυτεχνείο και υπήρχαν φήμες ότι σκοτώθηκε ο πατρινός φοιτητής Γιώργος Σαμούρης, γιος γνωστού γιατρού της πόλης. Πράγματι, ο Σαμούρης ήταν από τα πρώτα θύματα της εξέγερσης του Πολυτεχνείου. Γυρίζοντας στην Αθήνα την Κυριακή, δεν υπήρχαν συγκοινωνίες και ταξί. Έτσι ξεκινήσαμε με τα πόδια από τον σταθμό των υπεραστικών λεωφορείων, στον Κηφισό, να πάμε στο σπίτι μας, στην Κυψέλη. Στον δρόμο ακούγονταν ακόμη, κάθε τόσο, μακρινές ριπές πολυβόλων και πυροβολισμοί, που προκαλούσαν αίσθημα φόβου και τρόμου. Η ιδέα του αποχαιρετισμού έκανε ακόμη βαρύτερο το κλίμα. Παρόντες για να μας αποχαιρετήσουν ήταν η μητέρα μου, οι γονείς της Μαρίας καθώς και ένας παλιός οικογενειακός φίλος που είχε ζήσει πολλά χρόνια στην Αμερική και στην Αυστραλία.
«Το αεροδρόμιο του Λονδίνου είναι κλειστό από ομίχλη», μου ψιθύρισε, «αλλά μη λες τίποτε στους άλλους και ανησυχήσουν».

Δεν πηγαίναμε όμως κατευθείαν στο Λονδίνο, αλλά μέσω Ντίσελντορφ. Είχαμε κανονίσει να μείνουμε για λίγες μέρες με τον εξάδελφό μου, Γιάννη Κάρκα, ο οποίος ζούσε εκεί. Όλη την περίοδο της δικτατορίας ο Γιάννης πηγαινοερχόταν ελεύθερα στην Ελλάδα, χωρίς να έχει προκαλέσει υποψίες, και μας έφερνε διάφορα νέα για τις κινήσεις στο εξωτερικό, και ειδικότερα στη Γερμανία, εναντίον της χούντας. Κατά καιρούς, είχαμε κάνει και κάποιες μικροδιευκολύνσεις, μεταφέροντας γράμματα ή μηνύματα, με πολύ μεγάλο, φυσικά, κίνδυνο. Κατεβαίνοντας στο Ντίσελντορφ είχαμε μια περίεργη αίσθηση «ελευθερίας», καθώς μπορούσαμε πλέον να μιλάμε και να κυκλοφορούμε ελεύθερα. Ανυπομονούσαμε να μάθουμε πώς έβλεπαν στη Γερμανία την κατάσταση στην Ελλάδα. Συζητήσαμε με διαφόρους γνωστούς από τα παλιά φοιτητικά ταξίδια μου στη Γερμανία, αλλά ο περισσότερο ουσιαστικός συνομιλητής μας ήταν ο Γιώργος Βουκελάτος. Αφού μας ανέλυσε την κατάσταση και τα προβλήματα στην Ελλάδα, μας είπε ότι η μόνη ρεαλιστική λύση ήταν η επιστροφή του Καραμανλή από το Παρίσι. Σε αυτή τη λύση είχαν συμφωνήσει αρκετοί αντιστασιακοί ανάμεσα στους οποίους και ο Μητσοτάκης, για τον οποίο ο Βουκελάτος προέβλεπε ότι θα έπαιζε σημαντικό ρόλο στη μεταδικτατορική Ελλάδα. Αντιδρούσε, όμως, σφοδρά ο Ανδρέας Παπανδρέου. Ο Βουκελάτος μας συνέστησε, όταν φθάσουμε στην Αγγλία, να έρθουμε σε επαφή με τον Τάκη Λαμπρία, ο οποίος είχε σοβαρή ανάμειξη στην αντιδικτατορική αντίσταση. Λίγο πριν φύγουμε από το Ντίσελντορφ, συναντήσαμε τον ψυχίατρο Νίκο Τζαβάρα, που ήταν φίλος του εξαδέλφου μου και εργαζόταν στην ψυχιατρική πανεπιστημιακή κλινική του Giessen, συμμετέχοντας επίσης ενεργά στον αντιδικτατορικό αγώνα. Ο Νίκος Τζαβάρας μού είπε ότι η Βρετανία ήταν το κέντρο του ενδιαφέροντος για την ψυχιατρική της εποχής εκείνης, καθώς εκεί επικρατούσαν οι ιδέες του Ronald Laing, ενός από τους πρωτεργάτες της λεγόμενης αντιψυχιατρικής. Η επόμενη συνάντηση με τον Νίκο Τζαβάρα έγινε μετά από τριάντα χρόνια, όταν με προσκάλεσε, καθηγητής της ψυχιατρικής στην Ιατρική Σχολή του Πανεπιστημίου της Θράκης πια, να συμμετάσχω σε ένα επιστημονικό συνέδριο. 'Εκτοτε, διατηρούμε στενή επαφή και συνεργασία, η οποία ενισχύθηκε κατά την περίοδο που διατέλεσε πρόεδρος της Ελληνικής Ψυχιατρικής Εταιρείας.

Όταν φτάσαμε στο αεροδρόμιου του Heathrow, στο Λονδίνο, μας περίμενε ο Γιώργος Ναυπλιώτης, φίλος της οικογένειας της Μαρίας και καλός γνώστης της Αγγλίας. Ο Γιώργος Ναυπλιώτης καταγόταν από τη Νάξο, όπως και ο πατέρας της Μαρίας, και προερχόταν από συντηρητική πολιτική οικογένεια. Ήταν από τους πρώτους μαθητές του Κολλεγίου Αθηνών και στην κατοχή είχε γίνει μέλος του Κομμουνιστικού Κόμματος. Ωστόσο, όταν τον γνώρισα, είχε μετατραπεί σε αφοσιωμένο χριστιανό. Πραγματικά, ο Γιώργος ήταν μια ζωντανή ιστορία της Ελλάδας της Κατοχής και του Εμφυλίου αφηγούμενος συχνά πλήθος από προσωπικές εμπειρίες. Από το Heathrow πήγαμε κατευθείαν στην Οξφόρδη, όπου είχαμε κανονίσει να μείνουμε για μερικές εβδομάδες, πριν αναλάβω δουλειά στο ψυχιατρείο του St John's, κοντά στην πόλη Aylesbury, λίγα χιλιόμετρα βορειοανατολικά της Οξφόρδης. Είχα επίγνωση ότι θα ήταν απαραίτητο ένα χρονικό στάδιο ενημέρωσης και προσαρμογής πριν αναλάβω κλινικές ευθύνες. Ο παλιός μου συμφοιτητής Λευτέρης Ντούνης, ορθοπεδικός, και η γυναίκα του Τούλα, οφθαλμίατρος, είχαν περάσει πριν από μας από τα ίδια στάδια. Έτσι είχαν μεριμνήσει να μείνουμε στο ίδιο σπίτι όπου είχαν μείνει εκείνοι και να παρακολουθήσουμε το σχολείο αγγλικής γλώσσας Eckersley, ώστε να βελτιώσουμε τα αγγλικά μας. Η Μαρία είχε γίνει δεκτή στη London

School of Economics για να κάνει Master's στην πολεοδομία, πεδίο που ενδιέφερε τότε πολλούς έλληνες νέους αρχιτέκτονες.

Μας είχε εντυπωσιάσει η αρχιτεκτονική ομορφιά της Οξφόρδης. Έπειτα από λίγες μέρες και ενώ ήμασταν ακόμη στα αρχικά στάδια προσαρμογής, έχοντας σε μεγάλο βαθμό το μυαλό μας στην Ελλάδα και στο τι συνέβαινε εκεί, συναντήσαμε τυχαία στον δρόμο την Κατερίνα Πασχοπούλου παλιά συμφοιτήτρια της Μαρίας από το Πολυτεχνείο της Αθήνας, που ήταν εκεί με τον άνδρα της τον Γιάννη, ο οποίος έκανε τη διατριβή του στην πυρηνική φυσική. Μας κάλεσαν αμέσως στο διαμέρισμά τους, που ήταν στη φοιτητική εστία της περιοχής Summer Town. Εκεί συναντήσαμε τον Δημήτρη και τη Λίτσα Παπούλια, μαθηματικοί και οι δυο τους από την Αθήνα, που επίσης έκαναν τις διατριβές τους. Ο Δημήτρης Παπούλιας, παλιός συνδικαλιστής της αριστεράς στο φοιτητικό κίνημα στην Αθήνα, ήταν ιδιαίτερα ευαισθητοποιημένος για την κατάσταση στην Ελλάδα και πολιτικά ενήμερος για τις πιθανές εξελίξεις. Από τότε αναπτύχθηκε στενή φιλία με τον Γιάννη και την Κατερίνα Πασχοπούλου, καθώς επίσης και με τον Δημήτρη και τη Λίτσα Παπούλια, που διατηρείται μέχρι σήμερα. Αργότερα προστέθηκαν στη συντροφιά της Οξφόρδης ο Robert και η Χαρίκλεια Bacon (δυστυχώς η Χαρίκλεια χάθηκε νωρίς),ο Λουκάς Τσούκαλης, ο Λουκάς και η Κατερίνα Ρούφου, ο Στέφανος και ο Βασίλης Πεσμαζόγλου, και άλλοι, όλοι τότε μεταπτυχιακοί φοιτητές.

Η ανησυχία και η αγωνία μας για το τι συνέβαινε στην Ελλάδα μεγάλωνε συνεχώς καθώς, με βάση αυτά που βλέπαμε και ακούγαμε, δεν φαινόταν καμιά ελπίδα να βρεθεί λύση. Βέβαια, η συντροφιά που είχαμε δημιουργήσει μας ανακούφιζε κάπως. Περνούσαμε αρκετές ώρες μαζί, συζητώντας και αναλύοντας τα γεγονότα από τις πληροφορίες που παίρναμε. Σύντομα, η Lady Nelson, που μου έκανε μαθήματα αγγλικής ιατρικής ορολογίας, μας κάλεσε για φαγητό στο σπίτι της. Εκεί, προς μεγάλη μας έκπληξη, ήταν ο Eddie Myers με τη γυναίκα του. Ο Eddie Myers ήταν ταξίαρχος και αρχηγός της Βρετανικής Στρατιωτικής Αποστολής στην Ελλάδα, κατά τον Β΄ Παγκόσμιο Πόλεμο. Ενδιαφερόμασταν πολύ να ακούσουμε τη γνώμη του για την Ελλάδα, και περισσότερο να μάθουμε γιατί ο Τσώρτσιλ ήθελε τόσο πολύ να κρατήσει την Ελλάδα στην επιρροή των Δυτικών. Η απάντηση του ήταν ότι αυτό οφειλόταν εν πολλοίς στον θαυμασμό που έτρεφε ο Τσώρτσιλ για την Αρχαία Ελλάδα, την ιστορία της και τον πολιτισμό της.

Λίγο αργότερα ήρθε και μίλησε στους έλληνες φοιτητές στην Οξφόρδη ο Γιώργος Κατηφόρης, οικονομολόγος, τότε πανεπιστημιακός στο Τμήμα Πολιτικής Οικονομίας του University College του Λονδίνου, και μετέπειτα ειδικός σύμβουλος του Ανδρέα Παπανδρέου και ευρωβουλευτής του ΠΑΣΟΚ για δύο θητείες. Δεν ήταν καθόλου αισιόδοξος για το ενδεχόμενο σύντομης πτώσης της χούντας. Στο ίδιο πλαίσιο μίλησε λίγο αργότερα ο ιστορικός Νίκος Σβορώνος από το Παρίσι και ο Μάρκος Δραγούμης, που ζούσε τότε στο Λονδίνο. Ο Μάρκος Δραγούμης είχε σπουδάσει ιατρική. Την εποχή που έγινε η δικτατορία στην Ελλάδα ήταν στέλεχος της ΕΔΑ και είχε έρθει στο Λονδίνο για να μελετήσει το Εθνικό Σύστημα Υγείας (National Health Service). Με την κήρυξη όμως της δικτατορίας, δεν επέστρεψε στην Ελλάδα, αλλά παρέμεινε στο Λονδίνο, με την αρχιτέκτονα γυναίκα του, Λένα. Μετά την πτώση της χούντας, ο Μάρκος Δραγούμης έγινε διευθυντής στο γραφείο Τύπου της ελληνικής πρεσβείας στο Λονδίνο, το οποίο και αναδιοργάνωσε πλήρως. Οργάνωσε με μεγάλη επιτυχία τον Ελληνικό Μήνα και καλλιέργησε πολλές διασυνδέσεις με Βρετανούς, με σκοπό τη θετική προβολή της Ελλάδας. Ανήκε στη γενιά των διανοουμένων Ελλήνων με ευρεία μόρφωση και αυστηρή κριτική σκέψη. Πολλές φορές, αργότερα, ζήτησα τις συμβουλές του σε διάφορα ζητήματα. Με την άνοδο στην εξουσία του ΠΑΣΟΚ, το 1981 τον απομάκρυναν από τη θέση του διευθυντή Τύπου της πρεσβείας. Μεταπήδησε τότε σε υπηρεσία της Ευρωπαϊκής Ένωσης, στις Βρυξέλλες. Μετά τη συνταξιοδότηση του, επέτρεψε στο Λονδίνο, όπου και για αρκετά χρόνια είχε την επιμέλεια του Ενημερωτικού Δελτίου (Bulletin) που εξέδιδε η ελληνική πρεσβεία, με άκρως ενδιαφέρον υλικό για τους Έλληνες της Βρετανίας, αλλά κυρίως για τους Βρετανούς.

Εν τω μεταξύ, είχα αναλάβει τη θέση μου στο νοσοκομείο, ένα σχετικά παλιό μικρό ψυχιατρείο, στο χωριό Stone του Buckinghamshire, κοντά στην πόλη Aylesbury, σε ωραιότατο φυσικό περιβάλλον. Την άνοιξη τα ανθισμένα δέντρα, με τις πολλές κερασιές, με το λαμπερό ανοιχτό πράσινο χρώμα, και οι χρωματικές αλλαγές του ουρανού σχημάτιζαν ένα υπέροχο, ειδυλλιακό τοπίο. Αισθανόμασταν τυχεροί, γιατί το νοσοκομείο μάς είχε παραχωρήσει ένα ευρύχωρο σπίτι, που σύντομα έγινε χώρος συγκεντρώσεων με έντονο ελληνικό χαρακτήρα, κυρίως τα Σαββατοκύριακα. Εκεί μαζευόμασταν με τη συντροφιά της Οξφόρδης και με άλλους φίλους που είχαμε, εν τω μεταξύ, γνωρίσει. Ένας από αυτούς ήταν ο παλιός μου συμφοιτητής και στενός φίλος μέχρι σήμερα Μιχάλης Κέπετζης, οφθαλμίατρος, που είχε έρθει από το Kent στην Οξφόρδη και έτσι μπορούσαμε να συναντιόμαστε συχνότερα. Οι συγκεντρώσεις αυτές διαρκούσαν συχνά μέχρι τις πρώτες πρωινές ώρες, κυρίως όταν τύχαινε να βρίσκεται εκεί ο Γιώργος Ναυπλιώτης, στον οποίο αναφέρθηκα ήδη, και γινόταν ανάλυση της τρέχουσας ελληνικής πολιτικής κατάστασης, σε συσχετισμό και με τις παλιές του εμπειρίες από την Κατοχή και τον Εμφύλιο.

Τον Μάιο του 1974 ήρθε και μίλησε στο Λονδίνο, καλεσμένος από τη London School of Economics (LSE), ο Ανδρέας Παπανδρέου. Πήρα άδεια από το νοσοκομείο και οδήγησα μέχρι το Λονδίνο. Έπειτα από μεγάλη ταλαιπωρία, αφού δεν γνωρίζαμε τη διαδρομή και τα κατατόπια, φτάσαμε στην LSE. Το αμφιθέατρο ήταν κατάμεστο σχεδόν αποκλειστικά από Έλληνες. Ο Ανδρέας Παπανδρέου, φορώντας άσπρο ζιβάγκο, μίλησε στα αγγλικά για τη διεθνή οικονομική κατάσταση. Όταν τέλειωσε, ο συντονιστής Βασίλης Μεταξάς του έδωσε την άδεια να μιλήσει στα Ελληνικά. Τότε ο Ανδρέας Παπανδρέου σε μια έκρηξη αυθορμητισμού είπε «Αδέλφια μου του Λονδίνου συγνώμη που τόσην ώρα δεν μπορούσα να σας μιλήσω στη γλώσσα μας». Φυσικά το αμφιθέατρο σείστηκε από επευφημίες και χειροκροτήματα. Στην ομιλία του ο Παπανδρέου περιέγραψε την κατάσταση στην Ελλάδα με πολύ μελανά χρώματα. Είπε ότι, μόλις τη προηγούμενη εβδομάδα, είχαν αποβιβαστεί στη Θεσσαλονίκη 1.200 τανκς. Επισήμανε ότι δεν θα έπεφτε η χούντα, παρά μόνο με ένοπλη δράση. Ζήτησε, λοιπόν, από το ακροατήριο «να πάρει τ' άρματα, να κατέβει το ταχύτερο στην Ελλάδα, και ν' αρχίσει τον ένοπλο αγώνα». Συντονιστής της συζήτησης που ακολούθησε ήταν ο Κίμων Κουλούρης, που ζούσε τότε στο Λονδίνο. Με δυσκολία μπορούσε να συγκρατήσει το ακροατήριο, καθώς πολλοί ζητούσαν επίμονα διευκρινίσεις γι' αυτά που είχε πει και για τη θέση που είχε πάρει ο Παπανδρέου. Ομολογώ ότι η εντύπωση μου, έχοντας έρθει από την Ελλάδα μόλις πριν από λίγους μήνες, ήταν ότι αυτά που άκουσα βρίσκονταν εκτός τόπου και χρόνου.

Στο τέλος Ιουνίου του 1974 πήρα την πρώτη μου άδεια. Με ανάμεικτα συναισθήματα, φύγαμε για την Ελλάδα. Ενώ ήμασταν στην Πάρο, ο Γιώργος Ναυπλιώτης κανόνισε να ανέβουμε και να μείνουμε το βράδυ με την πανσέληνο στο μοναστήρι των Αγίων Αναργύρων, που είναι στο βουνό πάνω από την Παροικιά και έχει πανοραμική θέα προς το Αιγαίο. Το βράδυ ακούσαμε στην ελληνική εκπομπή του BBC για το γράμμα που είχε στείλει ο Μακάριος στον τότε πρόεδρο της Ελληνικής Δημοκρατίας, στρατηγό Φαίδωνα Γκιζίκη. Ο Μακάριος διαμαρτυρόταν για τη συνωμοσία που ετοίμαζε η χούντα εναντίον του, λέγοντας ότι «δεν ήταν νομάρχης τους ή τοποτηρητής της χούντας αλλά ο εκλεγμένος ηγέτης του Κυπριακού λαού». Κρίναμε ότι υπήρχε κάποια ιδιαίτερη ένταση στο κείμενο αλλά, με τη λογοκριμένη πληροφόρηση που είχαμε, δεν φανταζόμασταν τι θα επακολουθούσε. Ενώ ήμασταν έτοιμοι να επιστρέψουμε στο Λονδίνο, το Σάββατο το πρωί τηλεφωνήσαμε στους φίλους μας, τον Νίκο Δεσποτόπουλο και την Κατερίνα Πατέλη, που θα γύριζαν επίσης στο Λονδίνο με το αυτοκίνητό τους, προκειμένου να τους πάμε, όπως είχαμε συνεννοηθεί, ένα χαρτόκουτο με ελληνικά τρόφιμα λάδι, ελιές, όσπρια, καφέ, που πολύ δύσκολα μπορούσες να βρεις τότε στο Λονδίνο για να μας τα μεταφέρουν εκεί. Η απάντηση τους ήταν: «καλύτερα θα ήταν να ακούσουμε πρώτα το ραδιόφωνο, για να καταλάβουμε τι ακριβώς συμβαίνει». Είχε γίνει η εισβολή στην Κύπρο και είχε κηρυχτεί γενική επιστράτευση στην Ελλάδα. Από το ραδιόφωνο καλούσαν διάφορες στρατιωτικές κλάσεις να παρουσιαστούν αμέσως στα κέντρα επιστράτευσης. Η κλήση γινόταν με βάση το χρώμα του στρατιωτικού απολυτηρίου που είχε ο καθένας. Θυμόμουν ότι το δικό μου ήταν βυσσινί και, ως γιατρός που ήμουν, η ειδικότητα μου ήταν από τις πρώτες που καλούσαν. Το είχα, όμως, αφήσει στην Πάτρα. Με το αυτοκίνητο της μητέρας μου, μαζί με την ίδια και τη Μαρία, πήγαμε στην Πάτρα, πήρα βιαστικά το βυσσινί απολυτήριο της Αεροπορίας, και φύγαμε για την Αεροπορική Πτέρυγα 124 στον Άραξο, όπου έπρεπε να παρουσιαστώ. Όταν φτάσαμε στον Άραξο, μας είπαν ότι η μονάδα είχε πλέον μεταφερθεί στην Τρίπολη, και επομένως έπρεπε να πάμε εκεί. Συνεχίσαμε, λοιπόν, για την Τρίπολη, μέσα σε απίστευτο πανδαιμόνιο, φοβερή κυκλοφοριακή συμφόρηση, έλλειψη οργάνωσης και προχειρότητα. Μου φαινόταν αδιανόητο πώς θα μπορούσαμε, με τέτοιες συνθήκες, να πάμε σε πόλεμο. Οι εικόνες ήταν, πράγματι, φοβερά απαισιόδοξες, σχεδόν εφιαλτικές. Όταν φτάσαμε στην Τρίπολη, πήγα στη μονάδα όπου έπρεπε να παρουσιαστώ, ενώ η μητέρα μου με τη Μαρία πήγαν να αναζητήσουν συγγενείς του πατέρα μου, οι οποίοι ζούσαν στην Τρίπολη, για να μείνουν το βράδυ.

Στη μονάδα επικρατούσε μεγάλη φασαρία, ακαταστασία και προχειρότητα. Μας έδωσαν, όμως, αμέσως στολές και τοποθετήθηκα στο ιατρείο. Παράλληλα, μας ζήτησαν να ετοιμαστούμε το επόμενο πρωί για γυμνάσια, πράγμα που έγινε. Οι φήμες έδιναν και έπαιρναν και κανείς δεν ήξερε τι ακριβώς συνέβαινε. Άλλοι έλεγαν ότι θα φεύγαμε αμέσως για την Κύπρο, άλλοι για την Κρήτη και από εκεί για την Κύπρο. Εν μέσω αυτής της γενικής αναταραχής, κυκλοφορούσαν φήμες από αυτούς που κατόρθωναν να ακούν το BBC και άλλους ραδιοφωνικούς σταθμούς του εξωτερικού, ότι η χούντα έπεφτε και επρόκειτο να επιστρέψει ο Καραμανλής. Εν τω μεταξύ, η μητέρα μου με τη Μαρία είχαν επιστρέψει στην Πάτρα και προσπαθούσαν να τηλεφωνήσουν στο νοσοκομείο στην Αγγλία, για να εξηγήσουν τι είχε συμβεί και ότι θα επιστρέφαμε αμέσως μόλις θα μπορούσαμε. Φυσικά, κινδύνευα να χάσω τη θέση μου. Επιπλέον, είχαμε αφήσει όλα τα πράγματά μας στο σπίτι και το αυτοκίνητό μας στο αεροδρόμιο. Πέρασαν έτσι τρεις μέρες, με την αγωνία αν φεύγουμε ή όχι για την Κύπρο, όταν ξαφνικά επιβεβαιώθηκε ότι επέστρεφε ο Καραμανλής για να σχηματίσει πολιτική κυβέρνηση. Έτσι τρεις μέρες αργότερα, ήμασταν ελεύθεροι να φύγουμε με προσωρινό απολυτήριο. Έπειτα από πολλές ώρες ταλαιπωρίας μέχρι να έρθει η σειρά μου, πήρα το βράδυ το προσωρινό απολυτήριο. Μαζί με αλλά έξι άτομα, βρήκαμε ένα ταξί που θα μας πήγαινε στην Πάτρα, στριμωγμένοι ο ένας πάνω στον άλλο. Το απίστευτο είναι ότι πήραμε μαζί μας και συνοδηγό, στο πορτ μπαγκάζ, γιατί ο οδηγός είχε κάνει αυτή τη διαδρομή αρκετές φορές εκείνη τη μέρα, και αισθανόταν κουρασμένος και ήθελε να μπορεί να δώσει σε άλλον το τιμόνι στη διαδρομή.

Νωρίς το πρωί φτάσαμε στην Πάτρα. Αμέσως, μαζί με τη μητέρα μου και τη Μαρία, πήραμε το αυτοκίνητο και πήγαμε κατευθείαν στο αεροδρόμιο του Ελληνικού. Εκεί ο υπάλληλος της British Airways, όταν του είπα ότι ήμουν γιατρός του βρετανικού Εθνικού Συστήματος Υγείας και έπρεπε να επιστρέψω, μας είπε ότι αν υπήρχαν θέσεις, θα φεύγαμε με την πρώτη πτήση μετά το άνοιγμα του αεροδρομίου στις 8 το πρωί. Πράγματι, πήραμε κάρτες επιβίβασης. Ωστόσο, μέχρι να απογειωθεί το αεροπλάνο, είχαμε την αγωνία αν θα φεύγαμε ή αν θα με γύριζαν πίσω με το προσωρινό απολυτήριο της Αεροπορίας. Φτάσαμε στο αεροδρόμιο του Heathrow κανονικά. Δεν ήταν δυνατόν να πιστέψουμε ότι υπήρχε τόσο μεγάλη αντίθεση στις συνθήκες ζωής ανάμεσα στις δύο χώρες. Μόλις πριν μερικές ώρες είχαμε φύγει από μια σχεδόν εμπόλεμη Ελλάδα, και τώρα βρισκόμαστε σε μια ειρηνική Αγγλία όπου η ζωή κυλούσε οργανωμένα και ομαλά. Αργά το απόγευμα γυρίσαμε στο σπίτι μας. Δεν άργησαν να μου τηλεφωνήσουν από το νοσοκομείο ότι εκείνο το βράδυ ήμουν εφημερία. Τους παρακάλεσα να με αντικαταστήσουν, και την επόμενη εβδομάδα θα συμπλήρωνα όλες τις εφημερίες που είχα χάσει. Έτσι και έγινε. Την άλλη μέρα, μια ηλιόλουστη Κυριακή, από αυτές τις σπάνιες αλλά υπέροχες καλοκαιρινές λιακάδες στην Αγγλία, πήγαμε στο αεροδρόμιο του Gatwick να πάρουμε το αυτοκίνητο μας που το είχαμε αφήσει εκεί, γιατί με τα γεγονότα επιστρέψαμε σε άλλο αεροδρόμιο.

Πήγαμε κατευθείαν στην Οξφόρδη. Εκεί με αγωνία μάς περίμεναν οι φίλοι μας, αφού ήμασταν οι πρώτοι Έλληνες που ερχόμασταν από την Ελλάδα μετά την εισβολή στην Κύπρο. Φυσικά, με αδημονία περίμεναν να μάθουν νέα για το τι ακριβώς είχε συμβεί, ποιες ήταν οι προβλέψεις για το μέλλον, τι προοπτικές υπήρχαν. Τα βρετανικά μέσα ενημέρωσης είχαν πλήρη κάλυψη των γεγονότων, με θλιβερές ειδήσεις και εικόνες φρίκης από την προέλαση των τουρκικών στρατευμάτων και τις καταστροφές που αυτά προκαλούσαν. Πολύ μάς απασχολούσε η στάση της τότε βρετανικής κυβέρνησης. Ο Δημήτρης Παπούλιας ισχυριζόταν ότι αφού ο James Callaghan, τότε βρετανός υπουργός Εξωτερικών, δήλωσε στη βρετανική Βουλή «δυστυχώς ο Μακάριος είχε σκοτωθεί», θα έπρεπε να υπήρχε κάποιο σχέδιο που όμως κάπου πήγε λάθος. Έκδηλη ήταν η ανησυχία μας για την τροπή που θα έπαιρναν τα πράγματα στην Ελλάδα και για το αν θα «κρατούσε» ο Καραμανλής. Τι είδους πρόσωπα θα χρησιμοποιούσε στην κυβέρνηση, τι θα έκανε τελικά ο στρατός, ποιος θα ήταν ο ρόλος του ξένου παράγοντα, και πολλά άλλα ευλόγα ερωτήματα.

Έκτοτε, και για πολλά χρόνια, κουβαλούσα μαζί μου σε κάθε ταξίδι το βυσσινί προσωρινό απολυτήριο της Αεροπορίας. Πέρασαν περισσότερα από δύο χρόνια για να πάω πάλι στην Ελλάδα. Ξαναπήγα αφού γεννήθηκαν οι δίδυμες κόρες μας, η Χριστίνα και η Ειρήνη. Όλα τα χρόνια της μεταπολίτευσης στην Ελλάδα τα ζήσαμε στο Λονδίνο, όπου και εξακολουθούμε να ζούμε μόνιμα, παρόλο ότι έχουμε πια πυκνώσει τις επισκέψεις μας στην Ελλάδα.

Όσο περνούσε ο καιρός, όλο και περισσότερο αισθανόμασταν να προσαρμοζόμαστε στην αγγλική νοοτροπία και στον βρετανικό τρόπο ζωής. Από την εμπειρία μου στο ψυχιατρείο του St John's, άρχισα να συνειδητοποιώ ότι χρειαζόμουν περισσότερα ερεθίσματα, γι' αυτό και έπρεπε να βρω θέση σε πανεπιστημιακό τμήμα, που θα μου έδινε τη δυνατότητα να ασχοληθώ, εκτός από την κλινική ψυχιατρική , και με την έρευνα και τη διδασκαλία. Ας σημειωθεί ότι, όταν ρώτησα τι επιρροή είχαν οι απόψεις του Roland Laing, αν πράγματι ήταν τόσο όσο μεγάλη μού είχε πει ο Νίκος Τζαβάρας στη Γερμανία, οι περισσότεροι δεν τον είχαν καν ακούσει! Σε αυτές τις σκέψεις με παρότρυνε συνεχώς ο συνάδελφος και παλιός φίλος Χρήστος Πασχάλης από την Πάτρα, που ανήκε σε μια ερευνητική μονάδα στο Sheffield της βόρειας Αγγλίας και τελείωνε τη διατριβή του. Δυστυχώς, ο ίδιος χάθηκε νωρίς, όταν αφού είχε πια επιστρέψει στην Πάτρα και ετοιμαζόταν να εκλεγεί τακτικός καθηγητής της νευρολογίας.

Στις αρχές του 1975 έγινε στο Λονδίνο περιφερειακό συνέδριο της Παγκόσμιας Ψυχιατρικής Εταιρείας. Ένας από τους ομιλητές ήταν και ο Γιώργος Χριστοδούλου, με τον οποίο γνωριζόμασταν από την εποχή που έκανα την ειδικότητά μου στο Αιγινήτειο Νοσοκομείο, στην Αθήνα. Η συμβουλή του ήταν να προσπαθήσω να βρω θέση σε πανεπιστημιακή μονάδα. Ήταν πρόθυμος να με βοηθήσει, αφού ο ίδιος είχε εκπαιδευτεί στο νοσοκομείο Maudsley του Λονδίνου και είχε ακόμη διασυνδέσεις εκεί. Την ίδια γνώμη είχαν και δυο άλλοι εκπαιδευτές μου στην Αθήνα, επίσης υφηγητές τότε, ο Άρης Λιάκος και ο Γιάννης Μπουλουγούρης. Ειδικά ο Γιάννης Μπουλουγούρης, με τον οποίο διατηρήσαμε στενή επαφή για πολλά χρόνια, με συνέστησε λίγο αργότερα, στον καθηγητή Jim Watson, που είχε αναλάβει πρόσφατα τη διεύθυνση του ψυχιατρικού πανεπιστημιακού τμήματος στο νοσοκομείο Guy's του Λονδίνου. Δυστυχώς, ο Γιάννης Μπουλουγούρης έφυγε νωρίς και η απώλειά του με είχε λυπήσει βαθύτατα. Έγραψα μια νεκρολογία στο Psychiatric Bulletin του Royal College of Psychiatrists, τιμώντας τη μνήμη του και την προσφορά του στην ελληνική ψυχιατρική. Με τον Γιώργο Χριστοδούλου, μετέπειτα καθηγητή της Ψυχιατρικής στην Ιατρική Σχολή του Πανεπιστημίου Αθηνών και τον Άρη Λιάκο, μετέπειτα καθηγητή της Ψυχιατρικής στην Ιατρική Σχολή του Πανεπιστημίου

Ιωαννίνων, συνδεθήκαμε με στενή φιλία, που διατηρείται μέχρι σήμερα. Επίσης, επίδραση στην απόφασή μου να συνεχίσω τη σταδιοδρομία μου στο Λονδίνο είχε και ο συνάδελφος Γιάννης Τσέγκος, τον οποίο είχα επισκεφθεί στο Ινστιτούτο Ψυχιατρικής του Λονδίνου, όπου εργαζόταν στο πρόγραμμα συγκριτικής έρευνας των βρετανικών και αμερικανικών διαγνωστικών κριτηρίων της σχιζοφρένειας. Μου είχε κάνει μεγάλη εντύπωση τότε ότι ένας Έλληνας μπορούσε να βρίσκεται σε τέτοια θέση. Με τον Γιάννη Τσέγκο, ο οποίος γυρίζοντας στην Ελλάδα ίδρυσε το «Ανοικτό Ψυχοθεραπευτικό Κέντρο», συνδεθήκαμε επίσης με στενή φιλία, που διατηρείται μέχρι σήμερα.

Τον Οκτώβριο του 1975 προσλήφθηκα στο νοσοκομείο Guy's του Λονδίνου, όπου και εργάστηκα τα επόμενα 35 χρόνια. Μάλιστα το 1999, διαδέχτηκα τον καθηγητή Jim Watson στην έδρα της ψυχιατρικής.

ΚΕΦΑΛΑΙΟ ΙΙ

ΕΝΩΣΗ ΕΛΛΗΝΩΝ ΠΑΝΕΠΙΣΤΗΜΙΑΚΩΝ ΔΥΤΙΚΗΣ ΕΥΡΩΠΗΣ

Είχα πάρει πρόσκληση για να παρακολουθήσω σεμινάριο της Ένωσης Ελλήνων Πανεπιστημιακών Δυτικής Ευρώπης (Ε.Ε.Π.Δ.Ε.), στις αρχές Ιανουαρίου του 1977, στο τότε Polytechnic of Central London. Παρόλο που το θέμα «Ο τομέας των μεταφορών και η ελληνική οικονομία», δεν ήταν στα άμεσα ενδιαφέροντά μου, αποφάσισα να πάω εκείνο το παγερό χειμωνιάτικο λονδρέζικο πρωινό του Σαββάτου. Ο λόγος ήταν ότι κατά την περίοδο της δικτατορίας η Ε.Ε.Π.Δ.Ε. είχε μεγάλη απήχηση στην Ελλάδα. Το σεμινάριο κάλυπτε θέματα όπως «Η ορθολογική και αποδοτική χρησιμοποίηση της ενέργειας στις μεταφορές: Η ελληνική περίπτωση», από τους Ραφαήλ Παπαδόπουλο και Σίμο Γιαννά, «Πολεοδομία και μεταφορές: Το πρόβλημα των Αθηνών», από τον Χάρη Δημητρίου, «Η μελλοντική εξέλιξη της ελληνικής πολιτικής αεροπορίας», από τον Ρήγα Δογάνη, «Ο ρόλος της ελληνικής ναυτιλίας στις μεταφορές» από το Βασίλη Μεταξά, και «Η καταγωγή, η εξέλιξη και ο ρόλος του εφοπλιστικού κεφαλαίου στην ελληνική οικονομία», από την Κ. Καπετανάκη-Σηφάκη. Η εκδήλωση αυτή αποτέλεσε την αρχή της μακροχρόνιας ανάμειξης και συνεργασίας μου με την Ε.Ε.Π.Δ.Ε., καθώς επίσης και γνωριμίας και στενής φιλίας με τους πρωτεργάτες της, που διατηρείται μέχρι σήμερα.

Η Ένωση Ελλήνων Πανεπιστημιακών Δυτικής Ευρώπης, πρώτη αξιόλογη συλλογική προσπάθεια Ελλήνων στον πανεπιστημιακό χώρο της διασποράς ξεκίνησε το 1969, έπειτα από συζητήσεις μερικών από τους καθηγητές που είχαν απολυθεί από τη χούντα με ορισμένους άλλους, εγκατεστημένους σε ευρωπαϊκές χώρες από παλαιότερα. Η πρώτη συνάντηση, όπως αναφέρεται στην αναδρομή της Ε.Ε.Π.Δ.Ε. από τους Γιώργο Βουδούρη, Νίκο Ευσταθόπουλο και Κώστα Καρούμπαλο, στον Οικονομικό Ταχυδρόμο της 13ης Οκτωβρίου 1977, έγινε τον Μάιο του 1970, στο Παρίσι. Εκεί παραβρέθηκαν οι Στρατής Στρατής-Καλογερόπουλος και Γιώργος Βουδούρης από την Γκρενόμπλ, ο Γιάγκος Σιώτης από τη Γενεύη, οι Γιώργος Τενεκίδης και Τάκης Καρατζάς από το Παρίσι, ο Γιάννης Σπράος από το Λονδίνο. Ακολούθησε η Ιδρυτική Συνέλευση, στις 3 Ιανουαρίου 1971, σε Hostel του University College στο Λονδίνο, η οποία ολοκληρώθηκε με τη Συνέλευση του Παρισιού, στις 27 Ιανουαρίου του ίδιου χρόνου. Υπολογίζεται ότι περισσότεροι από πενήντα καθηγητές και άλλοι πανεπιστημιακοί είχαν απολυθεί από τη χούντα και είχαν καταφύγει στο εξωτερικό, ενώ είχαν εντοπιστεί και περίπου άλλοι εκατό πενήντα πανεπιστημιακοί οι οποίοι ζούσαν μακριά από την Ελλάδα. Σχεδόν όλοι αυτοί (καθηγητές, επιμελητές, βοηθοί, ερευνητές) πήραν μέρος εξαρχής στον αντιδικτατορικό αγώνα, έστω και μεμονωμένα, χωρίς κάποιο συντονισμό. Πολλές από τις ενέργειές τους είχαν σημαντική απήχηση, όπως η πρωτοβουλία των Ελλήνων του Πανεπιστημίου Ορσαί (Orsay) του Παρισιού που συγκέντρωσαν εκατοντάδες υπογραφές από καθηγητές πανεπιστημίων στην Ευρώπη και τις ΗΠΑ. Σε ειδικό φυλλάδιο τους ζητούσαν «να μποϋκοτάρουν τις επιστημονικές συγκεντρώσεις στην Ελλάδα», το οποίο έστειλαν σε πολλούς ξένους πανεπιστημιακούς. Πολλοί από τους παραλήπτες ανταποκρίθηκαν θετικά και αρνήθηκαν να συμμετάσχουν σε επιστημονικά συνέδρια στην Ελλάδα. Οι εμπνευστές αυτής της κίνησης συνειδητοποίησαν τότε ότι μια συλλογική προσπάθεια των πανεπιστημιακών θα ήταν αποδοτικότερη στην αντίσταση εναντίον της χούντας

Η πρωτοβουλία περιορίστηκε στη δυτική Ευρώπη. Ο λόγος ήταν η ανάγκη για γεωγραφικό περιορισμό σε χώρο που θα ήταν ούτε πολύ μεγάλος ούτε πολύ μικρός, ώστε να υπάρχει συντονισμένη συλλογική δράση. Οι επικοινωνίες δεν είχαν τότε την σημερινή τους μορφή. Οι μετακινήσεις και τα ταξίδια στοίχιζαν ακριβά, ενώ το ίδιο ίσχυε και για τις τηλεπικοινωνίες και, φυσικά, δεν υπήρχε το διαδίκτυο. Σκοποί της Ε.Ε.Π.Δ.Ε., όπως αναφέρονται στο καταστατικό της, ήταν να:

1. Εργαστεί για την καθιέρωση ελεύθερων πανεπιστημιακών θεσμών σε μια ανεξάρτητη δημοκρατική Ελλάδα.

2. Διοχετεύσει στο εξωτερικό το αίτημα των ελλήνων πανεπιστημιακών για εξασφάλιση ελεύθερης παιδείας και έρευνας.

3. Ενημερώνει τους ξένους πανεπιστημιακούς για την κατάσταση στην Ελλάδα.

4. Μελετά τα προβλήματα της σύγχρονης Ελλάδας και να δημοσιεύει τα σχετικά πορίσματα.

5. Εκφράζει την αλληλεγγύη της προς τους έλληνες πανεπιστημιακούς που, έχοντας χάσει την ελευθερία τους, αγωνίζονταν και διώκονταν, και να προσπαθεί να τους βοηθήσει.

6. Συμπαρασταθεί στον αγώνα της ελληνικής φοιτητικής νεολαίας για αποκατάσταση της δημοκρατίας.

Καθοριστικό ρόλο στην ανάπτυξη της Ε.Ε.Π.Δ.Ε. έπαιξε η διατήρηση πραγματικής ανεξαρτησίας απέναντι σε όλες, χωρίς εξαίρεση, τις πολιτικές παρατάξεις, καθώς και η αποφυγή θέσεων και συνθημάτων που θα μπορούσαν να δημιουργήσουν συγχύσεις και αντιθέσεις. Η Ε.Ε.Π.Δ.Ε. απέκτησε σύντομα κύρος. Έτσι κατά την περίοδο 1970-74 τα μέλη της είχαν αυξηθεί σε περίπου πεντακόσια διασκορπισμένα στις διάφορες χώρες της δυτικής Ευρώπης. Προσπάθειες έγιναν, επίσης, να υπάρξει ανάλογη κίνηση και στις ΗΠΑ, η οποία να συνδεθεί με την Ε.Ε.Π.Δ.Ε. Οι συζητήσεις, που τις έκαναν τότε ο Γιάννης Σπράος από το Λονδίνο και ο Φώτης Καφάτος από τη Βοστόνη, δεν καρποφόρησαν ωστόσο για καθαρά πρακτικούς λόγους, όπως ήταν η μεγάλη απόσταση και η δυσκολία επικοινωνίας που υπήρχε την εποχή εκείνη. Η Ε.Ε.Π.Δ.Ε. είχε κατορθώσει να αποκαταστήσει επαφή με σημαντικό μέρος των καθηγητών και άλλων πανεπιστημιακών στην Ελλάδα, στους οποίους το 1971 έστειλε 3.000 γράμματα με το καταστατικό της. Το 1972 η Ε.Ε.Π.Δ.Ε. έκανε επανειλημμένα διαβήματα προς τις κυβερνήσεις των κρατών-μελών του Συμβουλίου της Ευρώπης, για να εφαρμόσουν την απόφαση του Συμβουλίου για τους έλληνες φοιτητές που είχαν καταφύγει στη Δυτική Ευρώπη. Την ίδια χρονιά, η ομάδα του Λονδίνου κατάφερε φοιτητές από την Ελλάδα που είχαν αναγκαστεί να διακόψουν τις σπουδές τους να εγγραφούν ως «εξωτερικοί φοιτητές» στο Πανεπιστήμιο του Λονδίνου, ώστε να μπορέσουν να συνεχίσουν τις σπουδές τους. Επίσης, τον ίδιο χρόνο, οργάνωσε στη Γενεύη σεμινάριο με τίτλο «Ο πολιτικός και κοινωνικός χαρακτήρας του στρατιωτικού καθεστώτος στην Ελλάδα».

Το καλοκαίρι του 1973 η Ε.Ε.Π.Δ.Ε. ζητούσε από τους Έλληνες και ξένους να σαμποτάρουν το λεγόμενο Παγκόσμιο Συνέδριο Ελλήνων Επιστημόνων του Εξωτερικού, το οποίο οργάνωνε το δικτατορικό καθεστώς στην Αθήνα. Εκδηλώσεις συμπαράστασης της Ε.Ε.Π.Δ.Ε. έγιναν την εποχή εκείνη για διάφορα θέματα που αφορούσαν τον πανεπιστημιακό χώρο στην Ελλάδα, αλλά και για άλλα σημαντικά γεγονότα, όπως ήταν η καταδίκη του Αλέκου Παναγούλη. Παράλληλα, τον Σεπτέμβριο του 1973, η Ε.Ε.Π.Δ.Ε. οργάνωσε τη Θερινή Σχολή Γενεύης, όπου περίπου εκατό φοιτητές παρακολούθησαν μαθήματα και συζητήσεις σε τρεις διαδοχικούς κύκλους θεμάτων: «Γλώσσα και ελληνική λογοτεχνία», «Κοινωνία και Οικονομία: Ελλάδα και Ευρώπη». Η Ε.Ε.Π.Δ.Ε. είχε προσφέρει τότε πενήντα υποτροφίες σε φοιτητές (έξοδα ταξιδιού και παραμονής) και είχε λάβει 950 αιτήσεις, πολλές από τις οποίες ήταν από την Ελλάδα. Το 1973 οργανώθηκε στο Παρίσι σεμινάριο με τίτλο «Οικονομική ανάπτυξη και μετανάστευση στην Ελλάδα», τα πρακτικά του οποίου κυκλοφόρησαν με μορφή βιβλίου, τον επόμενο χρόνο, με επιμέλεια του Μάριου Νικολινάκου.

Την άνοιξη του 1974 δόθηκαν διαλέξεις στο Ελεύθερο Σπουδαστήριο του Παρισιού, ενώ τον Μάιο του 1974 οργανώθηκε στο Λονδίνο συνέδριο με θέμα «Εθνικό εισόδημα της Ελλάδας και σημαίες ευκαιρίας».

Στη διοίκηση της Ε.Ε.Π.Δ.Ε., που ας σημειωθεί ήταν μια απλή Γραμματεία και όχι το καθιερωμένο Διοικητικό Συμβούλιο, συμμετείχαν, κατά καιρούς, οι Γιώργος Βουδούρης, Γιάννης Κανδύλης, Κώστας Καρούμπαλος, Γιώργος Κατηφόρης, Σπύρος Κιτσίκης, Βασίλης Μεταξάς, Μιχάλης Παπαγιαννάκης, Ραφαήλ Παπαδόπουλος, Γιάννης Σπράος, Νίκος Σβορώνος, Γιάγκος Σιώτης, Γιώργος Τενεκίδης και άλλοι. Ανάμεσα σε εκείνους που δραστηριοποιήθηκαν ιδιαίτερα στις τοπικές ομάδες περιλαμβάνονταν ο Λούδης Βασενχόβεν και ο Γιώργος Πετρόχειλος στο Λονδίνο, ο Μάριος Νικολινάκος στη Γερμανία, ο Βασίλης Δορωβίνης, ο Μάκης Καβουριάρης, ο Θόδωρος Πάγκαλος και η Στέλλα Γεωργούδη στη Γαλλία.

Μετά την πτώση της δικτατορίας, το 1974, τέθηκε το εύλογο ερώτημα κατά πόσον είχε νόημα η Ε.Ε.Π.Δ.Ε. να συνεχίσει να υπάρχει. Τελικά, αποφασίστηκε η συνέχιση της δραστηριότητάς της, με τροποποίηση του καταστατικού της, το οποίο πλέον ανέφερε ότι «θα εργάζεται για την προώθηση και περιφρούρηση ελεύθερων πανεπιστημιακών θεσμών και για την αναγέννηση και τον εκσυγχρονισμό της παιδείας σε μια ανεξάρτητη και δημοκρατική Ελλάδα», καθώς επίσης και για *την « μελέτη των προβλημάτων της σύγχρονης Ελλάδας».* Οι δραστηριότητες θα αναπτύσσονταν, πλέον, από τις τοπικές ομάδες, κυρίως του Παρισιού, της Γκρενόμπλ, του Λονδίνου και του Μίνστερ της Γερμανίας.

Έντονη δραστηριότητα είχε αναπτύξει η τοπική ομάδα του Παρισιού το 1976-77, με τακτικές διαλέξεις και εκδηλώσεις, στις οποίες συμμετείχαν, μεταξύ άλλων οι Κώστας Αξελός, Γιάννης Ξενάκης, Κορνήλιος Καστοριάδης, Σπήλιος Παπασπηλιόπουλος, Μιμίκα Κρανάκη, Θανάσης Τζαβάρας, Νέντης Δημητράκος και Δημήτρης Αγραφιώτης.

Το Ιανουάριο του 1976 η Ε.Ε.Π.Δ.Ε. οργάνωσε διήμερο μελέτης στην Γκρενόμπλ, με θέμα «Ο ενεργειακός τομέας της ελληνικής οικονομίας», στην οποία πήραν μέρος ο Μάριος Νικολινάκος, ο Σταμάτης Χρυσολούρης και πολλοί άλλοι.

Η ίδρυση, η διατήρηση για πολλά χρόνια και η δράση της Ε.Ε.Π.Δ.Ε. ήταν μοναδική για την εποχή. Οι έλληνες πανεπιστημιακοί της διασποράς αποδείχθηκαν χρήσιμοι για τη χώρα τους με τον δικό τους τρόπο, όπου και αν βρίσκονταν, δρώντας πέρα και ανεξάρτητα από προσωπικές φιλοδοξίες.

Ανάλογη πρωτοβουλία, στην οποία και συμμετείχα ενεργά, πρέπει να θεωρηθεί η Παγκόσμια Ελληνική Βιοϊατρική Εταιρία της Διασποράς, που ιδρύθηκε από έλληνες γιατρούς και επιστήμονες των βιολογικών επιστημών πολύ αργότερα, το 1990, και συνεχίζει τη δράση της μέχρι σήμερα. Γι' αυτήν, όμως γίνεται εκτενώς λόγος στο Κεφάλαιο IX.

Η πρώτη δημόσια εκδήλωση της Ε.Ε.Π.Δ.Ε στην Ελλάδα ήταν η οργάνωση στην Αθήνα, τον Σεπτέμβριο του 1976, Διήμερου Μελέτης με θέμα «Η ανωτάτη παιδεία στη δυτική Ευρώπη», σε συνεργασία με τον Πανεπιστημιακό Όμιλο, που μόλις τότε είχε ιδρυθεί από γνωστούς καθηγητές των ελληνικών πανεπιστημίων, με κύριο σκοπό να συμβάλει στην προώθηση της εκπαιδευτικής μεταρρύθμισης στην Ελλάδα. Παράλληλα, συνεργαστήκαμε με το κεντρικό συμβούλιο του Επιστημονικού Διδακτικού Προσωπικού (Ε.Δ.Π.), την Εθνική Φοιτητική Ένωση Ελλάδας (Ε.Φ.Ε.Ε.) και το Τεχνικό Επιμελητήριο Ελλάδος (Τ.Ε.Ε.). Σκοπός της εκδήλωσης ήταν να συμβάλει στους προβληματισμούς για την ανώτατη εκπαίδευση στην Ελλάδα, θέτοντας στη διάθεση των ενδιαφερομένων στοιχεία από τον χώρο της δυτικής Ευρώπης, χωρίς βέβαια την πρόθεση να προβληθούν τα ευρωπαϊκά πανεπιστήμια σαν πρότυπα για αντιγραφή. Τονίσθηκε, μάλιστα, από τον Γιώργο Βουδούρη ότι δεν υπήρχε καμιά πρόθεση «να δημιουργηθεί η εντύπωση του επαρμένου ετερόφωτου, που φαντάστηκε ότι έμαθε την αλήθεια και επιχειρεί να την μεταφυτέψει». Αυτή η επιφυλακτική τάση έναντι των Ελλήνων του εξωτερικού, παρόλο που υπήρχε στην Ελλάδα ήδη από τα χρόνια της μεταπολίτευσης, πήρε αργότερα ευρύτερες διαστάσεις, σε σημείο που, όταν ακουγόταν ότι άνθρωποι του εξωτερικού έπαιρναν δημόσιες θέσεις ή συμμετείχαν σε επιτροπές, τους αποκαλούσαν σκωπτικά «σοφούς», προφανώς για να μειώσουν την αξία τους. Παρ' όλα αυτά, τα πρώτα χρόνια της μεταπολίτευσης, οι δημόσιες γνώμες από το εξωτερικό ακούγονταν με ενδιαφέρον και με προσοχή.

Εισηγήσεις σε αυτό το διήμερο έγιναν από τους Μάριο Νικολινάκο, Μιχάλη Γκίκα, Τάσο Κατσανάκη και Θανάση Φούρλα για τη Γερμανία, από τον Αλέξανδρο Χριστοφέλλη για την Ιταλία, από τον Ραφαήλ Παπαδόπουλο και τον Βασίλη Δρουκόπουλο για τη Βρετανία, και από τους Μιχάλη Παπαγιαννάκη και Γιώργο Βουδούρη για τη Γαλλία. Επίσης, έκαναν παρεμβάσεις ο Στέφανος Τζουμάκας εκ μέρους της Ε.Φ.Ε.Ε., ο Δημήτρης Μαυράκης εκ μέρους του Ε.Δ.Π. και ο Δημήτρης Μαρωνίτης εκ μέρους του Πανεπιστημιακού Ομίλου. Στη συζήτηση πήραν μέρος, επίσης, ο Κώστας Κριμπάς, ο Γιάγκος Πεσμαζόγλου, ο Δημήτρης Ρόκος, ο Ηλίας Κατσούλης και ο Κώστας Ζουράρις. Η εκδήλωση, που συγκέντρωσε πολύ κόσμο, προβλήθηκε στον αθηναϊκό Τύπο και δημοσιεύτηκε στα Τεχνικά χρονικά.

Τον ίδιο χρόνο, το 1976, άρχισε να κυκλοφορεί και το τριμηνιαίο Ενημερωτικό Δελτίο της Ε.Ε.Π.Δ.Ε., που εξέδωσε 14 τεύχη μέχρι το τέλος του 1980.

Τον ερχόμενο χρόνο, τον Σεπτέμβριο του 1977, η Ε.Ε.Π.Δ.Ε. οργάνωσε στην Αθήνα με μεγάλη επιτυχία διήμερο μελέτης με θέμα «Επιστημονική έρευνα και πανεπιστήμιο». Κύριος στόχος ήταν η ανάλυση και συγκριτική μελέτη των συστημάτων επιστημονικής έρευνας σε Γαλλία, Βρετανία, Γερμανία και Ελλάδα. Το θέμα εξετάστηκε από πολιτική, οικονομική, κοινωνική και λειτουργική σκοπιά. Στα θέματα που παρουσιάσθηκαν την πρώτη μέρα περιλαμβάνονταν: «Η οργάνωση και αποδοτικότητα της έρευνας», από τον Γιώργο Ψαχαρόπουλο, «Η έρευνα στις κοινωνικές επιστήμες στη Βρετανία», από τον Γιώργο Πετρόχειλο, «Οι μεταπτυχιακές σπουδές και η έρευνα στις θετικές επιστήμες και την τεχνολογία στη Βρετανία», από τους Νίκο Κυρτάτο και Ραφαήλ Παπαδόπουλο, «Νέοι προβληματισμοί για την επιστημονική έρευνα στην Ιταλία», από τον Αλέξανδρο Χριστοφέλλη, «Η έρευνα στις θετικές επιστήμες στη Γαλλία» από τους Νίκο Ευσταθόπουλο και Γιώργο Μπραουδάκη, «Σκέψεις για την οργάνωση της έρευνας και των μεταπτυχιακών σπουδών στην Ελλάδα», από τον Μανώλη Δρεττάκη, που είχε ήδη επιστρέψει στην Ελλάδα έπειτα από μακρά παραμονή στο Λονδίνο, καθώς και «Η ιατρική έρευνα στο Εθνικό Σύστημα Υγείας της Βρετανίας» από τον γράφοντα. Τη δεύτερη μέρα έγιναν εισηγήσεις με τα εξής θέματα: «Προβλήματα προγραμματισμού της επιστημονικής έρευνας στην Ελλάδα» από τον Ηλία Μίγα του Κ.Ε.Π.Ε., «Για να υπάρξει έρευνα στην Ελλάδα» από τη Μαρία Ηλιού του Ε.Κ.Κ.Ε., «Προτάσεις για την οργάνωση της έρευνας στο ελληνικό πανεπιστήμιο» από τον Άλκη Ρήγο του Ε.Δ.Π, «'Ερευνα και πανεπιστήμιο στην Ελλάδα», από τον Στέφανο Τζουμάκα της Ε.Φ.Ε.Ε., «Ερευνητικές δυνατότητες στα ανεξάρτητα ερευνητικά ιδρύματα στην Ελλάδα», από τον Κώστα Σοφούλη, «Η ιατρική έρευνα στην Ελλάδα», από τον Κωστή Χλουβεράκη, «Προβλήματα έρευνας, μελέτης και εφαρμογής στον σχεδιασμό και τις διαδικασίες ρύθμισης του χώρου», από τον Παύλο Λουκάκη, «Η επιστημονική έρευνα στην Ελλάδα», από τον Κώστα Κριμπά, «Εμπειρίες από τις μεταπτυχιακές σπουδές στην Ελλάδα στον ηλεκτρονικό τομέα», από τον Κώστα Καρούμπαλο και «Μεταπτυχιακές σπουδές στο Κέντρο Πυρηνικών Ερευνών Δημόκριτος» από τον Στάθη Κοσιονίδη.

Η εκδήλωση αυτή προκάλεσε ιδιαίτερο ενδιαφέρον γιατί συνέπεσε χρονικά με την αιφνιδιαστική προώθηση από την τότε κυβέρνηση, στο θερινό τμήμα της Βουλής, νομοσχεδίου για την ανάπτυξη της έρευνας στη χώρα μας. Οι κύριες διαπιστώσεις της συζήτησης ήταν ότι το σύστημα της ανωτάτης παιδείας στην Ελλάδα ήταν ξεπερασμένο και αναχρονιστικό, οι μεταπτυχιακές σπουδές ήταν ουσιαστικά ανύπαρκτες, η έρευνα ελάχιστη, σποραδική και μη θεσμοποιημένη.

Την εκδήλωση παρακολούθησαν πολλοί πανεπιστημιακοί, επιστήμονες και φοιτητές. Προβλήθηκε, μάλιστα ιδιαίτερα από τον αθηναϊκό Τύπο και οι εισηγήσεις εκδόθηκαν σε βιβλίο. Ο έντονος προβληματισμός της εποχής εκείνης βρήκε έκφραση με το Νόμο Πλαίσιο 1268/1982 για την Ανώτατη Παιδεία, ο οποίος, παρά την αρχική του θετική συνεισφορά, με το πέρασμα του χρόνου δημιούργησε τεράστια προβλήματα, τα οποία ακόμη ταλαιπωρούν την ανώτατη εκπαίδευση στην Ελλάδα.

Ακριβώς τριάντα χρόνια αργότερα μετά το καλοκαίρι του 2007, ο πρόεδρος της Ελληνικής Δημοκρατίας, Κάρολος Παπούλιας, έπειτα από εισήγηση του επιστημονικού του συμβούλου, Γιώργου Λ. Ευαγγελόπουλου, είχε την πρωτοβουλία να καλέσει 22 έλληνες επιστήμονες και ερευνητές από την Ελλάδα και το εξωτερικό για να ακούσει τη γνώμη τους για την προώθηση της έρευνας στην Ελλάδα. Με διακήρυξη που παρέδωσε η ομάδα αυτή στον πρόεδρο της Δημοκρατίας εξέφραζε την αγωνία της για την παραγνώριση και καθυστέρηση στην ανάπτυξη της επιστημονικής έρευνας στην Ελλάδα, και μάλιστα σε μια κρίσιμη εποχή για τη χώρα και το μέλλον της, δηλώνοντας ότι «Η Ελλάδα δεν έχει μέλλον χωρίς έρευνα». Η διακήρυξη περιελάμβανε συγκεκριμένες προτάσεις για στοχευμένη δράση, με άμεση αξιοποίηση του τεράστιου ανθρώπινου επιστημονικού δυναμικού που διαθέτει σήμερα η Ελλάδα, στο εσωτερικό και στο εξωτερικό. Δεν υπήρξε καμιά αντίδραση της Πολιτείας σε σχέση με τη διακήρυξη, παρά το γεγονός ότι ένα άλλο νομοσχέδιο για την έρευνα ήταν έτοιμο τότε να συζητηθεί στη Βουλή. Έπειτα από ένα χρόνο, η διακήρυξη δημοσιεύτηκε στην Καθημερινή και το *Βήμα της Κυριακής*, προκαλώντας ένα ευμενές άρθρο του Νίκου Ξυδάκη, ο οποίος επέκρινε την έλλειψη ενδιαφέροντος της Πολιτείας. Ούτε, τότε, όμως υπήρξε επίσημη αντίδραση.

Από το 1977 και έπειτα αρχίζει σταδιακά η έντονη δραστηριοποίησή μου στην Ε.Ε.Π.Δ.Ε., στο Λονδίνο. Μαζί με τους Ραφαήλ Παπαδόπουλο και Γιώργο Πετρόχειλο, με τους οποίους συνδέθηκα με στενή φιλία που διατηρείται μέχρι σήμερα, προσπαθήσαμε να συντονίσουμε τη δράση μας, να προσελκύσουμε νέα μέλη που ήταν κυρίως νέοι που έρχονταν την εποχή εκείνη κυρίως για μεταπτυχιακές σπουδές και παράλληλα να κρατήσουμε στενή επαφή με την Ελλάδα, όπου ήδη είχαν αρχίσει να επιστρέφουν αρκετά από τα ιδρυτικά μέλη μας. Ανάμεσα στους πρώτους που επέστρεψαν στην Ελλάδα ήταν ο Γιώργος Βουδούρης, που έγινε καθηγητής της φυσικής στο Εθνικό Μετσόβιο Πολυτεχνείο, και ο Κώστας Καρούμπαλος, που εξελέγη στην έδρα της ηλεκτρονικής φυσικής στο Πανεπιστήμιο Αθηνών. Αργότερα, επέστρεψαν σταδιακά από το Λονδίνο ως καθηγητές στα ελληνικά πανεπιστήμια, ο Λούδης

Βασενχόβεν, που έγινε καθηγητής της πολεοδομίας στην Αρχιτεκτονική Σχολή του Εθνικού Μετσόβιου Πολυτεχνείου, ο Γιάνης Γιανουλόπουλος, αρχικά στο Πανεπιστήμιο Κρήτης και έπειτα στην Αθήνα, ο Θάνος Σκούρας, στο Πανεπιστήμιο Αθηνών, η Τζέλα Σκούρα, στο Πανεπιστήμιο Ιωαννίνων, ο Λουκάς Τσούκαλης, από την Οξφόρδη, μετέπειτα καθηγητής του Πανεπιστημίου Αθηνών, από τους πλέον ειδικούς διεθνώς στα Ευρωπαϊκά θέματα, που αργότερα έγινε και πρόεδρος του ΕΛΙΑΜΕΠ. Από αυτούς που επέστρεψαν από τη Γαλλία και ασχολήθηκαν με την πολιτική ξεχώρισαν ο Θόδωρος Πάγκαλος, κατ' επανάληψη υπουργός των κυβερνήσεων του ΠΑΣΟΚ, και ο Μιχάλης Παπαγιαννάκης, που διατέλεσε ευρωβουλευτής και στέλεχος του Συνασπισμού. Αργότερα, από το Λονδίνο, επέστρεψε και διατέλεσε στην αρχή ειδικός σύμβουλος του τότε πρωθυπουργού Ανδρέα Παπανδρέου, και εν συνεχεία ευρωβουλευτής, ο Γιώργος Κατηφόρης, οικονομολόγος στο University College του Λονδίνου, με έντονη αντιδικτατορική δράση, δεινός ομιλητής που έχαιρε μεγάλης εκτίμησης στους ακαδημαϊκούς κύκλους. Επίσης, ο Γιάννης Παπανικολάου, ειδικός οικονομικός σύμβουλος του τότε πρωθυπουργού Ανδρέα Παπανδρέου, ο Γιώργος Ψαχαρόπουλος που εκλέχθηκε βουλευτής επικρατείας και ο οποίος αναφέρεται επίσης στο Κεφάλαιο ΙΙΙ, ο Χάρης Σταματόπουλος, που έγινε διοικητής της Ιονικής Τράπεζας και άλλων οργανισμών, καθώς και άλλοι για τους οποίους δεν έχω κρατήσει στοιχεία.

Τον Απρίλιο του 1978 διοργανώθηκε σε συνεργασία με την τοπική ομάδα Γερμανίας, στο Μίνστερ, σεμινάριο με θέμα «Η Ελλάδα μετά το 1950: Αναλύσεις και διαπιστώσεις». Το σκεπτικό γι' αυτήν την εκδήλωση ήταν ότι οι οικονομικές, κοινωνικές, πολιτικές και ιδεολογικές δομές που παγιώθηκαν στην Ελλάδα μετά το 1950 επηρέασαν καθοριστικά την κοινωνική εξέλιξη μετά την Κατοχή και τον Εμφύλιο, μέχρι τη μεταπολίτευση του 1974. Το σεμινάριο απέβλεπε στην κριτική διερεύνηση και ανάλυση των δομών αυτών, καθώς και των συναφών λειτουργιών, με απώτερο στόχο να συμβάλει τόσο σε μια γενικότερη θεώρηση της κοινωνικής εξέλιξης στην Ελλάδα, όσο και στην υποβοήθηση της κριτικής ιστοριογραφίας. Παρόλο ότι ήταν ήδη Απρίλιος, ο καιρός ήταν ακόμη πολύ κρύος και στον δρόμο προς το Μίνστερ βρήκαμε αρκετά χιόνια. Μαζί μας είχαμε τον Λουκά Τσούκαλη και τον Γιώργο Πετρόχειλο. Από το Λονδίνο είχαν έρθει, επίσης, ο Ραφαήλ Παπαδόπουλος με τον Νίκο Κυρτάτο. Στο Μίνστερ χαρήκαμε τη ζεστή φιλοξενία από τους Θανάση Φούρλα, Τάσο Κατσανάκη και Μιχάλη Γκίκα. Το σεμινάριο ήταν πολύ ενδιαφέρον και ανάμεσα στα θέματα που συζητήθηκαν ήταν: «Το ιστορικό περίγραμμα της Ελλάδος 1950-1974», «Διαμορφωτικοί παράγοντες του κοινωνικού συστήματος στην Ελλάδα την ίδια περίοδο», «Η αγροτική δομή στην Ελλάδα μετά το 1950», «Οικονομική ανάπτυξη και διαθρωτικές αλλαγές στην ελληνική οικονομία» και «Κριτική της ιδεολογικής λειτουργίας των θρησκευτικών θεσμών στη μετεμφυλιακή Ελλάδα». Η συμμετοχή, πάντως , ήταν μικρή, προκαλώντας έτσι νέους προβληματισμούς για τη συνέχιση της δράσης της Ε.Ε.Π.Δ.Ε. Ένας επιπλέον παράγοντας ήταν ότι, παράλληλα με τις δραστηριότητες της Ε.Ε.Π.Δ.Ε., την ίδια εποχή είχε ήδη αρχίσει να αναπτύσσει στο Λονδίνο έντονη δραστηριότητα η Ελληνική Εταιρία Μελετών και Επιστημονικού Προβληματισμού (Ε.Λ.Ε.Μ.Ε.Π.), για την οποία γίνεται λόγος στο Κεφάλαιο IV.

Στη Γραμματεία της Ε.Ε.Π.Δ.Ε., στην οποία και μετείχα από κοινού με τον Ραφαήλ Παπαδόπουλο και τον Γιώργο Πετρόχειλο, είχαμε επίσης βοήθεια από τον Νίκο Κυρτάτο, τον Ζαφείρη Τζαννάτο, και αργότερα τον Στέλιο Πατερομιχελάκη. Αφιέρωσα αρκετές ώρες δουλειάς στην αναδιοργάνωση της γραμματειακής υποστήριξης, την ενημέρωση του καταλόγου των μελών και την εγγραφή νέων. Παράλληλα, συσφίξαμε τις σχέσεις μας με την Ε.Λ.Ε.Μ.Ε.Π., η συνεργασία με την οποία υπήρξε πάντα πολύ αρμονική. Σε αυτό συντέλεσε ιδιαίτερα το γεγονός ότι ο Ραφαήλ Παπαδόπουλος ήταν πολύ έμπειρος στα θέματα της ελληνικής ακαδημαϊκής παροικίας στο Λονδίνο, αφού βρισκόταν εκεί από την αρχή της δικτατορίας και επίσης κατείχε τα οργανωτικά και λειτουργικά θέματα των βρετανικών πανεπιστημίων. Επίσης, ο Γιώργος Πετρόχειλος ήταν πολύ μεθοδικός και είχε πολλές γνωριμίες στο πεδίο των οικονομικών και πολιτικών επιστημών, τόσο στη Βρετανία όσο και στην Ελλάδα.

Το 1978 ο τότε υφυπουργός Εξωτερικών, Ανδρέας Αδριανόπουλος, έστειλε γράμμα σε 1.500 έλληνες επιστήμονες του εξωτερικού, αναγγέλλοντάς τους τη δημιουργία Ειδικού Μητρώου Ειδικοτήτων και Επιδόσεων των Ελλήνων Επιστημόνων του Εξωτερικού και καλώντας τους να συνδεθούν στενά με την Ελλάδα και να εξετάσουν τις προοπτικές επιστροφής τους. Δεν υπήρχαν συγκεκριμένες ιδέες και προτάσεις, ούτε ήταν γνωστά τα κριτήρια επιλογής, ενώ δεν είχε υπάρξει καν συλλογική επαφή με την Ε.Ε.Π.Δ.Ε. Είχαμε, λοιπόν, πολλές επιφυλάξεις για την αξία και τη βιωσιμότητα αυτού του εγχειρήματος. Το θέμα απασχόλησε πολύ και τον ελληνικό Τύπο. Η *Καθημερινή* δημοσίευσε σε εννέα συνέχειες, μεταξύ 16 και 26 Απριλίου 1978, στοιχεία για τους έλληνες επιστήμονες του εξωτερικού. Υπήρξαν, επίσης, ανάλογα δημοσιεύματα στο *Βήμα*, με αρνητικά ως επί το πλείστον σχόλια, για την έλλειψη αξιοποίησης των ελλήνων επιστημόνων της διασποράς καθώς και άρθρα του Διαμαντή Πεπελάση και του Κωστή Χλουβεράκη, αμφότεροι με μεγάλη εμπειρία παραμονής στο εξωτερικό. Επίσης, ο δημοσιογράφος Μηνάς Παπάζογλου δημοσίευσε στα *Νέα*, μεταξύ 17 Δεκεμβρίου 1977 και 2 Ιανουαρίου 1978, συνεντεύξεις με γνωστούς επιστήμονες στην Ελλάδα και στο εξωτερικό. Στις 16 Ιανουαρίου 1979 το *Βήμα* δημοσίευσε κείμενο με τίτλο «Η αποτυχία της πρωτοβουλίας» αναφέροντας ότι πολλοί από τους ομογενείς που επέστρεψαν στην Ελλάδα ξανάφυγαν πάλι για το εξωτερικό!

Εν τω μεταξύ, δημοσιεύονταν πολύ συχνά στον Τύπο διάφορα κείμενα για τη φοβερή γραφειοκρατία που υπήρχε στην Ελλάδα. Ανάμεσά τους και άρθρο του Μάριου Νικολινάκου, στο *Βήμα* της 6ης Νοεμβρίου 1975 που περιέγραφε την απίστευτη ταλαιπωρία του για να υποβάλει τα δικαιολογητικά του σε πολλαπλά αντίτυπα, μαζί με ακτινογραφία θώρακος (!) και διάφορα άλλα στοιχεία, για την υποψηφιότητα του στο Πανεπιστήμιο Αθηνών. Απ' όσο γνωρίζω, για πολλά χρόνια υποβάλλονταν ουκ ολίγα δικαιολογητικά σε πολλαπλά αντίτυπα, που ζύγιζαν πολλά κιλά και που δεν είναι δυνατόν ούτε καν να τα μεταφέρει κάποιος μόνος του. Εμπειρία ανάλογης ταλαιπωρίας είχα το 1979 από την διαδικασία αναγνώρισης της διατριβής μου (PhD) από την Ελλάδα.

Ακολούθησαν και άλλες ανάλογες ενέργειες για τη σύνταξη ειδικού μητρώου των ελλήνων επιστημόνων της διασποράς από κυβερνητικούς φορείς, χωρίς αυτό να κατορθωθεί ποτέ. Σε αυτές τις προσπάθειες θα πρέπει να προστεθούν και οι ειδικές συγκεντρώσεις που οργανώθηκαν κατά καιρούς στην ελληνική πρεσβεία στο Λονδίνο ή αλλού, με πολιτικούς που ζητούσαν να γνωρίσουν τους έλληνες πανεπιστημιακούς και επιστήμονες, χωρίς ωστόσο να έχουν κάποιο συγκεκριμένο πρόγραμμα. Η γνώμη μου ήταν ότι κύριος σκοπός τους ήταν να «περάσει» κάποια είδηση γι' αυτούς στον ελληνικό Τύπο και τα άλλα μέσα μαζικής ενημέρωσης, επειδή θεωρούσαν ότι έτσι θα αναβάθμιζαν τη θέση τους και το κύρος τους. Κατά καιρούς, συντάχθηκαν και κυκλοφόρησαν διάφοροι κατάλογοι ελλήνων επιστημόνων του εξωτερικού, αλλά πάντα κύριο χαρακτηριστικό τους ήταν η προχειρότητα. Ακόμη και πρόσφατα όταν γραφόταν αυτό το βιβλίο, η υπουργός Παιδείας έκανε ειδικό ταξίδι στην Καλιφόρνια και συναντήθηκε με Έλληνες επιστήμονες στη Silicon Valley, ενώ ο υφυπουργός Παιδείας σε συνεργασία με την Γενική Γραμματεία Έρευνας και Τεχνολογίας δημιουργούσε ειδικό μητρώο αξιολογητών αιτήσεων ερευνητικών προγραμμάτων. Έπειτα από τόσα χρόνια, αυτό το μητρώο ακόμη δεν υπάρχει. Δυστυχώς, αυτό το τεράστιο ανθρώπινο ελληνικό δυναμικό της διασποράς, μαζί με το αξιολογότατο δυναμικό που υπάρχει σήμερα μέσα στη χώρα μας, παραμένει ουσιαστικά ανεκμετάλλευτο.

Τον Μάιο του 1978 η Ε.Ε.Π.Δ.Ε. συνεργάστηκε στενά με την Ε.Λ.Ε.Μ.Ε.Π. στην οργάνωση του Διημέρου Συζήτησης με θέμα: «Ελλάδα: Κατοχή, Αντίσταση, Εμφύλιος», που έγινε στη London School of Economics και για το οποίο γράφω στο Κεφάλαιο IV. Τον επόμενο χρόνο, τον Μάρτιο του 1979, και πάλι σε στενή συνεργασία με την Ε.Λ.Ε.Μ.Ε.Π., οργανώθηκε το συνέδριο «Ανάπτυξη ή υπανάπτυξη: Η περίπτωση της Ελλάδας», που πραγματοποιήθηκε πάλι στη London School of Economics, και για το οποίο επίσης γίνεται λόγος στο Κεφάλαιο IV. Τον Δεκέμβριο του 1980 η Ε.Ε.Π.Δ.Ε. οργάνωσε Διήμερο Μελέτης στην Αθήνα, στο Εθνικό Ίδρυμα Ερευνών, με θέμα «Υγεία και Κράτος», στο οποίο αναφέρομαι στο Κεφάλαιο V.

Τον επόμενο χρόνο, τον Δεκέμβριο του 1981, η Ε.Ε.Π.Δ.Ε. συμμετείχε στην οργάνωση του σεμιναρίου με θέμα «Περιβάλλον, ανάπτυξη, και ποιότητα ζωής», σε συνεργασία με τον Παύλο Ναθαναήλ, επικεφαλής τότε της ελληνικής εκπομπής του BBC. Κύριοι ομιλητές ήταν οι γνωστοί βρετανοί πολεοδόμοι Peter Hall and Nigel Haig. Από τους Έλληνες της Ε.Ε.Π.Δ.Ε. στη Βρετανία πήραν μέρος ο Λούδης Βασενχόβεν, με θέμα «Περιβαλλοντικοί στόχοι στον σχεδιασμό ανάπτυξης των πόλεων», ο Ραφαήλ Παπαδόπουλος, με θέμα «Ανάγκη συμμετρίας και κοινωνικών επιλογών στην αναπτυξιακή διεργασία», καθώς και οι Θαλής Αργυρόπουλος, Τάκης Φωτόπουλος, Χάρης Μαρτίνος και Γιώργος Πετρόχειλος. Από την Ελλάδα είχαν πάρει μέρος ο Γιώργος Κριμπάς, καθηγητής των οικονομικών με θέμα «Οικονομική ανάπτυξη και περιβαλλοντικά προβλήματα», ο Γιώργος Τσαούσης, καθηγητής της Παντείου, με θέμα «Περιβάλλον και τρόπος ζωής» και ο Θόδωρος Σκουλικίδης του Εθνικού Μετσόβιου Πολυτεχνείου.

Την άνοιξη του 1982 και ενώ προχωρούσαν οι αλλαγές της εποχής εκείνης στην Ελλάδα, από την πρώτη κυβέρνηση ΠΑΣΟΚ του Ανδρέα Παπανδρέου, αποφασίστηκε να οργανωθεί συνέδριο για να εξεταστούν οι συντελούμενες αλλαγές στη χώρα. Εν τω μεταξύ, πολλά από τα μέλη της Ε.Ε.Π.Δ.Ε. επέστρεφαν στην Ελλάδα, ή βρίσκονταν σε επαφή με κυβερνητικούς κύκλους, για να αναλάβουν θέσεις συμβούλων ή εμπειρογνωμόνων. Αυτό ήταν το δεύτερο «κύμα επιστροφής» πανεπιστημιακών από το Λονδίνο στην Ελλάδα μετά την πτώση της δικτατορίας. Η ιδέα ήταν το συνέδριο να γίνει στην αγγλική γλώσσα και να συμμετάσχουν μέλη της κυβέρνησης, ανώτεροι κρατικοί λειτουργοί, αλλά και πανεπιστημιακοί, οι οποίοι να συζητήσουν σε βάθος με βρετανούς ομολόγους τους για την οικονομία, την κοινωνική πολιτική, τις διεθνείς σχέσεις και τις θεσμικές αλλαγές. Καθώς θα ήταν η πρώτη φορά που στον διεθνή χώρο θα γινόταν τέτοια εκδήλωση, πιστεύαμε ότι παρουσιαζόταν μια πολύ καλή ευκαιρία προβολής της σύγχρονης ελληνικής πραγματικότητας στο αγγλικό και κατ' επέκταση το διεθνές ακαδημαϊκό κοινό. Θα πρέπει να τονιστεί ότι, αν σήμερα ανάλογες πρωτοβουλίες και ανάλογα συνέδρια αποτελούν ίσως κοινό τόπο, τότε, πριν τριάντα χρόνια, ήταν μεγάλη πρωτοτυπία. Υπήρχε ακόμη μεγάλη αισιοδοξία και ελπίδα ότι η Ελλάδα θα εύρισκε τον δρόμο να γίνει σύγχρονη ευρωπαϊκή χώρα, ισότιμο μέλος πλέον της Ευρωπαϊκής Ένωσης, έχοντας μάλιστα υπουργούς και στελέχη με διεθνείς εμπειρίες.

Από την πλευρά της Ε.Ε.Π.Δ.Ε θα ήταν η μεγαλύτερη εκδήλωση που είχε οργανώσει μέχρι τότε. Επιπλέον για πρώτη φορά το αντικείμενο θα αφορούσε την εφαρμοσμένη πολιτική στην Ελλάδα. Είχαμε πλήρη επίγνωση των πρακτικών και άλλων δυσκολιών που θα έπρεπε να αντιμετωπιστούν. Υπήρχε, όμως, η εμπειρία των προηγούμενων εκδηλώσεων και οι συνδιοργανώσεις συνεδρίων με την Ε.Λ.Ε.Μ.Ε.Π., καθώς επίσης και ενθουσιασμός για ένα τέτοιο τόλμημα. Πρώτη ενέργεια ήταν η συγκρότηση οργανωτικής επιτροπής, στην οποία συμμετείχαν οι Γιώργος Κατηφόρης, Νίκος Μουζέλης, Ραφαήλ Παπαδόπουλος, Γιώργος Πετρόχειλος, Γιάννης Σπράος, Λουκάς Τσούκαλης, Ζαφείρης Τζαννάτος, και ο γράφων. Όλοι εργαζόμασταν σε γνωστά βρετανικά πανεπιστήμια έχοντας ακαδημαϊκή πείρα και επίγνωση των ευθυνών μας για την ανάληψη αυτού του εγχειρήματος.

Προσωπικά, ένιωθα ιδιαίτερη ικανοποίηση που είχε δεχτεί να συμμετάσχει στην οργανωτική επιτροπή ο Γιάννης Σπράος, καθηγητής της πολιτικής οικονομίας στο University College του Λονδίνου. Ο Γιάννης Σπράος ήταν μια σοβαρή και επιβλητική προσωπικότητα, που συνδύαζε βρετανικό πραγματισμό και βρετανική ευγένεια με ελληνική ευπροσηγορία και καλοσύνη. Είχε διεθνή αναγνώριση στον τομέα του, είχε διατελέσει εκδότης της οικονομικής σειράς στις εκδόσεις Penguin, και από το τμήμα του είχαν περάσει, ως φοιτητές και ερευνητές, πολλοί γνωστοί οικονομολόγοι, ανάμεσα στους οποίους και αρκετοί Έλληνες. Ο Γιάννης Σπράος είχε επίσης έντονη αντιδικτατορική δράση όντας όλη την περίοδο της χούντας, επικεφαλής της επιτροπής αντιδικτατορικού αγώνα στο Λονδίνο. Ήταν ο άνθρωπος που υποδέχτηκε στο Λονδίνο τον Ανδρέα Παπανδρέου μετά την αποφυλάκιση του από τη χούντα και που διαπραγματεύτηκε την πρόσληψή του σε πανεπιστήμιο του Λονδίνου. Όμως, του έθεσαν όρο ότι θα απόσχει της πολιτικής, πράγμα που ο Ανδρέας δεν δέχτηκε, γι' αυτό προτίμησε να φύγει για τη Σουηδία. Μετά την πτώση της χούντας ο Γιάννης Σπράος αποσύρθηκε από τα οργανωτικά των ελληνικών οργανώσεων, αν και δεν έπαψε ποτέ να παρακολουθεί τις δραστηριότητες τους. Υποστήριζε ότι, με την αποκατάσταση της δημοκρατίας στην Ελλάδα, η αποστολή του είχε τελειώσει. Δέχτηκε ωστόσο να συμβάλει στη διοργάνωση του συνεδρίου, προς μεγάλη χαρά όλων μας, γιατί θεώρησε ότι πράγματι άλλαζαν τα δεδομένα στην Ελλάδα και δημιουργούνταν ελπίδες για το μέλλον. Στην πρώτη κυβέρνηση με πρωθυπουργό τον Κώστα Σημίτη, ο Γιάννης Σπράος έγινε ειδικός σύμβουλος του πρωθυπουργού και ήταν ο πρώτος που εισηγήθηκε την ανάγκη ριζικών μεταρρυθμίσεων στο ασφαλιστικό σύστημα. Οι προτάσεις του, όμως, δεν έγιναν δεκτές και αντίθετα, προκάλεσαν έντονες αντιδράσεις από τους εργαζόμενους και τους συνδικαλιστές. Επιστρέφοντας τότε στο Λονδίνο, είχε εξηγήσει, σε ιδιωτικές συζητήσεις αλλά και σε δημόσια διάλεξη που έδωσε στη London School of Economics, ότι δεν υπήρχε άλλη λύση για το ασφαλιστικό, και ότι το καλύτερο που είχε να κάνει η Ελλάδα ήταν να προχωρήσει εγκαίρως στις απαιτούμενες τροποποιήσεις που περιείχαν οι προτάσεις του. Τελικά, οι μεταρρυθμίσεις στο ασφαλιστικό θεσμοθετήθηκαν στην Ελλάδα το 2011, δεκαπέντε χρόνια έπειτα από τις πρώτες εισηγήσεις του Σπράου. Εξακολουθώ να τρέφω απεριόριστη εκτίμηση για τον Γιάννη Σπράο, με τον οποίο συνδεθήκαμε φιλικά, με τα χρόνια, και στον οποίο απευθυνόμουν συχνά για συμβουλές σε διάφορα θέματα που είχαν κυρίως σχέση με την Ελλάδα, έχοντας μεγάλη εμπιστοσύνη στην αντίληψή του, τη σκέψη του, αλλά και τη φρόνησή του και τη σύνεσή του.

Έπειτα από πολλές συζητήσεις, καταλήξαμε ότι το συνέδριο θα γινόταν έως 4,5 και 6 Μαρτίου του 1983. Ενάμιση χρόνος προετοιμασίας φαινόταν αρκετός. Οι απαιτήσεις, όμως, αυτού του συνεδρίου ήταν πολύ μεγαλύτερες απ' ότι όλων των προηγουμένων που είχαμε οργανώσει, όπως πολύ μεγαλύτερο ήταν και το οικονομικό του κόστος. Παρόλο ότι θα προσφέραμε φιλοξενία στα σπίτια μας, είχαμε δωρεάν αίθουσες από τη London School of Economics, και οι υπηρεσίες όλων μας θα ήταν εθελοντικές, εντούτοις θα υπήρχε σημαντικό κόστος, για το οποίο θα έπρεπε να βρούμε χρηματοδότηση. Η διάρκεια του συνεδρίου θα ήταν τρεις μέρες. Την Κυριακή, 6 Μαρτίου θα έπρεπε να νοικιάσουμε άλλη αίθουσα, γιατί η LSE θα ήταν κλειστή. Έπειτα από πολλές προσπάθειες και γραφειοκρατικές διαδικασίες που κράτησαν μήνες, μετά τη λήξη του συνεδρίου πήραμε οικονομική χορηγία από το Υπουργείο Εξωτερικών και το Υπουργείο Πολιτισμού, με την οποία και κατορθώσαμε να καλύψουμε σημαντικό μέρος των εξόδων. Είχαμε, επίσης, συμπαράσταση και βοήθεια από την ελληνική πρεσβεία του Λονδίνου, (πρέσβης ήταν τότε ο «εκ προσωπικοτήτων» Νίκος Κυριαζίδης, καλός γνώστης του ελληνικού τραπεζικού συστήματος, ο οποίος πήρε μέρος και στο συνέδριο). Κατά την αρχική προετοιμασία του συνεδρίου πρέσβης της Ελλάδας ήταν ο Ευστάθιος Λαγάκος, σοβαρός και αξιοπρεπής διπλωμάτης, που είχε κάνει ευμενή εισήγηση στις αρμόδιες ελληνικές υπηρεσίες για την σημασία του Συνεδρίου. Την εποχή εκείνη η ελληνική πρεσβεία στο Λονδίνο διέθετε ισχυρό επιτελείο με ανώτερους διπλωμάτες όπως ο Βασίλης Πισπινής, ο Βασίλης Ζαφειρόπουλος και δύο μετέπειτα πρέσβεις στο Λονδίνο, ο Θεόδωρος Καραβίας, εμπορικός σύμβουλος και άλλοι. Διευθυντής του γραφείου Τύπου της ελληνικής πρεσβείας ήταν ο Τηλέμαχος Χυτήρης, ο οποίος μαζί με τον Νίκο Παπαδάκη, βοήθησε επίσης πολύ. Τη χρηματοδότηση του συνεδρίου επέκρινε, με δημοσίευμά της στις 7 Μαρτίου

1983, η εφημερίδα Βραδυνή, υπό τον τίτλο «Ποιός πληρώνει τα συνέδρια της Αλλαγής». Η εφημερίδα θεώρησε ότι το συνέδριο ήταν κομματική εκδήλωση του ΠΑΣΟΚ, κάτι που δεν ίσχυε σε καμιά περίπτωση, παραβλέποντας το γεγονός της πραγματοποίησής του σε ακαδημαϊκό χώρο του εξωτερικού.

Ο τίτλος του συνεδρίου που θα γινόταν στα αγγλικά, θα ήταν «Transformation in Greece: A Conference of the Radical Policy». Στην τελευταία συνεδρίαση της οργανωτικής επιτροπής, στην οποία δεν μπορούσα να παραστώ, ο τίτλος άλλαξε και έγινε «Allaghi in Greece: A Conference of the Radical Policy» έπειτα από πρόταση του Γιώργου Πετρόχειλου. Όταν το έμαθα στενοχωρήθηκα, γιατί θεώρησα ότι ήταν λάθος καθώς ο όρος Allaghi ήταν τελείως αδόκιμος και άγνωστος στα αγγλικά. Είχε δοθεί, όμως, ήδη η παραγγελία για να τυπωθούν οι προσκλήσεις, το τελικό πρόγραμμα και η ανακοίνωση Τύπου και επομένως ο τίτλος δεν μπορούσε να αλλάξει. Τη χρήση του όρου Allaghi επέκρινε με σκωπτικό δημοσίευμά της και η εφημερίδα *Το Βήμα*.

Το τελικό πρόγραμμα περιλάμβανε τις εξής θεματικές ενότητες: «Πολιτική οικονομία», «Κράτος και κοινωνία πολιτών», «Έξωτερική πολιτική», «Εκπαίδευση και κοινωνικές υπηρεσίες». Στο τέλος προστέθηκε και μια ενότητα για την εξίσωση των δύο φύλων. Συμμετείχαν οι τότε υπουργοί της πρώτης κυβέρνησης του ΠΑΣΟΚ, Κώστας Βαΐτσος, τότε στο Πανεπιστήμιο του Sussex, και Γιώργος Παπανδρέου, υφυπουργός Παιδείας. Επίσης, η Λούκα Κατσέλη, διευθύντρια του Κ.Ε.Π.Ε., ο Γιάννης Παπανικολάου, οικονομικός σύμβουλος του πρωθυπουργού Ανδρέα Παπανδρέου, οι καθηγητές από την Ελλάδα Γιώργος Δράκος, Πάνος Κορλύρας και Αντώνης Κουράκης από την Οξφόρδη, άλλοι καθηγητές, πανεπιστημιακοί καθώς και πολιτικά στελέχη της κυβέρνησης και της αντιπολίτευσης, από την Ελλάδα και το εξωτερικό. Ανάμεσα τους ήταν και οι Σπήλιος Παπασπηλιόπουλος, Νίκος Μουζέλης, Γιώργος Δερτιλής, Νικηφόρος Διαμαντούρος, Θόδωρος Κατσανέβας, Χρήστος Λυριντζής, Γιώργος Κατηφόρης, Γιάννης Σπράος, Λουκάς Τσούκαλης, Κωνσταντίνος Τσουκαλάς, Δημήτρης Αγραφιώτης, Γιάνης Γιανουλόπουλος, Ραφαήλ Παπαδόπουλος, Τάσος Φιλαλήθης, Άρης Σισσούρας, Αλίκη Γιωτοπούλου-Μαραγκοπούλου, Ιωάννα Λαμπίρη-Δημάκη, Γιώργος Πετρόχειλος, και ο γράφων. Οργανώθηκαν αρκετά στρογγυλά τραπέζια, με συμμετοχή γνωστών βρετανών πανεπιστημιακών, δημοσιογράφων και πολιτικών, κυρίως από την Ελληνοβρετανική Διακοινοβουλευτική Ομάδα της Βρετανικής Βουλής. Ανάμεσά τους οι William Branson, Robert Bacon, Meghnad Desai (μετέπειτα Lord Desai), David Tonge, Hedley Bull, Richard Clogg, Robert Mabro, καθώς και οι Έλληνες Νίκος Κυριαζίδης, Τηλέμαχος Χυτήρης, Χρήστος Ροζάκης, Πάνος Τσακαλογιάννης, Τάκης Βατικιώτης, Τζέλα Σκούρα και Θάνος Βερέμης. Πιστεύω ότι, όπως φαίνεται από τη δομή του προγράμματος και τα ονόματα των συμμετασχόντων, είχαμε επιτύχει πολύ καλό συνδυασμό κορυφαίων ακαδημαϊκών στελεχών, αλλά και ατόμων που συμμετείχαν στην ενεργό πολιτική.

Το συνέδριο είχε μεγάλη συμμετοχή καθ' όλη τη διάρκεια και των τριών ημερών, φυσικά η παρακολούθησή του ήταν δωρεάν. Κατά μεγάλη πλειοψηφία το κοινό που το παρακολούθησε ήταν Έλληνες του Λονδίνου, ενώ ήρθαν και μερικοί από άλλα μέρη της Βρετανίας, και κυρίως από την Οξφόρδη και το Κέμπριτζ. Δυστυχώς, παρά τη δημοσιότητα που δόθηκε, δεν κατορθώσαμε να προσελκύσουμε ευρύτερο βρετανικό ακροατήριο, εκτός από μερικούς που είχαν κάποια σχέση με την Ελλάδα, ή ήταν φοιτητές πολιτικών και κοινωνικών επιστημών. Δεν είχαμε την προσέλευση που περιμέναμε από βρετανούς πολιτικούς, δημοσιογράφους και οικονομικούς παράγοντες, γεγονός που το θεωρήσαμε ένδειξη ότι το ενδιαφέρον στη Βρετανία για τα ελληνικά θέματα, εννέα χρόνια μετά τη μεταπολίτευση, είχε πια μειωθεί. Ο ελληνικός Τύπος αναφέρθηκε στο συνέδριο μάλλον πληροφοριακά, χωρίς να δώσει την έκταση που είχε δώσει στις προηγούμενες εκδηλώσεις μας για την ανώτατη εκπαίδευση, τα πανεπιστήμια, την έρευνα, το περιβάλλον. Εξαίρεση αποτέλεσε ένα εκτενέστατο άρθρο που δημοσιεύτηκε στο περιοδικό *Σύγχρονα Θέματα*, το 1983, γραμμένο από τον τότε μεταπτυχιακό ερευνητή Χρυσάφη Ιορδάνογλου, στο οποίο γινόταν λεπτομερής περιγραφή και ανάλυση των κυριότερων σημείων του συνεδρίου.

Συγκεκριμένα, η κριτική παρουσίαση του Χρυσάφη Ιορδάνογλου περιλάμβανε, μεταξύ άλλων και τα εξής σχόλια. Για την εισήγηση του καθηγητή Πάνου Κορλύρα, τότε οικονομικού συμβούλου της κυβέρνησης του ΠΑΣΟΚ, έγραφε «δεν αναφέρθηκε σε συγκεκριμένα μέτρα οικονομικής πολιτικής και προσπέρασε χωρίς εξηγήσεις τη στροφή στην οικονομική πολιτική του ΠΑΣΟΚ, χωρίς αναφορά στις πληθωριστικές τάσεις και την αύξηση της ανεργίας. Φαίνεται ότι ο ομιλητής επιχείρησε να παντρέψει τη μονεταριστική του παιδεία με στοιχεία από την ανάλυση της κεϋνσιανής αριστεράς και να εναρμονίσει το μείγμα με τις διαθέσεις του κυβερνώντος κόμματος». Για την εισήγηση του Γιώργου Δράκου, ο οποίος εξέφραζε απόψεις της Νέας Δημοκρατίας έγραφε «Απογοητευτική, καθώς δεν ήταν ακαδημαϊκό κείμενο αλλά πολιτική πολεμική, κατηγορώντας το ΠΑΣΟΚ ότι πολιτικοποίησε το πρόβλημα της διανομής του εισοδήματος». Ο Κώστας Βαΐτσος μίλησε «Για σχεδιασμό, κρατική παρέμβαση, έμφαση στην εκπαίδευση και την πολιτική των κρατικών προμηθειών αλλά, απέφυγε να αποκαλύψει τις προτεραιότητες του οικονομικού σχεδίου που ετοιμαζόταν και τις συγκεκριμένες επιλογές που έπρεπε να γίνουν». Η Λούκα Κατσέλη «που επρόκειτο να μιλήσει για τον δημοκρατικό σχεδιασμό, έκανε μια εισαγωγική διάλεξη πάνω στη θεωρία χωρίς να αναφερθεί συγκεκριμένα στην Ελλάδα». Ο Αντώνης Κουράκης από το Brasenose College της Οξφόρδης «Έκανε πειστική και συγκροτημένη έκθεση, τονίζοντας ότι ποσοτικοί και ποιοτικοί έλεγχοι του κράτους πάνω στο πιστωτικό σύστημα παραμένουν απαράλλαχτοι». Ανάλογες εισηγήσεις έγιναν και από τους άλλους ομιλητές, οι οποίοι ουσιαστικά περιορίστηκαν σε γενικότητες, δεν είχαν προτάσεις και δεν παρουσίασαν συγκεκριμένα στοιχεία. Εξαίρεση αποτέλεσαν οι ομιλίες της Αλίκης Γιωτοπούλου-Μαραγκοπούλου και της Ιωάννας Λαμπίρη-Δημάκη, οι οποίες παρουσίασαν το ιστορικό των προσπαθειών για μεταρρύθμιση του νομικού πλαισίου που ρυθμίζει τις σχέσεις των δύο φύλων, του Γιώργου Κατηφόρη, για τις αλλαγές στον συνδικαλιστικό τομέα με εξαιρετικά ευνοϊκές συνθήκες για τους εργαζόμενους, του Γιώργου Παπανδρέου, για τις δυσκολίες της λαϊκής επιμόρφωσης και του Τάσου Φιλαλήθη, ο οποίος επιχείρησε να τοποθετήσει το πρόβλημα της υγείας στα ιστορικά και κοινωνικά συμφραζόμενα.

Οι κυριότερες εισηγήσεις, με επιπρόσθετα θέματα, κυκλοφόρησαν σε βιβλίο στα αγγλικά με τον τίτλο *Socialism in Greece* με επιμέλεια του Ζαφείρη Τζαννάτου. Ο Βασίλης Καπετανγιάννης, στην κριτική που έγραψε γι' αυτό το βιβλίο, σημείωνε τα εξής: «Ο επιμελητής της έκδοσης έκανε ότι καλύτερο μπορούσε για να εξασφαλίσει τα κεφάλαια που περιέχονται να είναι ενημερωμένα και να καλύπτουν την πρώτη θητεία της κυβέρνησης (1981-1985). Παρά το γεγονός αυτό, η προσπάθεια είναι ατελής και δεν αντικατοπτρίζει πλήρως την πραγματική πορεία των γεγονότων, τα αποτελέσματα και την αποτελεσματικότητα πολλών πολιτικών πρωτοβουλιών και μεταρρυθμίσεων από το ΠΑΣΟΚ. Πάντως, το βιβλίο είναι εξαιρετικά χρήσιμο και γεμάτο από πολύτιμες πληροφορίες. Εν τούτοις, ενόψει των μεταγενέστερων εξελίξεων στην οικονομική πολιτική και τις εξωτερικές σχέσεις, μπαίνει κανείς στον πειρασμό να προτείνει στους διοργανωτές να ακολουθήσει ένα νέο συνέδριο, ώστε να βάλουμε τα πράγματα στη θέση τους...».

Οργανωτικά, το συνέδριο είχε αναμφισβήτητα επιτυχία, καθώς κατορθώσαμε να τα βγάλουμε πέρα πολύ καλά, χωρίς σοβαρά προβλήματα και κενά στο πρόγραμμα. Γιορτάσαμε τη λήξη του συνεδρίου πολύ ευχάριστα, στο φιλόξενο σπίτι του Νίκου Μουζέλη, στο Hampstead, όπου και άλλες φορές καταλήγαμε έπειτα από παρεμφερείς εκδηλώσεις.

Κάνοντας απολογισμό τις επόμενες μέρες, υπήρχε έντονος προβληματισμός γι' αυτά που ακούσαμε, για την ποιότητα των παρουσιάσεων, για τη σοβαρότητα και βαρύτητα της δημιουργούμενης υποδομής και των σχεδιαζόμενων μεταρρυθμίσεων στην Ελλάδα. Αυτή ήταν και η τελευταία μεγάλη εκδήλωση που οργάνωσε η Ε.Ε.Π.Δ.Ε. Είχε γίνει πλέον εμφανές ότι στην Ελλάδα συντελούνταν σημαντικές κοινωνικές αλλά και πολιτικές και οικονομικές αλλαγές. Υπήρξε ένα αυξανόμενο κύμα επιστροφής στην Ελλάδα εκείνον τον καιρό, από μερικούς από τους παλιούς που είχαν απομείνει στο Λονδίνο αλλά και από νεότερους που είχαν έλθει στη Βρετανία μετά τη μεταπολίτευση. Η πανεπιστημιακή και ακαδημαϊκή ελληνική κοινότητα του Λονδίνου έδειχνε σαφείς τάσεις αποδυνάμωσης. Οι προπτυχιακοί φοιτητές, και σε μικρότερο ποσοστό οι μεταπτυχιακοί, που στις δεκαετίες του 1990 και του 2000 κατέκλυσαν κυριολεκτικά το Λονδίνο, αλλά και τη Βρετανία γενικότερα, δεν είχαν αρχίσει να έρχονται ακόμη. Παράλληλα, η άνοδος του ΠΑΣΟΚ στην εξουσία, με τις αλλαγές που προωθούσε πολιτικό γάμο, αυτόματο διαζύγιο, ισότητα των φύλων, αναγνώριση της Εθνικής Αντίστασης, θεσμικές αλλαγές στην ανώτατη εκπαίδευση, θεσμοθέτηση ΕΣΥ δημιουργούσαν καινούργια δεδομένα και επηρέαζαν τον προβληματισμό μας. Παρά το γεγονός ότι την αρχική ευφορία είχε διαδεχτεί μεγάλη επιφύλαξη, που σταδιακά έτεινε να μετατραπεί σε απογοήτευση, εντούτοις δεν μπορούμε να παραγνωρίσουμε το γεγονός ότι την εποχή εκείνη γίνονταν πράγματι σημαντικές αλλαγές στην Ελλάδα. Η αποτελεσματικότητα τους ή μη θα φαινόταν πολλά χρόνια αργότερα, όταν η χώρα θα έφτανε στα όρια της οικονομικής χρεοκοπίας.

Έπειτα από αυτό το συνέδριο αποχώρησα επίσημα από τη Γραμματεία της Ε.Ε.Π.Δ.Ε., καθώς επίσης και από την εκπροσώπησή της στο Ελληνικό Πολιτιστικό Κέντρο του Λονδίνου, για το οποίο γίνεται λόγος στο Κεφάλαιο VII. Ωστόσο, εξακολουθούσα να συνεισφέρω συμβουλευτικά και οργανωτικά. Την εκπροσώπηση της Ε.Ε.Π.Δ.Ε. στο Ελληνικό Πολιτιστικό Κέντρο του Λονδίνου ανέλαβε τότε ο Γιώργος Πετρόχειλος, ενώ αργότερα τον διαδέχθηκε ο Στέλιος Πατερομιχελάκης. Η Ε.Ε.Π.Δ.Ε. συνέχισε τη δραστηριότητά της για μερικά χρόνια ακόμη. Τον Σεπτέμβριο του 1984, οργάνωσε Διήμερο Μελέτης στην Αθήνα, με θέμα «Η ελληνική διασπορά στη δυτική Ευρώπη». Σκοπός αυτής της διημερίδας, την οποία συντόνισε ο Γιώργος Πετρόχειλος, ήταν να εξεταστούν και να αναλυθούν θέματα που αφορούσαν τους Έλληνες οι οποίοι ζούσαν και εργάζονταν μόνιμα ή προσωρινά σε χώρες της δυτικής Ευρώπης. Μεταξύ των θεμάτων που συζητήθηκαν ήταν οι οικονομικές συνθήκες, η απασχόληση, η παιδεία, η γλώσσα, η θρησκεία, η εκκλησία, η προσαρμογή στον ξένο τρόπο ζωής και η αφομοίωση αλλά και η πιθανή παλιννόστηση. Οι εισηγήσεις που έγιναν χαρακτηρίζονταν τόσο από γενικότερες θεωρητικές τοποθετήσεις, όσο και από ειδικές αναφορές στις διάφορες χώρες υποδοχής μεταναστών. Ο προβληματισμός της εποχής εκείνης για τη μετανάστευση ήταν διαφορετικός από τον σημερινό, καθώς δεν είχε εκδηλωθεί ακόμη το φαινόμενο της παγκοσμιοποίησης. Εισηγήσεις έγιναν, μεταξύ άλλων από τους Φλόγα Ανθία-Ayres, Marjet van Attecum, Toon Pennings, Hans Vermeulen, Πέτρο Γουγουλάκη, Μαρία-Εύα Θεοδωρίδου, Τάσο Κατσανάκη, Σοφία Μάππα, Αγγελική Μεργιανού, Μάριο Νικολινάκο, Βασίλη Πεσμαζόγλου, Μαρία Ρούσσου, Εμμανουήλ Σαρίδη, Γιώργο Τσιάκαλο. Ακολούθησε ειδική έκδοση, με επιμέλεια του Γιώργου Πετρόχειλου.

Τον Μάιο του 1985 οργανώθηκε από την Ε.Ε.Π.Δ.Ε. σεμινάριο με θέμα «Παιδεία και έρευνα στην Ελλάδα», στο Polytechnic of Central London, όπου συζητήθηκαν τα νέα εκπαιδευτικά μέτρα και ο Νόμος Πλαίσιο 1268/1982 για την Ανώτατη Εκπαίδευση. Συμμετείχαν από την Ελλάδα ο Α. Καλοφωλιάς, από το υπουργείο Παιδείας, ο Ν. Αντωνίου, από το Κέντρο Πυρηνικών Ερευνών Δημόκριτος, και ο Μηνάς Ροϊλός, από το Πανεπιστήμιο Πατρών. Από το Λονδίνο συμμετείχαν οι οικονομολόγοι Γιώργος Χατζηματθαίου και Θάνος Σκούρας και οι δυο από το North East London Polytechnic, ο Θαλής Αργυρόπουλος, από την Architectural Association, ο οποίος εν τω μεταξύ είχε αναλάβει διάφορες θέσεις στην Ελλάδα και πηγαινορχόταν μεταξύ Αθήνας και Λονδίνου, ο Ίων Σιώτης, από το Imperial College, και ο Γιώργος Κατηφόρης, από το University College London.

Το 1992 πέρασε από το Λονδίνο καθ' οδόν προς μια σύσκεψη στο Εδιμβούργο ο Ανδρέας Παπανδρέου, αρχηγός τότε της αξιωματικής αντιπολίτευσης. Είχε προηγηθεί η εγχείρηση καρδιάς που είχε κάνει στο νοσοκομείο του Harefield. Τον συνόδευαν η σύζυγος του, Δήμητρα Λιάνη, και ο καρδιολόγος Δημήτρης Κρεμαστινός. Ο Νίκος Παπαδάκης, σύμβουλος Τύπου της ελληνικής πρεσβείας, ζήτησε να οργανώσουμε μια μικρή συνάντηση για να ακούσει ο Ανδρέας Παπανδρέου τη γνώμη μας για τα εκπαιδευτικά θέματα στην Ελλάδα. Αυτή ήταν άλλη μια από τις πολλές, όπως ήδη ανέφερα, τυπικές, χωρίς ουσιαστικό νόημα συναντήσεις με Έλληνες πολιτικούς στις οποίες είχαμε συμμετάσχει όλα αυτά τα χρόνια. Δεν πρέπει, όμως, να παραγνωριστεί το γεγονός ότι ο Ανδρέας Παπανδρέου ήταν πολύ συναρπαστικός συζητητής, πλήρως ενήμερος για τη διεθνή κατάσταση, πράγμα που δεν είχαμε διαπιστώσει με κανέναν άλλον από τους έλληνες πολιτικούς που είχαμε συναντήσει όλα αυτά τα χρόνια στο Λονδίνο.

Σταδιακά, η αυτόνομη δραστηριότητα της Ε.Ε.Π.Δ.Ε., που είχε αρχίσει να περιορίζεται σημαντικά έπειτα από δεκαπέντε και πλέον χρόνια παρουσίας στο Λονδίνο και συνεργασίας με πανεπιστημιακούς φορείς στην Ελλάδα, έφτασε στο τέλος της. Συνέχισε την παρουσία της μέσω ορισμένων κοινών δραστηριοτήτων με το Ελληνικό Πολιτιστικό Κέντρο, για το οποίο γίνεται λόγος στο Κεφάλαιο VII, χωρίς όμως να έχει πια την ισχύ και την επιρροή που είχε μέχρι τότε.

ΚΕΦΑΛΑΙΟ III

ΕΛΛΗΝΕΣ ΑΣΘΕΝΕΙΣ ΣΤΟ ΛΟΝΔΙΝΟ

Στη δεκαετία του 1970 αυξανόταν συνεχώς ο αριθμός των Ελλήνων που έρχονταν στο Λονδίνο για εξετάσεις και θεραπεία. Αφότου εγκατασταθήκαμε στο Λονδίνο, αρχίσαμε να παίρνουμε τηλεφωνήματα και γράμματα από συγγενείς, φίλους, γνωστούς, γνωστούς των γνωστών, που μας ρωτούσαν για γιατρούς και νοσοκομεία. Πολλοί ζητούσαν να τους κλείσουμε ραντεβού με γιατρούς και να τους συνοδεύσουμε στην εξέταση, γιατί δεν μιλούσαν αγγλικά. Την ίδια εμπειρία είχαν και οι περισσότεροι Έλληνες που έμεναν τότε στο Λονδίνο. Προσπαθούσαμε να βοηθήσουμε όσο ήταν δυνατόν και πολλές φορές φιλοξενήσαμε φίλους και γνωστούς στο σπίτι μας. Τα «τραπέζια» σε Έλληνες που επισκέπτονταν το Λονδίνο ήταν πολύ συνηθισμένα τότε για μας. Δεν ήταν λίγες οι φορές που μπορεί να είχαμε επισκέπτες στο σπίτι ακόμη και δύο ή τρεις φορές την εβδομάδα. Όσο περνούσε ο καιρός και αυξανόταν ο αριθμός των επισκεπτών, γινόταν όλο και πιο δύσκολο για τη Μαρία και για μένα να συνδυάσουμε τις επίσης συνεχώς αυξανόμενες επαγγελματικές και οικογενειακές μας υποχρεώσεις με την ανάγκη να διευκολύνουμε τους φίλους και τους γνωστούς που έρχονταν από την Ελλάδα για ιατρικούς λόγους. Ακόμη πιο δύσκολο ήταν όταν δεν μιλούσαν αγγλικά και δεν μπορούσαν να κυκλοφορήσουν μόνοι τους στο Λονδίνο. Έτσι, ένας από εμάς ήταν υποχρεωμένος να πηγαίνει μαζί τους. Δεν ήταν, επίσης, λίγες οι φορές που ζήσαμε με φίλους πολύ δύσκολες προσωπικές και συναισθηματικές καταστάσεις, οι οποίες είχαν να κάνουν με τη διάγνωση σοβαρής αρρώστιας, για τους ίδιους ή για κάποιον από την οικογένειά τους.

Από τις πιο θλιβερές καταστάσεις ήταν η περίπτωση κόρης φίλων, μόλις 19 χρονών, που διαγνώστηκε με καρκίνο του μαστού και, παρά τα πρώτα ελπιδοφόρα αποτελέσματα της θεραπείας της, νικήθηκε τελικά τον επόμενο χρόνο. Δεν έλειπαν, όμως, και τα ευτράπελα. Ένα απόγευμα συνόδευσα γνωστή μας κυρία, ποιήτρια, στον διαβητολόγο George Scott, στο Νοσοκομείο Guy's όπου εργαζόμουν. Στην πρώτη ερώτησή του πόσων ετών ήταν, απάντησε «η μια ανθολογία με γράφει 70 η άλλη 67 από τον πατέρα μου ξέρω ότι είμαι 65 αλλά είμαι γραμμένη στο νησί 73». Βλέποντας ο Scott να μακρηγορεί η γνωστή μας κυρία στην απάντηση της, μου λέει με το αγγλικό του χιούμορ «δεν νομίζω ότι είναι τόσο δύσκολη η ερώτηση μου»!

Το 1978 -79 το θέμα των ελλήνων ασθενών που κατέκλυζαν το Λονδίνο έπαιρνε εκρηκτικές διαστάσεις, αφού περίπου 15.000 με 20.000 το χρόνο έρχονταν γι' αυτή την αιτία. Η παρουσία τόσων πολλών ελλήνων ασθενών στο Λονδίνο είχε και κοινωνικό αντίκτυπο. Αυτό οφειλόταν κυρίως στο γεγονός ότι τόσοι πολλοί Έλληνες βρίσκονταν μακριά από τον τόπο τους, τους συγγενείς και τους φίλους τους, και μάλιστα κατά κανόνα, κάτω από δύσκολες πρακτικές και συναισθηματικές συνθήκες. Οι άνθρωποι που έρχονταν στο Λονδίνο ανήκαν σε όλες τις κοινωνικές ομάδες και τα προβλήματά τους υγείας ήταν πολλά και ποικίλα, από πολύ σοβαρές ασθένειες μέχρι σχεδόν ασήμαντα ενοχλήματα.

Το θέμα άρχισε να παίρνει διαστάσεις στον ελληνικό Τύπο και έφθασε να είναι συχνό θέμα συζήτησης στο Λονδίνο και την Ελλάδα. Όσο περνούσαν τα χρόνια, η κατάσταση γινόταν οξύτερη και έπαιρνε μεγάλη δημοσιότητα. Το 1983 ασχολήθηκαν με το θέμα με σχετικό άρθρο τους ακόμη και οι *Times* του Λονδίνου. Η βρετανική ιατρική, την εποχή εκείνη, βρισκόταν σε μεγάλη ακμή. Οι Άραβες πρώτα και έπειτα οι Έλληνες αποτελούσαν την κατ' εξοχήν ιδιωτική πελατεία των βρετανών γιατρών, κυρίως αυτών των μεγάλων πανεπιστημιακών νοσοκομείων του Λονδίνου, που τους εξέταζαν όμως στα ιδιωτικά τους ιατρεία, κατά κανόνα στη Harley Street. Ας σημειωθεί ότι, εκτός από την περίπτωση των ξένων, και κυρίως των αράβων και των ελλήνων ασθενών, η ιδιωτική ιατρική ήταν ελάχιστη τότε στη Βρετανία. Οι ιδιωτικές ασφάλειες υγείας ήταν πολύ λίγες και παραδοσιακά οι Βρετανοί είχαν εμπιστοσύνη στο Εθνικό Σύστημα Υγείας (National Health Service). Ανάμεσα στους πολύ γνωστούς Έλληνες που ήρθαν στο Λονδίνο για προβλήματα υγείας περιλαμβάνονταν οι πρώην πρωθυπουργοί Ανδρέας Παπανδρέου, Κωνσταντίνος Καραμανλής, Κώστας Μητσοτάκης, πολιτικοί, συγγραφείς, ηθοποιοί, δημοσιογράφοι, κληρικοί, και διάφοροι άλλοι. Συχνά άκουγε κανείς ότι κάποιος ήθελε να δει «τον γιατρό του Αβέρωφ» ή κάποιου άλλου επωνύμου. Κεντρικά ξενοδοχεία όπως το «Clifton Ford», το «Mount Royal» και το «Cumberland» ήταν συνήθως γεμάτα με Έλληνες που έρχονταν στο Λονδίνο «για γιατρό». Μερικοί από τους Έλληνες ασθενείς που ήρθαν τότε στο Λονδίνο δημιούργησαν καλή σχέση με τον γιατρό τους και εξακολούθησαν να έρχονται για πολλά χρόνια. Σήμερα η «φυγή» , όπως την είχε ονομάσει ο ελληνικός Τύπος, ελλήνων ασθενών στο Λονδίνο έχει περιοριστεί στο ελάχιστο. Η μείωση άρχισε περίπου στα μέσα της δεκαετίας του 1990 για να περιοριστεί η «φυγή» στο ελάχιστο από το 2000 και έπειτα. Σε αυτό συνέβαλε αποφασιστικά η δημιουργία του Ωνάσειου Καρδιοχειρουργικού Κέντρου, καθώς και η εξέλιξη των μεγάλων δημόσιων νοσοκομείων και ιδιωτικών μονάδων στην Ελλάδα.

Κατά την περίοδο έξαρσης του προβλήματος, το γενικό προξενείο που Λονδίνου, με πρωτοβουλία του τότε γενικού προξένου Λευτέρη Ηλιόπουλου, αναγκάστηκε να δημιουργήσει ειδική υπηρεσία εξυπηρέτησης των ελλήνων ασθενών που έρχονταν για ιατρικούς λόγους, στελεχωμένη από τη Γιολάντα Τσάλα και την Ελευθερία Καρανίκα. Παράλληλα, οργάνωσε και ομάδα μεταφραστών που συνόδευαν τους ασθενείς στα ιατρικά τους ραντεβού για να μεταφράζουν και, γενικά, για να τους διευκολύνουν στις επισκέψεις τους σε γιατρούς και σε νοσοκομεία. Χωρίς αμφιβολία, η προσπάθεια που κατέβαλαν όλοι στο γενικό προξενείο ήταν πολύ χρήσιμη και η προσφορά τους πολύ σημαντική. Ήταν χρήσιμη επίσης και για όσους ζούσαμε στο Λονδίνο, καθώς μπορούσαμε πλέον να παραπέμψουμε στην ιατρική υπηρεσία του προξενείου πολλούς από αυτούς που απευθυνόταν σε μας για πληροφορίες. Πριν από τη δημιουργία αυτής της υπηρεσίας, είχαν χρησιμοποιηθεί, για λίγο, οι υπηρεσίες του συναδέλφου Σταύρου Βατίστα. Στο βρετανικό Εθνικό Σύστημα Υγείας, κορμό της ιατρικής περίθαλψης αποτελεί η πρωτοβάθμια φροντίδα, με τους οικογενειακούς γιατρούς και τα κέντρα υγείας. Οι βρετανοί πολίτες δεν μπορούν να κάνουν χρήση νοσοκομειακών γιατρών και νοσοκομείων παρά μόνο αν τους παραπέμψει ο οικογενειακός τους γιατρός. Με τους ξένους όμως ασθενείς, λίγοι βρετανοί συνάδελφοι τηρούσαν αυτόν τον κανόνα, ο οποίος ήταν και πρακτικά σχεδόν αδύνατον να εφαρμοστεί. Αργότερα, η συντηρητική κυβέρνηση της Θάτσερ πριμοδότησε τις ιδιωτικές ασφάλειες υγείας στη Βρετανία. Σημειωτέον, ότι οι ιδιωτικές κλίνες στα κρατικά νοσοκομεία που είχαν πλήρως καταργηθεί από την προηγούμενη κυβέρνηση των Εργατικών, έπειτα από σχέδιο της τότε υπουργού υγείας Barbara Castle, επιτράπηκαν πάλι επί Θάτσερ. Οι δυο αυτές πολιτικές αποφάσεις οδήγησαν στη δημιουργία αρκετών ιδιωτικών νοσοκομείων και νοσηλευτικών μονάδων «μέσα» στα κρατικά νοσοκομεία. Σε σχέση, όμως, με το μέγεθος του πληθυσμού της χώρας, το ποσοστό τους εξακολουθεί ακόμη και τώρα να είναι μικρό. Με την πάροδο του χρόνου οι ιδιωτικές αυτές μονάδες προσέλαβαν δικούς τους μεταφραστές και παρείχαν τις διευκολύνσεις που χρειάζονταν οι έλληνες ασθενείς, μειώνοντας έτσι την ανάγκη λειτουργίας της ιατρικής υπηρεσίας του προξενείου.

Η ιατρική υπηρεσία του προξενείου στο Λονδίνο εξυπηρέτησε πολλές χιλιάδες έλληνες ασθενείς. Νομίζω, μάλιστα, ότι ανταπεξήλθε ικανοποιητικά στο έργο της, αν λάβει κανείς υπόψη τις συνθήκες, αλλά και την έλλειψη υποδομής και υπεύθυνου συντονισμού. Όμως, όπως γίνεται σε ανάλογες περιπτώσεις, υπάρχουν οι ευχαριστημένοι και οι δυσαρεστημένοι. Δεν έλειψαν τα παράπονα και τα αρνητικά σχόλια, που κατά τη γνώμη μου ήταν αναπόφευκτα, με τις εκρηκτικές διαστάσεις που είχε λάβει το θέμα. Με τη σταδιακή μείωση του αριθμού των ελλήνων ασθενών στο Λονδίνο, η ιατρική υπηρεσία του γενικού προξενείου καταργήθηκε τελικά.

Κάτω από την πίεση των γεγονότων και με δεδομένη τη γενική αναστάτωση που επικρατούσε, σκεφτήκαμε με τον φίλο Γιώργο Ψαχαρόπουλο, οικονομολόγο τότε στη London School of Economics, να συγκεντρώσουμε στοιχεία ώστε να ερευνήσουμε το πρόβλημα. Οι δυο ερωτήσεις τις οποίες θέσαμε ήταν: α) ποια ήταν τα ιατρικά προβλήματα των Ελλήνων που έρχονταν στο Λονδίνο και β) γιατί διάλεγαν να έρθουν στο Λονδίνο.

Φτιάξαμε ένα σύντομο ερωτηματολόγιο, με σκοπό να το δώσουμε σ' ένα δείγμα ασθενών αλλά και βρετανών γιατρών που έβλεπαν πολλούς έλληνες ασθενείς. Ο γενικός πρόξενος, Λευτέρης Ηλιόπουλος, έδειξε μεγάλο ενδιαφέρον, καθώς επίσης και ο Σπύρος Δοξιάδης, που ήταν τότε υπουργός Υγείας. Δυστυχώς, δεν μπορέσαμε να βρούμε χρηματοδότηση για την έρευνα, εκτός από ένα συμβολικό ποσό για κάποια από τα έξοδα που μας υποσχέθηκε ο Σπύρος Δοξιάδης. Χρειάστηκαν πολλά βράδια και σαββατοκύριακα για να συντάξουμε το ερωτηματολόγιο των ασθενών και των γιατρών και για να μαζέψουμε τις πληροφορίες που χρειαζόμασταν. Το γενικό προξενείο έκρινε ότι θα ήταν ασυμβίβαστο με τις αρμοδιότητες του να δίνει το ερωτηματολόγιο στους ασθενείς που κατέφευγαν εκεί. Έτσι, ζητήσαμε τη βοήθεια των μεταφραστών, και μερικοί από αυτούς, με επικεφαλής την Άντζελα Καρά, προθυμοποιήθηκαν να μας βοηθήσουν. Η ανάλυση των απαντήσεων που πήραμε από 150 ασθενείς έδειξε ότι το μεγαλύτερο ποσοστό από αυτούς ερχόταν στο Λονδίνο για θεραπεία κάποιας μορφής καρκίνου, ενώ ακολουθούσαν οι καρδιοαγγειακές παθήσεις με πολλές καρδιοχειρουργικές επεμβάσεις. Ο κύριος λόγος που οι ασθενείς έρχονταν στο Λονδίνο ήταν για πάρουν δεύτερη ιατρική γνώμη, που τις περισσότερες φορές ήταν ουσιαστικά τρίτη, τέταρτη ... και βάλε. Επίσης, μεγάλο ποσοστό απάντησε ότι είχε μεγαλύτερη εμπιστοσύνη στο βρετανικό Εθνικό Σύστημα Υγείας και τους βρετανούς γιατρούς απ' ότι στο σύστημα και τους γιατρούς στην Ελλάδα. Ανάλογες ήταν και οι απαντήσεις που πήραμε από 60 βρετανούς γιατρούς, που όμως έκριναν ότι περίπου το 20% από τα περιστατικά που έβλεπαν μπορούσε να αντιμετωπισθούν εξίσου καλά στην Ελλάδα. Οι περισσότεροι ασθενείς κάλυπταν το κόστος οι ίδιοι, και μόνον ποσοστό 25% έπαιρναν τα χρήματα από τα ταμεία τους. Σταδιακά η κατάσταση άλλαξε, και για μεγάλο χρονικό διάστημα, τα ελληνικά ασφαλιστικά ταμεία και όχι μόνον τα επονομαζώμενα «ευγενή» αλλά και το ΙΚΑ κάλυπταν τα πολυδάπανα έξοδα ιατρικής νοσηλείας στο εξωτερικό, συμπεριλαμβανομένου και του Λονδίνου.

Τα αποτελέσματα αυτής της πιλοτικής έρευνας προσέφεραν τα πρώτα αντικειμενικά στοιχεία για ένα πολύ σοβαρό πρόβλημα, που απασχολούσε την εποχή εκείνη μεγάλο μέρος του ελληνικού πληθυσμού. Σύντομη περίληψη της έρευνας δημοσιεύτηκε στο British Medical Journal, ενώ ο Γιώργος Ψαχαρόπουλος δημοσίευσε σχετικό κείμενο στο *Βήμα της Κυριακής*, κάνοντας τις εξής δύο υποθέσεις:

1. Ότι το φαινόμενο των ασθενών που πήγαιναν στο Λονδίνο ήταν απλώς προέκταση της τάσης των ελλήνων ασθενών να παίρνουν δεύτερη, τρίτη, κλπ. ιατρική γνώμη. Με τη γενική άνοδο των εισοδημάτων τότε, η τάση αυτή είχε επεκταθεί ώστε να περιλάβει και το εξωτερικό, ειδικότερα το Λονδίνο.

2. Η αναζήτηση άλλης γνώμης και θεραπείας στο Λονδίνο εξυπηρετούσε μια πραγματική ανάγκη, με την έννοια ότι οι ασθενείς ωφελούνταν πραγματικά ως προς κάτι που δεν θα μπορούσαν να το έχουν αν έμεναν στην Ελλάδα.

Με τον Γιώργο Ψαχαρόπουλο γνωριστήκαμε στο Λονδίνο και συνδεθήκαμε με στενή φιλία, που διατηρείται μέχρι σήμερα. Για χρόνια, παρακολουθούσαμε διάφορες ελληνικές εκδηλώσεις μαζί και ανταλλάσσαμε επισκέψεις, που συνοδεύονταν από τα καθιερωμένα σπιτικά γεύματα στα οποία αρέσκονται οι Έλληνες της διασποράς. Ο Γιώργος Ψαχαρόπουλος δούλευε σχεδόν ασταμάτητα, ήταν πάντα ευδιάθετος και προσηνής και είχε πολύ χιούμορ. Ειδικότητά του ήταν τα οικονομικά της εκπαίδευσης, πεδίο στο οποίο έγινε γνωστός παγκοσμίως. Την εποχή εκείνη αρθρογραφούσε τακτικά στο *Βήμα*, έχοντας την ικανότητα να εκφράζει δύσκολες έννοιες με απλό και κατανοητό τρόπο. Σχολιάζαμε τακτικά τα γεγονότα στην Ελλάδα, έχοντας κοινή την ανησυχία για τις πολιτικές, οικονομικές και κοινωνικές εξελίξεις στη χώρα μας μετά τη μεταπολίτευση. Ένα από τα χόμπι του Γιώργου ήταν και η μαγειρική. Ήταν άριστος μάγειρας, δοκιμάζοντας συχνά καινούργιες σπεσιαλιτέ, ελληνικής και ξένης κουζίνας, με μεγάλη επιτυχία. Το σπίτι τους ήταν πάντα ανοιχτό και, μαζί με τη Λένα, ήταν άριστοι οικοδεσπότες. Το μόνο πρόβλημα ήταν ότι ο Γιώργος ήθελε να τρώει και να κοιμάται νωρίς, συνήθειες που τις είχε αποκτήσει από την εποχή που σπούδαζε στο Σικάγο, πράγμα που ήταν αντίθετο με την ελληνική διάθεση για ξενύχτι και βραδινό γλέντι!

Το 1981 οι Ψαχαρόπουλοι έφυγαν από το Λονδίνο για την Washington DC, όπου ο μεν Γιώργος ανέλαβε ηγετική θέση στην Παγκόσμια Τράπεζα, η δε Λένα εργάστηκε ως παιδίατρος. Είχαμε τη χαρά να τους επισκεφθούμε και να μας φιλοξενήσουν στα σπίτια τους, στην Washington DC και στη Σίφνο, και να απολαύσουμε τα ψάρια που είχε πιάσει ο Γιώργος εκεί ικανοποιώντας έτσι ένα ακόμη χόμπι του. Όταν πήραν σύνταξη, γύρισαν στην Ελλάδα και ο Γιώργος εκλέχθηκε το 2000 βουλευτής επικρατείας με τη Νέα Δημοκρατία, αλλά αμέσως μετά τις εκλογές ανεξαρτητοποιήθηκε, ακολουθώντας τον Στέφανο Μάνο. Έκανε διάφορες παρεμβάσεις στη Βουλή και προσπάθησε να εισηγηθεί ριζικές μεταρρυθμίσεις στην παιδεία. Υπήρξε, και εξακολουθεί να είναι, υπέρμαχος της ίδρυσης ιδιωτικών πανεπιστημίων στην Ελλάδα. Γρήγορα, όμως, απογοητεύτηκε από τη συνεχή υποβάθμιση της παιδείας στη χώρα μας και, όταν τελείωσε η βουλευτική θητεία του, επέστρεψε στην Αμερική. Άλλη μια περίπτωση ανάμεσα στις τόσες άλλες διακεκριμένων Ελλήνων της σύγχρονης διασποράς που η εμπειρία τους και η τεχνογνωσία τους έμειναν ανεκμετάλλευτες από την πατρίδα μας. Δυστυχώς, το 2009, η Λένα χάθηκε πρόωρα, έπειτα από λαμπρή ιατρική σταδιοδρομία στο Λονδίνο και στις ΗΠΑ.

Λίγο μετά τη δημοσίευση των αποτελεσμάτων της πιλοτικής έρευνας για τους έλληνες ασθενείς στο Λονδίνο, ο Λάμπης Τσιριγωτάκης μού ζήτησε συνέντευξη για την ΕΡΤ. Συνέστησα να καλέσει επίσης τον Σπύρο Ρέτσα, ογκολόγο, διευθυντή πανεπιστημιακής κλινικής στο Νοσοκομείο του Westminster. Επίσης, επισήμανα ότι δεν θα έπρεπε η εκπομπή να έχει μόνο επικριτικό χαρακτήρα για τα κακώς συμβαίνοντα αλλά και να προσπαθήσει να υποδείξει λύσεις και διεξόδους. Πάντα έβλεπα τον Τύπο και τα άλλα μέσα μαζικής ενημέρωσης σαν ένα ισχυρό όπλο για θετικές και γόνιμες προτάσεις, και όχι μόνο σαν επικριτές των κακώς κειμένων.

Ο Σπύρος Δοξιάδης, ως υπουργός Υγείας, προσπάθησε να διερευνήσει τη δυνατότητα να συνάψει το ελληνικό κράτος συμφωνίες με ορισμένα ειδικά πανεπιστημιακά νοσοκομεία του Λονδίνου, θεμελιώνοντας, κατά κάποιον τρόπο, ένα είδος συνεργασίας σε επίπεδο τριτοβάθμιας περίθαλψης. Στόχος του ήταν οι Έλληνες, και ιδίως αυτοί των οποίων τα έξοδα αναλάμβανε το Δημόσιο, να παραπέμπονται μόνον σε αυτά τα νοσοκομεία. Κατ' αυτόν τον τρόπο, θα μπορούσε να υπάρξει μεγαλύτερη εγγύηση για την ποιότητα των παρεχόμενων υπηρεσιών, και παράλληλα να επιτευχθεί καλύτερος έλεγχος των δαπανών. Ωστόσο, οι συζητήσεις δεν προχώρησαν μετά την αποχώρηση του Σπύρου Δοξιάδη από το υπουργείο Υγείας.

Το ζήτημα των ελλήνων ασθενών στο Λονδίνο ήταν ένα από τα μεγάλα προβλήματα στο πεδίο της υγείας στην Ελλάδα της μεταπολίτευσης. Η αντιμετώπισή του αποτελούσε μέρος γενικότερων προβληματισμών για το ζήτημα της υγείας. Ο Σπύρος Δοξιάδης, ως υπουργός, συνέστησε ομάδα εργασίας που συνέταξε σχέδιο αναπροσαρμογής και εκσυγχρονισμού των υπηρεσιών υγείας στην Ελλάδα. Έχοντας ο ίδιος εργαστεί στη Βρετανία, στις αρχές της εφαρμογής του βρετανικού Εθνικού Συστήματος Υγείας, και διατηρώντας το ενδιαφέρον του για τη λειτουργία των συστημάτων υγείας, ήταν ενημερωμένος για τις σύγχρονες τάσεις στο συγκεκριμένο πεδίο. Παράλληλα, είχε πλαισιωθεί από άξιους συνεργάτες, επίσης καλούς γνώστες του θέματος. Το σχέδιο έδινε έμφαση στην πρωτοβάθμια περίθαλψη, προέβλεπε Εθνικό Συμβούλιο Υγείας, Εθνικό Συνταγολόγιο, Σύστημα Ελέγχου στα νοσηλευτικά ιδρύματα ιδιωτικού δικαίου, ανέγερση νέων πανεπιστημιακών νοσοκομείων, στα Γιάννενα και την Πάτρα, βελτιώσεις στην ιατρική εκπαίδευση, κ.ά. Στις αρχές του 1980 ο Σπύρος Δοξιάδης παρουσίασε το σχέδιο του σε ομιλία στη London School of Economics, σε εκδήλωση οργανωμένη από την ΕΛ.Ε.Μ.Ε.Π. Το αμφιθέατρο ήταν κατάμεστο κυρίως από έλληνες πανεπιστημιακούς, φοιτητές και άλλους κατοίκους του Λονδίνου, από τους οποίους λίγοι είχαν επαγγελματική σχέση με τον τομέα της υγείας. Τους ενδιέφερε, όμως, το θέμα, καθώς τότε υπήρχαν ακόμη προσδοκίες να δοθούν λύσεις στον τομέα της υγείας, όπως και σε άλλους κρίσιμους τομείς.

Εν συνέχεια, μαζί με τον Γιώργο Ψαχαρόπουλο, ενημερώσαμε τον Σπύρο Δοξιάδη για τα αποτελέσματα της πιλοτικής μας έρευνας. Επίσης, τον καλέσαμε να συμμετάσχει στο συνέδριο «Υγεία και κράτος», που θα οργάνωνε η Ένωση Ελλήνων Πανεπιστημιακών Δυτικής Ευρώπης, τον Δεκέμβριο του 1980, στην Αθήνα. Ο Σπύρος Δοξιάδης δέχτηκε να συμμετάσχει, παρουσιάζοντας εκεί το σχέδιό του και τις προοπτικές για την αναβάθμιση της παροχής υπηρεσιών υγείας στην Ελλάδα. Έκτοτε, τον συνάντησα αρκετές φορές, όταν ερχόταν στο Λονδίνο. Σε μια από αυτές τις συναντήσεις είχαμε μεγάλη συζήτηση στο Νοσοκομείο Guy's με τον Peter Draper, ειδικό στη δημόσια υγεία, ο οποίος διηύθυνε μια ερευνητική μονάδα κοινωνικής υγείας, από τις ελάχιστες που υπήρχαν την εποχή εκείνη. Ο Peter Draper,βαθύς γνώστης των συστημάτων υγείας και υπέρμαχος της παροχής υγείας από το κράτος, εξέφραζε σοβαρές σοσιαλιστικές απόψεις. Τον είχα γνωρίσει το 1976, όταν πρωτοπήγα στο Guy's, σε διάλεξη που έδωσε ο Vincent Navarro, καθηγητής στο Πανεπιστήμιο Johns Hopkins, με μαρξιστική προσέγγιση για τα συστήματα υγείας. Ο Navarro ήταν ίσως ένας από τους εντυπωσιακότερους ομιλητές που άκουσα ποτέ για θέματα υγείας, αν και τώρα, με τις εμπειρίες που απέκτησα έπειτα από τόσα χρόνια, έχω σοβαρές επιφυλάξεις για το κατά πόσον οι απόψεις του είναι εφαρμόσιμες.

Το συνέδριο «Υγεία και κράτος» έγινε, όπως είχε προγραμματιστεί, στην Αθήνα με μεγάλη επιτυχία. Ήταν η πρώτη φορά μετά τη μεταπολίτευση που θέματα τα οποία αφορούσαν τον χώρο της υγείας συζητιούνταν στην Αθήνα σε ακαδημαϊκό επίπεδο. Την οργανωτική ευθύνη είχε από το Λονδίνο ο Γιώργος Πετρόχειλος, οικονομολόγος στο Coventry University, και από την Αθήνα ο

Ρούσος Κούνδουρος. Οι κύριες εναρκτήριες ομιλίες έγιναν από τους Tim Hunter και Peter Draper, οι οποίοι έθεσαν το θεωρητικό περίγραμμα της οργάνωσης, χρηματοδότησης και λειτουργίας του συστήματος υγείας. Εισηγήσεις έγιναν, μεταξύ άλλων, από τους Τάσο Φιλαλήθη, Άρη Σισσούρα, Λυκούργο Λιαρόπουλο και Σωτήρη Ιατρίδη, που ήταν μέλη της ομάδας μελέτης του σχεδίου Δοξιάδη. Στην ίδια ομάδα εργασίας συμμετείχαν ο καρδιολόγος Νίκος Καρατζάς και ο νεφρολόγος Θόδωρος Μουντοκαλάκης. Συντονιστής του συνεδρίου ήταν, μεταξύ άλλων, ο Νίκος Γκαργκάνας, μετέπειτα διοικητής της Τράπεζας της Ελλάδος, ο Τάκης Σακελλαρόπουλος, καθηγητής ψυχιατρικής, ο Μάριος Νικολινάκος, οικονομολόγος, ο Ραφαήλ Παπαδόπουλος από το Λονδίνο, και άλλοι.

Ο Σπύρος Δοξιάδης τηλεφώνησε την παραμονή της έναρξης του συνεδρίου για να ανακοινώσει ότι δεν θα ερχόταν, επειδή φοβόταν ότι ο Δημήτρης Στριμμένος, εκπρόσωπος της ΕΙΝΑΠ (συνδικαλιστικό όργανο των νοσοκομειακών γιατρών τότε) θα έβρισκε την ευκαιρία να ασκήσει αυστηρή κριτική εναντίον του σχεδίου, και του ίδιου προσωπικά. Έκρινε ότι δεν ήταν σωστό να χρησιμοποιηθεί ο δημόσιος χώρος μιας ακαδημαϊκής συνάντησης σαν βήμα πολιτικής προπαγάνδας. Τελικά πείστηκε να έρθει να μιλήσει, και να φύγει αμέσως μετά την ομιλία του, χωρίς να δεχτεί ερωτήσεις, ώστε να αποφευχθεί έτσι κάθε περίπτωση όξυνσης. Ο Δημήτρης Στριμμένος μίλησε σε αξιοπρεπές επίπεδο, εκφράζοντας τις επιφυλάξεις και τις διαφωνίες της ΕΙΝΑΠ για το υπό διαμόρφωση νομοσχέδιο. Το αποκορύφωμα, όμως, ήταν η συζήτηση στρογγυλής τράπεζας στο κατάμεστο αμφιθέατρο του Εθνικού Ιδρύματος Ερευνών την οποία συντόνισε ο Κωστής Χλουβεράκης, ενδοκρινολόγος που πρόσφατα τότε είχε γυρίσει στην Ελλάδα από την Αμερική.

Η ατμόσφαιρα ήταν ηλεκτρισμένη, καθώς υπήρχε διάχυτη η αίσθηση ότι η κατάσταση στον χώρο της υγείας στην Ελλάδα ήταν πολύ άσχημη, επιβάλλοντας άμεσες και ριζικές αλλαγές. Στελέχη του ΠΑΣΟΚ άσκησαν δριμεία κριτική στο σχέδιο Δοξιάδη, υποστηρίζοντας ότι οι μεταρρυθμίσεις που πρότεινε δεν βασιζόταν σε πρωταρχικές αρχές όπως «η υγεία δεν είναι εμπορεύσιμη», και αυτό που έπρεπε να γίνει ήταν «κοινωνικοποίηση της υγείας».

Ο Κωστής Χλουβεράκης έγραψε στο *Βήμα,* τον Ιανουάριο του 1981: «ότι κάθε φορά που το θέμα υγεία έρχεται στο προσκήνιο, οι μύθοι συμπλέκονται με την πραγματικότητα σ' ένα ιδιάζον, τεχνητό, εξωπραγματικό σύνολο, που αυξάνει αντί να ελαττώνει τη σύγχυση που μαστίζει την ελληνική ιατρική και εκμηδενίζει τη χρησιμότητα κάθε διαλόγου». Η θέση του ήταν ότι, πέρα από τα διάφορα συνθήματα για το «αναφαίρετο κοινωνικό δικαίωμα», στην πράξη η υγεία είναι καταναλωτικό αγαθό υψηλής τεχνολογίας, που υπακούει στους αδήριτους νόμους της αγοράς. Το τεράστιο πρόβλημα να συμβιβάσουμε αυτό που θα θέλαμε να είναι η παροχή υπηρεσιών υγείας, με αυτό που πράγματι είναι. Θεωρούσε ότι έπρεπε να δοθούν ρεαλιστικές λύσεις, εφαρμόσιμες στην Ελλάδα, αφού ακόμη και απλούστατες αλλαγές δεν μπορούσαν να εφαρμοστούν, σκοντάφτοντας στην απέραντη φλυαρία του πολιτικού κόσμου, την ανικανότητα της δημόσιας διοίκησης και τα αλληλοσυγκρουόμενα πολλαπλά συμφέροντα. Αναρωτιόταν τι σήμαινε η «κοινωνικοποίηση της υγείας» και πώς αυτή θα μπορούσε να εφαρμοστεί στην Ελλάδα, όταν δεν είχε εφαρμοστεί πουθενά αλλού. Επίσης, αναρωτιόταν πώς θα παρακάμπτονταν οι τεράστιες πρακτικές δυσκολίες εφαρμογής των μεταρρυθμίσεων ενώ θεωρούσε ότι φράσεις όπως «η υγεία είναι αναφαίρετο κοινωνικό δικαίωμα» ήταν μάλλον μύθοι. Ήταν θετικός στο σχέδιο Δοξιάδη και πίστευε ότι έπρεπε να προχωρήσουν οι αλλαγές, αλλά έπρεπε επίσης να υπάρξουν μέτρα περιορισμού της ισχύος των καθηγητών/διευθυντών της Ιατρικής Σχολής Αθηνών και να εφαρμοστεί ο θεσμός του Τμήματος στα πανεπιστήμια. Τελικά, το σχέδιο Δοξιάδη δεν έφτασε καν να κατατεθεί στη Βουλή αφού το σταμάτησε το ίδιο το κόμμα της Νέας Δημοκρατίας, καθώς θεώρησε ότι θα προκαλούσε σοβαρές αντιδράσεις από ισχυρή μερίδα υποστηρικτών της!

Ο Δοξιάδης έφυγε από υπουργός απογοητευμένος. Αργότερα έλεγε ότι, παρά την φιλία του με τον Κωνσταντίνο Καραμανλή και τον Γεώργιο Ράλλη, που τους έβλεπε συχνά κοινωνικά, δεν κατάφερε να αποσπάσει την υποστήριξή τους ώστε να προχωρήσουν οι απαραίτητες μεταρρυθμίσεις στον χώρο της υγείας.

Κατά τη διάρκεια της υπουργίας του Σπύρου Δοξιάδη, τον Σεπτέμβριο του 1980 συνέβη και το ακόλουθο περιστατικό, με πρωταγωνιστή τον συνάδελφο ψυχίατρο Δώρο Πάλλη, ο οποίος, έπειτα από πολλά χρόνια εξαιρετικής σταδιοδρομίας στην ψυχιατρική επιδημιολογία στο Chichester της Βρετανίας, επέστρεψε στην Ελλάδα μετά τη μεταπολίτευση και ανέλαβε την ερευνητική μονάδα του Ινστιτούτου Υγείας του Παιδιού. Ένα μεσημέρι, ενώ κατέβαινε με το λεωφορείο από το Γουδί, όπου βρισκόταν το Ινστιτούτο Υγείας του Παιδιού, ο οδηγός διαπληκτίστηκε μ' έναν νεαρό, τον οποίο κατηγορούσε ότι δεν είχε πληρώσει εισιτήριο. Μόλις τότε είχε αρχίσει το νέο σύστημα πληρωμής στα λεωφορεία, χωρίς εισπράκτορα. Ο οδηγός σταμάτησε μπροστά στο αστυνομικό τμήμα και ένας αστυφύλακας κάλεσε τον νεαρό να τον ακολουθήσει. Τότε ο Δώρος Πάλλης φώναξε «αίσχος». Ο αστυφύλακας τού ζήτησε να τον ακολουθήσει κι αυτός στο τμήμα. Μόλις μπήκε, άρχισε να πέφτει βροχή το ξύλο, και τον έσπρωξαν βίαια στο υπόγειο. Όταν οι αστυνομικοί κατάλαβαν την ιδιότητα του Δώρου και ότι ήταν στενός συνεργάτης του υπουργού Υγείας, άρχισαν τις δικαιολογίες και τις εξηγήσεις, ότι επρόκειτο για παρεξήγηση, παρακαλώντας τον να μην προβεί σε περαιτέρω ενέργειες και καταγγελίες. Το γεγονός, αν και δημοσιεύτηκε στον ελληνικό Τύπο, δεν νομίζω ότι προκάλεσε και μεγάλη εντύπωση. Ωστόσο σε μας που ζούσαμε στο Λονδίνο προξένησε τεράστια αίσθηση για τις συνθήκες που εξακολουθούσαν να επικρατούσαν ακόμη και στην Ελλάδα της μεταπολίτευσης.

Ο Δώρος Πάλλης εγκατάλειψε σύντομα τη θέση του και επέστρεψε στην Αγγλία, όπου και συνέχισε την σταδιοδρομία του. Φεύγοντας, ο Δώρος μού υπέδειξε ότι, αν με ενδιέφερε να επιστρέψω στην Ελλάδα, θα μπορούσα να διεκδικήσω τη θέση του, η οποία παρουσίαζε επιστημονικό ενδιαφέρον και από την οποία θα μπορούσα να συνεισφέρω στην ελληνική ψυχιατρική. Έγραψα στον Σπύρο Δοξιάδη, εκδηλώνοντας ενδιαφέρον για τη θέση του ερευνητή στο Ινστιτούτο Υγείας του Παιδιού. Παρόλο που τον γνώριζα και τον έβλεπα στο Λονδίνο, δεν έλαβα ποτέ απάντηση από τον Δοξιάδη, αλλά ούτε κι εγώ επανήλθα για να τον ρωτήσω τι έγινε με τη θέση. Έπειτα από καιρό έμαθα ότι η θέση είχε καλυφθεί από άλλον συνάδελφο.

Αυτή ήταν η πρώτη από τις δύο φορές που επεχείρησα σοβαρά να επιστρέψω στην Ελλάδα. Η δεύτερη ήταν όταν, το 1981, ο φίλος Χαράλαμπος Μουτσόπουλος πέρασε από το Λονδίνο, κατευθυνόμενος στα Γιάννενα για να αναλάβει τη θέση του καθηγητή της Παθολογίας. Μετά από συζήτηση που είχαμε αποφάσισα να γράψω στον Πέτρο Χαρτοκόλη, που είχε μόλις εκλεγεί καθηγητής της ψυχιατρικής στην Πάτρα, ιδιαίτερη πατρίδα μου, εκφράζοντας την επιθυμία μου να επιστρέψω στην Ελλάδα με την προϋπόθεση ότι θα με πρότεινε για υφηγητή. Αυτή τη φορά πήρα ευγενική απάντηση από τον Πέτρο Χαρτοκόλη, στην οποία έγραφε ότι ευχαρίστως θα ήθελε να με συμπεριλάβει στους συνεργάτες, του στο τμήμα του, αλλά δεν είχε πρόθεση ακόμη να με προτείνει για υφηγητή. Από τότε δεν έκανα καμιά άλλη προσπάθεια να επιστρέψω στην Ελλάδα. Στη ιδιαίτερη πατρίδα μου, την Πάτρα, δεν έτυχε μέχρι και τη συνταξιοδότησή μου να έχω επαγγελματική και επιστημονική συνεργασία στον τομέα της ψυχιατρικής, με εξαίρεση τον συνάδελφο Γιάννη Βλάχο, έναν από τους ψυχίατρους που μετεκπαιδεύτηκαν στο τμήμα μας το 1990, με τον οποίο διατηρώ πολύ φιλικές σχέσεις μέχρι σήμερα.

Όταν πέθανε ο Σπύρος Δοξιάδης το 1991, θέλοντας να τιμήσω τη μνήμη του, δημοσίευσα μια νεκρολογία στην ημερήσια βρετανική εφημερίδα *The Independent*. Σημείωνα ότι το σχέδιό του για τις αλλαγές στην υγεία ήταν το καλύτερο που είχε μέχρι τότε προταθεί και ότι ήταν κρίμα που δεν έφτασε καν να συζητηθεί στη Βουλή. Σημείωνα, επίσης, την πικρία του για το ότι μέχρι το τέλος της ζωής του δεν εξελέγη τακτικός καθηγητής της παιδιατρικής στην Ιατρική Σχολή του Πανεπιστημίου Αθηνών, ενώ παράλληλα υπογράμμιζα τη μεγάλη συνεισφορά του στη μεταπτυχιακή εκπαίδευση των γιατρών, καθώς και την αντικαπνιστική του εκστρατεία. Ενδιαφέρον παρουσιάζει ότι η ελληνική εφημερίδα *Μεσημβρινή* έγραψε στις 21 Μαΐου 1991: «δύο ολόκληρες σελίδες αφιερώνει η έγκριτη αγγλική εφημερίδα *Independent* στον καθηγητή, ερευνητή, δυναμικό και αποφασιστικό άνθρωπο Σπύρο Δοξιάδη, που η απουσία του έγινε αισθητή ακόμη και στο εξωτερικό. Στο ίδιο φύλλο της εφημερίδας, ένα κείμενο 14 όλων και όλων αράδων για τον Αγαμέμνονα Κουτσόγιωργα φανερώνει την ψύχραιμη ματιά των ξένων δημοσιογράφων στην ελληνική πραγματικότητα». Το κείμενο για τον Μένιο Κουτσόγιωργα δεν ήταν φυσικά δικό μου.

Η νεκρολογία για τον Δοξιάδη ήταν η πρώτη που έγραψα σε βρετανική εφημερίδα. Ακολούθησαν δύο ακόμη, πάλι στην *Independent*, για τον Frank Menolascino, καθηγητή της ψυχιατρικής στις ΗΠΑ και πρωτοπόρο σε κοινοτικά συστήματα φροντίδας ατόμων με νοητική υστέρηση, και για τον Jafar Kareem, στον οποίο αναφέρομαι στο Κεφάλαιο V του βιβλίου. Επίσης, δημοσίευσα νεκρολογία για τους αγαπητούς μου συνάδελφους και φίλους Γιάννη Μπουλουγούρη, στο *Bulletin of Psychiatry,* και Λάμπη Προυκάκη, στο *British Medical Journal.* (Βλ. και Κεφάλαια Ι και ΙΧ).

Το συνέδριο «Υγεία και Κράτος» πήρε μεγάλη δημοσιότητα στον ελληνικό Τύπο. Ωστόσο, με εξαίρεση την επιφυλλίδα του Κωστή Χλουβεράκη, τα περισσότερα δημοσιεύματα αφορούσαν την ανακοίνωση των αποτελεσμάτων από την έρευνα που έγινε για τους έλληνες ασθενείς που έρχονταν στο Λονδίνο. Με την αποχώρηση του Σπύρου Δοξιάδη από το υπουργείο Υγείας και την αναχώρηση του Λευτέρη Ηλιόπουλου από το γενικό προξενείο του Λονδίνου, το ενδιαφέρον των υπευθύνων, προκειμένου να βρεθεί λύση στο πρόβλημα μειώθηκε. Κι αυτό παρά τις προσπάθειες που κάναμε να το κρατήσουμε ανοιχτό και παρά το ότι πλήθος ασθενών εξακολούθησε να έρχεται στο Λονδίνο και να δαπανά τεράστια ποσά του ελληνικού ασφαλιστικού συστήματος.

Ο Κωστής Χλουβεράκης ήταν ενδοκρινολόγος, με πολυετή λαμπρή σταδιοδρομία στο Λονδίνο και στην Αμερική. Λίγο μετά τη μεταπολίτευση γύρισε στην Ελλάδα, από το Buffalo της Πολιτείας της Νέας Υόρκης όπου εργαζόταν. Γεμάτος όρεξη για δουλειά και με πολλές ελπίδες για τον εκσυγχρονισμό της Ελλάδος, ήθελε κι αυτός να συνεισφέρει το κατά δύναμιν. Σύντομα όμως, συνειδητοποιώντας τα τεράστια προβλήματα στον χώρο της υγείας, στις 16 Ιουλίου 1975 έγραψε το πρώτο του κείμενο στο *Βήμα*. Για πρώτη φορά μετά την επταετία της δικτατορίας, τα προβλήματα της υγείας παρουσιάζονταν σε τέτοια διάσταση από έναν καταξιωμένο γιατρό με ακαδημαϊκούς τίτλους και μακροχρόνια εμπειρία στο εξωτερικό. Ακολούθησαν και άλλα κείμενα του σε τακτά χρονικά διαστήματα, που καυτηρίαζαν την προβληματική ιατρική περίθαλψη, ασκούσαν έντονη κριτική στο κράτος και στην Ιατρική Σχολή του Πανεπιστημίου Αθηνών, αλλά και επέκριναν τους γιατρούς και ιδίως τους καθηγητές-διευθυντές και άλλους σε κορυφαίες ιατρικές θέσεις. Τους επέρριπτε ευθύνες για το ότι, από προσωπικό συμφέρον, ανέχονταν την άθλια κατάσταση στον χώρο της υγείας. Επίσης αναφερόταν στη χαμηλή ποιότητα της ιατρικής εκπαίδευσης, στο χαμηλό επίπεδο της έρευνας με τις δημοσιεύσεις αμφίβολης αξίας καθώς και σε διάφορες άλλες ατασθαλίες που, έπειτα από τριάντα χρόνια, θα έρχονταν πάλι στην επικαιρότητα από τον Χαράλαμπο Μουτσόπουλο. Τα κείμενα του Κωστή Χλουβεράκη έδειχναν έναν γιατρό που, εκτός από τις πολύπλευρες γνώσεις του, διακρινόταν επίσης από έντονο πολιτικό και κοινωνικό προβληματισμό, τον οποίο μπορούσε να εκφράσει με διαύγεια και παρρησία, χωρίς να σκέφτεται τις πιθανές αρνητικές συνέπειες για τον ίδιον. Έχοντας επηρεαστεί πολύ από τα κείμενα προσπαθούσα να παίρνω *Το Βήμα* όσο συχνότερα μπορούσα, για να δω μήπως υπάρχει κάποιο καινούργιο άρθρο του.

Ενώ βρισκόμουν στην αρχή της σταδιοδρομίας μου στο Νοσοκομείο Guy's, το οποίο την εποχή εκείνη αποτελούσε και μια από τις δώδεκα αυτόνομες ιατρικές σχολές του Πανεπιστημίου του Λονδίνου, με ρώτησε ο Harry Keen, καθηγητής της ενδοκρινολογίας στην Ιατρική Σχολή, με μεγάλη επιρροή, αν γνώριζα τον Κωστή Χλουβεράκη, ο οποίος είχε εργαστεί μαζί του για πολλά χρόνια, πριν πάει στην Αμερική. Ο Harry Keen πρωτοστάτησε αργότερα στην αντίδραση κατά της κυβέρνησης της Θάτσερ να επιβάλει τις πρώτες θεμελιώδεις αλλαγές στο βρετανικό Εθνικό Σύστημα Υγείας (βλ. και Κεφάλαιο V). Επικοινώνησα τότε με τον Κωστή Χλουβεράκη, στο επόμενο κιόλας ταξίδι μου στην Αθήνα. Του είπα ότι εργαζόμουν στο Guy's και ότι συμμεριζόμουν τις απόψεις του, οι οποίες ήταν στο ίδιο μήκος κύματος με τον δικό μου προβληματισμό. Από τότε συνδεθήκαμε σταδιακά με στενή φιλία, βλεπόμασταν τακτικά στο Λονδίνο, ή στην Αθήνα, και αλληλογραφούσαμε συχνά, ανταλλάσσοντας απόψεις. Μια από τις πρώτες ερωτήσεις που μου έκανε ήταν αν σκόπευα να μείνω στην Αγγλία ή να γυρίσω στην Ελλάδα. Απάντησα ότι δεν ήξερα, ότι ήταν πολύ νωρίς ακόμη. «Αν περάσουν τα πέντε χρόνια και είσαι ακόμη εκεί» μου είπε, «δεν θα φύγεις ποτέ». Είχε δίκιο! Έχουν περάσει 40 χρόνια και είμαι ακόμη στο Λονδίνο. «Όταν ζεις στο εξωτερικό, όλα εξαρτώνται από την δουλειά σου. Αν αυτή πάει καλά, τότε όλα πάνε καλά. Στην Ελλάδα έχεις πολλές άλλες διεξόδους» προσέθεσε.

Δεν είμαι σίγουρος πόσο δίκιο είχε ως προς αυτό. Εν τω μεταξύ, ο ίδιος είχε εξελιχθεί σε τακτικό επιφυλλιδογράφο στο *Βήμα* και για θέματα πέρα από τον χώρο της υγείας προσεγγίζοντας κρίσιμα ζητήματα της εποχής εκείνης, από τη σκοπιά της σύγχρονης πολιτικής και κοινωνικής φιλοσοφίας.

Ουσιαστικά, ο Χλουβεράκης, ήταν ένας σύγχρονος διανοητής, με κρητική λεβεντιά αλλά και βαθιά γνώση των φιλοσοφικών και κοινωνικών ρευμάτων της εποχής, ασκούσε ριζοσπαστική κριτική στην καπιταλιστική και αναξιοκρατική σύγχρονη ελληνική κοινωνία. Έβλεπε τα θέματα περισσότερο από κοινωνική και φιλοσοφική σκοπιά, και λιγότερο από πολιτική-οικονομική. Παρακολουθούσε τα σύγχρονα προοδευτικά ρεύματα της Αμερικής, τα οποία προοιώνιζαν την σύγχυση των ιδεών που θα ακολουθούσε, και προσπαθούσε να αφυπνίσει κάποιους στην Ελλάδα. Στα κείμενα προβληματισμού του για ζητήματα υγείας, αναφερόταν συχνά στις μελέτες του Victor Foulkes, ενός από τους σημαντικότερους οικονομολόγους υγείας καθώς και στον Ivan Illich ο οποίος αμφισβητούσε τις εξελίξεις της σύγχρονης ιατρικής και μιλούσε για την ιατρογένεση πολλών ασθενειών και την «ιατρική νέμεση».

Το 1976 ο Χλουβεράκης έγραφε για την επιστροφή του στην Ελλάδα: « Απόντες ιδιοκτήτες παντού, χρήμα κι επιτυχία, κοινωνική ή επαγγελματική, σε όλες τις αναλογίες, περίεργο επίτευγμα ενός υπόπτου κράματος μετριότητας, οπορτουνισμού κι άλλων αγνώστων στοιχείων – παραφθαρμένων υπολειμμάτων του δαιμονίου ή του δαίμονα (ανάλογα με τη σκοπιά και τις περιστάσεις) της φυλής. Αλλά και παντελής στειρότητα ηθική και πνευματική, και κρίση των θεσμών, και απερίγραπτη φτώχεια των κοινωνικών υπηρεσιών και ιδρυμάτων». Δέχτηκε τότε σφοδρή επίθεση από διάφορες πλευρές αλλά κυρίως από συναδέλφους γιατρούς που, ενώ του αναγνώριζαν κάποιες σωστές επισημάνσεις σε αυτά που έλεγε και έγραφε, εντούτοις δεν του συγχωρούσαν την κριτική που ασκούσε στις υπάρχουσες σαθρές δομές και στα κατεστημένα συμφέροντα. Διατηρώντας την ανεξαρτησία του, την ελευθερία του λόγου του και ανένταχτος πολιτικά, όταν ο Ανδρέας Παπανδρέου τού ζήτησε να είναι υποψήφιος στον συνδυασμό του ΠΑΣΟΚ, στις εκλογές του 1977 και του 1981, αρνήθηκε. «Αποκλείεται να μπορέσω να συμφωνήσω και να συνεργαστώ με αυτόν τον πολιτικό χώρο» είχε πει. Έγινε διευθυντής κλινικής στο Γενικό Κρατικό Νοσοκομείο Αθηνών και έκτοτε αφοσιώθηκε στην άσκηση της ιατρικής και στην εκπαίδευση των νέων γιατρών του τμήματός του.

Ο Χλουβεράκης που σταδιακά απομακρύνθηκε από τη δημοσιότητα, χαρακτήριζε τα πρώτα χρόνια της μεταπολίτευσης σαν μια ακόμη χαμένη ιστορική ευκαιρία για να βελτιωθεί ο τόπος μας, με δεδομένη τη μεγάλη πολιτική και κοινωνική συναίνεση που υπήρχε τότε. Σ' ένα από τα τελευταία κείμενα του έγραφε: «το δράμα μας, φίλε μου, ο καημός μας, είναι πως κάποτε αγαπήσαμε, τους δρόμους τούτους εδώ, αυτές τις κολώνες, και τώρα δεν μπορούμε, δεν έχουμε το θάρρος, ούτε καν εσύ κι εγώ, να αντιμετωπίσουμε το τέλος μιας εποχής, το τέλος μιας αυταπάτης». Είχε, όμως, και μία σημαντική επιτυχία η αρθρογραφία του Χλουβεράκη: ο τότε υπουργός Παιδείας Γιώργος Ράλλης, πείστηκε να εγκρίνει την συμμετοχή ελλήνων πανεπιστημιακών του εξωτερικού στις εκλογές καθηγητών των νέων Ιατρικών Σχολών στην επαρχία, παρά τη σφοδρή αντίδραση των καθηγητών της Ιατρικής Σχολής του Πανεπιστημίου της Αθηνών. Όταν, το 1990, του ζήτησα να συμμετάσχει στη δημιουργία της Παγκόσμιας Ελληνικής Βιοϊατρικής Εταιρείας της Διασποράς ο Χλουβεράκης αρνήθηκε, λέγοντάς μου ότι προτιμούσε πλέον να ασχολείται με τους αρρώστους του και με τους εκπαιδευομένους του, παρά με ευρύτερες πρωτοβουλίες και προσπάθειες. Ένας ακόμη σημαντικός Έλληνας που είχε ζήσει πολλά χρόνια στο εξωτερικό, εγκατέλειψε απογοητευμένος την προσπάθεια για γενικότερη συνεισφορά, προτιμώντας να αποσυρθεί αυτοβούλως και με αξιοπρέπεια.

ΚΕΦΑΛΑΙΟ IV

ΕΛΛΗΝΙΚΗ ΕΤΑΙΡΕΙΑ ΜΕΛΕΤΩΝ ΚΑΙ ΕΠΙΣΤΗΜΟΝΙΚΟΥ ΠΡΟΒΛΗΜΑΤΙΣΜΟΥ (ΕΛ.Ε.Μ.Ε.Π.)

Το 1976 ιδρύθηκε στην Αθήνα η Ελληνική Εταιρεία Μελετών και Επιστημονικού Προβληματισμού (ΕΛ.Ε.Μ.Ε.Π.). Στην ιδρυτική της διακήρυξη, τον Ιούνιο του 1976, αναφέρεται ότι η ΕΛ.Ε.Μ.Ε.Π. στοχεύει: «Στην αυτόνομη μελέτη ελληνικών προβλημάτων και στην αξιοποίηση στοιχείων που θα παρέχονται από κέντρα ερευνών, επιστημονικούς φορείς και κοινωνικές οργανώσεις. Η δραστηριότητά της Εταιρείας έχει φιλοδοξία να συμβάλει στην ουσιαστική πολιτιστική και οικονομική ανάπτυξη του ελληνικού λαού». Την ιδρυτική διακήρυξη υπέγραψαν, ανάμεσα σε άλλους, δύο πολύ γνωστά ονόματα από τους επιστήμονες της διασποράς, ο Νίκος Μουζέλης από το Λονδίνο και ο Φώτης Καφάτος από τις ΗΠΑ. Ταυτόχρονα, η ΕΛ.Ε.Μ.Ε.Π. άρχισε να εκδίδει το περιοδικό *Σύγχρονα Θέματα*.

Την ίδια περίοδο η ΕΛ.Ε.Μ.Ε.Π. άρχισε να δραστηριοποιείται και στο Λονδίνο. Κύριος συντονιστής και μοχλός ήταν ο Ρούσος Κούνδουρος, που κατόρθωσε να προσελκύσει το ενδιαφέρον και τον ενθουσιασμό μεγάλου μέρους των ελλήνων μεταπτυχιακών φοιτητών, πανεπιστημιακών, επιστημόνων, καθώς και όλων όσοι συμμερίζονταν τους προβληματισμούς της ΕΛ.Ε.Μ.Ε.Π. Ο Ρούσος Κούνδουρος ήταν χαρισματικός άνθρωπος, με καταγωγή από γνωστή πολιτική οικογένεια της Κρήτης, με ευρύτερη μόρφωση, δυναμικός, αποτελεσματικός, φιλικός, με πολύ χιούμορ. Συνεργαστήκαμε στενά για μεγάλο χρονικό διάστημα, σε διάφορους τομείς της πολιτιστικής δραστηριότητας του Λονδίνου. Μετά την επιστροφή του στην Ελλάδα, εξακολουθούσα να τον βλέπω τακτικά οπότε περνούσα από την Αθήνα. Παρακολουθούσα με ενδιαφέρον αλλά και με πικρία τις εμπειρίες του από την ελληνική πραγματικότητα που μου εξιστορούσε. Μεγάλωνε έτσι και η δική μου απογοήτευση από την πορεία που ακολουθούσαν οι εξελίξεις στη χώρα μας. Θυμάμαι ότι μερικές φορές μού φαίνονταν απίστευτα τα όσα μού έλεγε για τις πελατειακές σχέσεις και για τις απαιτήσεις των ψηφοφόρων του, κατά την αποτυχημένη προσπάθειά του να εκλεγεί βουλευτής στις εκλογές του 1989. Θεώρησε ότι θα μπορούσε να συμπεριληφθεί σε εκλόγιμη θέση στις επόμενες ευρωεκλογές, αλλά, με την αποχώρηση του Κωνσταντίνου Μητσοτάκη από την αρχηγία της Νέας Δημοκρατίας, κάτι τέτοιο δεν έγινε. Λίγο αργότερα ο Ρούσος Κούνδουρος έφυγε ξαφνικά από τη ζωή, πολύ νέος. Ο πρόωρος θάνατος του με είχε λυπήσει τότε βαθύτατα. Την εποχή που ζούσε στο Λονδίνο ο Ρούσος ήταν παντρεμένος με την Ελένη Πετάση, δημοσιογράφο με ειδίκευση σε καλλιτεχνικά και πολιτιστικά θέματα. Με τους Κούνδουρους είχαμε συνδεθεί φιλικά και βλεπόμαστε κοινωνικά, μεταξύ άλλων και στα πατροπαράδοτα δείπνα που συνηθίζονταν τότε μεταξύ των Ελλήνων του εξωτερικού.

Έντονη οργανωτική δραστηριότητα στα πλαίσια της ΕΛ.Ε.Μ.Ε.Π. είχε επίσης αναπτύξει ο Νίκος Παπαδάκης, για πολλά χρόνια υπεύθυνος στο γραφείο Τύπου της πρεσβείας, και εν συνεχεία σύμβουλος Τύπου μέχρι το 2007, οπότε και συνταξιοδοτήθηκε. Ο Νίκος Παπαδάκης, ήταν από τους βασικούς συντελεστές των εκδηλώσεων πολιτιστικού και πολιτικοκοινωνικού περιεχομένου, βοήθησε ουσιαστικά και αποτελεσματικά στην πραγματοποίηση πολλών από αυτές. Επίσης, ο Κώστας Δουζίνας, μετέπειτα καθηγητής της φιλοσοφίας του δικαίου στο Birkbeck College του Λονδίνου και, για ένα χρονικό διάστημα τουλάχιστον, οργανωτής των εκδηλώσεων, αλλά και ο Βασίλης Καπετανγιάννης που, τα χρόνια που ζούσε στο Λονδίνο, εργαζόταν στο γραφείο Τύπου της πρεσβείας. Αργότερα έγινε σύμβουλος Τύπου σε μεγάλες ελληνικές πρεσβείες του εξωτερικού, μεταξύ άλλων και στην πρεσβείας μας στην Washington. Επίσης αναμείχθηκαν, οργανωτικά κυρίως, ο Γιώργος Πετρόχειλος, η Μαργαρίτα Δρίτσα, η Έφη Λιγνού, ο Μάνος Βουγιούκας, ο Σίμος Γιαννάς, ο Μανώλης Κογεβίνας, η γυναίκα μου Μαρία, και άλλοι. Προσωπικά, δεν είχα αναλάβει ποτέ θέση στο Διοικητικό Συμβούλιο της ΕΛ.Ε.Μ.Ε.Π., κυρίως λόγω της δραστηριότητάς μου με την Ένωση Ελλήνων Πανεπιστημιακών Δυτικής Ευρώπης, για την οποία έγινε ήδη λόγος στο Κεφάλαιο ΙΙ. Ωστόσο παρέμεινα ενεργό μέλος της «επιτελικής ομάδας».

Η βασική διαφορά της ΕΛ.Ε.Μ.Ε.Π. από την Ένωση Ελλήνων Πανεπιστημιακών Δυτικής Ευρώπης ήταν ότι, για να γίνεις μέλος της, δεν χρειαζόταν απαραιτήτως να έχεις οργανική σχέση με πανεπιστημιακό φορέα. Η αντίληψη που επικράτησε ήταν ότι αυτή η διαφορά ήταν σημαντική. Επιπλέον, λαμβάνοντας υπόψη τη δράση της Ένωσης Ελλήνων Πανεπιστημιακών Δυτικής Ευρώπης στα χρόνια της δικτατορίας, αποφασίστηκε ότι οι δύο φορείς θα έπρεπε να συνυπάρχουν, ανεξάρτητα ο ένας από τον άλλο, παρόλο που υπήρχε στενή συνεργασία μεταξύ τους. Ιθύνων νους της ΕΛ.Ε.Μ.Ε.Π. στο Λονδίνο, όσα χρόνια ζούσε εκεί, ήταν ο Νίκος Μουζέλης, καθηγητής της κοινωνιολογίας στη London School of Economics, πολυγραφότατος, με πρωτότυπες ιδέες, σεμνός και μετριοπαθής. Άνθρωπος με φυσική απλότητα, έχαιρε μεγάλης εκτίμησης από την ελληνική επιστημονική και ακαδημαϊκή κοινότητα του Λονδίνου. Πολλοί επώνυμοι Έλληνες και τα παιδιά τους υπήρξαν φοιτητές του, μαζί με εκατοντάδες άλλους από διάφορα μέρη του κόσμου. Θεωρώ τον Νίκο Μουζέλη έναν από τους σημαντικότερους διανοούμενους της σύγχρονης Ελλάδας. Τα τακτικά κείμενά του στην εφημερίδα *Το Βήμα*, τα βιβλία του και οι διαλέξεις του ασκούσαν και εξακολουθούν να ασκούν σημαντική επιρροή. Υπήρξε από τους βασικούς υποστηρικτές αλλά και θεωρητικούς του «εκσυγχρονισμού» κατά την περίοδο της πρωθυπουργίας του Κώστα Σημίτη, ενώ διατήρησε μια κάποια επιρροή και στην κυβέρνηση του Γιώργου Α. Παπανδρέου, ο οποίος υπήρξε φοιτητής του. Όταν επέστρεψε στην Ελλάδα, ήταν από τους πρωτεργάτες της ίδρυσης της Κίνησης Πολιτών «Παρέμβαση», μαζί με τον Λουκά Τσούκαλη και τον Περικλή Βασιλόπουλο.

Για περισσότερο από είκοσι συνεχή χρόνια, η ΕΛ.Ε.Μ.Ε.Π. οργάνωνε συνήθως οκτώ εκδηλώσεις κάθε ακαδημαϊκή περίοδο φθινόπωρο, χειμώνα και άνοιξη, κατά τη συνήθεια των βρετανικών πανεπιστημίων. Οι συναντήσεις γίνονταν στη London School of Economics. Διαλέξεις, σεμινάρια, στρογγυλά τραπέζια, συζητήσεις οργανώνονταν, κατά κανόνα, Παρασκευή βράδυ και διαρκούσαν μέχρι πολύ αργά. Υπήρξαν φορές που μας έδιωχναν οι θυρωροί, γιατί έπρεπε να κλείσουν και να κλειδώσουν το κτίριο. Υπήρξαν επίσης φορές που οι συγκεντρώσεις αυτές γίνονταν στο σπίτι του Νίκου Μουζέλη, στο Hampstead. Το πρόβλημά μου ήταν ότι τότε επιτρεπόταν το κάπνισμα στους κλειστούς χώρους και η ατμόσφαιρα στην αίθουσα γινόταν αποπνικτική για μένα που δεν ήμουν καπνιστής! Προσπαθούσα, λοιπόν, να ανοίξω το παράθυρο για εξαερισμό αλλά μονίμως ο Νίκος Μουζέλης το έκλεινε καθώς είχε ευαισθησία στο κρύο. Συνήθως, έπειτα από αυτές τις συγκεντρώσεις, αρκετοί από μάς μαζευόμασταν στην Πάμπ «George», που ήταν απέναντι, όπου και συνεχίζαμε τις συζητήσεις και τις αναλύσεις μας. Αργότερα, η βραδινή αυτή συνάντηση από την Πάμπ μεταφέρθηκε στο ιταλικό εστιατόριο «Spaghetti House», κοντά στον σταθμό Holborn του υπόγειου σιδηροδρόμου, προς μεγάλη ευχαρίστηση του ιδιοκτήτη του που έβλεπε 20-25 άτομα να καταφθάνουν για φαγητό τόσο αργά το βράδυ. Συνήθως φεύγαμε κι από εκεί πολύ αργά, λίγο πριν σταματήσουν οι συγκοινωνίες. Ένας από τους λόγους της «μετακόμισής» μας από την Παμπ στο ιταλικό εστιατόριο ήταν ότι τα γυναικεία μέλη της συντροφιάς την είχαν πλέον βαρεθεί (είχε και πολύ καπνούρα από τα τσιγάρα...). Επιπλέον, τα οικονομικά μας είχαν βελτιωθεί αισθητά, αφού ανεβαίναμε επαγγελματικά στην ιεραρχία, κι έτσι μπορούσαμε, κάθε τόσο τουλάχιστον, να ξοδεύουμε λίγα περισσότερα χρήματα, ακόμη και για φαγητό σε εστιατόρια. Τα παλιά χρόνια, το φαγητό σε εστιατόρια ήταν πολύ ακριβό στο Λονδίνο, κι εμείς βγαίναμε ελάχιστες φορές, σε πολύ ειδικές περιστάσεις. Αργότερα, το «φαγητό έξω», παρόλο ότι παρέμεινε -και εξακολουθεί να παραμένει- πολύ ακριβό, πήρε τη μορφή ψυχαγωγίας, κάτι που δεν ίσχυε τα παλιά χρόνια. Σε αυτό οφείλεται και η αισθητή αλλαγή στη βρετανικής κουζίνας τα τελευταία είκοσι χρόνια, η οποία έχει αποκτήσει κοσμοπολίτικο χαρακτήρα, σε αντίθεση με τα άνοστα φαγητά της παλαιότερης εποχής.

Το τακτικό πρόγραμμα της ΕΛ.Ε.Μ.Ε.Π. κάλυπτε όλο το φάσμα των ανθρωπιστικών, οικονομικών, πολιτικών, κοινωνικών επιστημών, καθώς και της τέχνης. Ήταν τόσο πλούσιο, ώστε είναι αδύνατον να αναφέρω εδώ όλες τις εκδηλώσεις και όλους τους ομιλητές. Αρκούμαι μόνο σε όσες προσωπικά θεώρησα σημαντικότερες, καθώς και στα γεγονότα εκείνα τα οποία νόμισα ότι θα έπρεπε να συμπεριλάβω. Από το βήμα της ΕΛ.Ε.Μ.Ε.Π. του Λονδίνου πέρασαν αρκετοί ομιλητές από την Ελλάδα και το εξωτερικό, που κατείχαν καθηγητικές και άλλες πανεπιστημιακές θέσεις, αλλά και κορυφαία στελέχη κυβερνήσεων και οργανισμών, εξέχοντες δημοσιογράφοι, εν ενεργεία και μη πολιτικοί. Δεν ήταν λίγες οι φορές που σημαίνοντες πολιτικοί ζητούσαν επιμόνως να τους δώσουμε τη δυνατότητα να μιλήσουν στη London School of Economics, πιστεύοντας ότι έτσι θα ενισχυόταν το κύρος τους! Χωρίς αμφιβολία, υπήρχε μεγάλη προσοχή για το ποιός θα εμφανιζόταν στο βήμα της ΕΛ.Ε.Μ.Ε.Π., αφού τα κριτήρια ήταν πάντα αξιοκρατικά. Διατηρήθηκε, επίσης, απόλυτη ανεξαρτησία από κάθε πολιτική, κομματική και φιλοσοφική ιδεολογία, όπως γινόταν και με την Ένωση Ελλήνων Πανεπιστημιακών Δυτικής Ευρώπης. Χαρακτηριστική είναι η περίπτωση τότε εν ενεργεία υπουργού που μας έστειλε τηλεγράφημα ότι ερχόταν σε δύο μέρες στο Λονδίνο και μας ζητούσε να μιλήσει σε εκδήλωση της ΕΛ.Ε.Μ.Ε.Π., στην οποία μάλιστα να «προσκαλέσουμε την πολιτική και πνευματική ηγεσία της Βρετανίας»!.

Ανάμεσα στους ομιλητές στην ΕΛ.Ε.Μ.Ε.Π. υπήρξαν πολιτικοί που είχαν και ακαδημαϊκή ιδιότητα, όπως ο Κώστας Σημίτης, ο Δημήτρης Τσάτσος, ο Κώστας Βαΐτσος, αλλά και η Βάσω Παπανδρέου, ο Θόδωρος Πάγκαλος, ο Μιχάλης Παπαγιαννάκης, ο Γιώργος Παπανδρέου, η Ντόρα Μπακογιάννη, ο Σταύρος Δήμας, ο Δημήτρης Κουλουριάνος, ο Ανδρέας Αδριανόπουλος και άλλοι. Από πλευράς πανεπιστημιακών από την Ελλάδα, μεταξύ άλλων συμμετείχαν σε εκδηλώσεις της Ε.Λ.Ε.Μ.Ε.Π. ο Κωνσταντίνος Τσουκαλάς, ο Θάνος Βερέμης, ο Γιώργος Δερτιλής, ο Νίκος Αλιβιζάτος, ο Νικηφόρος Διαμαντούρος, ο Γιώργος Μαυρογορδάτος, ο Νέντης Δημητράκος, ο Αρίστος Δοξιάδης ο Άκης Παπαταξιάρχης, ο Χάρης Βλαβιανός, ο Ανδρέας Α. Παπανδρέου, ο Στέφανος Πεσμαζόγλου, ο Γιάνης Γιανουλόπουλος, η Τζίνα Πολίτη, η Δήμητρα Μαδιανού, και άλλοι. Από πλευράς ελλήνων πανεπιστημιακών που κατείχαν θέσεις σε βρετανικά πανεπιστήμια, ο Τάκης Βατικιώτης, της School of Oriental and African Studies, ο Πέτρος Λοΐζος, της LSE, ο Ίων Σιώτης, του Imperial College, ο Δημήτρης Τζιόβας, του University of Birmingham, ο Χρίστος Αλεξίου, του University of Birmingham, ο Ρήγας Δογάνης, του Polytechnic of Central London και αργότερα στο Πανεπιστήμιο του Λονδίνου (Granville), ο Θάνος Σκούρας, του North East London Polytechnic, ο Γιώργος Χατζηματθαίου, του Thames Polytechnic. Επίσης ο Μάρκος Δραγούμης, τότε διευθυντής του γραφείου Τύπου της ελληνικής πρεσβείας στο Λονδίνο, ο Τάσος Τσαπατσάρης, οικονομολόγος, στο Greater London Council και η Βάσω Τσαπατσάρη οικονομολόγος καθώς και ο Στάθης Καλύβας, καθηγητής του Yale στην Αμερική.

Από μη Έλληνες, συμμετείχαν, μεταξύ άλλων, οι ιστορικοί Mark Mazower και Richard Clogg, ο Brian Abel-Smith, καθηγητής δημόσιας διοίκησης, ο Roderick Beaton, καθηγητής στην έδρα «Κοραής» του King's College London, ο Oliver Taplin, καθηγητής στο Magdalen College του Oxford University, ο βυζαντινολόγος Robert Browning, ο Bob Jessop, κοινωνιολόγος του Essex University και μελετητής του έργου του Νίκου Πουλαντζά, ο Robert Bacon, fellow του Lincoln College Oxford. Από δημοσιογράφους, ο Edward Mortimer των *Times*, ο Christopher Hitchens, που την εποχή εκείνη ζούσε στο Λονδίνο, πριν πάει στις ΗΠΑ και γίνει παγκοσμίως γνωστός από τη συνεργασία του στο περιοδικό *Vanity Fair* και από τα βιβλία του. Επίσης ο Γιάννης Ανδρικόπουλος, για πολλά χρόνια ανταποκριτής στο Λονδίνο της εφημερίδας *Ελευθεροτυπία*, αργότερα ιδρυτής του Skyros Centre, επίσης γνωστός από την εμπλοκή του στην υπόθεση της βρετανίδας δημοσιογράφου Ann Chapman, στην Αθήνα, στα χρόνια της δικτατορίας, ο Richard Smith, εκδότης του *British Medical Journal*, η Jane Gabriel, παραγωγός της τηλεόρασης και πολλοί άλλοι.

Η ΕΛ.Ε.Μ.Ε.Π., πέραν των τακτικών δραστηριοτήτων της, οργάνωσε συνέδρια τα οποία αποτέλεσαν σταθμούς την εποχή εκείνη, με θέματα που άπτονται των κοινωνικών, οικονομικών και πολιτικών εξελίξεων στην Ελλάδα.

Το πρώτο από αυτά που οργανώθηκε σε συνεργασία με την Ένωση Ελλήνων Πανεπιστημιακών Δυτικής Ευρώπης, τον Μάιο του 1978, στη London School of Economics, είχε ως θέμα: «Ελλάδα: Κατοχή, Αντίσταση, Εμφύλιος». Το συνέδριο είχε πολύ μεγάλη επιτυχία, τόσο από πλευράς ποιότητας των εισηγήσεων, όσο και συμμετοχής. Χωρίς αμφιβολία, αποτέλεσε σημαντική προσπάθεια για μια όσο το δυνατόν πιο αντικειμενική επισκόπηση και ανάλυση της ελληνικής ιστορίας της περιόδου 1941-45. Στην επιτυχία της εκδήλωσης συνετέλεσε και η παρουσία ατόμων που διαδραμάτισαν σημαντικό ρόλο σε γεγονότα της εποχής εκείνης, καθώς και ερευνητών που είχαν ασχοληθεί συστηματικά με τη μελέτη της συγκεκριμένης περιόδου. Η εφημερίδα *Το Βήμα*, στο φύλλο της Κυριακής 28 Μαΐου 1978, αφιέρωσε ολοσέλιδο ρεπορτάζ στο συνέδριο, γραμμένο από τον ανταποκριτή του Γιώργο Γεμενάκη, ο οποίος συμμετείχε τακτικά στις εκδηλώσεις του Λονδίνου. Παράλληλα, ο Λάμπης Τσιριγωτάκης, που επίσης συμμετείχε τακτικά σε αυτές τις εκδηλώσεις, έστειλε εκτενείς ανταποκρίσεις για την ΕΡΤ. Ήταν η πρώτη φορά μετά τη μεταπολίτευση που ένα συνέδριο ασχολήθηκε με αυτό το τόσο σοβαρό για τη σύγχρονη Ελλάδα θέμα, με βάση αποδεδειγμένες ιστορικές πηγές, αλλά και μαρτυρίες μερικών από τους πρωταγωνιστές των γεγονότων. Είχε προηγηθεί, μόλις πριν από λίγους μήνες, σχετική δημόσια συζήτηση στην Αθήνα, οργανωμένη από την ελληνική εκπομπή του BBC.

Στις εισηγήσεις που έγιναν περιλαμβάνονταν: «Η Ελλάδα στο πλαίσιο των αγγλοσοβιετικών σχέσεων», από την Elizabeth Barker, ραδιοσχολιάστρια για ζητήματα της νοτιοανατολικής Ευρώπης κατά τη δεκαετία του 1940, «Οι Βρετανοί και οι ελληνικές αντιστασιακές οργανώσεις ΕΑΜ και ΕΔΕΣ», από τον ιστορικό Προκόπη Παπαστράτη, «Τα λάθη των Συμμάχων και τα λάθη της αντίστασης», από τον αντιστασιακό και συγγραφέα ιστορίας της Αντίστασης Ανδρέα Κέδρο, «Αντίσταση ή εθνικό απελευθερωτικό κίνημα», από το Θανάση Χατζή, γενικό γραμματέα του ΕΑΜ την περίοδο 1941-1944, «Η Μάχη της Αθήνας, Δεκέμβρης 1944, και ο ρόλος των Βρετανών», από τον Heids Richter, γερμανό ιστορικό, «Η υπόθεση Don Stott», από τον Hagen Fleischer, γερμανό ιστορικό που ήδη εργαζόταν στην Ελλάδα, μετέπειτα καθηγητή στο Πανεπιστήμιο Αθηνών, «Η σοβιετική αποστολή στα ελληνικά βουνά και η είσοδος του ΕΑΜ στην κυβέρνηση εθνικής ενότητας», από τον Nicolas Hammond, καθηγητή της Αρχαίας Ιστορίας στο Πανεπιστήμιο του Cambridge και μέλος της Βρετανικής Στρατιωτικής Αποστολής στην Ελλάδα κατά τον Β΄ Παγκόσμιο Πόλεμο. Στη γενική συζήτηση που ακολούθησε έλαβαν επίσης μέρος ο ταξίαρχος Eddie Myers, αρχηγός της Βρετανικής Στρατιωτικής Αποστολής στην Ελλάδα κατά τον Β΄ Παγκόσμιο Πόλεμο, ο Bickham Sweet-Escott, σύνδεσμος της Special Operation Executive (Υπηρεσίας Ειδικών Αποστολών), ο Richard Clogg, ιστορικός τότε στο King's College London, ο Γιώργος Κατηφόρης, οικονομολόγος στο University College London. Επίσης ο Χρίστος Αλεξίου από το Πανεπιστήμιο του Birmingham, ο οποίος, εντάχθηκε στην Αντίσταση 13 χρονών, αρχικά ως μέλος του Επαρχιακού Συμβουλίου της ΕΠΟΝ Αγιάς, με ευθύνη το παιδικό κίνημα των ΑΕΤΟΠΟΥΛΩΝ, το 1943, και αργότερα ως μέλος της Υποδειγματικής Ανταρτο-επονίτικης Ομάδας του 4ου Συντάγματος του ΕΛΑΣ στην Πίνδο, καθώς και η Marion Σαράφη, χήρα του Στρατηγού Σαράφη.

Τις εργασίες του συνεδρίου συντόνισαν ο καθηγητής Γιάνης Γιανουλόπουλος και ο καθηγητής Ρήγας Δογάνης, μόνιμα εγκαταστημένος στο Λονδίνο. Ιδιαίτερο ενδιαφέρον είχαν και οι συζητήσεις που έγιναν κατά τη διάρκεια των εργασιών του συνεδρίου, αλλά και στα διαλείμματα και στις συναθροίσεις εκτός προγράμματος. Είχαμε τότε φιλοξενήσει στο διαμέρισμά μας τον Hagen

Fleischer, με τον οποίο ανταλλάξαμε απόψεις και πληροφορίες από τις πηγές που είχε αυτός υπόψη του και από δικές μας, προερχόμενες από το οικογενειακό μας περιβάλλον. Είχαμε, επίσης, την ευκαιρία να δούμε πάλι τον ταξίαρχο Eddie Myers, από τους πρώτους Βρετανούς που τυχαία συναντήσαμε στο σπίτι της Lady Moira Nelson, το 1974, όταν πρωτοήρθαμε στην Αγγλία (βλ. Κεφάλαιο Ι). Τον πιέσαμε ακόμη περισσότερο αυτή τη φορά να μας εξηγήσει τους λόγους για τους οποίους, κατά τη γνώμη του, ο Τσώρτσιλ ενδιαφερόταν τόσο πολύ να κρατήσει την Ελλάδα στην επιρροή των Δυτικών. Η απάντηση, όπως και την πρώτη φορά, το 1974, ήταν ότι αυτό οφειλόταν εν πολλοίς στον θαυμασμό που έτρεφε ο Τσώρτσιλ για την Αρχαία Ελλάδα και την ιστορία της.

Σχετικά πρόσφατα, όταν άρχισα να συνεργάζομαι με τον Lord David Owen σχετικά με τις ασθένειες των πολιτικών ηγετών, διάβασα τα απομνημονεύματα του προσωπικού γιατρού του Τσώρτσιλ, Lord Moran. Εκεί είναι εμφανές ότι ο Τσώρτσιλ έπασχε κατά περιόδους από σοβαρή κατάθλιψη και ότι τον Δεκέμβριο του 1944, όταν ήρθε στην Αθήνα ήταν σε πολύ άσχημη ψυχολογική κατάσταση. Οι πιο στενοί συνεργάτες του, αλλά και η οικογένειά του, δεν μπορούσαν να καταλάβουν την εμμονή του να έρθει στην Ελλάδα τα Χριστούγεννα του 1944 και να εποπτεύσει προσωπικά τις διαπραγματεύσεις ανάμεσα στις αντιμαχόμενες παρατάξεις. Δεν είχαμε όμως τότε, στο συνέδριο του Λονδίνου, αυτό το στοιχείο ώστε να το συζητήσουμε περισσότερο με κάποιους που είχαν μιλήσει με τον Τσώρτσιλ και που τώρα δεν ζουν. Όταν το 2005 επισκεφθήκαμε με την γυναίκα μου τη Lady Moira Nelson, σε οίκο ευγηρίας στην Οξφόρδη, μας αποκάλυψε για πρώτη φορά ότι ο άνδρας της ο Sir Frank Nelson, ήταν αρχηγός των ομάδων ειδικών αποστολών του Βρετανικού Στρατού κατά τον Β΄ Παγκόσμιο Πόλεμο, εξου και γνώριζε τον Eddie Myers.

Παρών επίσης στο συνέδριο ήταν και ο Monty Woodhouse, επικεφαλής της ειδικής Βρετανικής Στρατιωτικής Αποστολής στην Ελλάδα, του οποίου η ανάμειξη στις διαμάχες της εποχής εκείνης έχει συζητηθεί πολύ στην Ελλάδα. Ο Monty Woodhouse ήταν τυπικός Βρετανός, τόσο στην εμφάνιση όσο και στη συμπεριφορά. Ζούσε κοντά στην Οξφόρδη και διατέλεσε βουλευτής του Συντηρητικού Κόμματος στο Βρετανικό Κοινοβούλιο. Κατά τα άλλα ήταν ολιγόλογος και πάντα πολύ επιφυλακτικός σε αυτά που έλεγε.

Με τα χρόνια, πολλά ιστορικά αρχεία ήρθαν στο φως και πολλά δημοσιεύτηκαν γι' αυτήν την περίοδο. Η πρωτοβουλία, όμως, της ΕΛ.Ε.Μ.Ε.Π. το 1978 στο Λονδίνο είχε ιδιαίτερη σημασία, γιατί για πρώτη φορά έγινε επιστημονική συζήτηση με τη συμμετοχή και Βρετανών που είχαν ενεργό ανάμειξη στα γεγονότα εκείνης της εποχής.

Το συνέδριο «Κατοχή, Αντίσταση, Εμφύλιος», εκδόθηκε σε βιβλίο, το 1980 στα αγγλικά και το 1981 στα ελληνικά από τη Marion Σαράφη, που ήταν επίσης από τα τακτικά μέλη της ΕΛ.Ε.Μ.Ε.Π. Η Marion Σαράφη ήταν Βρετανίδα. Ως Marion Pascoe, φοιτήτρια εργαζόμενη στη Βρετανική Αρχαιολογική Σχολή στην Αθήνα, βρέθηκε στη Μήλο για ανασκαφές, όπου και γνώρισε τον Στέφανο Σαράφη, που ήταν εκεί πολιτικός εξόριστος από το καθεστώς του Μεταξά. Η γνωριμία τους εξελίχθηκε αργότερα μετά την Κατοχή σε γάμο που ήταν σύντομος, λόγω του πρόωρου θανάτου του Σαράφη το 1957 από αυτοκινητικό δυστύχημα, στο οποίο είχε τραυματιστεί και ή ίδια, κοντά στο αεροδρόμιο του Ελληνικού, από αυτοκίνητο που οδηγούσε αμερικανός στρατιώτης. Η Marion Σαράφη, που μιλούσε άπταιστα ελληνικά και πάντα όταν αναφερόταν στον Σαράφη τον αποκαλούσε «ο στρατηγός», ποτέ δεν δέχτηκε την εκδοχή ότι ο θάνατός του ήταν δυστύχημα. Πίστευε ότι δολοφονήθηκε, δεν ήταν όμως σαφής ως προς τους λόγους αυτής της πιθανής δολοφονίας. Σε μια από τις επισκέψεις του στο Λονδίνο, ο γνωστός ελληνοαμερικανός ιστορικός John Iatrides μού διηγήθηκε λεπτομερώς τη δίκη του αμερικανού στρατιώτη ο οποίος οδηγούσε το αυτοκίνητο που τραυμάτισε θανάσιμα τον Σαράφη (ο Ιατρίδης είχε πάρει μέρος ως επίσημος μεταφραστής), επιμένοντας ότι δεν υπήρχε η παραμικρή αμφιβολία ότι επρόκειτο για δυστύχημα. Η λήξη του συνεδρίου στο Λονδίνο γιορτάστηκε μ’ ένα πολύ επιτυχημένο πάρτι, στο διαμέρισμα του Θάνου και της Τζέλας Σκούρα στο Kentish Town.

Ένα χρόνο αργότερα, τον Μάρτιο του 1979, η ΕΛ.Ε.Μ.Ε.Π. σε συνεργασία με την Ένωση Ελλήνων Πανεπιστημιακών Δυτικής Ευρώπης οργάνωσε νέο συνέδριο με θέμα «Ανάπτυξη ή υπανάπτυξη: Η περίπτωση της Ελλάδας» που έγινε πάλι στη London School of Economics. Το συνέδριο αυτό αποκτούσε μεγαλύτερη σημασία, λόγω της επικείμενης ένταξης της Ελλάδας στην Ευρωπαϊκή Ένωση. Η επιτυχία ήταν κι αυτή τη φορά μεγάλη, τόσο από πλευράς εισηγήσεων όσο και συμμετοχής. Ανάμεσα στους συμμετέχοντες ήταν πολύ γνωστοί στον χώρο αυτό διανοούμενοι, όπως ο Αργύρης Εμμανουήλ από το Παρίσι ο οποίος μεταξύ άλλων υποστήριξε ότι «το κεφάλαιο κατευθύνεται προς τις ζωντανές αγορές όπου τα επίπεδα κατανάλωσης είναι υψηλά» και ότι « το δομικό χάσμα μεταξύ αναπτυγμένων και υποανάπτυκτων χωρών έχει προκαλέσει τέτοια πόλωση, ώστε η υπανάπτυξη των καθυστερημένων χωρών να αποτελεί βασική και λειτουργική προϋπόθεση για την υπερανάπτυξη των βιομηχανικών χωρών, και αντίστροφα». Ο Andre Gunter Frank υποστήριξε ότι «οι κρίσεις και οι προσαρμογές που έκανε το κεφάλαιο οδήγησαν στη μεταπολεμική ανάπτυξη που ξέφυγε όμως κατά τη δεκαετία του 1960» προσθέτοντας ότι «μια νέα κρίση ήταν αναπόφευκτη αλλά δεν μπορούμε να γνωρίζουμε πότε». Εξάλλου, ο Ernest

Laclau υποστήριζε ότι «η ταξική πάλη είχε προτεραιότητα σε σχέση με τον λαϊκοδημοκρατικό αγώνα, μιας και ο τελευταίος γίνεται μόνο σε ιδεολογικό και πολιτικό επίπεδο».

Στους ομιλητές που είχαν έρθει από την Ελλάδα περιλαμβάνονταν ο Σπήλιος Παπασπηλιόπουλος, ο Κώστας Βεργόπουλος, ο Μάριος Νικολινάκος, ο Αρίστος Δοξιάδης, ο Κωνσταντίνος Τσουκαλάς, ο Μιχάλης Παπαγιαννάκης, ο οποίος υποστήριξε ότι «θα δοθούν κατά την επόμενη δεκαετία τεράστιες ευκαιρίες στην ελληνική βιομηχανία». Ακούστηκαν επίσης, μεταξύ άλλων, απόψεις για την πιθανότητα «ελβετοποίησης» της Ελλάδας, «με την ανάπτυξη κυρίως του τραπεζικού τομέα, και γενικότερα της παροχής οικονομικών υπηρεσιών με παράλληλη αύξηση του τουρισμού ποιότητας».

Τις συζητήσεις συντόνισαν ο Κώστας Βαΐτσος από την Ελλάδα και ο Γιάνης Γιανουλόπουλος και ο Ρήγας Δογάνης από το Λονδίνο. Όπως και στο προηγούμενο Συνέδριο, έτσι και σε αυτό, ο Γιώργος Γεμενάκης αφιέρωσε ολοσέλιδες παρουσιάσεις στις εφημερίδες *Το Βήμα* και *Τα Νέα,* ενώ ο Λάμπης Τσιριγωτάκης έστειλε τις ανάλογες ανταποκρίσεις στην ΕΡΤ.

Όλες αυτές οι εκδηλώσεις απαιτούσαν πολύ μεγάλη προετοιμασία και οργάνωση, στην οποία συμμετείχαμε ενεργά, μαζί με τους άλλους φίλους και συνεργάτες από το Λονδίνο. Επίσης απαιτούσαν σημαντικά έξοδα, που συνήθως τα καλύπταμε από προσωπικές συνεισφορές σε χρήμα και είδος. Είχαμε ακόμη τότε τη δυνατότητα να χρησιμοποιούμε τις αίθουσες και τις εγκαταστάσεις των βρετανικών πανεπιστημίων δωρεάν και τα σπίτια μας για τις φιλοξενίες. Χρηματοδοτήσεις και χορηγίες παρόμοιων εκδηλώσεων άρχισαν πολύ αργότερα, κατά τη δεκαετία του 1990.

Τον Φεβρουάριο του 1985 οργανώθηκε από την ΕΛ.Ε.Μ.Ε.Π. σεμινάριο για την Κύπρο με τίτλο «Κύπρος: από την προδοσία στη διαμάχη της διεθνούς πολιτικής» στο οποίο πήραν μέρος ο Christopher Hitchens, ο Edward Mortimer, ο Keith Kyle, από το Ινστιτούτο Στρατηγικών Μελετών και ο Νίκος Παπαδάκης.

Τον Μάρτιο του 1988 έγινε διήμερο σεμινάριο αφιερωμένο στον Μεταμοντερνισμό, με βασικό οργανωτή και συντονιστή τον Κώστα Δουζίνα. Μεταξύ αυτών που πήραν μέρος ήταν οι Mark Cousins, Peter Goodrich, Shaun McVeigh, Γιάννης Πεπονής, Alison Young, Teresa Brennan, Ernest Laclau, Tim Murphy και Chris Norris.

Τον Απρίλιο του 1990 η ΕΛ.Ε.Μ.Ε.Π. συμμετείχε σε τριήμερο σεμινάριο στα αγγλικά με θέμα «Προοπτικές του ΠΑΣΟΚ στην εξουσία» το οποίο οργάνωσε ο Richard Clogg στο King's College του Λονδίνου. Στους ομιλητές περιλαμβάνονταν ο Χρήστος Λυριτζής, που παρουσίασε το θέμα «ΠΑΣΟΚ στην εξουσία: απογοητευτικές πολιτικές», ο Γιώργος Μαυρογορδάτος, που μίλησε για τα «Κεκτημένα δικαιώματα ομάδων», ο Νίκος Αλιβιζάτος, με θέμα «Η Προεδρία, το Κοινοβούλιο και η Δικαιοσύνη», ο Στέφανος Πεσμαζόγλου με θέμα «ΠΑΣΟΚ και τα μέσα μαζικής ενημέρωσης», ο Αλέξης Δημαράς, με θέμα «Η επίδραση σοσιαλιστικών επιρροών στην ελληνική εκπαίδευση», ο Δημήτρης Κατσούδας, με θέμα «Η Νέα Δημοκρατία στην αντιπολίτευση», ο Βασίλης Καπετανγιάννης, με θέμα «Η Αριστερά τη δεκαετία του 1980: Μια χαμένη ευκαιρία;», ο Θόδωρος Κουλουμπής, με θέμα «Ελληνική εξωτερική πολιτική: Συνέχεια ή αλλαγή;», ο Van Κουφουδάκης, με θέμα «Ελληνοτουρκικές σχέσεις», ο John Iatrides, με θέμα «Πίσω από τον θόρυβο και τον θυμό στις ελληνοαμερικανικές σχέσεις», ο Γιώργος Γιαννόπουλος, με θέμα «Το ΠΑΣΟΚ και η οικονομία», η Susannah Verney, με θέμα «Το ΠΑΣΟΚ και η Ευρωπαϊκή Ένωση: Από την ειδική σχέση στον ευρωπαϊσμό», ο Θάνος Βερέμης, με θέμα «Άμυνα, ασφάλεια, ένοπλες δυνάμεις» και ο Νικηφόρος Διαμαντούρος, με θέμα «Εξελικτικές τάσεις στην ελληνική πολιτική κουλτούρα». Στο στρογγυλό τραπέζι πήραν μέρος ο Chris Woodhouse, ο John Campbell, ο Νίκος Μουζέλης και ο Richard Clogg.

Σε αυτό το σεμινάριο συμμετείχαν μόνο βρετανοί και έλληνες πανεπιστημιακοί που βρίσκονταν στο Λονδίνο και οι οποίοι ασχολούνταν με τα ελληνικά θέματα. Το βράδυ της πρώτης μέρας, σε δείπνο που είχε οργανώσει ο Richard Clogg στη γνωστή λέσχη «Athenaeum» στο κεντρικό Λονδίνο, που είναι χώρος συγκέντρωσης ακαδημαϊκών, πολιτικών, διανοούμενων, οικονομικών παραγόντων, δικαστικών, ανώτερων κληρικών και έγιναν πολύ ενδιαφέρουσες συζητήσεις με πολλούς από τους συμμετέχοντες. Η επιφύλαξη και η απογοήτευση των περισσοτέρων για τις εξελίξεις στην Ελλάδα ήταν εμφανής. Οι περισσότεροι δεν έβλεπαν να προωθούνται οι ριζικές αλλαγές που ήταν τόσο απαραίτητες. Δεν ήταν λίγοι αυτοί οι οποίοι προέβλεπαν ότι, αργά ή γρήγορα, η κατάσταση θα οδηγούνταν σε αδιέξοδο, χωρίς φυσικά να παραγνωρίζεται το γεγονός ότι είχαν γίνει και κάποια θετικά βήματα. Πλην όμως, η γενική εντύπωση ήταν ότι επικρατούσε κλίμα ανεξέλεγκτης κομματοκρατίας και προώθησης ατόμων με αμφισβητούμενες ικανότητες.

Πολύ ενδιαφέρον είχε προκαλέσει και η διάλεξη του Δημήτρη Κουλουριάνου, στελέχους τότε της Ευρωπαϊκής Τράπεζας Ανάπτυξης και Ανασυγκρότησης και πρώην υπουργού Οικονομικών της κυβέρνησης του ΠΑΣΟΚ, ο οποίος μίλησε με θέμα «Ανατολική Ευρώπη: Η Ευρωπαϊκή Τράπεζα και η Ελλάδα». Εντύπωση είχαν κάνει οι ιστορίες που μας διηγήθηκε ο Δημήτρης Κουλουριάνος, καλοσυνάτος και ζεστός άνθρωπος, μετά την ομιλία του, στο καθιερωμένο πλέον δείπνο στο ιταλικό εστιατόριο, σχετικά με τη συμμετοχή του στην κατάληψη του Πανεπιστημίου του Berkeley, κατά τη δεκαετία του 1960, την εποχή που εμείς, φοιτητές ακόμη, ζούσαμε την περίοδο της χούντας στην Ελλάδα.

Τον Ιούνιο του 1994 η ΕΛ.Ε.Μ.Ε.Π. συνδιοργάνωσε στο Λονδίνο με το Ευρωπαϊκό Ινστιτούτο της London School of Economics διήμερο συνέδριο στα αγγλικά, με θέμα «Η Ελλάδα στη μεταβαλλόμενη Ευρώπη: Ευκαιρίες και εμπόδια («Greece in a Changing Europe: Opportunities and Constraints»), για το οποίο γίνεται λόγος στο Κεφάλαιο XI.

Το φθινόπωρο του 1994, με πρωτοβουλία της ΕΛ.Ε.Μ.Ε.Π. και με συνεργασία της Ένωσης Ελλήνων Πανεπιστημιακών Δυτικής Ευρώπης και του Ευρωπαϊκού Ινστιτούτου της London School of Economics, οργανώθηκε συζήτηση στρογγυλής τράπεζας με θέμα «Ελλάδα: Προοπτικές εκσυγχρονισμού». Η εκδήλωση έγινε στα αγγλικά, με τίτλο «Greece: Prospects of Modernisation». Ομιλητές ήταν ο Κώστας Σημίτης, που ήταν τότε απλός βουλευτής έχοντας παραιτηθεί από υπουργός Βιομηχανίας, Ενέργειας και Τεχνολογίας, ο Ανδρέας Αδριανόπουλος, επίσης βουλευτής τότε, ο Κωνσταντίνος Τσουκαλάς από την Αθήνα και ο Νίκος Μουζέλης από το Λονδίνο. Η συμμετοχή ήταν, όπως συνήθως, πολύ μεγάλη, αλλά οι εντυπώσεις πολλών, ανάμεσα στους οποίους και δική μου, ήταν μια πολύ συγκρατημένη αισιοδοξία. Θεωρήσαμε ότι πολλά από αυτά που ειπώθηκαν ήταν πάλι γενικότητες, χωρίς αποκρυσταλλωμένες ιδέες και χωρίς συγκεκριμένο πρόγραμμα υλοποίησής τους, ενώ αμφιβάλλαμε πολύ αν θα μπορούσαν να προωθηθούν και να υλοποιηθούν οι μεταρρυθμίσεις που απαιτούνταν στην Ελλάδα και που με αγωνία πλέον περιμέναμε. Υπήρξαν, επίσης μερικοί οι οποίοι θεώρησαν ότι δεν φάνηκε να υπάρχει καν ένα σαφές θεωρητικό υπόβαθρο για τον «εκσυγχρονισμό». Το προηγούμενο βράδυ είχαμε την ευκαιρία να μιλήσουμε περισσότερο με τον Κώστα Σημίτη, στο σπίτι του Νίκου Παπαδάκη, και να του θέσουμε ερωτήσεις για μερικά από τα καίρια θέματα που πιστεύαμε ότι αντιμετώπιζε η Ελλάδα. Η εντύπωσή μας ήταν ότι ίσως και ο ίδιος ο Κώστας Σημίτης δεν είχε ξεκαθαρίσει πώς ακριβώς θα προχωρούσε αν γινόταν πρωθυπουργός, κάτι που το είχαμε εντοπίσει ήδη από παλαιότερες συναντήσεις μαζί του στο Λονδίνο. Θα πρέπει να σημειωθεί, ότι την παραμονή της άφιξης των ομιλητών στο Λονδίνο, είχε προηγηθεί στην Αθήνα το περίφημο «μυστικό δείπνο των τεσσάρων», με την Βάσω Παπανδρέου, τον Θόδωρο Πάγκαλο, τον Κώστα Σημίτη και τον Παρασκευά Αυγερινό. Η είδηση είχε διαρρεύσει στον ελληνικό Τύπο, με αποτέλεσμα να αναζητούν τον Κώστα Σημίτη επίμονα οι έλληνες δημοσιογράφοι, για να του θέσουν διευκρινιστικές ερωτήσεις, τις οποίες εκείνος απέφευγε επιδέξια.

Μια άλλη από τις ενδιαφέρουσες διαλέξεις που οργάνωσε η ΕΛ.Ε.Μ.Ε.Π. ήταν τον Ιούνιο του 1995, με ομιλήτρια την παιδοψυχίατρο Μαντώ Νταλιάνη από το Karolinska Institute της Στοκχόλμης με τίτλο «Παιδιά στην δίνη του Ελληνικού Εμφυλίου Πολέμου, 1946-1949: Ενήλικες σήμερα». Τη διάλεξη αυτή την οποία συντόνισα την σχολίασε η συνάδελφος, παιδοψυχίατρος τότε στο Maudsley Hospital, Ιωάννα Γιαννοπούλου. Είχα γνωρίσει τη Μαντώ Νταλιάνη στο πρώτο συνέδριο της Παγκόσμιας Ελληνικής Βιοϊατρικής Εταιρείας της Διασποράς το 1990 στην Αθήνα, όπου παρουσίασε για πρώτη φορά τη μελέτη της, που αφορούσε τα παιδιά των γυναικών κρατούμενων στις Φυλακές Αβέρωφ στην Αθήνα, κατά τη διάρκεια του Εμφυλίου πολέμου, ανάμεσα στις οποίες ήταν και η ίδια κρατούμενη εκεί μαζί με τον άνδρα της, επίσης γιατρό, Δημήτρη Νταλιάνη, πριν φύγουν για την Σουηδία. Η Μαντώ Νταλιάνη παρακολούθησε την εξέλιξη των παιδιών που ήταν μαζί με τις κρατούμενες μητέρες τους στη φυλακή και διαπίστωσε ότι τα περισσότερα, παρά τα τραύματα της παιδικής τους ηλικίας, είχαν καλή προσαρμογή στο κοινωνικό τους περιβάλλον ως ενήλικες. Η εργασία αυτή κυκλοφόρησε τα τελευταία χρόνια σε βιβλίο στην Ελλάδα, από το Μουσείο Μπενάκη με επιμέλεια του συναδέλφου ψυχιάτρου Δημήτρη Πλουμπίδη. Πολύ ενδιαφέρον είχαν και οι συζητήσεις που έγιναν μετά τη διάλεξη, ειδικά για τους προστατευτικούς παράγοντες που ενδεχομένως επέδρασαν στην εξέλιξη και προσαρμογή των παιδιών αυτών, αλλά και γενικότερα για τα γεγονότα της εποχής εκείνης. Σε αυτές τις συζητήσεις είχε πάρει μέρος και ο ιστορικός Mark Mazower, ο οποίος συμμετείχε συχνά στις εκδηλώσεις της ΕΛ.Ε.Μ.Ε.Π., γνωστός στην Ελλάδα από τα βιβλία του *Στην Ελλάδα του Χίτλερ* και *Θεσσαλονίκη: Η πόλη των φαντασμάτων*. Επίσης, συμμετείχαν η Jane Gabriel που αναφέρεται στο Κεφάλαιο VI, και η Marion Σαράφη, για την οποία έγινε ήδη λόγος πιο πάνω.

Από το 1995 η ΕΛ.Ε.Μ.Ε.Π. έγινε επίσημα μέλος του Ελληνικού Κέντρου του Λονδίνου και προσπάθησε να συνεχίσει τις δραστηριότητές της μέσω αυτού.

Τον Μάρτιο του 1998 οργανώθηκε νέο τριήμερο συνέδριο, τη φορά αυτή με πρωτοβουλία του Ελληνικού Παρατηρητήριου και συνδιοργανώτρια την ΕΛ.Ε.Μ.Ε.Π., με τίτλο «Η συμβολή της μεταβαλλόμενης Ελλάδας στην Ευρωπαϊκή Ένωση: Η δυναμική μιας πολύπλοκης σχέσης», για το οποίο γίνεται λόγος επίσης στο Κεφάλαιο XI.

Τα δεδομένα είχαν, όμως, αλλάξει ριζικά. Έτσι στα τέλη του 1998, έπειτα από είκοσι χρόνια συνεχούς και τακτικής παρουσίας στο Λονδίνο, η ΕΛ.Ε.Μ.Ε.Π. σταμάτησε ουσιαστικά τις δραστηριότητές της, εκτός από ελάχιστες συνεργασίες με το Ελληνικό Πολιτιστικό Κέντρο και κυρίως με το Ελληνικό Παρατηρητήριο, για το οποίο γίνεται λόγος στα Κεφάλαια VII και IX.

ΚΕΦΑΛΑΙΟ V

ΘΕΜΑΤΑ ΥΓΕΙΑΣ

1. Οι διαλέξεις Reith

Κάθε χρόνο το φθινόπωρο, το Πρόγραμμα 4 του ραδιοφωνικού σταθμού του BBC, γνωστό ως Radio Four, παρουσιάζει τις διαλέξεις Reith, προς τιμήν του John Reith, ιδρυτή του BBC και υπέρμαχου της ανεξάρτητης ραδιοφωνίας. Η σειρά αυτών των διαλέξεων αναφέρεται σε κάποιο αμφιλεγόμενο θέμα σύγχρονου φιλοσοφικού, ηθικού ή κοινωνικού προβληματισμού και προκαλεί μεγάλο ενδιαφέρον στους κύκλους της διανόησης, αλλά και στο ευρύτερο κοινό. Ομιλητής των διαλέξεων Reith το 1980 ήταν ο Ian Kennedy, αναπληρωτής καθηγητής τότε της ιατρικής ηθικής και δεοντολογίας στο King's College του Πανεπιστημίου του Λονδίνου.

Ο τίτλος των διαλέξεων ήταν «Ιατρική χωρίς προσωπείο». Κύριο θέμα τους ήταν ότι η σύγχρονη ιατρική είχε πάρει λάθος δρόμο. Ο Ian Kennedy, που είναι νομικός και όχι γιατρός, υποστήριζε ότι η σύγχρονη ιατρική είχε δώσει την ψευδαίσθηση ότι η αρρώστια μπορούσε να εξαλειφθεί τελείως από τον πλανήτη μας και ότι η ζωή μπορούσε να παραταθεί όσο θέλουμε. Αυτήν την αντίληψη την θεωρούσε επικίνδυνη και γι' αυτό θεωρούσε υπεύθυνους τους γιατρούς, που απέβλεπαν στο προσωπικό τους συμφέρον, και στην ενίσχυση της θέσης τους και της κοινωνικής και οικονομικής δύναμής τους. Η βασική άποψη του Ian Kennedy ήταν ότι οι γιατροί είχαν αποκτήσει πολύ περισσότερη δύναμη απ' όση ήταν απαραίτητη για να κάνουν διάγνωση και να προσδιορίζουν τη θεραπεία, ελέγχοντας έτσι εν πολλοίς τη ζωή αυτών που θεωρούσαν ασθενείς. Επίσης, υποστήριζε ότι οι περισσότερες αποφάσεις σε ιατρικά ζητήματα δεν ήταν αμιγώς επιστημονικές, αλλά επίσης ηθικές και πολιτικές. Κατά συνέπεια, η κοινωνία θα πρέπει να περιορίσει την εξουσία που έχει παραχωρήσει στους γιατρούς, και κυρίως την εξουσία να παίρνουν αυτοί όλες τις αποφάσεις σε θέματα υγείας. Συνεχίζοντας ο Ian Kennedy επεξέτεινε την κριτική του στο υγειονομικό σύστημα στο σύνολο του, λέγοντας ότι είχε φτάσει να αποτελείται μόνον από «άσπρες μπλούζες» και υπερσύγχρονη νοσοκομειακή τεχνολογία, θέτοντας παράλληλα σοβαρά ερωτήματα, όπως πώς ορίζονται τα όρια της αρρώστιας και της υγείας, πότε είναι επιτρεπτό να αφήσεις έναν ασθενή να πεθάνει, με τι κριτήρια αποφασίζεται μια έκτρωση, ή ποια θα είναι η τύχη ενός παιδιού που γεννιέται ανάπηρο; Ήταν, επίσης, ιδιαίτερα επικριτικός απέναντι στον τομέα της ψυχικής υγείας και ζητούσε περιορισμό της εξουσίας των ψυχιάτρων ως προς την υποχρεωτική νοσηλεία των ασθενών. Σύμφωνα με τον Kennedy, οι αποφάσεις για όλα αυτά τα ζητήματα δεν θα έπρεπε να παίρνονται μόνο με ιατρικά κριτήρια, αφού είχαν ταυτόχρονα ηθικό και πολιτικό αντίκτυπο. Για να ενισχύσει τη θέση του ο Ian Kennedy υπενθύμιζε μερικές πικρές αλήθειες που αφορούσαν τις κοινωνικές ανισότητες στον χώρο της υγείας. Μια από αυτές ήταν ότι στη Βρετανία, με τα στοιχεία που υπήρχαν τότε, οι θάνατοι κατά τη γέννηση παιδιών που προέρχονταν από οικονομικά ασθενέστερες κοινωνικές τάξεις ήταν διπλάσιοι απ' ότι σε παιδιά που προέρχονταν από εύπορες κοινωνικές τάξεις. Έτσι, η έμφαση θα έπρεπε να δοθεί περισσότερο στην πρόληψη των ασθενειών, παρά στη θεραπεία.

Οι απόψεις του Ian Kennedy προκάλεσαν ζωηρότατο ενδιαφέρον σε γιατρούς, σε διανοούμενους, αλλά και στο ευρύτερο κοινό. Ακολούθησαν πολλά άρθρα στον ημερήσιο και ιατρικό Τύπο, καθώς και σχόλια στην τηλεόραση και το ραδιόφωνο. Οι αντιδράσεις από πολλούς γιατρούς, αλλά και από τους επισήμους φορείς του ιατρικού κόσμου, ήταν εξαιρετικά αρνητικές. Μερικοί, όμως, παραδέχτηκαν ότι ο Kennedy έθετε ακανθώδη ερωτήματα, που έπρεπε να συζητηθούν ευρύτερα ώστε να ακουστούν οι απόψεις όλων των ενδιαφερομένων. Την εποχή εκείνη υπήρχε στις αγγλοσαξονικές κοινωνίες έντονος προβληματισμός για τον ρόλο των «ειδικών», και ειδικότερα για το κατά πόσον οι αποφάσεις τους στοχεύουν αποκλειστικά στο όφελος των πελατών τους με βάση επιστημονικά κριτήρια, ή μήπως υπεισέρχεται και το προσωπικό επαγγελματικό συμφέρον. Αν και οι γιατροί είχαν μείνει στην πλειονότητα τους αμέτοχοι σε τέτοιους προβληματισμούς, εντούτοις βρίσκονταν κατά καιρούς στο επίκεντρο σφοδρών επικρίσεων, όπως για παράδειγμα, όταν ο Ian Kennedy έφερε το θέμα στην επικαιρότητα.

Στο κορύφωμα των διαξιφισμών για τις διαλέξεις του Ian Kennedy, η Αριάννα Φερεντίνου, που τότε εργαζόταν στην ελληνική εκπομπή του BBC, (αργότερα έγινε ανταποκρίτρια της Νέας Ελληνικής Τηλεόρασης στην Κωνσταντινούπολη), μου ζήτησε να σχολιάσω τις διαλέξεις σε πρόγραμμα που θα μεταδιδόταν στην Ελλάδα. Είχε η ίδια ετοιμάσει εμπεριστατωμένη περιγραφή των διαλέξεων. Ενώ προετοίμαζα την ανάλυσή μου για το πρόγραμμα, σκεπτόμουν πώς θα μπορούσα να μεταδώσω στο ελληνικό ακροατήριο τον προβληματισμό των διαλέξεων, σε εποχή που οι έντονες συζητήσεις για το τι είδους σύστημα υγείας θα δημιουργούνταν στην Ελλάδα έδιναν και έπαιρναν και ενώ το Λονδίνο κατακλυζόταν από έλληνες ασθενείς που έρχονταν για θεραπεία, όπως ανέφερα ήδη στο Κεφάλαιο ΙΙΙ. Όταν μπήκα στο Bush House, όπου στεγαζόταν η

Παγκόσμια Υπηρεσία του BBC, ο νους μου πήγε λίγα χρόνια πίσω, στον καιρό της δικτατορίας στην Ελλάδα, και στην αγωνία με την οποία περιμέναμε τα δελτία ειδήσεων και τους σχολιασμούς των γεγονότων όπως μεταδίδονταν από τις εκπομπές του κορυφαίου βρετανικού οργανισμού ραδιοφωνίας και τηλεόρασης. Οι εκπομπές του BBC και της Ντόιτσε Βέλε είχαν συμβάλει σημαντικά στη διατήρηση του ηθικού πολλών Ελλήνων κατά τη μαύρη εκείνη περίοδο. Σε μια συνομιλία που είχα με τον Sir Hugh Greene, αδελφό του γνωστού βρετανού συγγραφέα Graham Greene, και γενικού διευθυντή του BBC στα χρόνια της δικτατορίας, ήταν εμφανές το ενδιαφέρον του για την Ελλάδα, που πήγαζε εν πολλοίς από τις γνώσεις του και τον θαυμασμό του για την Κλασική εποχή και τον πολιτισμό της.

Στην ανάλυση μου ανέφερα ότι ο Kennedy, χωρίς να έχει την οξύτητα του Ivan Illich, έθετε επί τάπητος πολύ σοβαρά ζητήματα που αποτελούσαν αντικείμενο προβληματισμού όχι μόνον μεταξύ του κοινού, αλλά και μεταξύ των ίδιων των γιατρών. Η βασική μου ένσταση ήταν δεν είχαμε την μέθοδο με την οποία θα μπορούσε το κοινό να ασκήσει έλεγχο στη λήψη ιατρικών αποφάσεων. Μολονότι, από ηθικής πλευράς, ο καθένας μπορεί να έχει τη γνώμη του, εντούτοις στην πράξη μόνον ο γιατρός έχει τις απαραίτητες γνώσεις, την εμπειρία και την τεχνική για να προχωρήσει στην αντιμετώπιση των ιατρικών προβλημάτων. Δεν έπρεπε να παραγνωρίζεται το γεγονός ότι και οι γιατροί είναι μέρος της κοινωνίας στην οποία ζούμε. Είμαστε κι εμείς πολίτες, γονείς και ασθενείς. Πολλές φορές εμείς οι γιατροί καλούμαστε να εκφέρουμε γνώμη και σε μη ιατρικά θέματα, με τη στενή έννοια του όρου. Χωρίς ποτέ να διεκδικούμε αποκλειστική αρμοδιότητα σε αυτά, οι ηθικές μας απόψεις επηρεάζονται και από άλλους κοινωνικούς ρόλους μας. Συμφώνησα εν μέρει ότι ο ιατρικός κόσμος είχε αποκτήσει σημαντική εξουσία, αλλά αμφισβήτησα την έκταση που της απέδιδε ο Kennedy. Σε τελική ανάλυση, στις περισσότερες περιπτώσεις ο ρόλος του γιατρού ήταν συμβουλευτικός και ο άρρωστος είχε το δικαίωμα να μην αποδεχτεί τις συμβουλές του. Κατά τη διάρκεια της εκπομπής κάλεσαν από το Λονδίνο να κάνει σύντομη παρέμβαση από την Ελλάδα «ένας ιατρός από τον Πειραιά», όπως ανακοίνωσαν στο BBC, που λεγόταν Νικήτας Κακλαμάνης. Ήταν βέβαια, ο μετέπειτα υπουργός Υγείας και δήμαρχος της Αθήνας.

Οι τότε θέσεις του Ian Kennedy υπήρξαν προάγγελος όσων ακολούθησαν τα επόμενα χρόνια. Δύο χρόνια μετά τις διαλέξεις, το 1982, ο ρόλος των γιατρών στη Βρετανία άλλαξε ριζικά, με την τοποθέτηση των γενικών διοικητών στα νοσοκομεία και στις λοιπές μονάδες παροχής υπηρεσιών υγείας. Σταδιακά, η Πολιτεία θεσμοθέτησε τις υπηρεσίες παραπόνων των ασθενών, και αργότερα τη συμμετοχή εκπροσώπων των ασθενών στη διαμόρφωση κάθε πολιτικής υγείας, καθώς και μέτρα για τον επιμερισμό ευθυνών από αρνητικές επιπτώσεις ιατρικών αποφάσεων. Μεγάλο ρόλο στη λήψη αυτών των μέτρων έπαιξε προσωπικά ο Ian Kennedy που απέκτησε διεθνή φήμη και επιρροή και τέθηκε επικεφαλής πολλών σημαντικών επιτροπών για διάφορα θέματα υγείας. Ο Kennedy υπήρξε για πολλά χρόνια επικεφαλής ειδικής ανεξάρτητης επιτροπής η οποία έλεγχε την αποδοτικότητα και την ποιότητα των παρεχόμενων υπηρεσιών υγείας. Το 1995 ήταν πρόεδρος της επιτροπής η οποία εξέτασε το πρόβλημα της αυξημένης θνησιμότητας βρεφών έπειτα από καρδιοχειρουργικές επεμβάσεις στο Νοσοκομείο του Bristol, γεγονός που είχε συγκλονίσει τη βρετανική κοινή γνώμη, αλλά και τον ιατρικό κόσμο. Σαν συνέπεια θεσμοθετήθηκε η τακτική αξιολόγηση των γιατρών, που πλέον αποτελεί νόμο του κράτους. Τελευταία, σε ειδικό χώρο του διαδικτύου, οι ασθενείς μπορούν να στείλουν τη γνώμη τους και τα σχόλιά τους για τους γιατρούς τους, ενώ ειδικοί δείκτες μετρούν την απόδοση των γιατρών σε ορισμένες ειδικότητες, (π.χ. θνησιμότητα των ασθενών σε περιπτώσεις καρδιοχειρουργικών επεμβάσεων). Επίσης, στη Βρετανία εκπρόσωποι των ασθενών συμμετέχουν πλέον στον σχεδιασμό και στη χάραξη της πολιτικής για την παροχή υπηρεσιών υγείας.

2. Η αντιμετώπιση του στρες

Στα μέσα της δεκαετίας του 1980 το ενδιαφέρον για θέματα που αφορούσαν τις διάφορες εθνικές μειονότητες αυξανόταν συνεχώς στη Βρετανία. Σε αυτά τα θέματα περιλαμβάνονταν και προβλήματα ψυχικής υγείας που αφορούσαν κυρίως πολυπληθείς ομάδες ατόμων από χώρες της Αφρικής, της Καραϊβικής, και από την Ινδία και το Πακιστάν. Ειδικά για τα άτομα που προέρχονταν από χώρες της Αφρικής και της Καραϊβικής, γινόταν κριτική στις υπηρεσίες ψυχικής υγείας για υπερβολικό ζήλο και αδικαιολόγητες εισαγωγές στα νοσοκομεία. Οι επικριτές αυτής της τάσης ισχυρίζονταν ότι διάφοροι πολιτισμικοί παράγοντες έπαιζαν πολύ σημαντικό ρόλο στη συμπεριφορά αυτών των ανθρώπων, η οποία κακώς θεωρούνταν παθολογική. Σε αυτό το γενικότερο κλίμα αυξάνονταν και οι παραπομπές που γίνονταν στη μονάδα μου από διάφορες υπηρεσίες ψυχικής υγείας για να εξετάζω Έλληνες και Κύπριους, με σκοπό να κρίνω την επίδραση των πολιτισμικών παραγόντων σε ποικίλες διαταραχές της συμπεριφοράς τους.

Στη Βρετανία, και κυρίως στο Λονδίνο, υπολογιζόταν ότι την εποχή εκείνη ζούσαν μερικές χιλιάδες Ελληνοκύπριοι, κυρίως πρώτης γενιάς. Πολλοί από αυτούς είχαν έρθει από τις περιοχές της Κύπρου που βρίσκονταν υπό τουρκική κατοχή μετά την εισβολή του 1974. Υπήρχαν επίσης περίπου 10-15 χιλιάδες Έλληνες από την Ελλάδα, οι περισσότεροι ασχολούμενοι με τη ναυτιλία, ενώ ένα μικρό ποσοστό ήταν πανεπιστημιακοί, γιατροί και φοιτητές, κυρίως μεταπτυχιακοί. Η σύνθεση της ελληνικής παροικίας στο Λονδίνο άλλαξε άρδην από τα μέσα της δεκαετίας το 1990, με την άφιξη, κατά χιλιάδες, προπτυχιακών και μεταπτυχιακών ελλήνων φοιτητών και τη δραστική μείωση των εργαζομένων στη ναυτιλία. Παράλληλα, αυξανόταν σημαντικά ο αριθμός των Ελλήνων που έρχονταν να εργαστούν στον τραπεζικό και τον χρηματοπιστωτικό τομέα, τουλάχιστον μέχρι την οικονομική κρίση του τέλους της δεκαετίας του 2000.

Με βάση τις διαμορφούμενες ανάγκες της εποχής εκείνης, σχηματίσαμε το 1987 μια ομάδα μελέτης (steering group) για να μελετήσει τα προβλήματα ψυχικής υγείας του ελληνοκυπριακού πληθυσμού του Λονδίνου. Ειδικότερα μας απασχόλησαν το στρες που αντιμετώπιζαν οι Ελληνοκύπριοι και οι μηχανισμοί άμυνας που θα έπρεπε να αναπτύξουν (stress and coping). Στην ομάδα αυτή συμμετείχαν ο ψυχίατρος Roland Littlewood, γνωστός διεθνώς για την εμπειρία του στην διαπολιτισμική ψυχιατρική (Transcultural Psychiatry), που εργαζόταν τότε μαζί μας στο Νοσοκομείο Guy's, ο Έλληνας ψυχίατρος Γιώργος Ίκκος, μετέπειτα μέλος του διοικητικού συμβουλίου του Royal College of Psychiatrists, η ψυχολόγος παιδικής ηλικίας Μαρία Καλλία, Ελληνίδα από τη Νότια Αφρική που εργαζόταν στο Ινστιτούτο Ψυχιατρικής στο Λονδίνο, και η Κύπρια Χρύσω Ανδρέου, που ήταν κοινωνική λειτουργός και ψυχοθεραπεύτρια στο Ινστιτούτο Tavistock και είχε εμπειρία από τον κυπριακό και ελληνικό πληθυσμό στο βόρειο Λονδίνο. Σκοπός μας ήταν να μελετήσουμε συστηματικά τα προβλήματα που απασχολούσαν τις παροικίες και να προσπαθήσουμε να προτείνουμε πρακτικές και εφαρμόσιμες λύσεις. Πρόσφατα είχε δημοσιευτεί στο *British Journal of Psychiatry* η επιδημιολογική μελέτη του Βένου Μαυρέα, μετέπειτα καθηγητή της ψυχιατρικής στο Πανεπιστήμιο των Ιωαννίνων, ο οποίος, μαζί με τον Paul Bebbington, είχε μελετήσει την ψυχιατρική νοσηρότητα στην Ελληνοκυπριακή κοινότητα της περιοχής του Camberwell, στο νοτιοανατολικό Λονδίνο.

Σύντομα, μετά τις πρώτες συναντήσεις μας, αποφασίσαμε να οργανώσουμε μια ημερίδα. Στην ημερίδα αυτή ομιλητές (εκτός από αυτούς που ανέφερα ότι αποτελούσαν την αρχική ομάδα μελέτης) ήταν η Φλόγα Ανθία, κύπρια κοινωνιολόγος του Λονδίνου, και η Πάμελα Κωνσταντινίδη, βρετανίδα ανθρωπολόγος, η οποία είχε κάνει μελέτες πεδίου στην Κύπρο σε συνεργασία με τον Robin Oakley, τον γνωστότερο τότε βρετανό κοινωνιολόγο σε θέματα μεταναστών. Η ημερίδα έγινε στο Νοσοκομείο Guy's τον Μάιο του 1987 και προκάλεσε μεγάλο ενδιαφέρον. Την παρακολούθησαν περισσότερα από 100 άτομα που προέρχονταν από διάφορους χώρους, όπως γενικοί γιατροί, ψυχίατροι και ψυχολόγοι, νοσηλευτές, κοινωνικοί λειτουργοί, εκπαιδευτικοί, κληρικοί και άλλοι. Το ενδιαφέρον παρέμεινε ζωηρό και μετά την ημερίδα, με αποτέλεσμα να δημοσιευτούν οι εισηγήσεις και τα πορίσματα σε ειδική έκδοση που κυκλοφόρησε το 1988.

Με την κυκλοφορία του μικρού αυτού βιβλίου, το ενδιαφέρον αυξήθηκε ακόμη περισσότερο, και παράλληλα επεκτάθηκε εκτός Βρετανίας, στην Αυστραλία, τον Καναδά και τις ΗΠΑ. Είχαμε πολύ ενδιαφέρουσες ανταλλαγές απόψεων και προτάσεις για συνεργασία που κράτησαν για μερικά χρόνια, σε μια προσπάθεια να προκληθεί ενδιαφέρον για τις ψυχολογικές ανάγκες των ελληνικών και κυπριακών κοινοτήτων της διασποράς. Σε αυτούς με τους οποίους είχαμε αναπτύξει συχνή επικοινωνία περιλαμβάνονταν ο Harry Minas, καθηγητής διαπολιτισμικής ψυχιατρικής στη Μελβούρνη και επικεφαλής ενός από το μεγαλύτερα κέντρα στον τομέα αυτό διεθνώς, ο Σπύρος Μωραΐτης και ο Μιχάλης Πιπερόγλου επίσης στη Μελβούρνη, η Ελευθερία Sands, ψυχολόγος στον Καναδά και ο Νίκος Ντάνκας, ψυχίατρος στο Σικάγο. Ο Νίκος Ντάνκας ήταν κατά τη δεκαετία του 1950 ο εισηγητής του «συνδρόμου της Πηνελόπης» που αναφέρεται στα συναισθήματα και την ψυχολογική κατάσταση των ελληνίδων μεταναστριών στις ΗΠΑ. επίσης, υπήρξαν άκρως ενδιαφέρουσες συνεργασίες με τον Ελληνοαμερικανό Charles Moschos, από τους πρώτους που ασχολήθηκαν συστηματικά από κοινωνιολογική σκοπιά με τα θέματα των ελλήνων μεταναστών στις ΗΠΑ (τα βιβλία του θεωρούνται κλασικά στο είδος τους). Ανάλογες επαφές υπήρξαν και με τους ιστορικούς John Iatrides και Van Coufoudakis, στις ΗΠΑ. Σε αυτόν τον τομέα βοήθησε επίσης πολύ ο Richard Clogg, από τους πιο έγκυρους ιστορικούς της σύγχρονης Ελλάδας και ειδικός μελετητής της ελληνικής διασποράς, για τον οποίο γίνεται λόγος και στα Κεφάλαια V και VII αυτού του βιβλίου.

Στο Λονδίνο ανάμεσα σε αυτούς που έδειξαν ενδιαφέρον και ασχολήθηκαν με το θέμα, ήταν οι κύπριοι γενικοί γιατροί Γιώργος Κουλούμας, Γιάννης Δημάδης και Ρεβέκκα Χατζηιωσήφ. Εν τω μεταξύ, είχαμε αναπτύξει συνεργασία με διάφορους φορείς παροχής υπηρεσιών, μεταξύ των οποίων και το Nafsiyat Centre, το οποίο είχε ιδρύσει ο χαρισματικός, ινδικής καταγωγής ψυχοθεραπευτής, Jafar Kareem, μαζί με την γυναίκα του βρετανίδα ψυχολόγο και ψυχοθεραπεύτρια Celoise. Το Nafsiyat Centre, μη κυβερνητική οργάνωση που είχε πρόσφατα τότε δημιουργηθεί, και πρόσφερε υπηρεσίες (κυρίως ψυχοθεραπεία) σε άτομα που προέρχονταν από διάφορες μειονοτικές ομάδες συμπεριλαμβανομένων των Ελλήνων και των Κυπρίων. Είχαμε στενή συνεργασία με το Nafsiyat Centre, ξοδεύοντας εθελοντικά αρκετές ώρες για την παροχή συμβουλών σε κλινικά και εκπαιδευτικά ζητήματα. Επίσης, προσπαθούσαμε να αναπτύξουμε ένα ερευνητικό πρόγραμμα αξιολόγησης της αποτελεσματικότητας των παρεμβάσεων σε αυτά τα άτομα. Ο Archie Acharrya, συνεργάτης για ένα διάστημα στο Κοινοτικό Κέντρο Ψυχικής Υγείας του Lewisham, έφερε σε πέρας την έρευνα, και επιβεβαιώνοντας ότι πράγματι οι θεραπευτικές μέθοδοι προσέγγισης που εφάρμοζε το Nafsiyat Centre ήταν ωφέλιμες για τα άτομα που χρησιμοποίησαν τις υπηρεσίες του. Όταν πέθανε ο Jafar Kareem, το 1992, απέτισα φόρο τιμής στον ίδιο και στην προσφορά του στις μειονότητες του Λονδίνου, γράφοντας νεκρολογία στη βρετανική εφημερίδα *Independent*.

Ανάμεσα σ' αυτούς που είχαν δείξει ενδιαφέρον γι' αυτήν την προσπάθεια συγκαταλεγόταν ήταν και ο Ευγένιος Τριβιζάς, λέκτορας τότε της συγκριτικής εγκληματολογίας και εγκληματικής δικαιοσύνης στο Πανεπιστήμιο του Reading και πολύ γνωστός σήμερα συγγραφέας παιδικών βιβλίων. Ο ίδιος έδειχνε ιδιαίτερο ενδιαφέρον για την επιθετικότητα και για το φαινόμενο των χούλιγκαν στα ποδοσφαιρικά γήπεδα, καθώς επίσης για τα προβλήματα που αντιμετώπιζαν οι κρατούμενοι στις βρετανικές φυλακές. Είχε δημοσιεύσει ένα κύριο άρθρο (editorial) γιαυτό το θέμα στο έγκυρο βρετανικό ιατρικό περιοδικό *Lancet*, στις 20 Απριλίου 1980. Είχαμε κάνει αρκετές συζητήσεις και ανταλλάξει απόψεις, ενώ παράλληλα είχε ήδη αρχίσει να γράφει παιδικά βιβλία στην Ελλάδα, κατορθώνοντας να συνδυάσει δύο, εκ πρώτης όψεως ετερογενή ενδιαφέροντα, που όμως όπως είχε δηλώσει ο ίδιος, είχαν κοινό στοιχείο την έρευνα στην ψυχή και τη φαντασία του ανθρώπου.

Με την εμπειρία που αποκτούσαμε ως ομάδα από την ανάμειξή μας στο πεδίο αυτό, η οποία, όπως ήδη αναφέρθηκε, ήταν καθαρά εθελοντική, καταλήξαμε στο συμπέρασμα ότι η πιο χρήσιμη συνεισφορά μας θα ήταν η δημιουργία ενός εκπαιδευτικού πακέτου για τις κρατικές υπηρεσίες υγείας του βρετανικού ΕΣΥ (National Health Service) και το ευρύ πολυκλαδικό φάσμα των επαγγελματιών ψυχικής υγείας. Με αυτήν την πρωτοβουλία αποσκοπούσαμε να καλύψουμε τις ανάγκες που είχαμε διαπιστώσει ότι υπήρχαν στην ελληνοκυπριακή κοινότητα, αλλά και στις άλλες εθνικές μειονότητες. Αποβλέπαμε στη στενότερη διασύνδεση των υπηρεσιών πρωτοβάθμιας και δευτεροβάθμιας υγείας και στην αντιμετώπιση των ειδικών αναγκών των ηλικιωμένων ατόμων, τόσο αυτών που είχαν μεγαλώσει στη Βρετανία, όσο και αυτών που είχαν μεταναστεύσει εκεί σε προχωρημένη ηλικία. Επίσης, θα περιλαμβάναμε τις ανάγκες των παιδιών και των εφήβων που μεγάλωναν σε περιβάλλον διπλής κουλτούρας, γεγονός το οποίο μπορούσε να τους προκαλέσει σύγχυση ως προς την προσωπική και εθνική ταυτότητά τους. Πιστεύαμε ότι το εκπαιδευτικό πακέτο που προτείναμε θα συνέβαλλε στον έγκαιρο και ευκολότερο εντοπισμό των ψυχικών προβλημάτων στην Ελληνοκυπριακή κοινότητα. Αυτό θα οδηγούσε στην ταχύτερη και αποτελεσματικότερη αντιμετώπισή τους, ενώ παράλληλα θα συνέβαλε και στην πρόληψή τους. Υποστηρίζαμε, επίσης ότι οι γενικές αρχές ανάπτυξης και εφαρμογής των μεθόδων που προτείναμε θα μπορούσαν να αξιοποιηθούν και στις άλλες μειονότητες. Παρά τις πολλές προσπάθειες που κάναμε και παρά το αρχικό ενδιαφέρον που έδειχναν διάφοροι κρατικοί και μη κρατικοί φορείς, δεν καταφέραμε να εξασφαλίσουμε χρηματοδότηση για την πρότασή μας. Έτσι, έπειτα από πέντε χρόνια δουλειάς, η προσπάθεια της ομάδας άρχισε να φθίνει. Πριν, όμως, αποσυρθούμε τελείως, το 1992, πραγματοποιήσαμε μια συγκριτική έρευνα, με τη συνεισφορά των συναδέλφων Γιώργου Γαρύφαλλου και Αραβέλας Αδαμοπούλου από τη Θεσσαλονίκη, που βρίσκονταν τότε μαζί μας στο Guy's. Η έρευνα έγινε σε Κέντρο Υγείας του Βόρειου Λονδίνου, μεταξύ ελληνοκυπρίων και βρετανών ασθενών. Τα ευρήματα έδειξαν ότι οι Ελληνοκύπριοι που ήταν λιγότερο ενταγμένοι στην τοπική κοινωνία (acculturated) είχαν μεγαλύτερα ποσοστά ψυχολογικών διαταραχών στην κλίμακα του Γενικού Ερωτηματολογίου Υγείας (General Health Questionnaire) που χρησιμοποιήθηκε. Αργότερα, το 1997, χρησιμοποιήσαμε τις ίδιες αρχές για τη δημιουργία ανάλογου εκπαιδευτικού πακέτου, από το Τμήμα μου, για άτομα με ψυχικές διαταραχές και νοητική υστέρηση. Αυτό το πακέτο είχε μεγάλη αποδοχή, μεταφράστηκε σε διάφορες γλώσσες, προσαρμόστηκε ώστε να χρησιμοποιηθεί για την χρήση του στις ΗΠΑ και την Αυστραλία, και βρίσκεται ακόμη σε κυκλοφορία, έχοντας κάνει πολλαπλές επανεκδόσεις.

3. Εθνικό Σύστημα Υγείας (ΕΣΥ)

Ο πρώτος υπουργός Υγείας του ΠΑΣΟΚ, ο γιατρός Παρασκευάς Αυγερινός, ήταν αυτός που είχε την ευθύνη του Τομέα Υγείας στο κόμμα. Στην ομάδα για τον σχεδιασμό και την αναμόρφωση του συστήματος υγείας συμμετείχαν ο Τάσος Φιλαλήθης, μετέπειτα καθηγητής της κοινωνικής ιατρικής στην ιατρική σχολή στο πανεπιστήμιο Κρήτης και ο Άρης Σισσούρας, καθηγητής της επιχειρησιακής έρευνας στο Πανεπιστήμιο της Πάτρας, και οι δύο ιδεολογικά προσκείμενοι στο ΠΑΣΟΚ, αλλά και από τα βασικά στελέχη της ομάδας Δοξιάδη και σοβαροί γνώστες των συστημάτων υγείας κυρίως του βρετανικού, αφού είχαν σπουδάσει και εργαστεί στη Βρετανία, με τους οποίους είχα επικοινωνία και ανταλλάσσαμε κατά καιρούς απόψεις. Όσο περνούσε ο καιρός, τόσο πλήθαιναν οι συζητήσεις και αυξανόταν η ασάφεια για τις αναμενόμενες αλλαγές στο σύστημα υγείας. Το καλοκαίρι του 1983, ενώ βρισκόμουν στην Ελλάδα, άρχισα να βλέπω στην τηλεόραση μια από τις ατέλειωτες βραδινές εκπομπές, που αυτή τη φορά ονομαζόταν «Φάκελος υγείας». Ο συντονιστής έλεγε «αν χρειαστεί, θα μείνουμε απόψε εδώ όλη τη νύχτα, για να ξεκαθαρίσουμε το θέμα». Δεν αποκλείεται να έμειναν όλη τη νύχτα αλλά εγώ τους εγκατέλειψα έπειτα από λίγο, γιατί η εντύπωσή μου ήταν ότι επαναλάμβαναν τα ίδια και τα ίδια, χωρίς να διαφαίνεται κάποιος εφαρμόσιμος στρατηγικός σχεδιασμός. Με μεγάλη έκπληξη, είδα τα τελευταία χρόνια, οπότε και επισκέπτομαι συχνότερα την Ελλάδα, ότι οι μακρές συζητήσεις στην τηλεόραση μέσα στη νύχτα συνεχίζονται ακόμη, για ατέλειωτες ώρες, για διάφορα επίκαιρα και μη θέματα.

Ο Παρασκευάς Αυγερινός δεν κατόρθωσε να θέσει σε εφαρμογή το Εθνικό Σύστημα Υγείας (ΕΣΥ) και αντικαταστάθηκε από τον Γιώργο Γεννηματά, από τα πρωτοκλασάτα στελέχη του ΠΑΣΟΚ, ο οποίος και ανέλαβε να προωθήσει την εφαρμογή του ΕΣΥ. Το φθινόπωρο του 1983 πήρα πρόσκληση από τον έλληνα πρέσβη στο Λονδίνο για να παραστώ σε δείπνο με τον Γιώργο Γεννηματά, ο οποίος θα ερχόταν στο Λονδίνο, με σκοπό να σχηματίσει προσωπική αντίληψη για τη λειτουργία του Βρετανικού ΕΣΥ (National Health Service). Ο πρέσβης Στέφανος Σταθάτος, από τους πιο αξιόλογους διπλωμάτες που διαθέταμε, επέστρεψε επειγόντως στο Λονδίνο από αποστολή του, λόγω της σημασίας της υπουργικής επίσκεψης. Προσκεκλημένοι στο δείπνο εργασίας ήταν επίσης ο κύπριος αγγειοχειρουργός Άντη Νικολαΐδης, και ένας έλληνας φαρμακοποιός που δούλευε σε νοσοκομείο στο δυτικό Λονδίνο, και του οποίου μού διαφεύγει το όνομα και τον οποίο δεν συνάντησα ποτέ έκτοτε. Όλοι μας είχαμε αρκετά χρόνια εμπειρίας εργαζόμενοι στο βρετανικό ΕΣΥ. Ο Γεννηματάς είχε επισκεφθεί προηγουμένως το βρετανικό Υπουργείο Υγείας και είχε συνομιλήσει με κάποιους μανδαρίνους, οι οποίοι τον ενημέρωσαν για την λειτουργία του συστήματος. Έκρινε ότι ήταν σκόπιμο, σχεδόν μονολογώντας όλο το βράδυ, να μας περιγράψει τη λειτουργία του βρετανικού ΕΣΥ, με τα προτερήματά του και τα μειονεκτήματά του, χωρίς καν να ενδιαφερθεί να ακούσει τη δική μας γνώμη. Κατά την άποψη του, το υπό δημιουργία ΕΣΥ στην Ελλάδα θα υπερτερούσε του βρετανικού! Οι μονόλογοι των ελλήνων πολιτικών ήταν πολύ συχνοί, όταν τους συναντούσαμε, σε αντίθεση με τους βρετανούς πολιτικούς, οι οποίοι συνήθως έκαναν πολλές ερωτήσεις και προσπαθούσαν να αντιληφθούν τις συνέπειες που είχαν διάφορες πολιτικές αποφάσεις τους στην πράξη. Τελικά, ο Γεννηματάς κατόρθωσε να θέσει σε εφαρμογή το ΕΣΥ στην Ελλάδα το 1984.

Το ΕΣΥ τέθηκε σε λειτουργία με τη σταδιακή ανάπτυξη των Κέντρων Υγείας στην περιφέρεια, την καθιέρωση πλήρους απασχόλησης των γιατρών (θεωρητικά τουλάχιστον,) με το δικαίωμα ιδιωτικής πελατείας των πανεπιστημιακών, αλλά και με πολλές αμφιβολίες για τη βιωσιμότητά του. Θετικά σχόλια έφθαναν από διάφορες περιοχές της περιφέρειας για τη βελτίωση των υπηρεσιών παροχής υγείας, κυρίως ως αποτέλεσμα της δημιουργίας των νέων πανεπιστημιακών νοσοκομείων. Παράλληλα όμως, η γενική εντύπωση του κοινού, αλλά και των γιατρών και του υπόλοιπου προσωπικού, ήταν ότι το σύστημα δεν λειτουργούσε σωστά και ότι νέα ήθη, όπως η οικονομική συναλλαγή μεταξύ γιατρών και ασθενών, είχαν ήδη εξαπλωθεί.

Το 1994, ο Ηλίας Μόσιαλος, επικεφαλής του Τμήματος Πολιτικών Υγείας της London School of Economics, ανέφερε ότι ο τότε υπουργός Υγείας, Δημήτρης Κρεμαστινός, του ζήτησε τη γνώμη του για τα θέματα υγείας στην Ελλάδα. Ο Μόσιαλος πρότεινε τη σύσταση μεικτής Ελληνοβρετανικής Επιτροπής Εμπειρογνωμόνων, με επικεφαλής τον καθηγητή Brian Abel-Smith, βαθύ γνώστη των θεμάτων δημόσιας διοίκησης και κοινωνικής πολιτικής. Η επιτροπή, που έγινε γνωστή ως «των ξένων σοφών», εργάστηκε μεθοδικά και εμπεριστατωμένα. Ζήτησε και πήρε τη γνώμη πολλών ειδικών και υπεύθυνων στην Ελλάδα. Ανάμεσά τους ήταν και ο φίλος Λάμπης Προυκάκης, καθηγητής της Ιατρικής Σχολής και αντιπρύτανης του Πανεπιστημίου Αθηνών. Ο Λάμπης Προυκάκης, που είχε μεγάλη εμπειρία από το εξωτερικό, αφού είχε εργαστεί για πολλά χρόνια στην Αμερική και έπειτα στο Λονδίνο, είχε επιφυλάξεις για την εφαρμογή πολλών από τις προτάσεις της επιτροπής «ξένων σοφών» χωρίς να έχει εξασφαλιστεί προηγουμένως η συναίνεση των ισχυρών ιατρικών φορέων. Η έκθεση της επιτροπής των «ξένων σοφών» ανέφερε ότι το ελληνικό ΕΣΥ χαρακτηριζόταν από «πρωτοφανή αναρχία και αναποτελεσματικότητα» και πρότεινε συγκεκριμένα μέτρα για τη βελτίωσή του. Ασκούσε, επίσης, αυστηρή κριτική για θέματα ηθικής τάξης και για την καταστρατήγηση της ιατρικής δεοντολογίας.

Τον Νοέμβριο του 1994, ο Abel-Smith μίλησε στη London School of Economics, σε συγκέντρωση που είχε οργανώσει η ΕΛΕΜΕΠ, παρουσιάζοντας το σχέδιο της ειδικής επιτροπής εμπειρογνωμόνων για αναμόρφωση των ελληνικών υπηρεσιών υγείας. Ως σχολιαστής της εισήγησης αναφέρθηκα στα πολλά θετικά σημεία των προτάσεων, όπως ήταν η δημιουργία Ενιαίου Ταμείου, η προαγωγή της πρωτοβάθμιας περίθαλψης, η άμεση ενεργοποίηση των Περιφερειακών Υγειονομικών Επιτροπών, η δημιουργία Κεντρικού Συμβουλίου Υγείας που θα επόπτευε την εφαρμογή των διαφόρων προγραμμάτων, η εισαγωγή διοικητών (μάνατζερς) στα νοσοκομεία. Παράλληλα όμως, ανέφερα ότι το πόρισμα της επιτροπής παρουσίαζε κάποιες αδυναμίες, με βασικότερη το ότι δεν λάμβανε υπόψη τις ιδιαιτερότητες του ελληνικού χώρου. Επισήμανα ότι το μοντέλο πρωτοβάθμιας περίθαλψης, για το οποίο γινόταν λόγος στην έκθεση, δεν μπορούσε να είναι σαν το βρετανικό, όπως πρότειναν, αφού στην Ελλάδα υπήρχαν χιλιάδες ειδικευμένοι γιατροί που εργάζονταν ιδιωτικά, κυρίως εκτός νοσοκομείων. Πρότεινα, λοιπόν, να εξεταστεί η ιδέα «πολυϊατρείων πρωτοβάθμιας περίθαλψης» με λειτουργική σύνδεση βασικών ειδικοτήτων, αντί να γίνει επέκταση των κέντρων υγείας με γενικούς γιατρούς, που έτσι κι' αλλιώς υπήρχαν ελάχιστοι.

Παρεμπιπτόντως, η Βρετανία προσπάθησε να θέσει σε εφαρμογή ανάλογο σύστημα το 2008, επί πρωθυπουργίας Γκόρντον Μπράουν, γνωστό σαν το σχέδιο του λόρδου Darzi, το οποίο όμως ματαιώθηκε με την αλλαγή και την άνοδο στην εξουσία της κυβέρνησης συνασπισμού Συντηρητικών και Φιλελευθέρων-Δημοκρατών. Σκοπός αυτού του σχεδίου ήταν να προσφέρονται στο επίπεδο της πρωτοβάθμιας περίθαλψης όσο το δυνατόν περισσότερες ιατρικές υπηρεσίες, συμπεριλαμβανομένων εργαστηριακών και ακτινολογικών εξετάσεων, ακόμη και μικροχειρουργικών επεμβάσεων, ώστε να αποσυμφορηθούν τα νοσοκομεία. Πολλές ιατρικές υπηρεσίες μπορούν σήμερα να προσφερθούν εκτός νοσοκομείου, με διαχείριση κυρίως των χρόνιων παθήσεων σε επίπεδο κοινοτικής φροντίδας. Η κίνηση αυτή γίνεται ευρύτατα αποδεκτή από τους ασθενείς και το οικονομικό κόστος είναι σημαντικά μικρότερο. Επίσης, επισήμανα ότι θα έπρεπε να είχε δοθεί μεγαλύτερη προσοχή στα προβλήματα των ηλικιωμένων, των ατόμων με ειδικές ανάγκες, στην ψυχική υγεία, καθώς και στην οδοντιατρική περίθαλψη. Τέλος θα έπρεπε να αντιμετωπιστεί το πρόβλημα της υπερπληθώρας γιατρών, και παράλληλα η ανάπτυξη και προαγωγή του μη ιατρικού, νοσηλευτικού και βοηθητικού προσωπικού. Οι απόψεις αυτές δημοσιεύτηκαν λίγο αργότερα στον *Οικονομικό Ταχυδρόμο*, με την επισήμανση ότι οι προτεινόμενες μεταρρυθμίσεις στις υπηρεσίες υγείας έπρεπε πάντως να υποστηριχθούν και να καταβληθεί κάθε προσπάθεια για να πετύχουν, παρά τις κάποιες αδυναμίες τους, δεδομένου ότι το υπάρχον σύστημα χρειαζόταν ριζική αναμόρφωση. Ήδη, όμως, υπήρχαν σοβαρές αντιρρήσεις στην Ελλάδα για την εφαρμογή των προτάσεων, ενώ και το γενικό κλίμα από την πλευρά των γιατρών ήταν αρνητικό.

Σύντομα, δημιουργήσαμε με τον Ηλία Μόσιαλο, μετέπειτα καθηγητή των πολιτικών της υγείας στη London School of Economics, μια ομάδα συζήτησης για θέματα υγείας και κοινωνικής πολιτικής στο Τμήμα του, με σκοπό να παρακολουθεί τα συναφή θέματα στην Ελλάδα. Την ομάδα αποτελούσαν Έλληνες που ήταν στο Λονδίνο ως σπουδαστές ή απασχολούμενοι στον τομέα της υγειονομικής περίθαλψης. Η προσπάθεια αυτή δεν καρποφόρησε. Ωστόσο το Τμήμα που διηύθυνε ο Ηλίας Μόσιαλος είχε μεγάλη εξέλιξη και αναγνώριση διεθνώς, υπήρξε φυτώριο εκπαίδευσης πολλών ειδικών σε θέματα πολιτικής, οργάνωσης και διοίκησης συστημάτων υγείας και πολλοί Έλληνες και ξένοι σπούδασαν και εργάστηκαν μαζί του. Ο Ηλίας Μόσιαλος εξακολούθησε να επηρεάζει τις εξελίξεις στον ελληνικό χώρο υγείας και κοινωνικής πολιτικής για πολλά χρόνια. Στις εκλογές του 2009 εξελέγη βουλευτής Επικρατείας (αργότερα έγινε και υπουργός Επικρατείας) με το ΠΑΣΟΚ, κάνοντας έκτοτε συχνές παρεμβάσεις στη Βουλή και στον δημόσιο χώρο ευρύτερα για θέματα υγείας, κοινωνικής πολιτικής, παιδείας και πολιτιστικής ανάπτυξης. Αργότερα δημιούργησε την κίνηση πολιτών «Δυναμική Ελλάδα». Στις μακρές συζητήσεις που είχαμε μαζί, τα παλιά εκείνα χρόνια, υποστήριζα ότι οποιαδήποτε μεταρρύθμιση στον χώρο της υγείας στην Ελλάδα έπρεπε να έχει την υποστήριξη των ισχυρών ιατρικών φορέων, η οποία έπρεπε να κερδηθεί πριν καν αρχίσει οποιαδήποτε προσπάθεια. Υποστήριζα, δηλαδή, τη λεγόμενη προσέγγιση «από κάτω προς τα πάνω» και όχι «από πάνω προς τα κάτω». Υπήρχε η βρετανική εμπειρία ως προς τη δύναμη που διέθετε παραδοσιακά το ιατρικό σώμα απέναντι σε οποιαδήποτε προσπάθεια αλλαγών με τις οποίες δεν θα συμφωνούσε κρίνοντας ότι επηρεάζονταν σημαντικά τα δικά του κεκτημένα συμφέροντα. Παράλληλα όμως, το ιατρικό σώμα λάμβανε σοβαρά υπόψη του την ανάγκη να μη θιγεί το σύνολο των ασθενών. Η κατάσταση αυτή, όμως, άλλαξε ριζικά με την κυβέρνηση των Συντηρητικών, με πρωθυπουργό τη Μάργκαρετ Θάτσερ, όταν ο υπουργός υγείας Kenneth Clark, το 1984, εφάρμοσε τις πρώτες θεμελιώδεις αλλαγές στην οργάνωση του βρετανικού ΕΣΥ, με την αυτονομία των νοσοκομείων και την εισαγωγή γενικών διοικητών.

Ατυχώς, οι μεταρρυθμίσεις που εφαρμόστηκαν όταν υπουργός Υγείας ήταν ο Δημήτρης Κρεμαστινός δεν είχαν επιτυχία και η κατάσταση στον χώρο της υγείας στην Ελλάδα εξακολούθησε να χειροτερεύει. Αντιθέτως οι αλλαγές στο βρετανικό Εθνικό Σύστημα Υγείας άρχισαν να εξισορροπούν και να γίνονται αποδεκτές. Δυστυχώς, η ελληνική πραγματικότητα ήταν τελείως διαφορετική, αφού η ύπαρξη πολύ ισχυρών και αλληλοσυγκρουόμενων συμφερόντων έβαζε φραγμούς σε κάθε προσπάθεια περίπτωση στον χώρο της υγείας. Οι μετέπειτα εξελίξεις στην Ελλάδα απέδειξαν ότι, πράγματι, το πρόβλημα της υγείας ήταν πολυσύνθετο, με πολλές αδιαφανείς πλευρές, ανήκουστες για όσους από μας ήταν εξοικειωμένοι κυρίως με τη βρετανική εμπειρία.

Το 1995 ήρθε στο Λονδίνο ο Γιάννης Μαρίνος, γνωστός δημοσιογράφος και για πολλά χρόνια διευθυντής του *Οικονομικού Ταχυδρόμου*, με σκοπό να μιλήσει στη London School of Economics, σε εκδήλωση οργανωμένη από το Ελληνικό Παρατηρητήριο. Την εποχή εκείνη βρισκόταν στο Λονδίνο ο δημοσιογράφος Περικλής Βασιλόπουλος, που είχε διατελέσει διευθυντής του γραφείου Τύπου του Ζολώτα πρωθυπουργού στην οικουμενική κυβέρνηση. Ο Περικλής Βασιλόπουλος υποστήριζε ότι οι απόψεις των Ελλήνων του εξωτερικού είχαν μεγάλη απήχηση στην Ελλάδα και έπρεπε να ακούγονται όσο το δυνατόν περισσότερο. Μαζί με τον Ηλία Μόσιαλο έπεισαν τον Γιάννη Μαρίνο, που έδειχνε ιδιαίτερη ευαισθησία σε θέματα υγείας, και τον Απρίλιο του 1996 κυκλοφόρησε από τον *Οικονομικό Ταχυδρόμο* αφιέρωμα για τα θέματα υγείας, με επιμέλεια του Περικλή Βασιλόπουλου. Αναφέρθηκαν εκτενώς τα πορίσματα της ειδικής επιτροπής ξένων εμπειρογνωμόνων, από τον Abel-Smith και τον Ηλία Μόσιαλο, και παρουσιάστηκαν συγκεκριμένες προτάσεις για τη ριζική αναμόρφωση του ΕΣΥ. Συνεισέφερα τότε την προσωπική μου μαρτυρία, γράφοντας για την εμπειρία μου από το βρετανικό Εθνικό Σύστημα Υγείας, το οποίο συμπλήρωνε 50 χρόνια ζωής και βρισκόταν σε φάση μεταρρυθμίσεων, τονίζοντας ότι οι αλλαγές στο ελληνικό ΕΣΥ ήταν αναγκαίες και απαιτούσαν πολιτική βούληση, τόλμη και αποφασιστικότητα, ενώ ταυτόχρονα ήταν αναγκαία η συναίνεση των επιμέρους φορέων. Δεν υπήρχε ακόμη πλήρης συνείδηση της δύναμης που είχαν οι συνδικαλιστικοί φορείς στην Ελλάδα, οι οποίοι μπορούσαν να κατευθύνουν σχεδόν κάθε προσπάθεια αλλαγών ακόμη και να την μπλοκάρουν, ανάλογα με τα άμεσα συμφέροντά τους. Αντίθετα, στη Βρετανία, είχε γίνει εμφανές ότι η κυβέρνηση είχε κατορθώσει να υπερνικήσει τις αντιδράσεις των ιατρών πού θεωρούσαν ότι μερικά από τα προνόμιά τους θα θίγονταν με την εφαρμογή του θεσμού των γενικών διοικητών, λόγω της ισχύος που αυτοί θα αποκτούσαν στη διοίκηση των νοσοκομείων και των υπηρεσιών παροχής υγείας. Φυσικά, στη Βρετανία δεν υπήρχαν ούτε πλασματικές εφημερίες, ούτε κομματικές παρεμβάσεις στους διορισμούς, ούτε διοικητική αναρχία, ούτε προβλήματα ηθικής τάξης και δεοντολογίας.

Με πικρία και απογοήτευση βλέπαμε όχι μόνον ότι οι μεταρρυθμίσεις που προτάθηκαν δεν εφαρμόστηκαν στην Ελλάδα, αλλά και ότι η κατάσταση στο ΕΣΥ χειροτέρευε. Υπήρχε, όμως, και μια αντίφαση, όπως και σε άλλους τομείς της σύγχρονης νεοελληνικής πραγματικότητας. Ενώ το σύστημα υγείας κατέρρεε, η ποιότητα των παρεχόμενων υπηρεσιών σε ορισμένες περιπτώσεις (του ιδιωτικού αλλά και του κρατικού τομέα) βελτιωνόταν σταθερά. Κάτι παρόμοιο συνέβαινε με το επίπεδο γνώσεων και εκπαίδευσης των γιατρών, που είχε ανέβει, τον τεχνολογικό εξοπλισμό, που σταθερά βελτιωνόταν, και τη δημιουργία νέων νοσοκομειακών μονάδων, που είχαν τεθεί σε λειτουργία, ειδικότερα στην επαρχία, κυρίως με τις νέες Ιατρικές Σχολές οι οποίες ήταν σε θέση να προσφέρουν πολύ καλή περίθαλψη. Υπήρχαν, όμως, μεγάλες ανισότητες στην ποιότητα της παρεχόμενης περίθαλψης και σχεδόν ανύπαρκτος συντονισμός μεταξύ των διαφόρων υπηρεσιών. Παράλληλα, οι φήμες για άνομες οικονομικές δοσοληψίες μεταξύ ασθενών και ιατρικού προσωπικού οργίαζαν. Η πολιτική βούληση για οποιαδήποτε αλλαγή ή σχεδιασμό είχε λιμνάσει.

Το 2000, και ενώ βρισκόμουν στο Σαν Φραγκίσκο με μετεκπαιδευτική άδεια, ο Ηλίας Μόσιαλος επικοινώνησε μαζί μου για την πιθανότητα κάποιας παρέμβασης, καθώς ο τότε υπουργός Υγείας, Αλέκος Παπαδόπουλος, (στην κυβέρνηση Κώστα Σημίτη), σκόπευε να καταθέσει νομοσχέδιο με μεταρρυθμίσεις στην υγεία. Σε κείμενο που δημοσίευσα στο *Βήμα* τόνιζα ότι δεν έπρεπε στην Ελλάδα να χαθεί άλλη μια ευκαιρία για την υγεία. Η θέση μου ήταν ότι υπήρχαν ήδη αρκετά σχέδια και προγράμματα, αλλά και αξιόλογο ανθρώπινο δυναμικό. Έπρεπε, λοιπόν, να βρεθεί τρόπος για την ταχύτερη αξιοποίησή του με συγκεκριμένα εφαρμόσιμα χρονοδιαγράμματα. Παράλληλα, επισήμανα τη σημασία της πρωτοβάθμιας περίθαλψης, δεδομένου ότι δεν νοείται σύστημα υγείας χωρίς επαρκές δίκτυο πρωτοβάθμιας περίθαλψης. Ως συνήθως αναφερόμουν ειδικότερα στα προτερήματα του βρετανικού Εθνικού Συστήματος Υγείας, που ο κορμός του βασιζόταν στην αναπτυγμένη πρωτοβάθμια περίθαλψη. Σύντομα δημοσιεύθηκε άρθρο του ακαδημαϊκού και καθηγητή Δημήτρη Τριχόπουλου, ο οποίος υποστήριζε «ότι η Ελλάδα έχει χάσει προ πολλού το τραίνο του οικογενειακού γιατρού βρετανικού τύπου» και πρότεινε την λειτουργική σύνδεση των ιατρείων πρωτοβάθμιας περίθαλψης με τις μονάδες δευτεροβάθμιας και τριτοβάθμιας περίθαλψης. Πρόταση καθ' όλα ενδιαφέρουσα κι εφικτή, που όμως έμεινε και αυτή στο στάδιο ενός άρθρου εφημερίδας.

Η τότε υφυπουργός Υγείας, Χριστίνα Σπυράκη, ζήτησε τη συμβολή μου τόσο για τη δημιουργία πλαισίου αξιολόγησης των γιατρών, όσο και για την περαιτέρω προώθηση της ψυχιατρικής μεταρρύθμισης, όπου είχαν ήδη γίνει θετικά βήματα, κυρίως ως προς την εφαρμογή της φροντίδας σε επίπεδο κοινότητας. Η Χριστίνα Σπυράκη ήταν πολύ αξιόλογη επιστήμονας, με ενδιαφέρον για την πολιτική, που συνέλαβε το μέγεθος των προβλημάτων και έδειξε ειλικρινή διάθεση να προωθήσει κάποιες μεταρρυθμίσεις. Ενδιαφέρθηκε, επίσης, να επιτύχει συμφωνία για την εκπαίδευση ελλήνων γιατρών στην Βρετανία, με την υποστήριξη του Υπουργείου Υγείας. Σε επίσκεψή της στο Λονδίνο, είχε σχετικές συζητήσεις με ανάλογες υπηρεσίες στο βρετανικό υπουργείο Υγείας. Την περίοδο εκείνη, το βρετανικό Εθνικό Σύστημα Υγείας είχε αποδυθεί σε μια προσπάθεια να προσελκύσει ειδικευμένους γιατρούς ορισμένων ειδικοτήτων από άλλες χώρες, με σκοπό να τους τοποθετήσει σε περιφερικά νοσοκομεία όπου υπήρχαν σοβαρές ελλείψεις. Έτσι, οι Βρετανοί είχαν παρεξηγήσει την πρωτοβουλία της Σπυράκη να στείλει Έλληνες για μετεκπαίδευση στη Βρετανία, νομίζοντας ότι θα έλθουν ειδικευμένοι και έμπειροι χειρουργοί και αναισθησιολόγοι, (ειδικότητες στις οποίες υπήρχε έλλειψη), οι οποίοι θα πήγαιναν σε απομακρυσμένα μέρη, για να εργαστούν για το βρετανικό Εθνικό Σύστημα Υγείας. Μάταιες αποδείχτηκαν οι προσπάθειες να καταλάβουν ότι άλλες ήταν οι βλέψεις των Ελλήνων, και άλλες οι δικές τους. Τελικά, μια βρετανική αποστολή ήρθε στην Αθήνα, για συζητήσεις και διαπραγματεύσεις, που ωστόσο δεν οδήγησαν πουθενά.

Το βρετανικό σχέδιο, πάντως, υλοποιήθηκε λίγο αργότερα από την εργατική κυβέρνηση του Τόνι Μπλερ, όταν το NHS «αγόραζε» ορισμένες υπηρεσίες, όπως εγχειρήσεις καταρράκτη, χρόνιων ορθοπεδικών προβλημάτων, κ.λπ., από ιδιωτικές εταιρείες, υπογράφοντας συμβόλαια με μη βρετανικές ιδιωτικές εταιρείες. Υπήρξε, μάλιστα, ενδιαφέρον από ελληνικό ιδιωτικό φορέα για χειρουργικές επεμβάσεις σε βρετανούς ασθενείς στην Ελλάδα, με δαπάνες του βρετανικού Εθνικού Συστήματος Υγείας, η οποία όμως δεν καρποφόρησε. Ήταν ένα από τα αμφιλεγόμενα σχέδια της κυβέρνησης του Τόνι Μπλερ, το να εισάγει σχήματα μεικτής χρηματοδότησης, δημόσιας και ιδιωτικής σε τομείς δημοσίου συμφέροντος, όπως η υγεία και η παιδεία. Τα αποτελέσματα αυτής της πολιτικής δίχασαν τους βρετανούς και παραμένουν αμφισβητήσιμα. Φαίνεται, πάντως, να στοίχισαν στο βρετανικό κράτος τεράστια ποσά. Την εποχή που γράφεται αυτό το βιβλίο τίθενται σε εφαρμογή νέα ριζοσπαστικά μέτρα, από την παρούσα κυβέρνηση συνασπισμού των Συντηρητικών και των Δημοκρατών-Φιλελεύθερων, που αφορούν την χρηματοδότηση του βρετανικού NHS και που έχουν προκαλέσει σάλο στους ενδιαφερόμενους, στο κοινό, αλλά και σε σημαντικό αριθμό πολιτικών. Με την εφαρμογή αυτών των μέτρων, οι οικογενειακοί γιατροί θα χειρίζονται τους κρατικούς προϋπολογισμούς και θα έχουν τη δυνατότητα να υπογράφουν συμβόλαια για την παροχή νοσοκομειακής περίθαλψης όχι μόνο με κρατικά νοσοκομεία, αλλά και με ιδιωτικά.

Εν τω μεταξύ, ο Αλέκος Παπαδόπουλος, υπουργός Υγείας τότε, είχε καλέσει επισήμως στην Αθήνα τον Ηλία Μόσιαλο, ως σύμβουλό του, για να επεξεργαστεί το νέο σχέδιο μεταρρύθμισης με τίτλο «Υγεία για τον Πολίτη». Το σχέδιο αυτό ήταν το πληρέστερο που προτάθηκε, έπειτα από το σχέδιο του Σπύρου Δοξιάδη. Περιείχε πολλά ενδιαφέροντα και σωστά σημεία, τα οποία κατά βάση επανέφεραν στο προσκήνιο παλαιά προγράμματα και προτάσεις που είχαν μείνει ουσιαστικά ανεφάρμοστες. Υπήρχαν, επίσης, ενδιαφέρουσες καινοτομίες, όπως η συγκρότηση περιφερειακών συστημάτων πρωτοβάθμιας περίθαλψης και η θέσπιση Εθνικού Κέντρου Υγείας, Ογκολογίας, Δημόσιας Υγείας, κ.λπ. Υπήρχαν, όμως, και αξιοσημείωτες παραλείψεις. Για μια ακόμη φορά δεν γινόταν λόγος για τον υπερκορεσμό του ιατρικού επαγγέλματος, για τις ανάγκες σε νοσηλευτικό και λοιπό προσωπικό, για την αντιμετώπιση των ιατρικών λαθών, θέμα που έκαιγε τον κόσμο και το οποίο έθιξε, με κείμενό του το 2010 στην *Καθημερινή*, ο συνάδελφος Γιώργος Γερουλάκος, αγγειοχειρουργός στο σύστημα νοσοκομείων του Imperial College του Λονδίνου. Το σπουδαιότερο ήταν, όμως, ότι στο προτεινόμενο σχέδιο δεν γινόταν αναφορά στην πηγή χρηματοδότησης, ούτε υπήρχε χρονοδιάγραμμα εφαρμογής. Σε κείμενο μου, στο *Βήμα*, γινόταν σύσταση για πιλοτική εφαρμογή του σχεδίου, υποστηρίζοντας ότι για τέτοιας κλίμακας μεταρρυθμίσεις στην υγεία απαιτείται συναίνεση των κυριότερων φορέων. Υπήρχαν ήδη σφοδρές αντιδράσεις και η γενική τάση στην Αθήνα ήταν αρνητική. Ο Αλέκος Παπαδόπουλος είχε ειλικρινή διάθεση να συμβάλει αποφασιστικά στην αναμόρφωση του ΕΣΥ. Προσπάθησε, έτσι σκληρά για την υλοποίηση του νέου νομοσχεδίου, για την οποία μετακάλεσε από τις Βρυξέλλες, τον Γιώργο Γκούβρα, έμπειρο διοικητικό στην Ευρωπαϊκή Ένωση σε θέματα δημόσιας υγείας και κοινωνικής πολιτικής. Η απροθυμία, όμως, του τότε πρωθυπουργού Κώστα Σημίτη, να στηρίξει οικονομικά τις προτάσεις του Αλέκου Παπαδόπουλου, σε συνδυασμό με τις αντιδράσεις των πανεπιστημιακών γιατρών, τον ανάγκασαν να παραιτηθεί και να αποχωρήσει ακόμη και από την ενεργό πολιτική. Με τις πολιτικές εξελίξεις που ακολούθησαν στην Ελλάδα, το σχέδιο «Υγεία για τον Πολίτη» είχε την ίδια τύχη με όλα τα προηγούμενα.

Η κατάσταση στον χώρο της υγείας εξακολούθησε να χειροτερεύει, προς μεγάλη απογοήτευση όσων είχαν προσπαθήσει να συμβάλουν στην αναμόρφωση του ΕΣΥ, και προπαντός εκείνων που χρησιμοποιούν τις υπηρεσίες του. Το 2006, ο Χαράλαμπος Μουτσόπουλος, καθηγητής της παθολογικής φυσιολογίας στην Ιατρική Σχολή του Πανεπιστημίου Αθηνών, κυκλοφόρησε το βιβλίο του *Απόψεις: Για αυτιά που δεν ακούν.* Με τον Χαράλαμπο Μουτσόπουλο ήμασταν συμφοιτητές στην Ιατρική Σχολή του Πανεπιστημίου Αθηνών και συνδεόμασταν φιλικά. Είχαμε διατηρήσει επαφή την εποχή που εργαζόταν στις ΗΠΑ και εδραιώσαμε τη φιλία μας όταν, επιστρέφοντας στην Ελλάδα για να αναλάβει καθηγητής της παθολογίας στην Ιατρική Σχολή του Πανεπιστημίου Ιωαννίνων, το 1983, πέρασε από το Λονδίνο. Τότε συλλάβαμε μαζί και την ιδέα της Παγκόσμιας Ελληνικής Βιοϊατρικής Εταιρείας της Διασποράς, για την οποία γίνεται λόγος στο Κεφάλαιο IX. Ο Χαράλαμπος Μουτσόπουλος είναι από τους καταξιωμένους πανεπιστημιακούς καθηγητές στην Ελλάδα, με μεγάλη διεθνή εμπειρία και αναγνώριση. Το βιβλίο του *Απόψεις: Για αυτιά που δεν ακούν* ήταν καταπέλτης για την κατάσταση στον χώρο της υγείας στην Ελλάδα, από πλευράς παροχής υπηρεσιών, ιατρικής εκπαίδευσης και έρευνας. Σε βιβλιοκριτική που δημοσίευσα στην *Καθημερινή*, επισήμαινα το γεγονός ότι, ζώντας μακριά από την Ελλάδα για χρόνια, δεν είχα συνειδητοποιήσει πλήρως την κατρακύλα των τελευταίων ετών, με την απαξίωση του ΕΣΥ, την ανυπαρξία οργανωμένων εκπαιδευτικών προγραμμάτων και την απίστευτη έκταση που έχουν λάβει οι διάφορες συναλλαγές. Η εύλογη ερώτηση ήταν γιατί τόσα πολλά χρόνια μετά τη μεταπολίτευση, η κατάσταση στο χώρο της Υγείας στην Ελλάδα να παρουσιάζει αυτά τα τεράστια προβλήματα. Γιατί η Ελλάδα να βρίσκεται τόσο πίσω από τον υπόλοιπο Δυτικό κόσμο; Γιατί να υπάρχει αυτό το χάος ανάμεσα στους ασθενείς, τους γιατρούς, τους φοιτητές και το κράτος; Ο Μουτσόπουλος υπονοούσε ότι υπήρχαν κάποιες ισορροπίες που ενδεχομένως βόλευαν «όλους» και που μάλλον κανείς δεν ήθελε να τις διαταράξει.

Ακολούθησαν άλλα δύο βιβλία του Χαράλαμπου Μουτσόπουλου, στα οποία καυτηριάζει ακόμη περισσότερο την κατάσταση στον χώρο της υγείας στην Ελλάδα.

Δυστυχώς, η γενιά του Μουτσόπουλου, στην οποία ανήκει και ο γράφων, παρά τις εμπειρίες της και επιτυχίες της στον διεθνή χώρο, προδόθηκε από τον ίδιο τον εαυτό της. Η Ελλάδα βρέθηκε σε αδιέξοδο όχι μόνον οικονομικά, αλλά και από άποψη ηθικών και κοινωνικών αξιών. Ξαφνικά, με κατέλαβε κάποιο δέος όταν αναλογίστηκα ότι, τριάντα χρόνια πριν, ο Κωστής Χλουβεράκης, (βλ. Κεφάλαια II και V), είχε επίσης αποδοθεί σε ανάλογη μαχητική αρθρογραφία με αυτή του Χαράλαμπου Μουτσόπουλου, που όμως δεν οδήγησε πουθενά. Αντιθέτως η κατάσταση εξακολούθησε να χειροτερεύει.

Με την ευκαιρία των 60 χρόνων του βρετανικού Εθνικού Συστήματος Υγείας, των 35 χρόνων εμπειρίας που απέκτησα εργαζόμενος σε αυτό, αλλά και του προγράμματος των μεταρρυθμίσεων στον χώρο της υγείας στις ΗΠΑ από τον νεοεκλεγέντα πρόεδρο Ομπάμα δημοσίευσα ένα κείμενο στην *Καθημερινή*. Σε αυτό εστίαζα σε μερικούς από τους τρέχοντες προβληματισμούς, όπως το οικονομικό κόστος, την αξιολόγηση των προσφερομένων υπηρεσιών και τη συνεχιζόμενη έμφαση στην πρωτοβάθμια περίθαλψη. Ανέφερα επίσης ότι οι πρωτεργάτες του ΕΣΥ στην Ελλάδα είχαν υπόψη τους σαν πρότυπο το βρετανικό Εθνικό Σύστημα Υγείας, αλλά τα δυο συστήματα δεν έχουν σήμερα καμιά ομοιότητα μεταξύ τους. Δυστυχώς, το ΕΣΥ δεν κατόρθωσε να αποκτήσει τη λειτουργική αυτονομία και σταθερότητα που χρειάζεται κάθε Σύστημα Υγείας για να είναι αποδοτικό και αποτελεσματικό. Η βοήθεια από τις επιστημονικές οργανώσεις ήταν υποτονική και οι συνδικαλιστικοί φορείς περιορίζονταν στο να προωθούν τις συντεχνιακές διεκδικήσεις των μελών τους.

Το 2011, ο Ηλίας Μόσιαλος, βουλευτής Επικρατείας πλέον του ΠΑΣΟΚ, αποδόθηκε σε νέα προσπάθεια μεταρρύθμισης του ΕΣΥ, φέρνοντας το θέμα με οξύτητα στην επιφάνεια, μέσα από θεσμικές διαδικασίες. Δέκα επτά χρόνια αφότου είχε ηγηθεί της επιτροπής των «ξένων σοφών», επανερχόταν, από τη θέση του τώρα στο ελληνικό Κοινοβούλιο, για να προσπαθήσει να επιτύχει αυτό που δεν το είχε κατορθώσει εδώ και τόσα χρόνια. Υποστήριξα τις προσπάθειές του προσωπικά, τονίζοντας ότι οι νέες μεταρρυθμίσεις στο ΕΣΥ θα έπρεπε να έχουν στο επίκεντρο τον ασθενή.

Με την πάροδο των χρόνων, με δεδομένη την υπερπαραγωγή γιατρών στην Ελλάδα και τη μακροχρόνια αναμονή για την έναρξη ειδικότητας, πολλοί νεότεροι συνάδελφοι ήρθαν στη Βρετανία, πέρασαν από το βρετανικό σύστημα εκπαίδευσης, και κατέλαβαν σημαντικές θέσεις στο βρετανικό Εθνικό Σύστημα Υγείας. Δεκάδες γιατροί, ψυχίατροι αλλά και άλλων ειδικοτήτων, με επισκέφθηκαν κατά καιρούς, ζητώντας συμβουλές και κατευθύνσεις για την εξέλιξη τους και τη σταδιοδρομία τους. Πιστεύω ότι τους δέχτηκα όλους ευπροσήγορα και τους βοήθησα όσο μπορούσα, στο πλαίσιο των δυνατοτήτων μου. Είναι ενδιαφέρον ότι, όσο περνούσαν τα χρόνια, η ποιότητά τους βελτιωνόταν, παρόλο που οι συνθήκες εκπαίδευσης στην Ελλάδα, κατά γενική ομολογία, χειροτέρευαν. Ήταν καλύτερα κατατοπισμένοι στη βιβλιογραφία, μιλούσαν καλά αγγλικά, είχαν ταξιδέψει στο εξωτερικό, και ήταν διατεθειμένοι να εργαστούν σκληρά προκειμένου να εξελιχθούν. Έτσι, σήμερα δεκάδες έλληνες γιατροί εργάζονται στο Βρετανικό Εθνικό Σύστημα Υγείας και πολλοί κατέχουν ηγετικές θέσεις.

ΚΕΦΑΛΑΙΟ VI

ΛΕΡΟΣ

Όταν το 1977 ήταν υπουργός Υγείας ο Σπύρος Δοξιάδης είχε ζητήσει από τον Henry Walton να συντάξει έκθεση για την ψυχιατρική περίθαλψη στην Ελλάδα. Ο Henry Walton ήταν καθηγητής της ψυχιατρικής στο Εδιμβούργο, και ταυτόχρονα ιδρυτής και πρόεδρος μιας Εταιρείας που είχε αντικείμενο την ιατρική εκπαίδευση. Η μεγάλη εκτίμηση και αποδοχή του από τη βρετανική ψυχιατρική κοινότητα και το κύρος του σε διεθνές επίπεδο ενισχυόταν από τις δραστηριότητες της Εταιρείας Ιατρικής Εκπαίδευσης. Επίσης, ήταν γνωστός σε πανεπιστημιακούς της Ιατρικής Σχολής του Πανεπιστημίου Αθηνών και φίλος του Σπύρου Δοξιάδη, ο οποίος συμμερίζονταν το ενδιαφέρον για την ιατρική εκπαίδευση. Παράλληλα, γνωριζόταν καλά με τον καθηγητή Jim Watson, με τον οποίο εργαζόμουν στο Νοσοκομείο Guy's του Λονδίνου. Την εποχή εκείνη, ο Jim Watson μου είπε ότι ο Henry Walton είχε πάει στην Ελλάδα και είχε συντάξει έκθεση για την ψυχιατρική περίθαλψη στη χώρα μας, η οποία δεν ήταν καθόλου θετική. Το μεγαλύτερο πρόβλημα φαινόταν να είναι οι απαράδεκτες ασυλιακές συνθήκες στο ψυχιατρείο χρόνιων ασθενών στη Λέρο. Επικοινώνησα με τον Henry Walton και του ζήτησα να μου στείλει αντίγραφο της έκθεσής του. Η απάντησή του ήταν ότι η έκθεση ήταν εμπιστευτική, για τον υπουργό Υγείας Σπύρο Δοξιάδη. Μου είπε, όμως, ότι υπήρχαν σοβαρά προβλήματα και ότι θα έπρεπε το ταχύτερο η Ελλάδα να προχωρήσει στην αναμόρφωση των υπηρεσιών ψυχικής υγείας. Ενημέρωσα τότε φίλους ψυχίατρους στην Ελλάδα σχετικά με τις συζητήσεις που γίνονταν στους βρετανικούς ψυχιατρικούς κύκλους.

Εν τω μεταξύ, οι ανησυχίες για την κατάσταση στην Ελλάδα μεγάλωναν, τόσο στο εσωτερικό της χώρας, κυρίως από διαμαρτυρίες μικρών ομάδων ψυχιάτρων και επαγγελματιών ψυχικής υγείας, όπως αυτή του προσωπικού του ψυχιατρείου της Λέρου, το 1981, όσο και στο εξωτερικό. Πέρασε αρκετός καιρός και το 1984 πληροφορήθηκα, πάλι από τον Jim Watson, ότι η Ευρωπαϊκή Ένωση ανέθεσε στον ιρλανδό καθηγητή της ψυχιατρικής Ivor Browne να εξετάσει εκ νέου την κατάσταση της δημόσιας ψυχιατρικής περίθαλψης στην Ελλάδα. Μετά την επίσκεψή του στην Ελλάδα, ο Ivor Browne, στην ομάδα του οποίου συμμετείχαν από ελληνικής πλευράς ο οικονομολόγος υγείας Λυκούργος Λιαρόπουλος και οι ψυχίατροι Τάκης Σακελλαρόπουλος και Γιάννης Τσιάντης, ενώ από βρετανικής πλευράς ο γνωστός οικονομολόγος υγείας Alan

Maynard του Πανεπιστημίου του York, στη βόρεια Αγγλία, επισήμαινε σε έκθεσή του τα σοβαρά προβλήματα που υπήρχαν με τα δημόσια ψυχιατρεία στην Ελλάδα και κυρίως με αυτό της Λέρου. Η Ευρωπαϊκή Ένωση έθεσε στη διάθεση της Ελλάδας 2.000.000 στερλίνες για να αρχίσει τον εκσυγχρονισμό των ψυχιατρικών υπηρεσιών της. Έγιναν διάφορες κινητοποιήσεις στην Ελλάδα, κυρίως από τις ίδιες ομάδες επαγγελματιών ψυχικής υγείας που είχαν προσπαθήσει να πιέσουν για την αναγκαία αναβάθμιση των ψυχιατρικών υπηρεσιών. Τα αποτελέσματα ήταν, όμως, περιορισμένα και οι βελτιώσεις πολύ μικρής κλίμακας.

Οι ανησυχίες για την έλλειψη της απαραίτητης προόδου μεγάλωναν, τόσο μέσα στην Ελλάδα όσο και στο εξωτερικό. Αρκετές φορές συζήτησα με φίλους συναδέλφους στην Ελλάδα το πρόβλημα και τους επισήμανα ότι στις ευρωπαϊκές κοινωνίες υπήρχε πλέον ιδιαίτερη ευαισθησία για τις συνθήκες διαβίωσης των ψυχιατρικά ασθενών. Ειδικά στη Βρετανία, προχωρούσαμε ταχύτατα σε προγράμματα αποασυλοποίσης, επανένταξης και κοινοτικής φροντίδας. Στην περιοχή που Lewisham, στο νοτιοανατολικό Λονδίνο, είχαμε θέσει σε λειτουργία, ήδη από το 1979, το πρώτο Κοινοτικό Κέντρο Ψυχικής Υγείας ενώ αντίστοιχα κοινοτικά προγράμματα εφαρμόζονταν σταδιακά και σε άλλες περιοχές.

Τον Αύγουστο του 1987, ο βρετανός ψυχίατρος Mounir Ekwawi, από το ψυχιατρείο Nethern του νοτιοδυτικού Λονδίνου, δημοσίευσε στο *Psychiatric Bulletin* του Royal College of Psychiatrists επιστολή στην οποία ανέφερε ότι, με την ευκαιρία της συμμετοχής του σε συνέδριο που έγινε στη Λέρο για την ψυχιατρική αποκατάσταση, διαπίστωσε απαράδεκτες συνθήκες λειτουργίας στο ψυχιατρείο. Επισήμαινε, επίσης, ότι μόνον το ¼ του ποσού που είχε διαθέσει η Ευρωπαϊκή Ένωση για την αναμόρφωση των ψυχιατρικών υπηρεσιών στην Ελλάδα είχε απορροφηθεί. Σε επικοινωνία που είχαμε, επιβεβαίωσε ότι η έλλειψη στρατηγικού σχεδιασμού και συντονισμού είχαν ως αποτέλεσμα να μην προχωρούν οι απαιτούμενες μεταρρυθμίσεις. Ας σημειωθεί ότι κοντά στον Ekwawi είχαν εκπαιδευτεί παλαιότερα έλληνες ψυχίατροι που είχαν εν τω μεταξύ επιστρέψει στην Ελλάδα, με τους οποίους κρατούσε επαφή, όντας έτσι καλά ενημερωμένος. Πήρα την πρωτοβουλία και έστειλα το κείμενο του στον τότε πρέσβη της Ελλάδας στο Λονδίνο, Στέφανο Σταθάτο, παρακαλώντας τον να το προωθήσει υπηρεσιακά στο Υπουργείο Υγείας και σε άλλους αρμόδιους φορείς, τονίζοντας παράλληλα την ανάγκη συντονισμένων ενεργειών για τη βελτίωση των ψυχιατρείων και ειδικότερα εκείνου της Λέρου.

Την ίδια εποχή βρισκόταν στο Τμήμα μας στο Guy's η ψυχίατρος Μαίρη Ζούνη, που είχε έρθει από την Αθήνα για μετεκπαίδευση. Εργαζόταν στο Κέντρο Ψυχικής Υγιεινής, στο οποίο πρόεδρος ήταν ο ψυχίατρος Γιάννης Παπαδάτος, μετέπειτα βουλευτής Ζακύνθου του ΠΑΣΟΚ και καθηγητής της ψυχοφυσιολογίας και ψυχικής υγιεινής του Πανεπιστημίου Αθηνών. Ζήτησα από τη Μαίρη Ζούνη να μιλήσει στον Γιάννη Παπαδάτο, με σκοπό να ασκήσει αυτός επιρροή ώστε να δρομολογηθούν οι αναγκαίες διαδικασίες για τη βελτίωση της Λέρου. Ταυτόχρονα, έγραψα στον Γιάννη Παπαδάτο και του συνέστησα να αναλάβει πρωτοβουλία το Κέντρο Ψυχικής Υγιεινής. Ως πρώτο βήμα μπορούσε να γίνει εκτίμηση των αναγκών των νοσηλευομένων, και έπειτα να ακολουθήσει συγκεκριμένο σχέδιο αναπροσαρμογής των αναγκαίων υπηρεσιών. Ανάλογη διαδικασία ακολουθούσαμε και στη Βρετανία, όταν θέταμε σε εφαρμογή τα πρώτα προγράμματα αποασυλοποίησης. Ο Γιάννης Παπαδάτος έδειξε ενδιαφέρον και συμφώνησε να συγκροτήσει ερευνητική ομάδα από το Κέντρο Ψυχικής Υγιεινής που, με τη συνεργασία δικών μας ερευνητών, θα προσπαθούσε να κάμει μιαν αρχική εκτίμηση για τις ανάγκες των νοσηλευομένων.

Την εποχή εκείνη το Τμήμα μας είχε δημιουργήσει τη National Unit for Psychiatric Research and Development, το οποίο προήλθε από τη δουλειά που είχαμε κάμει στο Κοινοτικό Κέντρο Ψυχικής Υγείας του Lewisham και την οποία χρηματοδοτούσε το ίδρυμα Sainsbury's, της ομώνυμης οικογενείας γνωστών σουπερμάρκετ στη Βρετανία. Η μονάδα αυτή εξελίχθηκε αργότερα στο Sainsbury's Centre for Mental Health, ανεξάρτητη μη κυβερνητική οργάνωση που εξακολουθεί μέχρι σήμερα να έχει σημαντικό λόγο στη διαμόρφωση της επίσημης βρετανικής πολιτικής στο πεδίο της ψυχικής υγείας. Ανάλογα ανεξάρτητα μη κυβερνητικά σχήματα, χρηματοδοτούμενα από ιδιωτικούς φορείς, συνηθίζονταν στη Βρετανία. Με αυτόν τον τρόπο, διαθέταμε την απαιτούμενη τεχνογνωσία, αφού είχαμε συμμετάσχει σε διάφορα μεταρρυθμιστικά προγράμματα και είχαμε διαμορφώσει τα απαραίτητα εργαλεία. Έπειτα από προσπάθειες που κράτησαν ένα χρόνο, δόθηκε τελικά η απαιτούμενη άδεια για την έρευνα από τον τότε υπουργό Υγείας, Γιάννη Φλώρο. Έτσι, τον Νοέμβριο του 1988 μεικτή ομάδα, αποτελούμενη από τον Γιάννη Παπαδάτο, τη Μαίρη Ζούνη του Κέντρου Ψυχικής Υγιεινής, τον καθηγητή της ψυχιατρικής του Guy's Jim Watson, τον Tom Craig διευθυντή ψυχιατρικής του St. Thomas, τον ερευνητή ψυχολόγο Paul Clifford του Sainsbury's Centre for Mental Health και τον γράφοντα, έφτασε στη Λέρο.

Παρά τις πληροφορίες που είχαμε και τις επιφυλάξεις που εξέφραζαν διάφοροι στο νησί για τις «εξωτερικές παρεμβάσεις», η υποδοχή που μας επιφυλάχθηκε ήταν πολύ θερμή και φιλική. Συναντήσαμε τον τότε δήμαρχο, τους υπεύθυνους του ψυχιατρείου, τον ψυχίατρο διευθυντή Γιάννη Λουκά και τον ψυχίατρο Γιώργο Παπαγεωργίου, που υπηρετούσε την υποχρεωτική του θητεία στην επαρχία. Επίσης, συναντήσαμε διάφορα μέλη του νοσηλευτικού και βοηθητικού προσωπικού. Η πρώτη μας επίσκεψη στο ψυχιατρείο έγινε το χειμωνιάτικο απόγευμα της 8ης Νοεμβρίου του 1988, ένα από εκείνα τα ηλιόλουστα απογευματινά που συναντάς στα ελληνικά νησιά του Αιγαίου. Η θάλασσα είχε το λαμπερό γαλάζιο χρώμα που περιβάλλει τα νησιά μας και υπήρχε απόλυτη γαλήνη. Τα συναισθήματα όλων μας ήταν ανάμεικτα, έπειτα από τόσα που είχαμε ακούσει για το ψυχιατρείο της Λέρου. Έχοντας την εμπειρία της Βρετανίας, καταλάβαμε σύντομα ότι κάτι διαφορετικό συνέβαινε στη Λέρο. Η πρώτη μεγάλη διαφορά ήταν ότι οι νοσηλευόμενοι, στην πλειονότητα τους, έδειχναν ζωντάνια και ενδιαφέρον για το περιβάλλον τους, έκαναν ερωτήσεις, είχαν διάθεση για ζωή. Αντίθετα, οι ασθενείς που είχαμε στα μεγάλα Βικτωριανά ψυχιατρεία της εποχής εκείνης στη Βρετανία ήταν συνήθως απαθείς, αδιάφοροι, αποσυρμένοι. Η άλλη διαφορά ήταν ότι οι συνθήκες διαβίωσης ήταν πολύ άσχημες, ιδίως στα τμήματα εκείνα που είχαν άτομα με διαφόρους βαθμούς νοητικής υστέρησης. Έλειπαν, επίσης, οργανωμένες δραστηριότητες, υπήρχε μεγάλη έλλειψη προσωπικού, δεν υπήρχαν οργανωμένα προγράμματα αποκατάστασης. Η εικόνα του ψυχιατρείου της Λέρου, παρά τις εμπειρίες που είχαμε, μας προκάλεσε πολλά και ανάμεικτα συναισθήματα, τα οποία για πολύν καιρό μετά τα συζητούσαμε με τους συνεργάτες μας στο Λονδίνο.

Εργαστήκαμε ακατάπαυστα τις επόμενες δύο ημέρες, προσπαθώντας να εξηγήσουμε τη χρήση του ερωτηματολόγιου Community Placement Questionnaire, που το είχαν μεταφράσει ήδη στα ελληνικά στο Κέντρο Ψυχικής Υγιεινής, ώστε να γίνει η συλλογή των στοιχείων που απαιτούνταν. Όταν έφτασε η ώρα να φύγουμε, ο καιρός είχε τελείως αλλάξει, όπως συχνά συμβαίνει στα ελληνικά νησιά, και είχε σηκωθεί πολύ δυνατός βοριάς. Έτσι, οι αεροπορικές πτήσεις είχαν ματαιωθεί. Έπρεπε να περιμένουμε μέχρι τα μεσάνυχτα για να πάρουμε το πλοίο της γραμμής, προκειμένου να επιστρέψουμε στον Πειραιά. Αποφασίσαμε να εκμεταλλευτούμε την καθυστέρηση λόγω της απρόβλεπτης κακοκαιρίας και συνεχίσαμε τις συζητήσεις μας σχετικά με τις λεπτομέρειες της έρευνας στο μοναδικό ανοιχτό καφενείο, στην παραλία του νησιού. Ξαφνικά προσγειώθηκε ελικόπτερο της Ολυμπιακής Αεροπορίας, φέρνοντας τον γιο της προϊσταμένης του ψυχιατρείου πού ερχόταν για την κηδεία του πατέρα του, ο οποίος είχε πεθάνει ξαφνικά την προηγούμενη μέρα. Έτσι, γυρίζοντας πίσω στην Αθήνα, το ελικόπτερο πήρε μαζί του τον Jim Watson και τον Tom Craig, ενώ ο Paul Clifford κι εγώ πήραμε τα μεσάνυχτα το πλοίο της γραμμής και πήγαμε στην Κω. Εκεί, όταν ξημέρωσε, πήγαμε στο αεροδρόμιο και επιστρέψαμε στην Αθήνα για να προλάβουμε την πτήση της επιστροφής μας στο Λονδίνο.

Η ερευνητική ομάδα του Κέντρου Ψυχικής Υγιεινής πήγε στη Λέρο τον επόμενο μήνα, Δεκέμβριο του 1988, και, με την συνεργασία των υπεύθυνων του ψυχιατρείου, και ιδιαίτερα του Γιάννη Λουκά και του Γιώργου Παπαγεωργίου, χρησιμοποίησε το Ερωτηματολόγιο Λειτουργικότητας και Αναγκών Ψυχιατρικών Ασθενών (ΕΛΑΨΑ), μετάφραση και προσαρμογή από το Community Placement Questionnaire που είχαμε διαμορφώσει στο Τμήμα μου στο Λονδίνο.

Η ομάδα κατόρθωσε και συνέλεξε στοιχεία και πληροφορίες για 1.179 νοσηλευόμενους. Αναλύσαμε στο Λονδίνο αυτά τα στοιχεία για τους νοσηλευόμενους, τα οποία περιλάμβαναν πληροφορίες για τις ατομικές τους δεξιότητες, τις κοινωνικές ικανότητές τους, τη σωματική τους αναπηρία, την επικοινωνία τους και τις γνωστικές τους ικανότητες, τη φαρμακευτική τους αγωγή, τα ψυχολογικά και ψυχιατρικά τους συμπτώματα, τα προβλήματα συμπεριφοράς τους, τις οικογενειακές και κοινωνικές επαφές τους, την κοινωνική τους επανένταξη. Ανάμεσα στα κύρια ευρήματα ήταν ότι το 83% των νοσηλευομένων είχε μεταφερθεί στη Λέρο από άλλα ψυχιατρεία της Ελλάδας και ότι το 74% βρισκόταν εκεί περισσότερο από είκοσι χρόνια. Η συχνότερη διάγνωση ήταν σχιζοφρένεια (54%), ενώ περισσότεροι από το 25% μπορούσαν να ζήσουν ανεξάρτητα με σχετική υποστήριξη από την κοινότητα, χωρίς να απαιτείται να βρίσκονται στο ψυχιατρείο. Τα πλήρη αποτελέσματα αυτής της εργασίας δημοσιεύτηκαν στο *British Journal of Psychiatry* το 1992. Παρόλο που διάφορες εργασίες δημοσιεύτηκαν αργότερα, κυρίως σε ελληνικά περιοδικά ψυχικής υγείας, αυτή παραμένει μια από τις ελάχιστες επιστημονικά τεκμηριωμένες μελέτες αναφορικά με τον πληθυσμό του ψυχιατρείου της Λέρου, που δημοσιεύτηκαν σε διεθνές επιστημονικό περιοδικό κύρους, έπειτα από εκδοτική αξιολόγηση που κράτησε περίπου ένα χρόνο. Αργότερα, τον Ιούλιο του 1995, κυκλοφόρησε ένα ειδικό τεύχος (Supplement) του *British Journal of Psychiatry,* που το είχε επιμεληθεί ο Γιάννης Τσιάντης και παρουσίαζε όλη τη δουλειά και τις μελέτες που είχε κάνει με τους συνεργάτες του στη Λέρο. Την έκδοση αυτή προλόγισε πολύ επαινετικά ο Israel Kolvin, καθηγητής της παιδοψυχιατρικής στο νοσοκομείο Royal Free του βόρειου Λονδίνου και μέλος τότε του διοικητικού συμβουλίου του Royal College of Psychiatrists.

Στις αρχές του 1989 επισκέφθηκε το Λονδίνο για εκπαιδευτικούς σκοπούς πολυπληθής ομάδα της Ελληνικής Ψυχιατρικής Εταιρείας, με επικεφαλής τον πρόεδρό της, καθηγητή Γιώργο Χριστοδούλου. Η επίσκεψη αυτή ήταν πολύ επιτυχής. Τους υποδέχθηκε ο τότε πρόεδρος του Royal College of Psychiatrists, Jim Birley, πολύ γνωστός ψυχίατρος του νοσοκομείου Maudsley. Το πρόβλημα της ανάγκης βελτίωσης των ψυχιατρικών υπηρεσιών στην Ελλάδα συζητήθηκε, αλλά χωρίς να δοθεί ιδιαίτερο βάρος. Ξεχωριστή χαρά έδωσε, στη Μαρία και σε μένα, όταν καλέσαμε όλη την αποστολή στο σπίτι για δείπνο. Η άφιξη ενός πούλμαν με τους επισκέπτες της Ελληνικής Ψυχιατρικής Εταιρείας σε δρόμο του Blackheath, εξοχικού προαστίου του Λονδίνου όπου ζούσαμε τότε, προκάλεσε τη μεγάλη περιέργεια των γειτόνων μας, που για πολλές μέρες μετά μάς ζητούσαν λεπτομέρειες για το τι ακριβώς συνέβη, πόσα άτομα ήταν, και πως τα καταφέραμε με τόσον κόσμο στο σπίτι.

Λίγο αργότερα, το 1989, δέχτηκα την επίσκεψη, στο Νοσοκομείο Guy's, της Jane Gabriel, που ήταν παραγωγός τηλεοπτικών προγραμμάτων για το βρετανικό Κανάλι 4, γνωστό, όπως ήδη αναφέρθηκε, ως Channel Four. Η Jane Gabriel ήταν παντρεμένη με τον Έλληνα Γιάννη Γαβριήλ, που δίδασκε τότε κοινωνιολογία στο Πανεπιστήμιο του Bath και ο οποίος συμμετείχε σε αρκετές ελληνικές εκδηλώσεις στο Λονδίνο. Μου είπε ότι ετοίμαζε ένα πρόγραμμα για την τηλεόραση με θέμα το ψυχιατρείο της Λέρου. Το πρόγραμμα θα ήταν παραγωγή του γραφείου Twenty-Twenty και θα είχε διάρκεια μία ώρα. Ήδη είχε συγκεντρώσει πολλές πληροφορίες και ήταν σε επαφή με διαφόρους, στην Ελλάδα και στο εξωτερικό. Ζήτησε τη γνώμη μου, αλλά και τη συμβολή μου στο πρόγραμμα που ετοίμαζε. Σε ερώτηση για τους σκοπούς του προγράμματος και αν θα ήταν διατεθειμένη να παρουσιάσει την πολυπλοκότητα του προβλήματος και όχι μόνο την αρνητική πλευρά, που ήταν αναμφισβήτητα πολύ έντονη και σοβαρή, η απάντησή της ήταν ότι επιθυμούσε να δώσει μια πλήρη εικόνα για το ψυχιατρείο της Λέρου. Συμφώνησα να δίνω συμβουλές, διατηρώντας όμως τη δυνατότητα να κρίνω αργότερα αν θα δεχτώ να εμφανιστώ στο πρόγραμμα ή όχι. Είχαμε διάφορες συζητήσεις με την Jane Gabriel, η οποία δούλευε συστηματικά, με μεγάλη όρεξη, συγκέντρωνε στοιχεία και ετοιμαζόταν να αρχίσει το γύρισμα που θα περιλάμβανε συνεντεύξεις από την Ελλάδα και το εξωτερικό, καθώς και σκηνές από τον χώρο του ψυχιατρείου. Την απασχολούσε πολύ πώς θα εξασφάλιζε άδεια να γυρίσει σκηνές από το ψυχιατρείο.

Ξαφνικά, την Κυριακή το πρωί της 10ης Σεπτεμβρίου 1989, η μεγάλης κυκλοφορίας εβδομαδιαία βρετανική εφημερίδα *Observer* δημοσίευσε ένα μεγάλο άρθρο στην πρώτη σελίδα γραμμένο από τον δημοσιογράφο John Merritt και συνοδευόμενο από φωτογραφίες, για τις άθλιες συνθήκες στο ψυχιατρείο της Λέρου. Ήταν ένα άρθρο καταπέλτης για τις συνθήκες στο ψυχιατρείο, που παρουσίαζε την κατάσταση με τα μελανότερα χρώματα και καυτηρίαζε την στάση της ελληνικής πολιτείας και των ελλήνων ψυχιάτρων.

Ούτε η Jane Gabriel, ούτε εγώ, ούτε κανείς απ' όσους γνωρίζαμε και παρακολουθούσαμε το θέμα της Λέρου γνώριζε κάτι γι' αυτό το άρθρο, πριν δημοσιευτεί. Παρόλο που οι επικοινωνίες δεν ήταν τότε τόσο προηγμένες όσο σήμερα και δεν υπήρχε ακόμη το διαδίκτυο, το άρθρο του *Observer* έκανε τον γύρο του κόσμου σε πολύ σύντομο χρονικό διάστημα. Το ψυχιατρείο της Λέρου έγινε, έτσι, γνωστό ανά την υφήλιο. Δεν υπήρξε κανένα, περιοδικό στον χώρο της ψυχικής υγείας και της ιατρικής γενικότερα, συμπεριλαμβανομένου και του πολύ έγκυρου *Lancet*, που τους επόμενους έξι μήνες να μη δημοσίευσε κάποιο κείμενο, καυτηριάζοντας τις συνθήκες που επικρατούσαν στο ψυχιατρείο της Λέρου και επικρίνοντας την Ελλάδα. Παράλληλα, τα μέσα μαζικής ενημέρωσης και σχεδόν όλος ο διεθνής Τύπος αφιέρωναν εκτεταμένα και λεπτομερή ρεπορτάζ σε αυτήν την είδηση.

Από τότε, άλλαξε τελείως το κλίμα σε σχέση με το ψυχιατρείο της Λέρου, με δραστηριοποιήσεις, κινητοποιήσεις και πρωτοβουλίες στην Ελλάδα και το εξωτερικό. Από ελληνικό πρόβλημα έγινε πλέον διεθνές. Τα σχόλια για την ελληνική ψυχιατρική, αλλά και για τη χώρα μας γενικά, ήταν πολύ αρνητικά. Θα πρέπει να σημειωθεί ότι σε λίγους μήνες, στις 12-19 Οκτωβρίου, του ίδιου χρόνου δηλαδή του 1989, είχε προγραμματιστεί να γίνει στην Αθήνα το VIII Παγκόσμιο Συνέδριο Ψυχιατρικής, γεγονός πολύ σημαντικό, εκείνα τα χρόνια, που του έδινε μεγαλύτερη βαρύτητα το γεγονός ότι πρόεδρος της Παγκόσμιας Ψυχιατρικής Εταιρείας ήταν ο καθηγητής, και αργότερα ακαδημαϊκός και υπουργός Υγείας, Κώστας Στεφανής. Επιπλέον, η Παγκόσμια Ψυχιατρική Εταιρεία είχε ενεργό ανάμειξη στις καταγγελίες που υπήρχαν τότε εναντίον της Σοβιετικής Ένωσης για την κατάχρηση ψυχιατρικών μεθόδων εναντίον πολιτικά αντιφρονούντων πολιτών από το κουμμουνιστικό καθεστώς. Έτσι, υπήρχε μεγάλο ενδιαφέρον από τα παγκόσμια μέσα ενημέρωσης, καθώς και από ένα σημαντικό μέρος του πληθυσμού σε διεθνή κλίμακα. Το πρόβλημα της Λέρου εξέθετε διεθνώς την Ελλάδα, τις ψυχιατρικές της υπηρεσίες και, έως ένα βαθμό, όλη την ψυχιατρική κοινότητα. Δυστυχώς, δεν ήταν η μοναδική φορά κατά τη μακροχρόνια παραμονή μου στη Βρετανία που ως Έλληνας ένιωσα πολύ άσχημα για την αρνητική εικόνα που έδινε η Ελλάδα στο εξωτερικό.

Οι προσπάθειες εστιάστηκαν στο πώς θα μπορούσαν να μετριαστούν οι τόσο αρνητικές εντυπώσεις που είχαν δημιουργηθεί για τη χώρα μας και που έπαιρναν συνεχώς μεγαλύτερες διαστάσεις. Παράλληλα, το ερώτημα ήταν τι είδους συνεισφορά θα ήταν πρακτικά δυνατή ώστε να βελτιωθούν οι συνθήκες στο ψυχιατρείο της Λέρου, με βάση και τα ευρήματα της έρευνας η οποία είχε ολοκληρωθεί πριν από λίγους μήνες. Ομάδες εθελοντών προθυμοποιήθηκαν και πήγαν στη Λέρο για να βοηθήσουν, ενώ διάφορες προτάσεις διατυπώθηκαν

Δημιουργήθηκε ακόμη και Σύλλογος «Φίλοι της Λέρου», με πρωτοβουλία της Αλίκης Croney, συνεργάτιδας της Jane Gabriel που ετοίμαζε την ταινία για τη Λέρο. Αργότερα, η Αλίκη Croney έγινε η ίδια παραγωγός στη βρετανική τηλεόραση και μια από τις γνωστότερες παραγωγές της ήταν η ταινία για τον Αριστοτέλη Ωνάση. Μεγάλη βοήθεια υπήρξε από τον τότε υπεύθυνο του γραφείου Τύπου της πρεσβείας μας στο Λονδίνο, Νίκο Παπαδάκη, ο οποίος κατέβαλλε κάθε δυνατή προσπάθεια να είναι σε επαφή με τα βρετανικά μέσα ενημέρωσης και να τους εξασφαλίζει τις πληροφορίες που ήθελαν, δίνοντάς τους και ανάλογες εξηγήσεις. Πολύ σημαντική ήταν επίσης και η συμβολή του διευθυντή του γραφείου Τύπου της Ελληνικής πρεσβείας, Γρηγόρη Αρζόγλου. Παράλληλα, με συνεργάτες από το Guy's, στείλαμε επιστολές στις κυριότερες εφημερίδες, σε περιοδικά και σε οργανώσεις στη Βρετανία, όπως στο Royal College of Psychiatrists, τονίζοντας ότι το πρόβλημα ήταν πολύπλευρο και χρειαζόταν ολοκληρωμένο σχέδιο αντιμετώπισης, όπως άλλωστε είχε συμβεί και σε άλλες ανάλογες περιπτώσεις, στη Βρετανία και αλλού. Ειδικότερα στη Βρετανία, υπήρξαν ανάλογα προβλήματα και σκάνδαλα σε ορισμένα ψυχιατρεία, κατά τις δεκαετίες του 1960 και 1970 αλλά και αργότερα. Αντιμετωπίστηκαν, όμως, με ριζικές αλλαγές, και αφού πρώτα τέθηκαν συγκεκριμένοι προγράμματα σε κάθε επιμέρους περίπτωση.

Εν τω μεταξύ στο Channel Four επικρατούσε πανικός, γιατί, αν και είχε προχωρήσει η ετοιμασία της ταινίας, έχαναν την αποκλειστικότητα του θέματος. Επιπλέον, φοβόντουσαν ότι δεν θα έπαιρναν ποτέ πλέον άδεια να επισκεφθούν το ψυχιατρείο στη Λέρο και να τραβήξουν σκηνές για τη λειτουργία του και την καθημερινή ζωή των ασθενών. Η Jane Gabriel ζήτησε διευκόλυνση, ώστε να βρει τρόπο να επισκεφθεί το ψυχιατρείο στη Λέρο και να γυρίσει τις σκηνές που ήθελε, πράγμα που έγινε χάρις στις γνωριμίες που υπήρχαν. Έπειτα από λίγες μέρες, αποσπάσματα από αυτήν την ταινία παρουσιάστηκαν στο μεγάλης ακροαματικότητας κύριο δελτίο ειδήσεων του Channel Four, στις 7 το βράδυ. Στην εκπομπή των ειδήσεων σχολίαζαν τις συνθήκες στο ψυχιατρείο της Λέρου ο τότε υπουργός Υγείας Μιλτιάδης Έβερτ, ο οποίος είπε ότι η κατάσταση ήταν απαράδεκτη και σε έναν με ενάμιση χρόνο θα είχε αλλάξει τελείως, ο Jim Watson, καθηγητής ψυχιατρικής του Νοσοκομείου Guy's, ο ψυχίατρος του ψυχιατρείου Λέρου Γιάννης Λουκάς, και ο γράφων. Η θέση μου ήταν ότι πράγματι υπήρχε πολύ σοβαρό πρόβλημα, οι συνθήκες ήταν πολύ κακές, όμως αυτό δεν συνέβαινε μόνο στην Ελλάδα, αλλά και αλλού, ακόμη και στη Βρετανία. Μάλιστα, η Ελλάδα είχε ήδη πάρει κάποια μέτρα, έχοντας εν τω μεταξύ απαγορεύσει τις εισαγωγές νέων ασθενών και προετοιμάζοντας πρόγραμμα αποασυλοποίησης. Επίσης, υποστήριξα ότι το πρόβλημα είχε και άλλες πλευρές, που περιλάμβαναν τις μειωμένες δεξιότητες του προσωπικού και τη στάση της ελληνικής κοινωνίας απέναντι στον ψυχικά άρρωστο. Άλλος παράγοντας ήταν ότι η συρρίκνωση του ψυχιατρείου θα είχε κοινωνικές και οικονομικές επιπτώσεις στην τοπική κοινωνία της Λέρου, όπου η εργασία στο ψυχιατρείο ήταν η κυριότερη μορφή απασχόλησης και βασική πηγή εισοδήματος των κατοίκων, για τους οποίους θα έπρεπε να βρεθεί εναλλακτική απασχόληση. Υπήρχε ανάγκη, λοιπόν, για ολοκληρωμένο πρόγραμμα αντιμετώπισης του προβλήματος, και βέβαια το άμεσο κλείσιμο του ψυχιατρείου, όπως υποστήριζαν μερικοί, δεν ήταν ρεαλιστική λύση. Η ίδια θέση υποστηρίχθηκε παντού, σε κάθε εκδήλωση, όσο κράτησε ο θόρυβος που είχε δημιουργηθεί με το ψυχιατρείο της Λέρου. Η επίσκεψη στο στούντιο της τηλεόρασης του Channel Four με είχε εντυπωσιάσει, καθώς ήταν η πρώτη φορά που πήγαινα να δώσω συνέντευξη στη βρετανική τηλεόραση. Επικρατούσε κλίμα μεγάλης κινητικότητας και βιασύνης των παρουσιαστών και των τεχνικών. Ο θόρυβος που είχε δημιουργηθεί, τα αλλεπάλληλα τηλεφωνήματα, το ενδιαφέρον και η παρουσία της τηλεόρασης, είχαν επηρεάσει και την καθημερινή ρουτίνα της εργασίας μας στο Τμήμα μου, αφού μερικοί από τους συνεργάτες μου ήταν πρόθυμοι να συμμετάσχουν στην όλη διαδικασία και να βοηθήσουν.

Στο Παγκόσμιο Συνέδριο Ψυχιατρικής στη Αθήνα, το θέμα του ψυχιατρείου της Λέρου συζητήθηκε ευρύτατα. Εν τω μεταξύ, προωθούνταν διάφορα προγράμματα και γίνονταν παρεμβάσεις από την Ελλάδα και το εξωτερικό. Ανάμεσα στους συναδέλφους από την Ελλάδα που έπαιξαν πρωτεύοντα ρόλο ήταν ο ψυχίατρος του ψυχιατρείου Λέρου, Γιάννης Λουκάς, οι καθηγητές Τάκης Σακελλαρόπουλος, Γιάννης Τσιάντης και Γιώργος Χριστοδούλου, και αργότερα ο Θόδωρος Μεγαλοοικονόμου, η Μένη Μαλλιώρη, και άλλοι. Υπήρξε, επίσης, μια ομάδα από τη Θεσσαλονίκη, με τους Άρη Μπουσουλέγκα, Κώστα Μπαϊρακτάρη, και άλλους, που προσέφερε αποτελεσματική βοήθεια στην αλλαγή του ασυλιακού χαρακτήρα του ψυχιατρείου. Διάφοροι ξένοι, επίσης, προσέφεραν πολύ χρήσιμες υπηρεσίες. Ανάμεσά τους ήταν ο Βρετανός Bob Grove, κοινωνιολόγος που εργαζόταν τότε στη μη κερδοσκοπική οργάνωση Richmond Fellowship και ο John Henderson, ψυχίατρος, πρώην διευθυντής υπηρεσιών ψυχικής υγείας της Παγκόσμιας Οργάνωσης Υγείας, η οποία εδρεύει στη Γενεύη. Επίσης, συμμετείχαν ενεργά και ιταλοί ψυχίατροι, αναζητώντας εμπειρίες καθώς το αποκαλούμενο ιταλικό πείραμα μεταρρυθμίσεων στην ψυχιατρική βρισκόταν τότε στα αρχικά στάδια εξέλιξής του.

Ακολούθησε η ψυχιατρική μεταρρύθμιση στην Ελλάδα, με την εφαρμογή εκτεταμένων προγραμμάτων κοινοτικής ψυχιατρικής, συμπεριλαμβανομένης της ριζικής αλλαγής στη λειτουργία του ψυχιατρείου Λέρου, με τη συγχρηματοδότηση Ευρωπαϊκής Ένωσης και Ελλάδας. Δεν ξαναπήγα, όμως, στη Λέρο έπειτα από την πρώτη μου επίσκεψη, ούτε ασχολήθηκα επίσημα με την ψυχιατρική μεταρρύθμιση στην Ελλάδα, παρόλο ότι πολλές φορές συνάδελφοι μου με κάλεσαν σε διάφορες επιστημονικές και εκπαιδευτικές εκδηλώσεις και είχα στενή συνεργασία με πολλούς από αυτούς σε διάφορα ευρωπαϊκά και διεθνή ερευνητικά και εκπαιδευτικά προγράμματα. Διατηρήσαμε πολύ αρμονική συνεργασία και μετεκπαιδεύσαμε πολλούς νέους συναδέλφους στο Guy's, και αργότερα στο Maudsley, από τη Θεσσαλονίκη, την Αθήνα και άλλα μέρη της Ελλάδας. Το 2009, η Ελληνική Ψυχιατρική Εταιρεία, με πρόεδρο τον Νίκο Τζαβάρα και γενικό γραμματέα τον Δημήτρη Αναγνωστόπουλο, με τίμησαν με το να με εκλέξουν επίτιμο μέλος της Εταιρείας. Είχα, επίσης, την ευκαιρία να επισκεφθώ διάφορα ψυχιατρικά Τμήματα στην Ελλάδα και να σχηματίσω μια πρώτη άποψη για τις νέες δομές, αρκετές από τις οποίες είχαν πρωτοποριακό χαρακτήρα. Σε αυτές περιλαμβάνονταν οι μονάδες στην περιοχή της Αλεξανδρούπολης, που έγιναν με πρωτοβουλία του Τάκη Σακελλαρόπουλου, οι ειδικές μονάδες για παιδιά και εφήβους στην Αθήνα από τον Γιάννη Τσιάντη, οι κοινοτικές μονάδες στα Γιάννενα που ξεκίνησε ο Άρης Λιάκος, οι νεότερες μονάδες νοσηλείας ημέρας και οικοτροφείων στη Θεσσαλονίκη από την Τασούλα Καραστεργίου, που είχε μετεκπαιδευτεί στο Guy's και διατήρησε επαφή και συνεργασία μαζί μας, καθώς και αρκετές ακόμη πρωτοβουλίες. Το 2010 συμμετείχα στην εκ των υστέρων αξιολόγηση της υλοποίησης του επιχειρησιακού προγράμματος Ψυχαργώς Β, που ήταν απόρροια της ψυχιατρικής μεταρρύθμισης, με τους συνεργάτες μου Graham Thornicroft, Tom Craig και Tracey Power, του Maudsley International, και με την συνεργασία της Ευαγγελίας Λουκίδου, του Τάσου Μαστρογιαννάκη και του Γιώργου Μπραουδάκη, από την Αθήνα.

Το ενδιαφέρον για το ψυχιατρείο της Λέρου συνεχίστηκε για αρκετόν καιρό ακόμη έπειτα από το Παγκόσμιο Συνέδριο Ψυχιατρικής στην Αθήνα. Στις 17 Νοεμβρίου 1989 η Ε.Λ.Ε.Μ.Ε.Π. διοργάνωσε στη London School of Economics συγκέντρωση και συζήτηση στρογγυλής τράπεζας. Πήραν μέρος, σε κατάμεστη αίθουσα με μεικτό ακροατήριο Ελλήνων και Βρετανών, ο Bob Grove, ο Tom Craig, και ο γράφων. Τελικά, η ταινία του Channel Four προβλήθηκε σε ώρα μεγάλης ακροαματικότητας, στις 26 Φεβρουαρίου του 1990, στη σειρά Cutting Edge. Η εκδήλωση προκάλεσε μεγάλο ενδιαφέρον και γράφτηκαν ευμενείς κριτικές στον βρετανικό Τύπο. Είδα την τελική παραγωγή στο Studio Twenty-Twenty, μία εβδομάδα πριν από την προβολή της ταινίας. Παρόλο που η Jane Gabriel είχε κάμει καλή δουλειά και ήταν χρήσιμο να προβληθεί η ταινία, τελικά δεν δέχτηκα να συμπεριληφθώ στον πίνακα των συνεργατών, γιατί δεν καλύπτονταν πλήρως, κατά τη γνώμη μου, η πολυπλοκότητα του προβλήματος και τα ευρύτερα διλλήματα που υπήρχαν και στα οποία έχω ήδη αναφερθεί. Λίγο αργότερα, η Παγκόσμια Υπηρεσία Ραδιοφώνου του BBC παρουσίασε μια εκπομπή με τον δημοσιογράφο Sean Moffatt, στα πλαίσια του προγράμματος Outlook, στην οποία πήρε μέρος ο δανός ευρωβουλευτής Freddie Black, ο οποίος απειλούσε ότι η Ευρωπαϊκή Ένωση θα διέκοπτε τη χρηματοδότηση μέσω του Κοινωνικού Ταμείου στην Ελλάδα για την ψυχιατρική μεταρρύθμιση, αν οι απαιτούμενες βελτιώσεις και αλλαγές δεν επιταχύνονταν. Μίλησαν, επίσης, ο Bob Grove και ο γράφων. Είχα έτσι την ευκαιρία να υποστηρίξω πάλι τις γνωστές θέσεις μου για την πολυπλοκότητα του προβλήματος.

Δύο χρόνια αργότερα, στις 10 Νοεμβρίου 1992, η Jane Gabriel παρουσίασε στο Κανάλι 4 (Channel Four), στη σειρά People First, μια καινούργια ταινία με τίτλο «Τα παιδιά της Λέρου», στην οποία επεσήμαινε την πρόοδο και τις βελτιώσεις που είχαν γίνει. Ας σημειωθεί ότι η Jane Gabriel παρουσίασε το 1986 την ταινία με θέμα τον Εμφύλιο Πόλεμο στην Ελλάδα και τίτλο «Ο κρυμμένος πόλεμος» (Greece: The Hidden War). Η προβολή της ταινίας αυτής στο Κανάλι 4 προκάλεσε ισχυρές αντιδράσεις από ορισμένους βρετανικούς, με τους οποίους συντάχθηκαν και Έλληνες, επειδή θεωρήθηκε ότι μεροληπτούσε υπέρ της αριστεράς. Το Κανάλι 4 αναγκάστηκε να αποσύρει την ταινία, έπειτα από απόφαση της Ανεξάρτητης Βρετανικής Αρχής Τηλεόρασης, ενώ φαίνεται ότι το περιστατικό στοίχισε ακριβά στην περαιτέρω σταδιοδρομία του Jeremy Isaacs, ενός από τους σοβαρότερους παραγωγούς τηλεόρασης. Η ίδια ταινία παρουσιάστηκε και στην ελληνική τηλεόραση, στην εκπομπή του Στέλιου Κούλογλου μετά από 20 χρόνια.

Σε ένα από τα πρόσφατα ταξίδια μου στην Ελλάδα έκανα διορθώσεις σε αυτό το κεφάλαιο, όταν ο διπλανός μου συνταξιδιώτης, Άγγλος με τη γυναίκα του, με ρώτησαν αν πήγαινα στη «Λήρο», προφέροντας την Λέρο με την αγγλική προφορά. Αυτός ήταν ο δικός τους προορισμός, μιας και είχαν αγοράσει σπίτι στο νησί και πήγαιναν εκεί για διακοπές τα τελευταία δώδεκα χρόνια. Σύμπτωση! Από αυτούς έμαθα ότι το ψυχιατρείο έχει περιοριστεί τουλάχιστον στο μισό και ότι υπάρχουν πλέον αρκετές κοινοτικές δομές και υπηρεσίες ενταγμένες στη ζωή της τοπικής κοινωνίας.

ΚΕΦΑΛΑΙΟ VII

ΠΟΛΙΤΙΣΤΙΚΕΣ ΔΡΑΣΕΙΣ

1. Ελληνικό Πολιτιστικό Κέντρο (Hellenic Cultural Centre)

Έπειτα από συζητήσεις πολλών μηνών, τον Δεκέμβριο του 1979 ανακοινώθηκε η ίδρυση του Ελληνικού Πολιτιστικού Κέντρου (ΕΠΚ) στο Λονδίνο. Όπως αναφέρεται στην ιδρυτική διακήρυξη, κύριος σκοπός του ήταν να συντελέσει στην προώθηση του ελληνικού πολιτισμού στη Βρετανία, δημιουργώντας παράλληλα δυνατότητες παρουσίασης σύγχρονων μορφών καλλιτεχνικής δημιουργίας που αναπτύσσονταν στην Ελλάδα και την Κύπρο. Επίσης, να συμβάλλει στην κατά το δυνατόν ολοκληρωμένη παρουσίαση της ελληνικής πραγματικότητας και των πολιτισμικών στοιχείων της στο βρετανικό κοινό, με την οργάνωση εκδηλώσεων που θα φώτιζαν διάφορες πολιτισμικές, ιστορικές, κοινωνικές ή πολιτικές όψεις της ελληνικής κοινωνίας, χωρίς κομματικό χαρακτήρα. Κύριος σκοπός του ΕΠΚ θα ήταν επίσης να αναπτύξει στενούς δεσμούς με τη σύγχρονη βρετανική πολιτιστική πραγματικότητα και τους φορείς της, και παράλληλα να δραστηριοποιηθεί για την προστασία και την διατήρηση έργων τέχνης, μνημείων και παραδόσεων από την Ελλάδα και την Κύπρο.

Στην ίδρυση αυτής της πολιτιστικής «συνομοσπονδίας», πρωτόγνωρης για τα δεδομένα του Λονδίνου συμμετείχαν δώδεκα ελληνικές και κυπριακές οργανώσεις: το Εκπαιδευτικό Κέντρο Άγιος Νικόλαος, με εκπρόσωπο τον Μιχάλη Περατικό, ο Αγγλοελληνικός Σύνδεσμος (Anglo Hellenic League), με εκπρόσωπο τον Κώστα Ν. Χατζηπατέρα, η Ελληνική Εταιρεία Λονδίνου (London Hellenic Society), με εκπρόσωπο τον Γιώργο Χαγιαλίδη, η Κυπριακή Αδελφότητα, με εκπρόσωπο τον καθηγητή Άντη Νικολαΐδη, η Ομοσπονδία Ελληνικών Φοιτητικών Συλλόγων Βρετανίας, με εκπρόσωπο τον Σπύρο Τραυλό, το Λύκειο των Ελληνίδων, με εκπρόσωπο την Κούλα Λαιμού, η Ελληνική Εταιρεία (National Trust for Greece), με εκπρόσωπο την Λυδία Καρρά, η Ελληνική Εταιρία Μελετών και Επιστημονικού Προβληματισμού (Ε.Λ.Ε.Μ.Ε.Π.), με εκπρόσωπο τον Αρίστο Δοξιάδη, η Ένωση Ελλήνων Πανεπιστημιακών Δυτικής Ευρώπης (Ε.Ε.Π.Δ.Ε.), με εκπρόσωπο τον Ρούσο Κούνδουρο, η Δημοκρατική Ένωση Ελλήνων Επιστημόνων Βρετανίας, με εκπρόσωπο την κυρία Ταρσίτσα Καλλιμπάκα, η Εταιρεία Ελλήνων Επιστημόνων Μεγάλης Βρετανίας, με εκπρόσωπο τον Νίκο Φραγκισκάτο, και ο Πολιτιστικός Όμιλος «Διομήδης Κομνηνός», με εκπρόσωπο τον κ. Κορολή.

Οι οργανώσεις αυτές κάλυπταν πλατύ φάσμα απόψεων, αντιλήψεων και δραστηριοτήτων και ήταν αντιπροσωπευτικές του συνόλου της τότε ελληνικής και της κυπριακής παροικίας στο Λονδίνο. Για πρώτη φορά στην ιστορία των Ελλήνων του Λονδίνου, γινόταν μια τέτοια συλλογική και συνεργατική προσπάθεια, παραμερίζοντας τις υπάρχουσες ιδεολογικές, κοινωνικές και επαγγελματικές διαφορές. Υπήρχε πολύ όρεξη και ανάλογος ενθουσιασμός από τους συμμετέχοντες σε αυτήν την προσπάθεια προβολής της Ελλάδας στη χώρα που μας φιλοξενούσε, και που τύχαινε να είναι, ίσως, ένα από τα σύγχρονα πολιτισμικά κέντρα του κόσμου. Βασικός υποστηρικτής και συντονιστής αυτής της πρωτοβουλίας ήταν ο τότε γενικός πρόξενος της Ελλάδος στο Λονδίνο, Λευτέρης Ηλιόπουλος, ο οποίος σωστά είχε διαβλέψει τη δύναμη του ενωμένου ελληνισμού. Το ΕΠΚ στεγάστηκε στο ιδιόκτητο κτίριο του Εκπαιδευτικού Κέντρου Άγιος Νικόλαος, στην οδό 14 Cottesmore Gardens, στην περιοχή του South Kensington, από τις κεντρικότερες του Λονδίνου. Υπήρχαν εκεί ευρύχωροι χώροι για γραφεία, συνεδριάσεις, εκθέσεις, καθώς και για διαλέξεις με σχετικά περιορισμένο αριθμό ακροατών.

Η ιδρυτική επιτροπή είχε να αντιμετωπίσει δύο άμεσα θέματα: την εξασφάλιση σταθερής χρηματοδότησης και την επίσημη αναγνώριση του ΕΠΚ από τις βρετανικές αρχές. Παρόλο ότι είχαν προηγηθεί αλλεπάλληλες συζητήσεις για την επίλυση αυτών των θεμάτων, εντούτοις δεν είχαν ξεκαθαρισθεί οι λεπτομέρειες για την περαιτέρω πορεία. Όσον αφορά τη χρηματοδότηση, η ιδέα του Λευτέρη Ηλιόπουλου ήταν να δημιουργηθεί ένα κοινοτικό παροικιακό ταμείο από ερανικές συνεισφορές των εύπορων μελών της ελληνικής παροικίας, με σκοπό την οικονομική υποστήριξη της λειτουργίας του ΕΠΚ. Στόχος θα ήταν η συγκέντρωση μεγάλου χρηματικού ποσού, το οποίο, επενδυόμενο κατάλληλα, υπολογιζόταν ότι θα απέφερε ετήσια έσοδα που θα αρκούσαν για τη λειτουργία του ΕΠΚ. Φαίνεται, όμως, ότι δεν ήταν απολύτως συμφωνημένο από την αρχή αν το κοινοτικό παροικιακό ταμείο θα ταυτιζόταν με το ΕΠΚ, ή θα αποτελούσε ξεχωριστό φορέα. Έτσι, διαμορφώθηκαν δύο απόψεις. Η πρώτη υποστήριζε ότι θα έπρεπε να ταυτιστούν το κοινοτικό παροικιακό ταμείο και το ΕΠΚ, αλλιώς υπήρχε κίνδυνος σύγχυσης ανάμεσα στους δύο φορείς και στο κοινό, με επακόλουθο να προκληθούν σοβαρά προβλήματα συντονισμού στο μέλλον. Η δεύτερη άποψη υποστήριζε ότι δεν ήταν δυνατόν οι χρηματοδότες να συνεισφέρουν τόσο μεγάλα χρηματικά ποσά, όπως υπολογιζόταν τότε, χωρίς να συμμετέχουν ενεργά στη διαχείριση και λειτουργία του ΕΠΚ, σύμφωνα με το θεσμικό πλαίσιο που διέπει αυτού του είδους τις οργανώσεις στη Βρετανία. Έτσι, δεν θα έπρεπε το κοινοτικό παροικιακό ταμείο να ταυτίζεται με το ΕΠΚ, το οποίο δεν ήταν ακόμη πολύ γνωστό, και ήταν πιθανό να ανακύψουν προβλήματα, ή και αντιξοότητες στη λειτουργία του, παρ' όλη την αισιοδοξία που επικρατούσε. Αν συνέβαινε κάτι τέτοιο, τότε μοιραία το ΕΠΚ θα συμπαρέσυρε και την τύχη του παροικιακού κοινοτικού ταμείου. Αν, όμως, το κοινοτικό παροικιακό ταμείο ήταν ανεξάρτητο από το ΕΠΚ, αυτός ο κίνδυνος δεν θα υπήρχε. Η ετερογένεια των οργανώσεων που συμμετείχαν στη συνομοσπονδία του ΕΠΚ έκανε την κατάσταση δυσκολότερη, καθώς αντικατοπτριζόταν όχι μόνο στις δραστηριότητες τους και τις επιδιώξεις τους, αλλά και στην οικονομική τους επιφάνεια, αφού συμμετείχαν ομάδες με μέλη φοιτητές και άλλες με μέλη επιχειρηματίες μεγάλης οικονομικής επιφάνειας.

Θα πρέπει, όμως, να αναγνωριστεί ότι υπήρχαν και ορισμένες επιφυλάξεις για τη σύνθεση της ιδρυτικής επιτροπής του ΕΠΚ. Είναι γεγονός ότι η κοινή προσπάθεια όλων αυτών των ετερογενών ομάδων, την εποχή εκείνη, ήταν πραγματικά πρωτοποριακή και είχε την υποστήριξη, εκτός εκείνης του γενικού προξένου, δυο ισχυρών και μεγάλου κύρους παραγόντων της ελληνικής παροικίας του Λονδίνου: του Μιχάλη Περατικού και του Κώστα Καρρά. Πολύ θετικοί ήταν, επίσης, η Λυδία Καρρά εκ μέρους της Ελληνικής Εταιρείας και η Κούλα Λαιμού εκ μέρους του Λυκείου των Ελληνίδων, καθώς επίσης και οι εκπρόσωποι της ΕΛ.Ε.Μ.Ε.Π. και της Ε.Ε.Π.Δ.Ε. Ενώ οι συζητήσεις και οι διαβουλεύσεις συνεχίζονταν μεταξύ των μελών της ιδρυτικής επιτροπής και άλλων που είχαν ανάμειξη στα παροικιακά θέματα του Λονδίνου, ανάμεσα τους και ο γράφων, επικράτησε η άποψη ότι το ΕΠΚ έπρεπε να εγκαινιάσει τη δραστηριότητά του αναζητώντας επιπλέον χορηγούς. Κύριος μοχλός αυτής της κίνησης ήταν η Ελένη Cubitt, η οποία μας παρότρυνε στην οργάνωση υψηλής ποιότητας εκδηλώσεων, με την επιδίωξη να ενσωματωθούν σε αυτές των τακτικών προγραμμάτων των αναγνωρισμένων πολιτιστικών και καλλιτεχνικών βρετανικών φορέων του Λονδίνου. Η Ελένη Cubitt ήταν Ελληνίδα της Αθήνας, παντρεμένη με τον James Cubitt, γνωστό αρχιτέκτονα προερχόμενο από μεγαλοαστική αγγλική οικογένεια, ο οποίος εμφορούνταν από φιλελεύθερες απόψεις και αρχές. Η Ελένη Cubitt εργαζόταν τότε στη ελληνική πρεσβεία του Λονδίνου, ως μορφωτικός σύμβουλος στο γραφείο Τύπου και ήταν πολύ καλά ενημερωμένη για τα καλλιτεχνικά δρώμενα της εποχής, έχοντας παράλληλα και πολλές προσωπικές γνωριμίες και προσβάσεις στους καλλιτεχνικούς κύκλους. (Βλ. επίσης Κεφάλαιο VIII)

Η πρώτη σειρά εκδηλώσεων αφορούσε την σύγχρονη ελληνική ποίηση. Η πρώτη διάλεξη είχε θέμα την ποίηση του Γιάννη Ρίτσου και ομιλητή τον Νίκο Στάγκο, μόνιμο τότε κάτοικο του Λονδίνου και στέλεχος του βρετανικού εκδοτικού οίκου Thames and Hudson. Ακολούθησε διάλεξη του καθηγητή Δημήτρη Μαρωνίτη, που προσκλήθηκε ειδικά γι αυτόν τον σκοπό με χορηγό τον Μιχάλη Περατικό, με θέμα «Ο εσωτερικός λυρισμός του Οδυσσέα Ελύτη». Η τρίτη ομιλία δόθηκε από τον Χρίστο Αλεξίου, του Τμήματος Νεοελληνικών Σπουδών του Πανεπιστημίου του Birmingham, με θέμα «η ποίηση του Γιώργου Σεφέρη: μια ανάγνωση από σκοπιά ιστορική, κοινωνική και πολιτική».

Το 1980, ο Ρούσος Κούνδουρος επέστρεψε στην Αθήνα. Έτσι τον διαδέχτηκα στην προσωρινή διοικούσα επιτροπή του ΕΠΚ, ως εκπρόσωπος της Ε.Ε.Π.Δ.Ε. Ενώ οι συζητήσεις και οι διαπραγματεύσεις για τη δημιουργία ή όχι ξεχωριστού κοινοτικού παροικιακού ταμείου και της γενικότερης χρηματοδότησης του ΕΠΚ συνεχίζονταν, με την παρότρυνση της Ελένης Cubitt, αλλά και με τη συμπαράσταση των μελών της προσωρινής διοικούσας επιτροπής, άρχισαν να προγραμματίζονται πολύ φιλόδοξες πολιτιστικές και καλλιτεχνικές εκδηλώσεις.

Ανάμεσα στις πρώτες δράσεις του ΕΠΚ ήταν, το 1980, η κυκλοφορία δίσκου 33 στροφών με έργα Σκαλκώτα, με εκτελεστή τον γνωστό κύπριο πιανίστα Χριστόδουλο Γεωργιάδη και χρηματοδότηση του Ιδρύματος Λεβέντη. Ο δίσκος απέσπασε πολύ επαινετικά σχόλια από τον μουσικοκριτικό Paul Driver των *Financial Times*, στις 19 Σεπτεμβρίου 1980. Εν συνεχεία, ο Χριστόδουλος Γεωργιάδης πήρε μέρος σε διάφορες μουσικές εκδηλώσεις οργανωμένες από το ΕΠΚ, με αποτέλεσμα να συνδεθώ φιλικά μαζί του όπως και με την πρόωρα χαμένη, ευγενική σύζυγό του, τη Βρετανίδα Peta Γεωργιάδη.

Ακολούθησαν σημαντικές εκδηλώσεις, όπως το ρεσιτάλ στο Purcell Room του Royal Festival Hall, με έργα συγχρόνων ελλήνων συνθετών, καθώς και η σειρά διαλέξεων για την ελληνική παραδοσιακή αρχιτεκτονική. Ήταν μια εποχή κατά την οποία το πρόγραμμα ελληνικών εκδηλώσεων στο Λονδίνο ήταν τόσο πλούσιο ώστε δεν υπήρχε εβδομάδα χωρίς τουλάχιστον μια-δυο εκδηλώσεις. Μια από τις πρωτοβουλίες που ανέλαβε το ΕΠΚ ήταν η έκδοση μηνιαίου προγράμματος, που περιλάμβανε τις εκδηλώσεις όλων των οργανώσεων-μελών και βοηθούσε αποτελεσματικά στην αποφυγή επικαλύψεων.

Ανάμεσα στις σημαντικές εκδηλώσεις που οργάνωσε το ΕΠΚ ήταν, το 1981, βραδιά αφιερωμένη στον λογοτέχνη Δημήτρη Καπετανάκη, η οποία είχε ιδιαίτερη απήχηση στους βρετανικούς λογοτεχνικούς κύκλους. Επίσης, παρουσιάστηκε η κινηματογραφική τριλογία του Θόδωρου Αγγελόπουλου στο Institute of Contemporary Arts, προκαλώντας μεγάλο ενδιαφέρον του βρετανικού κοινού και γράφτηκαν πολύ ευμενή σχόλια στον *Observer*, τους

Times, την *Daily Telegraph* και τον *Guardian*. Ακολούθησε φιλολογικό μνημόσυνο για τον ποιητή Τάκη Σινόπουλο στο Κέμπριτζ και στο National Poetry Centre του Λονδίνου.

Τον ίδιο χρόνο, τον Μάρτιο του 1981, οργανώθηκε, με πρωτοβουλία της Ελληνικής Εταιρείας, και στο πλαίσιο των εκδηλώσεων του ΕΠΚ, διήμερο συνέδριο με τίτλο «3.000 χρόνια ελληνικής ταυτότητας: μύθος ή πραγματικότητα», στο Imperial College του Λονδίνου. Κύριος συντελεστής αυτής της εκδήλωσης ήταν ο Κώστας Καρράς, ο οποίος συντόνισε συζήτηση στρογγυλής τράπεζας, όπου ο καθηγητής Τάκης Ατοκίστης ανέπτυξε το θέμα «Η κρίση της ελληνικής ταυτότητος στην Ανατολή και τη Δύση». Εντύπωση είχε προκαλέσει η ομιλία του καθηγητή Τάκη Βατικιώτη, ο οποίος ανέλυσε τους λόγους για τους οποίους, όταν υποχρεώθηκαν οι Έλληνες να φύγουν από την Αίγυπτο, δεν κατόρθωσαν να αφήσουν πίσω τους εντυπωσιακά πολιτιστικά επιτεύγματα που θα άντεχαν στο πέρασμα του χρόνου, σε αντιδιαστολή με ότι συνέβη με άλλες μειονότητες π.χ. τους Ιταλούς. Άλλοι ομιλητές σε αυτό το συνέδριο ήταν ο βρετανός καθηγητής George Huxley, ο ιστορικός και φιλόλογος του Oxford University Peter Levi, και από ελληνικής πλευράς ο Νίκος Μουζέλης από τη London School of Economics, η καθηγήτρια του Πανεπιστημίου Θεσσαλονίκης Άλκη Κυριακίδου-Νέστορος και ο μουσικολόγος Γιάννης Παπαϊωάννου από την Αθήνα. Λίγες μέρες μετά την εκδήλωση αυτή, στις 18 Μαρτίου 1981, η εφημερίδα *Guardian*, στη στήλη των γεγονότων (Diary), σχολίασε πολύ ευμενώς την ίδρυση του ΕΠΚ, «συνομοσπονδίας οργανώσεων εφοπλιστών, πανεπιστημιακών, παροικιακών ομάδων και φοιτητικών οργανώσεων για την παρουσίαση στοιχείων του ελληνικού πολιτισμού στη Βρετανία».

Η επόμενη μεγάλη εκδήλωση, τον Μάιο του 1981, ήταν ειδική βραδιά με τον τίτλο «Hellenic Gala» και σκοπό τη διαχρονική παρουσίαση θεμάτων του ελληνικού πολιτισμού. Επιπλέον, σκοπός αυτής της εκδήλωσης ήταν να αρχίσει η εκστρατεία μεταξύ των ισχυρών ελληνικών επιχειρηματικών κύκλων του Λονδίνου για τη συγκέντρωση χρημάτων για τη λειτουργία του ΕΠΚ. Παρόμοιες εκδηλώσεις ήταν συνηθισμένες στο Λονδίνο από μη κερδοσκοπικές οργανώσεις και σωματεία. Η ιδέα του «Hellenic Gala» ήταν να αναδείξουμε αφενός την επίδραση που είχαν οι ελληνικοί μύθοι στο θέατρο, την όπερα και το μπαλέτο, και αφετέρου τη συνεισφορά της σύγχρονης ελληνικής τέχνης στο σημερινό ευρωπαϊκό θέατρο και τη μουσική. Από τους πρώτους που προσκλήθηκαν ήταν η υψίφωνος Αγνή Μπάλτσα και ο βαρύτονος Κώστας Πασχάλης, οι οποίοι όμως, δυστυχώς, είχαν ήδη ανειλημμένες υποχρεώσεις. Τελικά, αναθέσαμε στον γνωστό τότε σκηνοθέτη του Covent Garden, Charles Hamilton, να καταρτίσει πρόγραμμα με ελληνικό περιεχόμενο, το οποίο να περιλαμβάνει βρετανούς και έλληνες καλλιτέχνες διεθνούς ακτινοβολίας Ο Charles Hamilton, με τη βοήθεια του Paul Collard του Youth Theatre του Old Vic του Λονδίνου, πρότειναν ένα πρόγραμμα χωρισμένο σε δύο μέρη. Το πρώτο μέρος παρουσίαζε τη μεγάλη και άμεση επίδραση της Αρχαίας Ελλάδας στην υπόλοιπη Ευρώπη, στο θέατρο και στην όπερα, στον χορό και στη μίμηση, τέχνες που είχαν τις ρίζες τους στην Ελλάδα του 5ου π.Χ. αιώνα. Το δεύτερο μέρος πρόσφερε μια εικόνα της καλλιτεχνικής δραστηριότητας στην Ελλάδα της εποχής εκείνης, που θεωρήθηκε ότι θα ενδιέφερε άμεσα το βρετανικό κοινό.

Το «Hellenic Gala» παρουσιάστηκε στο κατάμεστο «Saddler's Wells» του Λονδίνου, στις 31 Μαΐου 1981, με μεγάλη επιτυχία, αποσπώντας ευμενέστατες κριτικές από τον βρετανικό Τύπο. Ειδικότερα ο θεατρικός κριτικός Irving Wardle, της εφημερίδας *Times*, ήταν ιδιαίτερα επαινετικός για την ερμηνεία της Ασπασίας Παπαθανασίου σε αποσπάσματα από την *Ηλέκτρα* του Σοφοκλή, καθώς επίσης και για τη μουσική του Σταύρου Ξαρχάκου. Ας σημειωθεί ότι ο Σταύρος Ξαρχάκος παρέτεινε απροειδοποίητα την εκτέλεση του δικού του μέρους στο τριπλάσιο του χρόνου που του είχε διατεθεί, επαναλαμβάνοντας συνεχώς πολύ γνωστά και δημοφιλή κομμάτια της μουσικής του μπροστά στους έκπληκτους θεατές και τον σκηνοθέτη, οι οποίοι όμως στο τέλος τον καταχειροκρότησαν! Πολύ καλά σχόλια έγιναν και για την παρουσίαση αποσπασμάτων από την *Οδύσσεια* του Καζαντζάκη και την «Ιθάκη» του Καβάφη από τον John Theocharis του δραματικού τμήματος του BBC. Επαινετική κριτική γράφτηκε, επίσης, για τον Alan Howard, ο οποίος παρουσίασε αποσπάσματα από τον «Επιτάφιο» του Περικλή. Η Elizabeth Vaughan, φορώντας τα ίδια ρούχα που είχε χρησιμοποιήσει η Μαρία Κάλας στην τελευταία της εμφάνιση στο Λονδίνο πριν από μερικά χρόνια, τραγούδησε με μεγάλη επιτυχία απόσπασμα από την *Tosca* του Πουτσίνι. Ελληνικούς χορούς χόρεψε το τμήμα του Λυκείου των Ελληνίδων στο Λονδίνο, το οποίο και καταχειροκροτήθηκε. Πολύ ευμενή σχόλια γράφτηκαν και στην εφημερίδα Daily Telegraph, καθώς επίσης και στις ελληνικές εφημερίδες *Ελευθεροτυπία*, *Καθημερινή*, *Μεσημβρινή* και *Τα Νέα*. Η ελληνική τηλεόραση έδειξε αποσπάσματα από το «Hellenic Gala». Η προετοιμασία και οργάνωση αυτής της εκδήλωσης είχε πολύ μεγάλες απαιτήσεις και η επιτυχία της οφειλόταν στις μεγάλες ικανότητες και γνώσεις της Ελένης Cubitt. Την βοήθησαν αποτελεσματικά ο Γιώργος Α. Λαιμός, η Κούλα Λαιμού, η Λυδία Καρρά, και πολλοί άλλοι. Όλοι μας είχαμε αφιερώσει, τότε, πολλές από τις ελεύθερες ώρες μας σε μακρές τηλεφωνικές συνομιλίες και σε πολύωρες συναντήσεις της οργανωτικής επιτροπής τα σαββατοκύριακα.

Η επιτυχία του "Hellenic Gala" εδραίωσε πλέον την παρουσία του ΕΠΚ στο Λονδίνο. Επιβεβαίωσε, έτσι, την αρχική αισιοδοξία, αλλά ταυτόχρονα αύξησε τις μελλοντικές ευθύνες και υποχρεώσεις. Ιδιαίτερη σημασία είχε το γεγονός ότι γινόταν σοβαρή και συντονισμένη προσπάθεια ποιοτικής προβολής της πολιτιστικής και καλλιτεχνικής Ελλάδας και Κύπρου στο Λονδίνο, σε εποχή που η πρόσφατη τότε ένταξη της χώρας μας στην Ευρωπαϊκή Ένωση προκαλούσε ενδιαφέρον για τον τρόπο ζωής των Ελλήνων και για τις ευρωπαϊκές προοπτικές τους.

Το καλοκαίρι του 1981 ο γενικός πρόξενος Λευτέρης Ηλιόπουλος μετατέθηκε από το Λονδίνο, χωρίς ακόμη να έχει λυθεί το πρόβλημα της χρηματοδότησης του ΕΠΚ και της δημιουργίας ή όχι του ξεχωριστού κοινοτικού παροικιακού ταμείου. Χάρις, όμως, στις προσπάθειες της προσωρινής διοικούσας επιτροπής του ΕΠΚ, έγινε εφικτή η ανεύρεση χορηγών για τη συνέχιση των δραστηριοτήτων του. Κύριοι χορηγοί ήταν τότε το Ίδρυμα Λεβέντη, με τον Ντίνο και την Εντμέ Λεβέντη να προσφέρουν σημαντικότατη βοήθεια και συμπαράσταση, η Τράπεζα Κύπρου, με τον τότε διευθυντή της Κώστα Ιωαννίδη που υπήρξε θερμός υποστηρικτής του ΕΠΚ, ο Μιχάλης Περατικός, και πολλοί άλλοι. Μικρή αλλά κρίσιμη χρηματική ενίσχυση, ερχόταν, επίσης, κατά καιρούς από τις ελληνικές και κυπριακές κυβερνήσεις.

Τον επόμενο χρόνο, το 1982, στο αμφιθέατρο του British Museum έγινε τιμητική εκδήλωση για τον νομπελίστα ποιητή Οδυσσέα Ελύτη, με ομιλίες από τον Philip Sherrard, γνωστό βρετανό αναλυτή της ποίησης του Ελύτη, και τον Frank Duncan. Η παρουσία του Οδυσσέα Ελύτη στο Λονδίνο αποτέλεσε πολύ μεγάλο γεγονός για την ελληνική παροικία και προκάλεσε πολύ ευμενή σχόλια από βρετανικής πλευράς.

Στο τέλος του 1983 αποχώρησα από την προσωρινή διοικούσα επιτροπή του ΕΠΚ, καθώς οι ολοένα αυξανόμενες επαγγελματικές και επιστημονικές ευθύνες μου με υποχρέωναν να αφιερώνω ακόμη μεγαλύτερο μέρος από τον ελεύθερο χρόνο μου σε αυτές. Είχα ήδη προαχθεί, από το 1982, σε διευθυντή πανεπιστημιακού κλινικού τμήματος στο Νοσοκομείο Guy's του Λονδίνου, στο οποίο εργαζόμουν από το 1975, και είχα αναλάβει πολύ μεγαλύτερες κλινικές, διδακτικές, ερευνητικές και διοικητικές ευθύνες. Παράλληλα, το ΕΠΚ είχε πια εδραιωθεί και η συμμετοχή μου στη λειτουργία του θα απαιτούσε πολύ περισσότερο χρόνο. Με διαδέχτηκε ο φίλος Γιώργος Πετρόχειλος ως εκπρόσωπος της Ε.Ε.Π.Δ.Ε., ενώ εγώ περιορίστηκα σε συμβουλευτικό ρόλο.

Το ΕΠΚ, με χορηγό το ελληνικό Υπουργείο Πολιτισμού, συμμετείχε στην οργάνωση της έκθεσης βυζαντινών εικόνων «Από το Βυζάντιο στον El Greco», που έγινε στη Royal Academy of Arts, από τις 27 Μαρτίου μέχρι τις 21 Ιουλίου του 1987. Αυτή ήταν μια από τις σημαντικότερες εκδηλώσεις ελληνικού ενδιαφέροντος που έγιναν ποτέ στο Λονδίνο. Χιλιάδες επισκέπτες από τη Βρετανία, την Ελλάδα, την Κύπρο και πολλά άλλα μέρη του κόσμου, που βρέθηκαν στο Λονδίνο εκείνη την εποχή είχαν την ευκαιρία να θαυμάσουν αξιολογότατα έργα βυζαντινής τέχνης. Ο βρετανικός Τύπος έδειξε μεγάλο ενδιαφέρον και δημοσιεύτηκαν πολύ εγκωμιαστικά σχόλια. Κύριος συντελεστής της μεγάλης αυτής επιτυχίας ήταν η Βικτωρία Σολωμονίδου, που εν τω μεταξύ είχε αναλάβει μορφωτικός σύμβουλος της ελληνικής πρεσβείας στο Λονδίνο. Ίσως από τότε δεν οργανώθηκε άλλη ανάλογη έκθεση με βυζαντινές εικόνες στο Λονδίνο που να προσελκύσει τόσο μεγάλο ενδιαφέρον από βρετανικής πλευράς. Η Βικτωρία Σολωμονίδου διαδέχτηκε το 1981 στην ελληνική πρεσβεία την Ελένη Cubitt, την οποία είχε προσλάβει ο τότε διευθυντής του γραφείου Τύπου, Μάρκος Δραγούμης. Ο Δραγούμης επίσης υποχρεώθηκε να εγκαταλείψει τη θέση του, από την πρώτη κυβέρνηση του ΠΑΣΟΚ, στην οποία τοποθετήθηκε κατά την μεταπολίτευση, και αντικαταστάθηκε από τον Νικολό Βογιαζίδη. Η Βικτωρία Σολωμονίδου παρέμεινε για πολλά χρόνια μορφωτικός σύμβουλος της ελληνικής πρεσβείας στο Λονδίνο και υπήρξε η «ψυχή» πλήθους πολιτιστικών και καλλιτεχνικών εκδηλώσεων, χαίροντας γενικής αναγνώρισης και εκτίμησης για τη μεγάλη της συνεισφορά.

Το 1988 το ΕΠΚ αναγνωρίστηκε επισήμως ως μη κερδοσκοπικός οργανισμός και απέκτησε εκλεγμένο διοικητικό συμβούλιο, με πρώτο πρόεδρο τον Άντη Νικολαΐδη. Τον ίδιο χρόνο, το ΕΠΚ, με πρωτοβουλία του Συλλόγου Φοιτητών, οργάνωσε μια επιτυχή συναυλία του Θάνου Μικρούτσικου, συμπολίτη μου από την Πάτρα, που ήταν τότε και διευθυντής του Διεθνούς Φεστιβάλ Πάτρας.

Από τις άλλες εκδηλώσεις που οργανώθηκαν κατά καιρούς αξίζει να σημειωθούν το Συμπόσιο «Ελλάδα: μια ευρωπαϊκή δημοκρατία ανάμεσα στα Βαλκάνια και τη Μέση Ανατολή» που έγινε το 1991, σε συνεργασία με το Κέντρο Ελληνικών Σπουδών του King's College London. Είχαν πάρει μέρος ο Λόρδος Bethell, ο καθηγητής του Πανεπιστημίου Αθηνών Θάνος Βερέμης, ο Άλκης Κούρκουλας, τότε ανταποκριτής της ΕΡΤ και της εφημερίδας *Καθημερινή* στην Κωνσταντινούπολη καθώς επίσης και ο καθηγητής Lawrence Freedman, επικεφαλής του Τμήματος Σπουδών Πολέμου στο King's College London, από τους πλέον ειδικούς σε αυτόν τον τομέα παγκοσμίως.

Το 1991, από τις δώδεκα αρχικά ιδρυτικές οργανώσεις είχαν παραμείνει στο ΕΠΚ μόνον επτά: η Κυπριακή Αδελφότητα, η Κυπριακή Εστία, η Ένωση Ελλήνων Πανεπιστημιακών Δυτικής Ευρώπης, η Ελληνική Εταιρεία Μελετών και Επιστημονικού Προβληματισμού, το Λύκειο των Ελληνίδων, η Ελληνική Εταιρεία, η Εταιρία Ελλήνων Επιστημόνων Μεγάλης Βρετανίας, ενώ είχε προστεθεί, ως όγδοη , η Εταιρεία Κυπρίων Επιστημόνων στη Βρετανία. Οι υπόλοιπες από τις αρχικές οργανώσεις ή είχαν διακόψει τις δραστηριότητές τους, ή είχαν αποσυρθεί από το ΕΠΚ.

Μεγάλη επιτυχία είχαν επίσης οι εκδηλώσεις που οργάνωσε το ΕΠΚ το 1992-93, συμμετέχοντας στον εορτασμό για τα 2.500 χρόνια της Αθηναϊκής Δημοκρατίας από τις μεταρρυθμίσεις του Κλεισθένη το 508-507 π.Χ. Το πρόγραμμα του εορτασμού στο Λονδίνο περιλάμβανε διαγωνισμό συγγραφής κειμένου από νέους ηλικίας μεταξύ 17 και 23 χρονών, που θα διαπραγματευόταν μια από τις ακόλουθες τρείς ερωτήσεις:

α. Εφόσον η δημοκρατία είναι τόσο σημαντική, γιατί η εφαρμογή της είναι τόσο δύσκολη;

β. Είναι δυνατόν να γίνεται λόγος για υπερβολική δημοκρατία;

γ. Είναι η δημοκρατία κατάλληλη μόνο για τις πλήρως αναπτυγμένες οικονομικά χώρες;

Ο διαγωνισμός αυτός έγινε σε συνεργασία με τη βρετανική εφημερίδα *Independent* και συμμετοχή άλλων εφημερίδων απ' όλον τον κόσμο, όπως ήταν οι *Irish Times*, η *Republica* στην Ιταλία, η *NRC Handelsblad* στην Ολλανδία, η *De Morgen* στο Βέλγιο, η *Berlinske Tirede* στη Δανία, οι *Times of India*, η *Yomiuri Shimbun* στην Ιαπωνία, η *Age* στην Αυστραλία, η *Le Nouveau Quotidien* στην Ελβετία, η *Lidove Noviny* στην Τσεχοσλοβακία, η *Gazeta Wyborcza* στην Πολωνία και η *Magyar Memzet* στην Ουγγαρία. Πρόεδρος της επιτροπής αξιολόγησης των κειμένων ήταν ο Andreas Whittam-Smith, γνωστός Βρετανός δημοσιογράφος και ο πρώτος εκδότης της εφημερίδας *Independent* και μέλη ο Λόρδος Howe, ο David Marquand καθηγητής πολιτικών επιστημών του Πανεπιστημίου του Sheffield, ο Chief Emeka Anyaoku, γενικός γραμματέας της Βρετανικής Κοινοπολιτείας και η Helen Williams, διευθύντρια του γνωστού σχολείου St. Paul's του Λονδίνου.

Η επίσημη έναρξη των εκδηλώσεων για τον εορτασμό των «2.500 χρόνων δημοκρατίας» έγινε στις 7 Νοεμβρίου 1992, με επίσημο εορταστικό δείπνο στο επιβλητικό Banqueting House, στο Whitehall, έργο του Inigo Jones και με ταβάνι ζωγραφισμένο από τον Rubens κοντά στο Βρετανικό Κοινοβούλιο, στην περιοχή που βρίσκονται τα περισσότερα κυβερνητικά κτίρια. Επίσημος προσκεκλημένος ήταν η τότε πρόεδρος της Βρετανικής Βουλής, Betty Boothroyd, που μίλησε για τη σημασία του εορτασμού και για τη γέννηση της δημοκρατίας στην Αθήνα. Παρέστησαν, επίσης πολλές εξέχουσες προσωπικότητες πολιτικοί, διπλωματικοί, κληρικοί, στρατιωτικοί, επιστήμονες, συγγραφείς, διανοούμενοι και επιχειρηματίες Βρετανοί και από ξένες αποστολές,,καθώς επίσης και εκπρόσωποι της ελληνικής και κυπριακής παροικίας. Επίσης παρευρέθηκαν από την Ελληνική Βουλή ο Θόδωρος Πάγκαλος και η Άννα Ψαρούδα-Μπενάκη.

Στα μέσα Ιουνίου του 1993 έφτασε στον ποταμό Τάμεση του Λονδίνου, για τον ίδιο εορτασμό, αντίγραφο της αρχαίας τριήρους «Ολυμπία», προκαλώντας τεράστιο ενδιαφέρον στους κατοίκους του Λονδίνου και στους χιλιάδες επισκέπτες απ' όλα τα μέρη του κόσμου. Την τελευταία Κυριακή του Ιουνίου, και ενώ η τριήρης «Ολυμπία» έπλεε ανεβοκατεβαίνοντας τα νερά του Τάμεση, το ΕΚΠ οργάνωσε το «Φεστιβάλ της Αγοράς», στην περιοχή του South Bank, στο χώρο του Εθνικού Θεάτρου, του Royal Festival Hall και του British Film Institute, πλάι στο ποτάμι, με τεράστια συμμετοχή κοινού. Η επιτυχία της εκδήλωσης και η προβολή της Ελλάδας υπήρξαν αναμφισβήτητες.

Στον πανηγυρικό εορτασμό για τα 2.500 χρόνων της Αθηναϊκής Δημοκρατίας συμμετείχαν, έπειτα από προτροπή και συνεργασία του ΕΠΚ, αρκετά βρετανικά πανεπιστήμια, συμπεριλαμβανομένων και αυτών της Οξφόρδης και του Κέμπριτζ, που οργάνωσαν σειρά διαλέξεων και συζητήσεων γύρω από την ιστορία και τη σημασία της δημοκρατίας. Επίσης, αρκετά σχολεία του Λονδίνου και της γύρω περιοχής οργάνωσαν ειδικές εκπαιδευτικές επισκέψεις για τους μαθητές τους. Γενικός συντονιστής όλου αυτού του εορτασμού ήταν η Lady Hunt, κυπριακής καταγωγής και σύζυγος του γνωστού βρετανού διπλωμάτη Sir David Hunt. Στους κύριους συντελεστές της μεγάλης επιτυχίας αυτών των εκδηλώσεων περιλαμβάνονταν η Λυδία Καρρά, πρόεδρος τότε του ΕΠΚ, η Ελένη Cubitt, η Βικτωρία Σολωμονίδου, η Κούλα Λαιμού και άλλοι.

2. Ελληνικό Ίδρυμα (Hellenic Foundation)

Η αρχική πρωτοβουλία για τη δημιουργία του παροικιακού κοινοτικού ταμείου, το οποίο θα ήταν ο κύριος χορηγός του Ελληνικού Πολιτιστικού Κέντρου, πήρε τελικά το 1982 την μορφή του Ελληνικού Ιδρύματος (Hellenic Foundation). Το θεσμικό πλαίσιο του Ιδρύματος με βάση το βρετανικό νομικό σύστημα ήταν μη κερδοσκοπική οργάνωση (Charity), με σκοπό την προώθηση της ελληνικής πολιτισμικής κληρονομιάς στο Λονδίνο και γενικότερα τη Βρετανία. Το Ελληνικό Ίδρυμα ήταν διαφορετική οργάνωση από το Ελληνικό Πολιτιστικό Κέντρο και απέβλεπε ουσιαστικά στη χρηματοδότηση και υποστήριξη πολιτιστικών και καλλιτεχνικών εκδηλώσεων, έπειτα από αξιολόγηση της σημασίας τους και της ποιότητάς τους από επιτροπές ειδικών συμβούλων. Από αυτήν την άποψη, διέφερε ουσιαστικά ως προς τη λειτουργία του από το Ελληνικό Πολιτιστικό Κέντρο. Πρώτος πρόεδρος του Ελληνικού Ιδρύματος ήταν ο Κώστας Καρράς.

Έπειτα από πρόσκληση του τότε προέδρου του Στάθη Κουλουκουντή, αποδέχτηκα το 1989 την εκλογή μου στο διοικητικό συμβούλιο του Ελληνικού Ιδρύματος. Μαζί με τον καθηγητή Τάκη Βατικιώτη, την Ειρήνη Φαφαλιού και τον Κώστα Φραντζή, αποτελούσαμε την επιτροπή εκπαιδευτικών και πολιτιστικών θεμάτων και αξιολογούσαμε τις αιτήσεις που υποβάλλονταν στο Ελληνικό Ίδρυμα για χρηματική υποστήριξη σχετικών προγραμμάτων και δράσεων. Η περίοδος εκείνη υπήρξε πολύ δημιουργική, καθώς συνέβαλε στην αναβάθμιση των ελληνικών πολιτιστικών εκδηλώσεων στο Λονδίνο, χάρις στη συνεργασία της επιτροπής μας με το υπόλοιπο διοικητικό συμβούλιο. Ενδεχομένως, σε αρκετές περιπτώσεις, να γινόταν υπερβολικά σχολαστική εξέταση των υποβαλλόμενων αιτήσεων για προγράμματα και για δράσεις, η οποία ήταν μάλλον δυσανάλογος με τις οικονομικές δυνατότητες υποστήριξης που είχε το Ελληνικό Ίδρυμα. Η συνεισφορά του Τάκη Βατικιώτη ήταν ανεκτίμητη, καθώς είχε μακροχρόνια εμπειρία στα βρετανικά πανεπιστήμια και σε άλλα ακαδημαϊκά ιδρύματα. Ο Τάκης Βατικιώτης ήταν Έλληνας της Παλαιστίνης και από τους πρώτους ελληνικής καταγωγής καθηγητές σε βρετανικό πανεπιστήμιο, καθώς για πολλά χρόνια δίδασκε πολιτικές επιστήμες στη Σχολή Ανατολικών και Αφρικανικών Σπουδών, γνωστή ως SOAS (School of Oriental and African Studies). Αναγνωρισμένη προσωπικότητα στον τομέα του, και ειδικά στη σύγχρονη πολιτική ιστορία της Αιγύπτου, έχαιρε μεγάλης εκτίμησης και στην ελληνική παροικία. Είχα στενή γνωριμία και συνεργασία με τον Τάκη Βατικιώτη και νομίζω πως υπήρχε μεγάλη αλληλοεκτίμηση. Μια μέρα μού είπε ότι, κατά τη γνώμη του, «οι ιδέες μου ήταν σοσιαλιστικές και δεν ταίριαζαν με τον χαρακτήρα μου»! Όντας ο ίδιος συντηρητικών γενικά αντιλήψεων, θεωρούσε κάθε προσπάθεια υποστήριξης απόψεων και ιδεών που δεν ήταν καθιερωμένες και παραδοσιακές ως έκφραση «σοσιαλιστικών τάσεων»! Λίγο μετά άρχισε να γράφει τη βιογραφία του Ιωάννη Μεταξά, με τίτλο «Popular Autocracy in Greece, 1936-41: Political Biography of General Ioannis Metaxas». Το βιβλίο του αυτό κυκλοφόρησε τελικά μόλις μία εβδομάδα μετά τον θάνατό του, σε ηλικία μόλις 69 χρονών, το 1997. Αργότερα το βιβλίο κυκλοφόρησε και στα ελληνικά, με τον τίτλο «Μια πολιτική βιογραφία του στρατηγού Ιωάννη Μεταξά: Φιλολαϊκή απολυταρχία στην Ελλάδα, 1936-41».

Είχαμε πολλές συζητήσεις με τον Τάκη για την προσωπικότητα του Ιωάννη Μεταξά και ειδικά για τα συμπτώματα κατάθλιψης που εμφάνιζε κατά διαστήματα και για τα κατά πόσον αυτά είχαν ενδεχομένως επηρεάσει κάποιες από τις αποφάσεις του. Από τότε μού γεννήθηκε το ενδιαφέρον για τη σε βάθος εξέταση της προσωπικότητας των πολιτικών αρχηγών. Έτσι, έχω αναμειχθεί ενεργά τα τελευταία χρόνια στο ερευνητικό πρόγραμμα «Δαίδαλος», του γνωστού βρετανού πολιτικού λόρδου Owen, οποίος με το βιβλίο του «Οι Ασθένειες των πολιτικών» υποστήριξε ότι μερικοί ηγέτες, έπειτα από μια ορισμένη περίοδο στην εξουσία, μπορεί να εμφανίσουν το «σύνδρομο της ύβρεως». Ο Owen, με σαφείς αναφορές στην ελληνική αρχαιότητα, χρησιμοποιεί τον όρο «σύνδρομο της ύβρεως», για να περιγράψει συμπεριφορές που απορρέουν από τη «μέθη της εξουσίας». Ισχυρίζεται ότι μερικοί ηγέτες εμφανίζουν μεγάλη οίηση, γίνονται αλαζονικοί, αυθάδεις και περιφρονητικοί, θεωρώντας τους εαυτούς τους υπεράνω ανθρωπίνων ορίων και θείων κανόνων. Η συμπεριφορά αυτή, όμως, δεν περιορίζεται μόνο στους πολιτικούς ηγέτες, αλλά επεκτείνεται σε άλλα άτομα που μπορεί να αποκτήσουν μεγάλη εξουσία, όπως επικεφαλής επιχειρήσεων και τραπεζών, στρατιωτικούς, δικαστικούς και άλλους.

Το Ελληνικό Ίδρυμα ήταν ίσως η μόνη από τις ελληνικές οργανώσεις με τις οποίες ασχολήθηκα κατά καιρούς στο Λονδίνο που λειτουργούσε με αυστηρά βρετανικά πρότυπα. Αυτό οφειλόταν, κατά κύριο λόγο, στην προσφορά του τότε γραμματέα του, Στάμου Ι. Φαφαλιού, ο οποίος εργαζόταν συστηματικά και ακατάπαυστα. Βοηθούσε, όμως, και η συνεισφορά των άλλων μελών του διοικητικού συμβουλίου, τα περισσότερα προερχόμενα από τη ναυτιλιακή κοινότητα και που είχαν μεγαλώσει ή ζήσει για πολλά χρόνια στο εξωτερικό. Το διοικητικό συμβούλιο τότε, εκτός από αυτούς που ανέφερα ήδη, περιελάμβανε τους Γιάννη Χατζή, αντιπρόεδρο, Γιώργο Ροδόπουλο, Τρύφωνα Κέδρο, Γιώργο Α. Λαιμό, Πάνο Αρβανιτάκη, Λίντα Καρέλλα, Κώστα Καρρά, Ελένη Δωρή, Φίλιππο Εμπειρίκο, Γιάννη Α. Χατζηπατέρα, Κώστα Ν. Χατζηπατέρα, Καλλιόπη Π. Λαιμού,

Ντίνο Λεβέντη, Μαριάννα Λύρα, Μιχάλη Μόσχο, Νίκο Παπαϊωάννου, Μιχάλη Περατικό, Γιώργο Τσαβλίρη και Νίκο Βλασσόπουλο.

Μια από τις δραστηριότητες του Ελληνικού Ιδρύματος ήταν η καθιέρωση ειδικού βραβείου, το 1986, σε νέους Έλληνες που ασχολούνταν με τα γράμματα και τις τέχνες, όπως συγγραφείς, ζωγράφους, γλύπτες, μουσικούς, κινηματογραφιστές κ.ά. οι οποίοι ζούσαν στη Βρετανία. Επίσης, καθιέρωσε βραβεία που απονέμονταν στους συγγραφείς των καλύτερων διδακτορικών διατριβών στα βρετανικά πανεπιστήμια που είχαν θέμα την κλασσική Ελλάδα, την Βυζαντινή εποχή και την σύγχρονη Ελλάδα. Επιπλέον, το Ελληνικό Ίδρυμα προσέφερε βιβλία ελληνικού περιεχομένου σε 140 σχολικές βιβλιοθήκες στη Βρετανία.

Από τις σημαντικότερες προσφορές του Ελληνικού Ιδρύματος ήταν η χρηματική υποστήριξη και συμβολή στο πρόγραμμα έκδοσης βιβλίων σύγχρονων ελλήνων λογοτεχνών μεταφρασμένων στα αγγλικά. Το πρόγραμμα ξεκίνησε το 1991 με βιβλία του εκδοτικού οίκου «Κέδρος», που τότε τον διηύθυνε η Αθηνά Καλλιανέση. Η πρωτοβουλία αυτή ανήκε στον Μιχάλη Μόσχο, ο οποίος έκανε και την επιλογή των τίτλων, με τη βοήθεια του λογοτέχνη Αλέξανδρου Κοτζιά στην Αθήνα. Ο Μιχάλης Μόσχος ανήκε στον κύκλο των διανοουμένων επιχειρηματιών της ελληνικής ναυτιλίας στο Λονδίνο, είχε βαθιές γνώσεις για τη λογοτεχνία, τα γράμματα και τις τέχνες. Είχε αφιερώσει πολλές ώρες για να φέρει επιτυχώς σε πέρας αυτήν την προσπάθεια, που προϋπέθετε συντονισμό πολλών προσώπων και φορέων στην Ελλάδα και στο Λονδίνο. Ανάμεσα στα βιβλία που εκδόθηκαν σε αυτή τη σειρά ήταν του Πέτρου Αμπατζόγλου («Τι θέλει η κυρία Φρίμαν»), του Αλέξανδρου Κοτζιά («Ιαγουάρος»), της Ευγενίας Φακίνου («Αστραβενή»), του Γιώργου Χειμωνά («Κτίστες»), της Μάρως Δούκα («Αρχαία Σκουρία»), του Μένη Κουμανταρέα («Κυρία Κούλα»), της Διδώς Σωτηρίου («Ματωμένα Χώματα») και της Άλκης Ζέα («Η αρραβωνιαστικιά του Αχιλλέα»). Η ποιότητα των εκδόσεων ήταν πολύ καλή, τόσο από πλευράς μετάφρασης όσο και καλαίσθητης εμφάνισης. Υπήρχε σχέδιο να συνεχιστεί αυτή η προσπάθεια με την μετάφραση και έκδοση και άλλων τίτλων. Παρά τη δουλειά που έγινε και τα σχετικά έξοδα, η πρωτοβουλία αυτή δεν επαλήθευσε τις προσδοκίες που υπήρχαν. Ίσως οι λόγοι ήταν ότι οι συγγραφείς που επιλέχθηκαν δεν ήταν γνωστοί στο αγγλικό κοινό, τουλάχιστον την εποχή εκείνη, και επιπλέον δεν έγινε επιτυχής προβολή από αναγνωρισμένους βρετανικούς οίκους διανομής βιβλίων.

Ανάμεσα στις άλλες αξιόλογες πρωτοβουλίες του Ελληνικού Ιδρύματος ήταν, τον Απρίλιο του 1991, η έκδοση ειδικού τόμου που συνόδευε το πρόγραμμα διαλέξεων και εκθέσεων για τους «Έλληνες της Μαύρης Θάλασσας». Το πρόγραμμα οργανώθηκε από το Κέντρο Ελληνικών Σπουδών του King's College London με τη συνεργασία της Εταιρείας «Πανόραμα» και της Μαριάννας Κορομηλά από την Αθήνα.

Επίσης, τον Ιούλιο του 1991, το Ελληνικό Ίδρυμα οργάνωσε την επίσκεψη της Μελίνας Μερκούρη στο Λονδίνο. Ήταν η εποχή της κορύφωσης του ενδιαφέροντος για το ελληνικό αίτημα της επιστροφής των Γλυπτών του Παρθενώνα στην Ελλάδα (Βλ. Κεφάλαιο VIII). Σκοπός της επίσκεψης της Μελίνας ήταν να επιδώσει τα βραβεία σε αυτούς που είχαν διακριθεί για τις καλύτερες διδακτορικές διατριβές με ελληνικό θέμα, τα οποία είχε θεσπίσει το Ελληνικό Ίδρυμα. Παράλληλα, η Μελίνα μίλησε με τον χαρισματικό της τρόπο, ενώ δίπλα της καθόταν ο Ζυλ Ντασέν, στην κεντρική αίθουσα του Πανεπιστημίου του Λονδίνου (Senate House), με θέμα «Οικολογία και Πολιτισμός». Υπήρξε μεγάλο ενδιαφέρον από το κοινό, τον Τύπο και τα άλλα μέσα μαζικής ενημέρωσης. Φωτογραφίες της Μελίνας εμφανίστηκαν στις περισσότερες αγγλικές εφημερίδες, με αναφορές στις κινηματογραφικές επιτυχίες της, αλλά και στην παρουσία της στην πρώτη μεγάλη αντιδικτατορική διαδήλωση στο Λονδίνο, το 1968 στην πλατεία Trafalgar, γεγονός που είχε κάνει τότε τον γύρο του κόσμου.

Το 1994 το Ελληνικό Ίδρυμα χρηματοδότησε συνέδριο στη μνήμη του Κώστα Τρυπάνη, στο Taylor Institute του St. Giles College στην Οξφόρδη, με θέμα «Αρχαίοι ελληνικοί μύθοι στη μοντέρνα ελληνική ποίηση». Κύριοι ομιλητές ήταν ο γνωστός καθηγητής νέων ελληνικών της Οξφόρδης Peter Mackridge και ο επίσης γνωστός αμερικανός νεοελληνιστής Edmund Keely. Συντονιστής της πολύ επιτυχημένης αυτής εκδήλωσης εκ μέρους του Ελληνικού Ιδρύματος ήταν ο Γιώργος Α. Λαιμός, ο οποίος ανήκε στα δυναμικά στελέχη της ελληνικής ναυτιλίας στο Λονδίνο. Εκδηλώσεις όπως αυτή είχαν τεράστια σημασία γιατί έδιναν ευκαιρία να προβληθεί η Ελλάδα σε κορυφαία βρετανικά πανεπιστήμια.

Την εποχή εκείνη ένα από τα πιο φλέγοντα θέματα που απασχολούσε το Ελληνικό Ίδρυμα ήταν η συνέχιση της χρηματοδότησης των ελληνικών σπουδών στο St Antony's College του Πανεπιστημίου της Οξφόρδης. Πρύτανης του St Antony's College ήταν τότε ένας από τους σημαντικότερους σύγχρονους διανοητές, ο Λόρδος Ralf Dahrendorf, ο οποίος είχε προηγουμένως διατελέσει πρύτανης στη London School of Economics. Ο ίδιος ενδιαφερόταν πολύ για την έντονη παρουσία των ελληνικών σπουδών στο St Antony's College.

Στο St Antony's College είχε μετατεθεί ο γνωστός ιστορικός της σύγχρονης Ελλάδας καθηγητής Richard Clogg, μετά την αποτυχία του να εκλεγεί τακτικός καθηγητής στην έδρα «Κοραής» του King's College του Λονδίνου, καταλαμβάνοντας τη θέση που κατείχε μέχρι τη συνταξιοδότησή του ο γνωστός ανθρωπολόγος John Campbell. O Richard Clogg είναι από τους πιο διακεκριμένους μελετητές, αναλυτές και γνώστες της σύγχρονης ελληνικής ιστορίας. Κοντά του σπούδασαν πολλοί από τους γνωστούς σε αυτό το πεδίο έλληνες επιστήμονες. Τα βιβλία του για την ιστορία της σύγχρονης Ελλάδας έχουν μεταφραστεί σε αρκετές γλώσσες και έχουν γνωρίσει πολλές ανατυπώσεις. Όταν προκηρύχθηκε η τακτική έδρα «Κοραής» των Ελληνικών και Βυζαντινών Σπουδών στο King's College του Λονδίνου, μετά τη συνταξιοδότηση του Donald Nicol το 1988, προς μεγάλη έκπληξη όλων δεν εξελέγη ο Richard Clogg, αλλά ο Roderick Beaton. O Richard Clogg θεώρησε ότι υπήρξαν κάποιες παρασκηνιακές ελληνικές κινήσεις που ίσως επέδρασαν αρνητικά στην εκλογή του. Ο λόγος ήταν ότι είχε κυκλοφορήσει λίγο καιρό πριν το βιβλίο του που αναφερόταν στην ιστορία της έδρας «Κοραής» και τον ρόλο του πρώτου κατόχου της, ιστορικού Arnold Toynbee. Με άρθρο του στην *Καθημερινή της Κυριακής* στις 16 Νοεμβρίου 1986, ο Μιχάλης Μόσχος αναφερόταν στο βιβλίο του Richard Clogg «Politics and the Academy», στο οποίο υπήρχε περιγραφή της ιστορίας της έδρας «Κοραής» που είχε ιδρυθεί το 1913 στο King's College, με την χρηματοδότηση Ελλήνων του Λονδίνου και τη μεσολάβηση του Ελευθερίου Βενιζέλου στον φίλο του τότε, βρετανό πρωθυπουργό, Lloyd George. O Arnold Toynbee, ως ανταποκριτής της εφημερίδας *Guardian* του Μάντσεστερ, είχε καλύψει την εκστρατεία στη Μικρά Ασία έτσι ώστε να θεωρούνταν φιλότουρκος. Κατά συνέπεια, ο Toynbee αναγκάστηκε να παραιτηθεί το 1924, έπειτα από μεγάλη πίεση των ελλήνων χρηματοδοτών της έδρας «Κοραής», πράγμα που θεωρήθηκε επέμβαση στην ακαδημαϊκή αυτονομία των πανεπιστημίων.

Το γεγονός ότι ο Richard Clogg δημοσίευσε αυτήν την ιστορία έπειτα από τόσα χρόνια δεν άρεσε σε ορισμένους κύκλους στην ελληνική παροικία που θεώρησαν την στάση του ανθελληνική. Νομίζω ότι σε κάποιο βαθμό ίσως να είχε δίκιο, δεδομένου ότι κυκλοφορούσαν τέτοια σχόλια. Κατά πόσον, όμως, είχαν τη δυνατότητα να επηρεάσουν την εκλογή αμφιβάλλω. Θεωρώ πιθανότερο ότι υπήρξε κάποια εσωτερική προτίμηση του King's College να εκλέξει για καθηγητή υποψήφιο του οποίου το αντικείμενο δεν ήταν η σύγχρονη ιστορία αλλά η λογοτεχνία. Ανάλογα περιστατικά συμβαίνουν και στα μεγάλα πανεπιστήμια της Βρετανίας, χωρίς όμως να μπορούν να αποδοθούν σε πολιτικούς λόγους. Η παρουσία πάντως του Richard Clogg στο St Antony's College του Πανεπιστημίου της Οξφόρδης ήταν πολύ σημαντική για τα ελληνικά θέματα, αφού αυτό το συγκεκριμένο κολέγιο ειδικεύεται στις διεθνείς σχέσεις και ένας ακαδημαϊκός με τη γνώση των ελληνικών πραγμάτων και το κύρος του Richard Clogg θα ήταν προς όφελός μας. Ας σημειωθεί ότι όλα αυτά τα χρόνια είχα γνωριστεί στενά με τον Richard Clogg, με τον οποίο ανταλλάσσαμε συχνά απόψεις. Είχα μεγάλη εκτίμηση στο άτομο του, αναγνωρίζοντας το δικαίωμά του να έχει ως ακαδημαϊκός τις δικές του ιδέες, οι οποίες μερικές φορές δεν ταυτίζονταν πλήρως με ότι θα ήθελαν να ακούσουν πολλοί Έλληνες. Θεωρούσα ότι ήταν προς όφελος μας να υπάρχει και αντίλογος σε μερικές ελληνικές θέσεις και να είμαστε σε θέση να υπερασπιστούμε τα επιχειρήματά μας, χωρίς να περιμένουμε απ' όλους να συμφωνούν απόλυτα μαζί μας.

Το Ελληνικό Ίδρυμα αμφιταλαντευόταν για χρόνια, με ατέρμονες συζητήσεις και διαφορετικές απόψεις για τη στάση που θα κρατούσε στο θέμα του St Antony's College. Το θέμα πήρε μεγαλύτερες διαστάσεις όταν ο Μιχάλης Μόσχος, στις 15 Οκτωβρίου 1992, δημοσίευσε επιστολή στην *Καθημερινή* στην οποία περιέγραφε την ιστορία και τα προβλήματα της έδρας ελληνικών σπουδών του Πανεπιστημίου της Οξφόρδης, γνωστής ως The Bywater and Sotheby Professorship of Byzantine and Modern Greek Language and Literature. Την έδρα κατείχε για πολλά χρόνια ο γνωστός βυζαντινολόγος Cyril Mango, ο οποίος επρόκειτο να συνταξιοδοτηθεί το 1995 και εκκρεμούσε η διαδοχή του. Ο Μιχάλης Μόσχος αναφερόταν, επίσης, στη μέγιστη ανάγκη που υπήρχε για την διάσωση της έδρας του γνωστού ανθρωπολόγου και μελετητή της νεοελληνικής κοινωνίας, κυρίως με την κλασική του έρευνα για τους Σαρακατσαναίους, καθηγητή της νεώτερης Βαλκανικής Ιστορίας John Campbell του St. Antony's College του Πανεπιστημίου της Οξφόρδης, του οποίου τη θέση προσωρινά κατείχε ο Richard Clogg. Στην επιστολή του αυτή ο Μιχάλης Μόσχος ανέφερε, παρεμπιπτόντως, ότι ο Richard Clogg ήταν σύμβουλος του βρετανικού Υπουργείου των Εξωτερικών (Foreign Office) σε θέματα βαλκανικής πολιτικής και ότι τα ενδιαφέροντα του επεκτεινόντουσαν και πέρα από την Ελλάδα, υπονοώντας έτσι ότι δεν υπερασπιζόταν πάντα τις επίσημες ελληνικές θέσεις. Την περίοδο εκείνη το θέμα της ονομασίας της Πρώην Γιουγκοσλαβικής Δημοκρατίας της Μακεδονίας (FYROM) ήταν σε έξαρση. Ο Richard Clogg και ο John Campbell απάντησαν με επιστολή τους στην *Καθημερινή*, υποστηρίζοντας ότι διατηρούσαν αμείωτο το ενδιαφέρον τους για την Ελλάδα. Στην έδρα The Bywater and Sotheby Professorship of Byzantine and Modern Greek Language and Literature εκλέχθηκε αργότερα η Βυζαντινολόγος Elizabeth Jeffrys.

Τελικά επεκράτησε η άποψη το Ελληνικό Ίδρυμα να χρηματοδοτεί σύντομες μετεκπαιδευτικές άδειες και υποτροφίες ελλήνων πανεπιστημιακών που θα έρχονταν από την Ελλάδα στο St. Antony's College για κάποια συγκεκριμένη μελέτη, μέχρι να δοθεί οριστική λύση στο θέμα της κενής έδρας του John Campbell. Ανάμεσα σε αυτούς που έκαναν χρήση αυτής της δυνατότητας ήταν ο Γιώργος Δερτιλής, ο Πασχάλης Κιτρομηλίδης και ο Θάνος Βερέμης. Οι υποτροφίες αργότερα μεταφέρθηκαν από το St Antony's College στο Brasenose College της Οξφόρδης, όπου ήταν καθηγητής ο οικονομολόγος Αντώνης Κουράκης, για να καταλήξουν στο St Cross College της Οξφόρδης, πριν τελικά να ατονήσουν.

Τον Ιούνιο του 1993, όταν τελείωσε η πρώτη μου θητεία στο Ελληνικό Ίδρυμα, αναγκάστηκα να αποχωρήσω. Οι επαγγελματικές και επιστημονικές μου υποχρεώσεις είχαν πλέον αυξηθεί πολύ και είχα αρχίσει να συμμετέχω σε διάφορες διεθνείς οργανώσεις, γεγονός που απαιτούσε τη συχνή μου απουσία από το Λονδίνο. Το Ελληνικό Ίδρυμα εξακολουθεί μέχρι σήμερα την παρουσία του και την προσφορά του στα ελληνικά πολιτιστικά δρώμενα του Λονδίνου. Κατά τη μακρόχρονη πορεία του το Ελληνικό Ίδρυμα έχει χρηματοδοτήσει πολλές αξιόλογες πολιτιστικές και καλλιτεχνικές εκδηλώσεις με τις οποίες προβλήθηκε η Ελλάδα. Σκόπιμο θα ήταν, ίσως, να εξετάσει το Ελληνικό Ίδρυμα και τη χρηματοδότηση ιστορικής έρευνας για την παρουσία και συνεισφορά της ελληνικής ναυτιλίας στο Λονδίνο, όπως και για την ιστορική έρευνα των αρχείων του Καθεδρικού Ναού της Αγίας Σοφίας.

3. Ίδρυμα Ελληνικού Πολιτισμού (Foundation for Hellenic Culture)

Το 1992 ιδρύθηκε στην Ελλάδα το Ίδρυμα Ελληνικού Πολιτισμού (ΙΕΠ), υπό την προστασία του τότε προέδρου της Ελληνικής Δημοκρατίας, Κωνσταντίνου Καραμανλή, υπέρμαχου της προβολής του ελληνικού πολιτισμού στο εξωτερικό. Η φιλόδοξη αυτή ιδέα άξιζε ιδιαίτερης προσοχής και ενδιαφέροντος. Σκοποί του ΙΕΠ ήταν η συστηματική προώθηση, διάδοση και καλλιέργεια των πολιτισμικών μας παραδόσεων στο εξωτερικό. Τα σχέδια του ΙΕΠ περιλάμβαναν φιλόδοξες ιδέες για πολιτιστικές εκδηλώσεις στο εξωτερικό, ανάμεσα στις οποίες μαθήματα της ελληνικής γλώσσας, εκθέσεις, διαλέξεις, ειδικές εκδόσεις, και πολλά άλλα. Οι αρχικοί εισηγητές της ίδρυσής του, συμπεριλαμβανομένου και του Κωνσταντίνου Καραμανλή, θεωρούσαν ότι θα μπορούσαν να δημιουργήσουν ένα Ελληνικό Ίδρυμα εφάμιλλο του Βρετανικού Συμβουλίου, του Γαλλικού Ινστιτούτου, του Ινστιτούτου Γκαίτε και του Ινστιτούτου Θερβάντες.

Την ίδρυση του ΙΕΠ την πληροφορηθήκαμε όχι μόνο από τα δημοσιεύματα του ελληνικού Τύπου, αλλά από τη συμμετοχή γνωστών Ελλήνων του Λονδίνου, οι οποίοι είχαν προσκληθεί σε κρουαζιέρα γνωριμίας, στο Αιγαίο, το 1993. Τα σχόλιά τους όταν επέστρεψαν στο Λονδίνο δεν περιλάμβαναν διαφωτιστικές λεπτομέρειες για την πορεία του ΙΕΠ. Στην Αθήνα το ΙΕΠ εγκαταστάθηκε στην έπαυλη Μποδοσάκη, στο Παλαιό Ψυχικό. Σύντομα άρχισαν οι ενέργειες για τη δημιουργία παραρτημάτων, πρώτα στο Παρίσι και έπειτα στη Νέα Υόρκη, την Οδησσό και το Λονδίνο. Για τον σκοπό αυτό, ήρθε στο Λονδίνο ο πρώτος πρόεδρός του, καθηγητής Γιάννης Γεωργάκης, τον οποίο και επισκεφθήκαμε έπειτα από δική του πρόσκληση μαζί με την Ελένη Cubitt, με σκοπό να ακούσουμε τα σχέδιά του για το παράρτημα του Λονδίνου. Μάταια προσπαθήσαμε και οι δυο μας να τον πείσουμε ότι στο Λονδίνο υπήρχε ήδη έντονη πολιτιστική δραστηριότητα, με εδραιωμένες οργανώσεις και δραστήριους φορείς, και μάλιστα είχε ήδη αγοραστεί κτίριο στο κεντρικό Λονδίνο για τη στέγαση του Ελληνικού Κέντρου, του οποίου η έναρξη λειτουργίας ήταν ζήτημα μερικών μηνών. Πιστεύαμε ότι η ανεύρεση άλλου κτιρίου για την εγκατάσταση του ΙΕΠ ήταν περιττή και θα προκαλούσε σύγχυση στην παροικία, ενώ ταυτόχρονα θα κόστιζε στο ελληνικό κράτος πολύ μεγάλα χρηματικά ποσά. Η πρότασή μας ήταν να γίνουν συζητήσεις με τους ήδη υπάρχοντες ελληνικούς πολιτιστικούς φορείς και να βρεθεί τρόπος συνεργασίας με το ΙΕΠ, ώστε να αποφευχθούν επικαλύψεις και άσκοπες δαπάνες. Ανάμεσα στις ιδέες που προτείναμε ήταν να στεγαστεί το ΙΕΠ στο νεοϊδρυόμενο Ελληνικό Κέντρο, το οποίο ήταν διατεθειμένο να του παραχωρήσει τον απαραίτητο χώρο. Επίσης, επισημάναμε ότι ο τίτλος Ίδρυμα Ελληνικού Πολιτισμού θα προκαλούσε σύγχυση στο Λονδίνο αφού υπήρχε και λειτουργούσε ήδη για χρόνια το Ελληνικό Ίδρυμα, στο οποίο αναφέρθηκα ήδη.

Έπειτα από συζητήσεις που είχε ο Γιάννης Γεωργάκης και με άλλους ενδιαφερόμενους, αποφάσισε την εγκατάσταση του ΙΕΠ σε ξεχωριστό κτίριο, σε μια από τις ακριβότερες περιοχές του κεντρικού Λονδίνου, στην Brook Street, αποβλέποντας όπως μάς είπε στη «μεγαλοπρεπή παρουσία του ΙΕΠ στο Λονδίνο». Ένας από τους κύριους σκοπούς του ΙΕΠ θα ήταν η διδασκαλία των ελληνικών, παρόλο ότι του εξηγήσαμε πως υπήρχε τότε μικρό ενδιαφέρον από το βρετανικό κοινό, και επιπλέον μαθήματα ελληνικής γλώσσας πρόσφεραν ήδη αρκετά από τα υπάρχοντα κολέγια επιμόρφωσης ενηλίκων.

Με μεγάλη έκπληξη είδαμε ότι η πρώτη εκδήλωση του ΙΕΠ στο Λονδίνο ήταν η παράσταση στα ελληνικά του μονόπρακτου *Jordan* στο θέατρο «Shaw», στην περιοχή του Euston, από την Κάτια Δανδουλάκη, στις 2 Ιουνίου 1994, σε προσαρμογή του Μάριου Πλωρίτη. Σημειωτέον ότι το έργο αυτό, με θέμα τη ζωή σε εργατική συνοικία βρετανικής βιομηχανικής πόλης, παιζόταν σε θέατρο του Λονδίνου επί μήνες. Είχαν προγραμματιστεί δύο παραστάσεις, αλλά η δεύτερη δεν έγινε ποτέ. Ποτέ δεν έμαθα τίνος ιδέα ήταν αυτή η εκδήλωση, η οποία φυσικά δημιούργησε από την αρχή πολλά ερωτήματα για την παρουσία του ΙΕΠ στο Λονδίνο, όπως ακριβώς το είχαμε προβλέψει από την πρώτη μας ήδη συνάντηση με τον Γιάννη Γεωργάκη.

Πρώτη διευθύντρια του ΙΕΠ στο Λονδίνο, διορίστηκε η αρχιτέκτων Γιάννα Campbell, Ελληνίδα με πολλά χρόνια παραμονής στο Λονδίνο και καλή γνώστρια της βρετανικής πραγματικότητας, αλλά χωρίς μεγάλη ανάμειξη μέχρι τότε στα ελληνικά πολιτιστικά ζητήματα. Η Γιάννα Campbell κατέβαλε πολύ φιλότιμες προσπάθειες και δούλεψε σκληρά για να στήσει το ΙΕΠ στο Λονδίνο. Έκανε σοβαρές επαφές με τις άλλες οργανώσεις και αναγνώριζε τις δυσκολίες που αντιμετώπιζε η παρουσία του ΙΕΠ στο Λονδίνο και τις συγκρούσεις που αυτή θα προκαλούσε. Εν τω μεταξύ, πέθανε ο Γιάννης Γεωργάκης και πρόεδρος του ΙΕΠ ανέλαβε ο καθηγητής και ακαδημαϊκός Μιχάλης Σακελλαρίου, καταξιωμένος ιστορικός, ευγενής και συνετός πανεπιστημιακός. Όταν ήρθε ο Μιχάλης Σακελλαρίου στο Λονδίνο ως πρόεδρος του ΙΕΠ είχε ήδη φουντώσει το θέμα της επιστροφής των Γλυπτών του Παρθενώνα στην Ελλάδα. Έτσι, μια από τις συμβουλές που του δώσαμε ήταν να ενισχύσει το ΙΕΠ αυτήν την κολοσσιαία προσπάθεια. Επίσης, του προτείναμε να υποστηρίξει το ΙΕΠ εκπομπές ποιότητας για την κλασική και σύγχρονη Ελλάδα, μιας και κανένας από τους υπάρχοντες φορείς δεν είχε αυτή τη δυνατότητα. Την εποχή εκείνη τα βρετανικά μέσα μαζικής ενημέρωσης δεν ήταν διατεθειμένα να χρηματοδοτήσουν ανάλογα προγράμματα, κάτι που έγινε πολύ αργότερα, έπειτα από δεκαπέντε χρόνια, από το BBC και το Channel 4, με τις εκπομπές του Michael Wood για τον Μέγα Αλέξανδρο και της Bettany Hughes για την Αρχαία Αθήνα και την Αρχαία Ελλάδα γενικότερα.

Πράγματι, υπήρξαν κάποιες προσπάθειες προς αυτή την κατεύθυνση. Έγιναν μερικές εκδηλώσεις και εκπομπές, που αναφέρονται πιο κάτω σε αυτό το κεφάλαιο, αλλά το κύριο βάρος έπεσε πάλι σε διαλέξεις και εκθέσεις, οι οποίες προστέθηκαν στο ήδη υπερφορτωμένο πρόγραμμα των ελληνικών πολιτιστικών και καλλιτεχνικών εκδηλώσεων του Λονδίνου. Η Γιάννα Campbell, η οποία δυστυχώς «έφυγε» νέα έπειτα από σύντομη ασθένεια, όταν τέλειωσε η θητεία της αντικαταστάθηκε από την Τζένη Richardson, Ελληνίδα της Οξφόρδης, με επίσης πολλά χρόνια παραμονής στη Βρετανία. Προσπάθησε κι αυτή να προωθήσει το ΙΕΠ και μια από τις πιο επιτυχημένες εκδηλώσεις που έγιναν τότε ήταν «Η Ελλάδα όπως την είδε ο John Fowles».

Το ΙΕΠ σύντομα αντιμετώπισε πολλά και σοβαρά προβλήματα στην Ελλάδα. Έτσι, μοιραία, αναγκάστηκε να εγκαταλείψει το κτίριο της Brook Street στο τέλος του 1997. Η λειτουργία του μεταφέρθηκε σε ειδικά διαμορφωμένο χώρο της ελληνικής πρεσβείας στο Λονδίνο και την ευθύνη για την λειτουργία του ανέλαβε η μορφωτική σύμβουλος Βικτωρία Σολωμονίδου, η οποία προώθησε με επιτυχία σειρά εκδηλώσεων, με γενικό τίτλο «Η Ελλάδα στη Βρετανία» (βλ. Κεφάλαιο Χ)

Η δημιουργία του ΙΕΠ ήταν μια ακόμη αποτυχία προώθησης του ελληνισμού στο εξωτερικό, τουλάχιστον στο Λονδίνο. Αν και πολυέξοδη, απέδωσε πολύ λίγο. Τη γνώμη μου γι' αυτό την είχα εκθέσει κατ' επανάληψη σε διάφορα μέλη του διοικητικού συμβουλίου του, ανάμεσα στους οποίους και στους παλαιούς γνωστούς Διαμαντή Πεπελάση και Κωνσταντίνο Τσουκαλά, οι οποίοι και συνέβαλαν τελικά στην απόφαση της εγκατάλειψης του ξεχωριστού κτιρίου και της μεταφοράς του σε χώρο της ελληνικής πρεσβείας.

4. Ελληνικό Κέντρο (Hellenic Centre)

Πολύ σημαντικές εξελίξεις είχαν υπάρξει στον χώρο της ελληνικής παροικίας στο Λονδίνο. Από το 1989 είχαν αρχίσει συζητήσεις για την ανάληψη νέας πρωτοβουλίας, τη φορά αυτή από γνωστά μέλη της κυπριακής κοινότητας, με επικεφαλής τον επιχειρηματία Ανδρέα Δαυίδ. Σκοπός ήταν η δημιουργία νέου φορέα, που θα αποκτούσε κατάλληλο κτίριο στο κεντρικό Λονδίνο για να στεγάσει το Ελληνικό Κέντρο (Hellenic Centre). Έτσι, θα υπήρχε μόνιμος χώρος στέγασης των διαφόρων φορέων, ο οποίος, θα μπορούσε παράλληλα να χρησιμοποιείται για πολλαπλές εκδηλώσεις. Το κτίριο που στέγαζε το Ελληνικό Πολιτιστικό Κέντρο (ΕΠΚ) στο South Kensington δεν επαρκούσε πλέον και επιπλέον είχε ανάγκη από πολυδάπανες επισκευές. Η νέα πρωτοβουλία, που ήταν ανεξάρτητη από το ΕΠΚ, ονομάστηκε Hellenic Community Trust και προχώρησε στην επίσημη αναγνώρισή του από το βρετανικό κράτος με τη μορφή μη κερδοσκοπικής εταιρείας. Εν συνεχεία, έγινε μεγάλος έρανος για την αγορά του κτιρίου.

Τα σχέδια του Hellenic Community Trust ανακοινώθηκαν σε συγκέντρωση εκπροσώπων των διαφόρων φορέων που πραγματοποιήθηκε στις 5 Νοεμβρίου 1991 στη Λέσχη Lansdowne, στο κεντρικό Λονδίνο. Συγκεντρώθηκε το απαιτούμενο χρηματικό ποσό από μεγάλες εισφορές κυρίως ισχυρών οικονομικών παραγόντων του Λονδίνου, με προεξάρχον το Ίδρυμα Λεβέντη και, με τη βοήθεια σχετικού τραπεζικού δανείου, άρχισε η αναζήτηση του κατάλληλου κτιρίου. Στην αρχή επιχειρήθηκε η αγορά παλαιού κτιριακού συγκροτήματος που είχε χρησιμοποιηθεί σαν αγγλικανική εκκλησία στην περιοχή του Hampstead. Όμως η προσπάθεια απέτυχε και σε συνέχεια αγοράστηκε το σημερινό επιβλητικό κτίριο πέντε ορόφων στην Paddington Street, κτισμένο από Portland πέτρα και κόκκινο τούβλο, σε μια από τις πιο γοητευτικές περιοχές, Marylebone, του κεντρικού Λονδίνου. Πρόκειται για κτίριο, ιδιαίτερα κατάλληλο για τη χρήση του, αφού διαθέτει μια πελώρια αίθουσα, πράγμα σπάνιο στο κεντρικό Λονδίνο, φτιαγμένη αρχικά για διδασκαλία χορού, που εξυπηρετεί σαν χώρος ποικίλης μορφής εκδηλώσεων.

Το Ελληνικό Κέντρο άρχισε να λειτουργεί τον Οκτώβριο του 1994. Η απόκτησή του σήμανε την ευόδωση προσπαθειών και ονείρων πολλών γενιών της ελληνικής και κυπριακής παροικίας του Λονδίνου. Αναμφίβολα, η ίδρυση του οφειλόταν κυρίως στην πρωτοβουλία, φαντασία και γενναιοδωρία μελών της οικογένειας Λεβέντη. Με τη συνεργασία και αποτελεσματική βοήθεια άλλων μελών της παροικίας, τα οποία δεν φείσθηκαν κόπων και χρημάτων, συγκεντρώθηκε ποσό μεγαλύτερο από 2.5 εκατομμύριων στερλίνες για την αγορά του κτιρίου και για τις αναγκαίες επισκευές και διαρρυθμίσεις. Η φιλοδοξία ήταν να καταστεί το Ελληνικό Κέντρο εστία πολιτισμού διαφόρων πολιτιστικών φορέων, συλλόγων, επιστημονικών εταιρειών και γενικότερα των Ελλήνων και των Κυπρίων της διασποράς, ώστε να τονωθεί το αίσθημά τους ότι είναι φορείς κοινής πολιτιστικής κληρονομιάς. Το Ελληνικό Κέντρο είναι ιδιοκτησία του Ιδρύματος της Ελληνικής Κοινότητας Hellenic Community Trust που λειτουργεί ως ευαγές ίδρυμα σύμφωνα με τους νόμους του αγγλικού κράτους. Η δημιουργία του Ελληνικού Κέντρου είχε την υποστήριξη του τότε έλληνα πρέσβη στο Λονδίνο, Ηλία Γούναρη, του αρχιεπισκόπου Γρηγορίου, καθώς και του Άγγελου Αγγελίδη, ύπατου αρμοστή της Κύπρου. Τα επίσημα εγκαίνια έγιναν στις 18 Νοεμβρίου 1994, παρουσία του τότε προέδρου της Κυπριακής Δημοκρατίας, Γλαύκου Κληρίδη, του τότε έλληνα υπουργού Παιδείας, Γιώργου Παπανδρέου, και του τότε έλληνα Αναπληρωτή υπουργού Εξωτερικών, Γρηγόρη Νιώτη.

Εκτός από τον Ανδρέα Δαυίδ, ο οποίος πρωτοστάτησε στην ίδρυση και λειτουργία του Ελληνικού Κέντρου, στους κύριους συντελεστές – τουλάχιστον κατά τις αρχικές φάσεις - περιλαμβάνονταν ο Γιώργος και η Ρίτσα Κυριακού, ο καθηγητής Άντη Νικολαΐδης, ο καθηγητής Ντίνος Αρκουμάνης και η γυναίκα του Ειρήνη, ο Άθως Χριστοδούλου, η Ελένη Cubitt, ο καθηγητής Αγαμέμνων Επαινετός, ο Μιχάλης Μόσχος, ο επί τιμή πρέσβης Φίλιος Γραμμενόπουλος, ο Κώστας Ιωαννίδης, ο Κώστας Κλεάνθους, η Κούλα Λαιμού, ο Άκης και η Καίτη Φυλακτή, ο καθηγητής Χριστόφορος Πισσαρίδης (βραβείο νόμπελ Οικονομίας το 2010), η Εντμέ Λεβέντη, ο Γρηγόρης Παρίσης, ο Στάμος Ι. Φαφαλιός, ο Αντρέι Βανδώρος, ο Τρύφων Κέδρος, η Σοφία Κυδονιέως, ο γιατρός Όμηρος Χαμπίπης, και άλλοι. Πρώτος διευθυντής του Ελληνικού Κέντρου ήταν ο Ανδρέας Παπαδάκης, τον οποίο έπειτα από σύντομη θητεία, διαδέχτηκε ο Νίκος Παπαδάκης, σύμβουλος Τύπου τότε της ελληνικής πρεσβείας στο Δουβλίνο και ακολούθησε η Αγάθη Καλησπέρα, η οποία και εξακολουθεί να παραμένει διευθύντρια μέχρι σήμερα.

Ενώ προχωρούσαν τα σχέδια για την αγορά του κτιρίου που θα στέγαζε το Ελληνικό Κέντρο, άρχισαν συζητήσεις με το ΕΠΚ, του οποίου ο ρόλος ως ανεξάρτητου φορέα πολιτιστικών εκδηλώσεων στο Λονδίνο άλλαζε ριζικά. Έπειτα από πολλές συζητήσεις, που κράτησαν μερικά χρόνια, το ΕΠΚ αποφάσισε τον Οκτώβριο του 1996 να συγχωνευθεί με το Ελληνικό Κέντρο. Η ιδέα ήταν το τότε διοικητικό συμβούλιο του ΕΠΚ να αποτελέσει την επιτροπή προγραμματισμού των πολιτιστικών εκδηλώσεων και άλλων κοινών περαιτέρω δραστηριοτήτων. Η συγχώνευση του ΕΠΚ με το Ελληνικό Κέντρο ολοκληρώθηκε στις 8 Απριλίου 1997. Από τους κύριους συντελεστές αυτής της εξέλιξης ήταν ο Στέλιος Πατερομιχελάκης.

Για διάφορες εκδηλώσεις του Ελληνικού Κέντρου γίνεται λόγος στα επιμέρους κεφάλαια αυτού του βιβλίου. Τον Απρίλιο του 1996 οργανώθηκε έκθεση βυζαντινών εικόνων, από τη συλλογή της Μαριάννας Λάτση, που συγκέντρωσε επίσης μεγάλο ενδιαφέρον, χωρίς όμως να φτάσει την επιτυχία της πρώτης έκθεσης, του 1987, στη Royal Academy of Arts. Το ίδιο ισχύει και για την πρόσφατη έκθεση με εικόνες από τη Μονή Σινά, πάλι στον ίδιο χώρο. Τον ίδιο χρόνο, το 1996, έγινε παρουσίαση του βιβλίου *Τα πορτρέτα του Φαγιούμ* της Ευφροσύνης Δοξιάδη.

Το Ελληνικό Κέντρο του Λονδίνου, από την δημιουργία του και μέχρι σήμερα, έχει συνεχή, σταθερή, ισχυρή και αξιόλογη παρουσία στην πολιτιστική και καλλιτεχνική ζωή της ελληνικής και της κυπριακής παροικίας, ως χώρος συγκεντρώσεων, όσο και εκδηλώσεων ποιότητας που περιλαμβάνουν διαλέξεις, συνέδρια, σεμινάρια, εκδόσεις, συναυλίες, προβολή ταινιών, θεατρικές παραστάσεις, με συμμετοχή Ελλήνων, Κυπρίων, Βρετανών και προσκεκλημένων από την Ελλάδα και την Κύπρο. Για την προσφορά του αυτή τιμήθηκε το 2011 με το βραβείο της Ακαδημίας Αθηνών. Η περιγραφή της σύγχρονης δραστηριότητας του Ελληνικού Κέντρου ξεφεύγει από τους σκοπούς αυτού του βιβλίου, ενώ σε άλλα κεφάλαια αναφέρεται η συμβολή του Ελληνικού Κέντρου σε κοινές δραστηριότητες με οργανώσεις και πρωτοβουλίες στις οποίες είχα και προσωπικά ενεργό ανάμειξη.

5. Ελληνική Εταιρεία Λονδίνου (London Hellenic Society)

Η Ελληνική Εταιρεία Λονδίνου είχε ιδρυθεί το 1968 και αποτελούνταν κυρίως από μέλη της παροικίας του Λονδίνου από τον χώρο της ναυτιλίας, μερικούς επιστήμονες και άλλους επιχειρηματίες. Κύρια δραστηριότητά της ήταν η οργάνωση διαλέξεων με ομιλητές εξέχοντες παράγοντες της πνευματικής και της επιχειρηματικής ζωής του Λονδίνου, Έλληνες αλλά και Βρετανούς. Επίσης, οργάνωνε «δείπνα ενημέρωσης», στα οποία προσωπικότητες της οικονομικής και πολιτικής ζωής παρουσίαζαν ένα θέμα και επακολουθούσε συζήτηση, με ακροατήριο που το αποτελούσαν κυρίως μέλη της Εταιρείας. Ανάμεσα στους ομιλητές ήταν και αρκετοί βρετανοί πολιτικοί. Στην πρώτη εκδήλωση αυτού του είδους που παρακολούθησα ομιλητής ήταν ο Μίνως Ζομπανάκης, γνωστός τραπεζίτης, που την εποχή εκείνη εργαζόταν σε επιχειρήσεις πετρελαίου στη Σαουδική Αραβία. Ανάμεσα στους άλλους προσκεκλημένους ομιλητές ήταν οι βουλευτές του Συντηρητικού Κόμματος Ian Twinn και Tom Cox, ο βουλευτής του Εργατικού Κόμματος Eddie O’ Hara, καθώς και ο ανώτερος δικαστής Sir Jonathan Mance.

Οι περισσότερες από τις εκδηλώσεις της Εταιρείας γίνονταν στις αίθουσες του επιβλητικού κτιρίου της Royal Overseas League, στην κεντρική περιοχή του Mayfair, και περιλάμβαναν διαλέξεις και αναλύσεις θεμάτων ιστορίας, λογοτεχνίας, τέχνης, κ.λπ. Στην οργάνωση των εκδηλώσεων βοηθούσε αποφασιστικά ο Γιάννης Μεγκίσογλου, που ήταν από τα ιδρυτικά μέλη της Εταιρείας. Μερικές φορές οι εκδηλώσεις περιλάμβαναν και προβολή παλιών ελληνικών ταινιών, ή εκτέλεση μουσικών κομματιών. Αρκετές από αυτές τις εκδηλώσεις ήταν πολύ πετυχημένες, ιδίως όσες είχε οργανώσει ο Γιώργος Αγγέλογλου. Μια από αυτές ήταν και μια μουσική βραδιά αφιερωμένη στον Μάνο Χατζιδάκι, στο British Academy of Films and Television Arts, (BAFTA). Προερχόμενος από τον ελληνισμό της Αιγύπτου, ο Γιώργος Αγγέλογλου ήταν από τα βασικά στελέχη της ελληνικής εκπομπής του BBC κατά τη δεκαετία του 1950 και πολύ φίλος του καθηγητή της ψυχιατρικής, στην Αθήνα, Γιώργου Λυκέτσου. Ο Γιώργος Λυκέτσος, μαζί με τη γυναίκα του Φρόσω, η οποία δυστυχώς έφυγε νέα από τη ζωή και τον γιό τους Κωνσταντίνο, σήμερα καθηγητή της ψυχιατρικής στην Ιατρική Σχολή του Πανεπιστημίου Johns Hopkins, στη Βαλτιμόρη των ΗΠΑ, έρχονταν τακτικά κάθε χρόνο στο Λονδίνο, τη δεύτερη μέρα των Χριστουγέννων, για διακοπές λίγων ημερών. Αποτελούσε μεγάλη ευχαρίστηση να τους καλούμε στο σπίτι μας, που ήταν τότε στο Blackheath, προάστιο του νοτιοανατολικού Λονδίνου, και να περνάμε ένα ευχάριστο βράδυ μαζί τους. Σ' ένα από αυτά τα ταξίδια, έφερα σε επαφή τη Μαρία Φαφαλιού που ζούσε τότε στο Λονδίνο, με τον Γιώργο Λυκέτσο, ο οποίος της έδωσε χρήσιμο υλικό για το πετυχημένο βιβλίο της, *Μαρτυρίες από το Δρομακαΐτειο*. Είχα επίσης ενθαρρύνει τον Γιώργο Λυκέτσο να γράψει τα απομνημονεύματά του, πράγμα που έκανε σε μια πολύ επιτυχημένη έκδοση. Δυστυχώς, απέτυχα να πείσω τον καθηγητή, ακαδημαϊκό και πρώην υπουργό Υγείας Κώστα Στεφανή να γράψει τα δικά του απομνημονεύματα, που πιστεύω ότι θα ήταν συμβολή στην αποτύπωση της πρόσφατης ελληνικής πραγματικότητας.

Γενικά, οι εκδηλώσεις της Ελληνικής Εταιρείας Λονδίνου είχαν μάλλον παραδοσιακό χαρακτήρα. Μαζί με τον Μιχάλη Μόσχο προσπαθούσαμε να δώσουμε μια πιο δυναμική ώθηση στις δραστηριότητες της, πολλές όμως από τις ιδέες μας θεωρήθηκαν μάλλον υπερβολικά προχωρημένες και ρηξικέλευθες. Το 1987, έπειτα από πρόταση δική μου και του Μιχάλη Μόσχου, η Εταιρεία μάς ανέθεσε να συνεργαστούμε με τον Peter Mackridge, καθηγητή των νεοελληνικών στο St Cross College του Πανεπιστημίου της Οξφόρδης, για τη διάσωση της έδρας Bywater and Sotheby, γεγονός για το οποίο έγινε λόγος πιο πάνω. Η έδρα είχε προγραμματιστεί να καταργηθεί, λόγω των περικοπών που γίνονταν στα βρετανικά πανεπιστήμια την εποχή εκείνη. Φυσικά, δεν υπήρχε κανένας ανθελληνικός δάκτυλος, όπως νόμιζαν μερικοί. Απλούστατα, τα ενδιαφέροντα και οι επιδιώξεις της Βρετανίας είχαν αλλάξει και πανεπιστημιακές θέσεις με αντικείμενο χώρες όπως η Ελλάδα δεν ήταν πλέον στις άμεσες προτεραιότητες, όπως ήταν παλιά, όταν η Βρετανία διατηρούσε την αυτοκρατορία της.

Ο Κώστας Ν. Χατζηπατέρας, από τα ιδρυτικά στελέχη της Εταιρείας, με τη συνεργασία της Μαρίας Φαφαλιού, εξέδωσε το 1989 τους τόμους *Μαρτυρίες 40-41* και *Μαρτυρίες 40-44 Πόλεμος, Κατοχή* στα ελληνικά, από τις εκδόσεις Κέδρος, βιβλία που μεταφράστηκαν και στα αγγλικά. Αργότερα, εξέδωσαν νέο τόμο με μαρτυρίες αφιερωμένο στη Μάχη της Κρήτης. Σ' ένα από τα συχνά του ταξίδια στο Λονδίνο ο αξέχαστος φίλος Λάμπης Προυκάκης, καθηγητής της ιατρικής φυσικής στην Ιατρική Σχολή του Πανεπιστημίου Αθηνών, ανέφερε ότι ο πατέρας του, αντισυνταγματάρχης πεζικού Χρήστος Προυκάκης είχε υποστηρίξει έντονα τις «νυκτομαχίες» στη Μάχη της Κρήτης, με το επιχείρημα ότι τη νύχτα τα συμμαχικά στρατεύματα δεν κινδύνευαν από τα γερμανικά αεροπλάνα και οι Κρητικοί που τα συνόδευαν γνώριζαν καλά την εδαφολογική διαμόρφωση του νησιού (χαράδρες, μονοπάτια, πηγές νερού, λοφίσκους, κ.λπ.), πράγμα που αποτελούσε σαφώς πλεονέκτημα. Επίσης, ο αντισυνταγματάρχης τότε Προυκάκης είχε επιμείνει να γίνει επίθεση και να ανακαταληφθεί με «νυκτομαχίες» το αεροδρόμιο του Μάλεμε. Αυτά τα στοιχεία και αυτές οι πληροφορίες είχαν προκαλέσει μεγάλο ενδιαφέρον στον Κώστα Ν. Χατζηπατέρα και την Μαρία Φαφαλιού.

Το 1997, ο Ιωάννης Δ. Κρητικός, μέλος της ελληνικής εφοπλιστικής και επιχειρηματικής κοινότητας του Λονδίνου και από τα ιδρυτικά μέλη της Ελληνικής Εταιρείας Λονδίνου, καθιέρωσε το ετήσιο βραβείο που φέρει το όνομά του, χρηματικής αξίας 10.000 στερλινών. Το βραβείο Ιωάννης Δ. Κρητικός απονέμεται έκτοτε ανελλιπώς σ' ένα σημαντικό έργο που προάγει τον ελληνικό πολιτισμό, γραμμένο στην αγγλική γλώσσα. Ο Ιωάννης Δ. Κρητικός εμπιστεύτηκε την διαχείριση του βραβείου στην Ελληνική Εταιρεία Λονδίνου. Τον συντονισμό έχει αναλάβει πολύ επιτυχώς ο Μιχάλης Μόσχος, βοηθούμενος από ειδική επιτροπή αναγνωρισμένων προσωπικοτήτων των γραμμάτων και τεχνών. Ο πρώτος κάτοχος αυτού του βραβείου ήταν ο Christian Habicht, για το βιβλίο του *From Alexander to Antony*, που εκδόθηκε από το Harvard University Press. Ακολούθησαν άλλοι σημαντικοί επιστήμονες και συγγραφείς, όπως ο Michael Llewellyn Smith, ο Edmund Keely, ο John Gould, ο Mark Mazower, η Averil Cameron, κ.ά. Το βραβείο Ιωάννης Δ. Κρητικός έχει πλέον καθιερωθεί ως ένα αξιόλογο ετήσιο γεγονός που προάγει τον ελληνικό πολιτισμό στον αγγλόφωνο κόσμο.

Ο πρόεδρος της Ελληνικής Εταιρείας Λονδίνου για πολλά χρόνια, Γιάννης Α. Χατζηπατέρας, ήταν ένας εξαιρετικά δραστήριος άνθρωπος, αποφασιστικός, δεινός διαπραγματευτής, με κύρος και πολύ έντονη παρουσία στην ελληνική παροικία του Λονδίνου. Είχε πραγματικό ενδιαφέρον για την προώθηση των ελληνικών θεμάτων, παρόλο που οι απόψεις του δεν είχαν πάντα τη γενική αποδοχή. Δεν είναι υπερβολή να ειπωθεί ότι ήταν πανταχού παρών, σε όλα, όντας παράλληλα για πολλά χρόνια και πρόεδρος της Ένωσης Ελλήνων Εφοπλιστών στο Λονδίνο.

Μετά τον θάνατο του Γιάννη Α. Χατζηπατέρα, πρόεδρος της Ελληνικής Εταιρείας Λονδίνου ανέλαβε ο Γιώργος Ροδόπουλος. Με την πάροδο ωστόσο του χρόνου και τις αλλαγές στη σύνθεση της ελληνικής παροικίας του Λονδίνου, η Ελληνική Εταιρεία, όπως και άλλοι ανάλογοι φορείς, έχασε την αίγλη της και περιορίστηκε σε μειωμένη δραστηριότητα. Είναι αμφίβολο αν όλοι αυτοί οι φορείς θα μπορέσουν, τελικά, να επιβιώσουν με το πέρασμα του χρόνου.

6. Κέντρο Ελληνικών Σπουδών (Centre for Hellenic Studies του King's College London)

Τον Μάιο του 1989 εγκαινιάστηκε το Κέντρο Ελληνικών Σπουδών στο King's College London, στο οποίο ανήκει και η έδρα «Κοραής» των Νεοελληνικών Σπουδών και της Βυζαντινής Ιστορίας, που ιδρύθηκε το 1919 και στην οποία αναφέρθηκα ήδη. Το Κέντρο έγινε δεκτό με μεγάλο ενδιαφέρον από την ελληνική παροικία, που το υποστήριξε θερμά. Κύριοι χορηγοί του Κέντρου ήταν το ζεύγος Μάττι Ξυλά και Nicholas Egon. Το Κέντρο έχει συνεχή παρουσία στη μελέτη, ανάλυση και έρευνα της λογοτεχνίας και της ιστορίας της Βυζαντινής περιόδου και της νεότερης Ελλάδας. Οργανώνει, επίσης, διαλέξεις για το ευρύτερο κοινό της παροικίας, συμπεριλαμβανομένης και της ετήσιας διάλεξης προς τιμήν του κορυφαίου βυζαντινολόγου, πολυγραφότατου συγγραφέα και φίλου της Ελλάδας, Sir Steven Runciman, η οποία καθιερώθηκε το 1991. Στα στελέχη του Κέντρου περιλαμβάνονταν η καθηγήτρια Averil Cameron, επικεφαλής του Τμήματος Κλασικών Σπουδών, ο καθηγητής Roderick Beaton της έδρας «Κοραής», καθώς και αρκετοί νεοελληνιστές από τη Βρετανία, όπως ο Peter Mackridge, ο David Ricks, και πολλοί άλλοι. Το Κέντρο, σε συνεργασία με το Τμήμα Κλασικών Σπουδών προωθεί τη γνώση και την κατανόηση της ελληνικής ιστορίας, του πολιτισμού και της γλώσσας όλων των περιόδων μέχρι την εποχή μας. Πραγματοποιούνται κοινές συναντήσεις με τα τμήματα Συγκριτικής Λογοτεχνίας, Ιστορίας και Θρησκευτικών Σπουδών. Υπάρχουν επίσης και στενοί δεσμοί με τα Τμήματα των Ανθρωπιστικών Σπουδών και της Φιλοσοφίας. Προσφέρει επίσης μαθήματα σε όλα τα επίπεδα αρχίζοντας με την ίδρυση της Κωνσταντινούπολης ως αυτοκρατορικής πόλης κατά τον 4ο αιώνα, μέχρι την σύγχρονη Ελλάδα και Κύπρο καθώς και το μέλλον τους στην Ευρωπαϊκή Ένωση του 21ου αιώνα. Ιδιαίτερη δραστηριότητα εμφανίζει το Κέντρο Ελληνικών Σπουδών σε εκδόσεις, τόσο στην παραδοσιακή μορφή όσο και την ηλεκτρονική, δίνοντας έμφαση σε μια ολιστική προσέγγιση των Ελληνικών Σπουδών. Η συμβολή του Κέντρου στην έρευνα των παραπάνω κλάδων είναι αναγνωρισμένη παγκοσμίως. Παρόλο ότι δεν είχα άμεση προσωπική ανάμειξη, εντούτοις συμμετείχα σε αρκετές από τις δραστηριότητες του Κέντρου Ελληνικών Σπουδών, κυρίως κατά τη θητεία μου στο διοικητικό συμβούλιο του Ελληνικού Ιδρύματος. Δυστυχώς έκλεισε πρόσφατα το τμήμα ιστορίας το οποίο είχε πολύ σημαντική προσφορά στην έρευνα της σύγχρονης Ελληνικής ιστορίας.

7. Βρετανοελληνική Επιτροπή Πολιτιστικής Φιλίας

Το φθινόπωρο του 1990, με πρωτοβουλία της Βρετανοελληνικής Επιτροπής Πολιτιστικής Φιλίας, της οποίας πρόεδρος ήταν ο Γιώργος Α. Λαιμός, οργανώθηκε στο Λονδίνο σειρά εκδηλώσεων, με την ευκαιρία του εορτασμού 50 χρόνων από την λήξη του Αλβανικού Έπους του 1940. Τις εκδηλώσεις αυτές συντόνισε ειδική οργανωτική επιτροπή, που την αποτελούσαν ο Γιάννης Α. Χατζηπατέρας, η Καίτη Λεντάκη, ο Κώστας Ν. Χατζηπατέρας, ο Στάμος Ι. Φαφαλιός, ο Γιώργος Α. Λαιμός, η Βικτωρία Σολωμονίδου, η Ελένη Cubitt και ο γράφων. Σ' αυτό το πλαίσιο, δόθηκε τον Νοέμβριο στο Purcell Room, στο South Bank του Λονδίνου, ρεσιτάλ πιάνου, από τον γνωστό κύπριο πιανίστα Χριστόδουλο Γεωργιάδη, με έργα των ελλήνων συνθετών Σκαλκώτα, Κωνσταντινίδη και Γεωργιάδη. Εν συνεχεία, η βρετανίδα ηθοποιός Fiona Shaw, εγγονή του Bernard Shaw, διάβασε αποσπάσματα από το ποίημα του Οδυσσέα Ελύτη «Άσμα ηρωικό και πένθιμο για τον χαμένο ανθυπολοχαγό της Αλβανίας», σε μετάφραση του Peter Levi του Πανεπιστημίου της Οξφόρδης, η οποία έγινε ειδικά γι' αυτές τις εκδηλώσεις.

Λίγο αργότερα, τον ίδιο μήνα, σε συνεργασία με το Κέντρο Ελληνικών Σπουδών του King's College London, πραγματοποιήθηκε συζήτηση στρογγυλής τράπεζας με θέμα «Ελλάδα και Αλβανικό Έπος 1940–41», με συντονιστή τον Chris Woodhouse και συζητητές από μεν την Ελλάδα τον Γιάννη Κολλιόπουλο, από δε την Αγγλία τους Michael Dockrill και Peter Mackridge του Πανεπιστημίου της Οξφόρδης. Παράλληλα, εκδόθηκε αναμνηστικός τόμος που κυκλοφόρησε σε περιορισμένο αριθμό αντιτύπων με το ποίημα του Οδυσσέα Ελύτη «Άσμα ηρωικό και πένθιμο για τον χαμένο ανθυπολοχαγό της Αλβανίας», στην ειδική γι' αυτόν τον σκοπό μετάφραση του Peter Levi του Πανεπιστημίου της Οξφόρδης και με πρωτότυπες λιθογραφίες από την βρετανίδα ζωγράφο Polly Hope. Η Polly Hope ήταν από τους πρώτους ξένους που αγόρασε σπίτι στη Λίνδο, στη Ρόδο, και ανήκε στον «φιλελληνικό κύκλο» του Λονδίνου. Η Polly Hope ήταν παντρεμένη με τον Theo Crosby, πολύ γνωστόν αρχιτέκτονα την εποχή εκείνη και από τους κύριους συμβούλους του πρίγκιπα Κάρολου στο πρόγραμμα του για την διατήρηση της παραδοσιακής αρχιτεκτονικής στην Αγγλία. Στο ετήσιο πάρτι για τα γενέθλιά της, στον κήπο του σπιτιού της και εργαστηρίου της στην περιοχή του ανατολικού Λονδίνου, συναντούσες γνωστούς Βρετανούς του καλλιτεχνικού κόσμου, αρκετοί από τους οποίους ήταν και θαυμαστές της Ελλάδας. Οι εκδηλώσεις για το Έπος του 1940-41 είχαν μεγάλη απήχηση, ειδικά ανάμεσα σε εκείνους που είχαν ζήσει την περίοδο αυτή, πολλοί από τους οποίους ήταν Βρετανοί, λόγω της βρετανικής ανάμειξης στην Ελλάδα κατά τη διάρκεια του Β΄ Παγκοσμίου Πολέμου. Μαζί με το πρόγραμμα των εκδηλώσεων, μοιράστηκε ανάτυπο από τους *Times* του Λονδίνου της 18ης Νοεμβρίου 1940, που περιέγραφε με ενθουσιασμό την πρώτη συμμαχική νίκη στην ξηρά και την ελληνική προέλαση προς την Κορυτσά. Πολύ ενδιαφέρουσες ήταν οι συζητήσεις με τον Chris Woodhouse, ο οποίος, σε μεγάλη πλέον ηλικία αλλά παραμένοντας πάντα συγκρατημένος και επιφυλακτικός, μας διηγήθηκε ιστορίες από τη δράση του στην Ελλάδα κατά τη διάρκεια του Β΄ Παγκοσμίου Πολέμου.

Μεγάλη δημοσιότητα πήραν στο Λονδίνο, τον Μάιο του 1995, οι εορτασμοί των 50 χρόνων από το τέλος του Β΄ Παγκοσμίου Πολέμου. Ο επίσημος εορτασμός της Ημέρας για τη Νίκη στην Ευρώπη, έγινε στο Hyde Park του Λονδίνου, με συμμετοχή προσωπικοτήτων απ΄ όλο τον κόσμο, συμπεριλαμβανομένου και του τότε προέδρου της Ελληνικής Δημοκρατίας, Κωστή Στεφανόπουλου. Ας σημειωθεί ότι επίσημη επίσκεψη αρχηγού του ελληνικού κράτους δεν έχει γίνει στη Βρετανία από το 1963, όταν η τότε βασίλισσα Φρειδερίκη επισκέφθηκε το Λονδίνο, παρά την αντίθετη γνώμη του τότε πρωθυπουργού Κωνσταντίνου Καραμανλή, και προπηλακίστηκε έξω από το ξενοδοχείο «Claridges» από την Μπέττυ Αμπατιέλλου. Κατά πολλούς, αυτή ήταν και η αφορμή για όσα δεινά ακολούθησαν στην Ελλάδα κατά τη δεκαετία του 1960. Ούτε, όμως, η βασίλισσα Ελισάβετ έχει επισκεφθεί επισήμως την Ελλάδα. Το διάστημα κατά το οποίο πρόεδρος της Ελληνικής Δημοκρατίας ήταν ο Κωνσταντίνος Καραμανλής, υπήρχαν πληροφορίες ότι ο Καραμανλής επιθυμούσε να πραγματοποιήσει μια τέτοια επίσκεψη. Έγιναν, έτσι, κάποιες βολιδοσκοπήσεις από ελληνικούς παράγοντες του Λονδίνου, οι οποίες όμως δεν τελεσφόρησαν.

Στον εορτασμό της Ημέρας για τη Νίκη στην Ευρώπη υπήρξε έντονη παρουσία, από ελληνικής πλευράς. Οργανώθηκε στο Ελληνικό Κέντρο έκθεση έργων του ζωγράφου Αλέξανδρου Αλεξανδράκη, με τίτλο «Ο πόλεμος που πολεμήσαμε 1940- 41». Επίσης, δημοσιεύτηκε άρθρο του έλληνα πρέσβη, Ηλία Γούναρη, στη *Sunday Telegraph*, με τίτλο «Braver than lions» (Γενναιότεροι κι από λιοντάρια), που είχε πολύ καλή απήχηση. Έγιναν, επίσης, διάφορες ομιλίες, καθώς και ειδική εκδήλωση στο Ελληνικό Κέντρο, τον Νοέμβριο του 1995, σε συνεργασία με τον Δήμο της Αθήνας και την υποστήριξη της Ελληνικής Εταιρείας Λονδίνου και του Ελληνικού Ιδρύματος. Είχε έρθει και μίλησε ο τότε δήμαρχος Αθηναίων, Δημήτρης Αβραμόπουλος, ο οποίος παραβρέθηκε, επίσης, σε ειδική συγκέντρωση που έγινε για να τιμηθούν οι επιζώντες βρετανοί βετεράνοι του Β΄ Παγκοσμίου Πολέμου που πολέμησαν στην Ελλάδα. Από την Υπηρεσία Ειδικών Επιχειρήσεων (Special Operations Executive) παρέστησαν οι Chris Woodhouse,

Brian Dillon και Sir Derek Dodson. Από τη λεγόμενη Bucket Force ήταν παρόντες οι Τρύφων Κέδρος, Ronald Govier, E. Κακαλάκης, William MacKenzie και Lord Jellicoe. Από την ομάδα της 2ης Ταξιαρχίας Αλεξιπτωτιστών (The Second British Parachute Brigade Group) ήταν εκεί οι H.V. Coxon, Richard Hargreaves, Sir Anthony Farrar-Hockley, D. Markham, και K. Sharpe. Επίσης, ήταν παρόντες ο Denis Ciclitira, ο Επίσκοπος Stephen Verney και ο Patrick Leigh-Fermor.

8. Η Πρώτη επίσκεψη του οικουμενικού πατριάρχη Βαρθολομαίου

Μεγάλο ενδιαφέρον είχε προκαλέσει η πρώτη επίσημη επίσκεψη στο Λονδίνο του οικουμενικού πατριάρχη Βαρθολομαίου, το 1993. Ο βρετανικός Τύπος και τα άλλα μέσα μαζικής ενημέρωσης προέβαλαν το γεγονός και αναφέρθηκαν εκτενώς στο ενδιαφέρον που έδειχνε ο Δούκας του Εδιμβούργου, πρίγκιπας Φίλιππος για την Ορθοδοξία, όπως άλλωστε και ο διάδοχος του αγγλικού θρόνου, πρίγκιπας Κάρολος. Η επίσκεψη του οικουμενικού πατριάρχη ήταν πολύ καλά οργανωμένη, χάρη στη φροντίδα του αρχιεπισκόπου Θυατείρων και Μεγάλης Βρετανίας, Γρηγορίου. Ήδη από την εκλογή του, το 1988, ο αρχιεπίσκοπος Γρηγόριος βρισκόταν κοντά στον κόσμο της παροικίας και κατ' επανάληψη υποστήριξε διάφορες από τις εκδηλώσεις που έχουν προαναφερθεί, ενώ δεν παρέλειπε να παρίσταται και προσωπικά στις πιο πολλές από αυτές. Σεμνός, λογικός και αγαπητός ποιμενάρχης, ανέλαβε την ηγεσία της ελληνικής Ορθόδοξης Εκκλησίας στη Βρετανία μετά από μια περιπετειώδη περίοδο. Ο οικουμενικός πατριάρχης επισκέφθηκε και ευλόγησε το Ελληνικό Κέντρο και με πρωτοβουλία του καθηγητή του City University του Λονδίνου, Κώστα Γραμμένου, ανακηρύχθηκε επίτιμος διδάκτωρ του Πανεπιστημίου City University σε ειδική τελετή που έγινε στον Καθεδρικό Ναό του Αγίου Παύλου.

Στη δεξίωση που έδωσε ο έλληνας πρέσβης προς τιμήν του οικουμενικού πατριάρχη, είχαμε την ευκαιρία να συνομιλήσουμε και να ευχαριστήσουμε για την υποστήριξή τους προς την Ελλάδα τον θεατρικό συγγραφέα Harold Pinter και τη γυναίκα του, συγγραφέα Lady Antonia Fraser. Και οι δυο τους είχαν υπάρξει ένθερμοι υποστηρικτές της αποκατάστασης της δημοκρατίας στην Ελλάδα, κατά την περίοδο της δικτατορίας, και, κατόπιν, των ελληνικών θέσεων. Εξακολουθούσαν να ενδιαφέρονται για τα ελληνικά θέματα και ανήκαν στη γενιά εκείνη των Βρετανών που τους συγκινούσε η κλασσική Ελλάδα. Θεωρούσαν την Ελλάδα πηγή της Δημοκρατίας. Την εποχή εκείνη ο Harold Pinter και η Lady Antonia Fraser ηγούνταν της κίνησης πολιτών Charter 88, ομάδας πίεσης που υποστήριζε συνταγματικές και εκλογικές μεταρρυθμίσεις και την καθιέρωση γραπτού συντάγματος για τη Βρετανία. Η Βρετανική κίνηση πολιτών Charter 88 είχε σχεδιαστεί στο πρότυπο της κίνησης πολιτών Charter 77 της Τσεχοσλοβακίας της οποίας εμπνευστής και ηγέτης ήταν ο Václav Havel επίσης θεατρικός συγγραφέας και μετέπειτα Πρόεδρος της Τσεχίας. Ο Harold Pinter τιμήθηκε αργότερα με το βραβείο Νόμπελ.

9. Ελληνική Συλλογή (Greek Collection)

Ιδιαίτερο ενδιαφέρον είχαν προκαλέσει οι καλλιτεχνικές παραγωγές με τη γενική ονομασία Greek Collection, με πρωτεργάτρια πάλι την Ελένη Cubitt, που διατηρούσε ισχυρές διασυνδέσεις με τους καλλιτεχνικούς και εν γένει πολιτιστικούς κύκλους του Λονδίνου. Η πρώτη παραγωγή αφορούσε σειρά εκδηλώσεων στο θέατρο και στην τηλεόραση, το Ιανουάριο του 1991, με τίτλο «Ο πόλεμος που δεν τελειώνει» (The war that never ends). Η παραγωγή αυτή παρουσίαζε τον Πόλεμο του Κόλπου, μετά την εισβολή του Ιράκ στο Κουβέιτ, ο οποίος παραλληλιζόταν με τον Πελοποννησιακό Πόλεμο. Συμμετείχαν ο πολύ γνωστός ηθοποιός Ben Kingsley ως Περικλής, ο Alec McGowan ως Θουκυδίδης και ο Bob Beck ως Νικίας. Η εκπομπή παρουσιάστηκε από το κανάλι BBC2, το οποίο θεωρείται υψηλής ποιότητας, και μάλιστα σε ώρα μεγάλης θεαματικότητας. Οι κριτικές ήταν πολύ θετικές, το ενδιαφέρον του κοινού μεγάλο, και η τηλεθέαση υψηλή. Τα βρετανικά μέσα ενημέρωσης αποκάλεσαν τον Θουκυδίδη τον πρώτο ιστορικό και τον πρώτο πολεμικό ανταποκριτή στον κόσμο.

Ακολούθησαν οι «Citizens» (Πολίτες), έργο βασισμένο στην Ιστορία του Πελοποννησιακού Πολέμου του Θουκυδίδη, με πρωταγωνιστές πάλι τους Ben Kingsley, Alec McGowan και Bob Beck. Η παραγωγή αυτή προβλήθηκε από το Κανάλι 4 (Channel Four) της Βρετανικής τηλεόρασης το 1991. Η επόμενη παραγωγή αφορούσε τη διασκευή του Προμηθέα του Αισχύλου, από τον γνωστό ποιητή Tony Harrison. Διευθυντής και των δύο παραγωγών ήταν ο πρώην υπεύθυνος θεατρικών παραγωγών στο Κανάλι 4, Michael Kustow. Οι απόψεις του Θουκυδίδη για τον Πελοποννησιακό Πόλεμο θεωρούνται κλασσικές και ο ίδιος ως ένας από τους μεγάλους πατέρες της ιστορίας, ο οποίος είχε τεράστια επιρροή τόσο στην αρχαία όσο και στη σύγχρονη ιστοριογραφία. Ειδική αναφορά γινόταν στη μεθοδολογία του Θουκυδίδη τονίζοντας την αυστηρή χρονολογική καταγραφή των γεγονότων. Παράλληλα τονιζόταν ότι ενώ η ιστορία του Θουκυδίδη επικεντρώνονταν στις στρατιωτικές πτυχές του Πελοποννησιακού Πολέμου συνέδεε τα γεγονότα του πολέμου με τις κοινωνικές και πολιτισμικά καταστροφικές επιπτώσεις στην ανθρωπότητα. Ο Kustow υποστήριξε ότι το ενδιαφέρον δεν περιοριζόταν στο κοινό χαρακτηριστικό της εμπλοκής δύο δυνάμεων τόσο στον Πελοποννησιακό Πόλεμο όσο και στην κρίση στον Κόλπο, αλλά κυρίως στην πολιτική αντίδραση και το είδος των επιχειρημάτων που αναπτύσσονταν από τους πολιτικούς και τους στρατιωτικούς και στις δύο περιπτώσεις. Κατά τον Kustow η πολιτική ανάλυση του Πελοποννησιακού Πολέμου από τον Θουκυδίδη ήταν πολύτιμη και μεγάλης σημασίας.

Τον Μάρτιο του ίδιου χρόνου ανεβάστηκαν από τη Royal Shakespeare Company, στο γνωστό θέατρο «Young Vic» του Λονδίνου δυο παραστάσεις, σε δυο διαδοχικές Κυριακές, με τίτλο «Ο Πόλεμος που συνεχίζεται» (The war that goes on). Οι παραστάσεις αυτές περιλάμβαναν δύο μέρη. Το πρώτο μέρος ήταν μια θεατρική παρουσίαση με αποσπάσματα από την Ιστορία του Πελοποννησιακού Πολέμου του Θουκυδίδη και τους Πλατωνικούς Διαλόγους, με βάση τον προβληματισμό που υπήρχε την εποχή εκείνη και αναφορές στον Θουκυδίδη και στη δίκη του Σωκράτη, προκειμένου να δοθούν απαντήσεις σε καυτά ερωτήματα σχετικά με τον Πόλεμο του Κόλπου. Στο δεύτερο μέρος υπήρχε μια συζήτηση στρογγυλή τράπεζας με τίτλο «Δικαιοσύνη και αρετή», στο οποίο συμμετείχαν διαπρεπείς συγγραφείς, στοχαστές και δημοσιογράφοι, όπως ο Tariq Ali, ο Neal Ascherson, η Marina Warner, ο Paul Foot, ο Michael Ignatieff, αλλά και γνωστοί πολιτικοί όπως ο Enoch Powell και ο Tony Benn. Από την ελληνική κοινότητα του Λονδίνου συμμετείχε ο Κώστας Καρράς, ένας από τους σοβαρότερους σύγχρονους διανοητές, με αγγλική μόρφωση αλλά προσήλωση στην ελληνική παράδοση. Ακολούθησε ανοιχτός διάλογος των ομιλητών με το κοινό. Λόγω του γενικού αντιπολεμικού κλίματος που επικρατούσε την εποχή εκείνη, οι εκδηλώσεις αυτές είχαν μεγάλη απήχηση στο ευρύτερο βρετανικό κοινό.

Επίσης, την ίδια εποχή, ο ραδιοφωνικός σταθμός Radio Four του BBC, φιλοξένησε σειρά ομιλιών από τον καθηγητή κλασικής ιστορίας του Πανεπιστημίου της Οξφόρδης, Oliver Taplin, με τον γενικό τίτλο «An Odyssey around Odysseus». Τα σχόλια γι' αυτές τις ραδιοφωνικές ομιλίες ήταν επίσης ευμενέστατα και ο Oliver Taplin, ο οποίος ήταν στην αρχή της σταδιοδρομίας του, εξελίχθηκε μετέπειτα σ' έναν από τους σημαντικότερους μελετητές των κλασσικών σπουδών. Αργότερα, έργα του παρουσιαστήκαν σε συνέχειες στη βρετανική τηλεόραση και ένα από τα πιο γνωστά είναι το «Greek Fire».

10. Το Πάριο Χρονικό

Το 1995, το δημοτικό συμβούλιο της Πάρου πήρε απόφαση να ζητήσει από το Ashmolean Museum της Οξφόρδης αντίγραφο του τμήματος του λεγόμενου Πάριου Χρονικού που βρισκόταν εκεί. Δύο χρόνια αργότερα όμως, παρά την αλληλογραφία και από τις δυο πλευρές, δεν είχε υπάρξει ουσιαστική πρόοδος. Έτσι, το καλοκαίρι του 1997, ο τότε δήμαρχος Πάρου, και οικογενειακός φίλος της Μαρίας, μας ζήτησε να μεσολαβήσουμε στο Ashmolean Museum ώστε να προωθηθεί το αίτημα του Δήμου Πάρου να αποκτήσει αντίγραφο του τμήματος του Πάριου Χρονικού. Ας σημειωθεί ότι το άλλο τμήμα υπήρχε στο Αρχαιολογικό Μουσείο της Πάρου και ο Δήμος ήθελε να αποκτήσει και αντίγραφο του τμήματος που έλειπε Επίσης, την εποχή εκείνη προετοιμαζόταν στην Πάρο διεθνές συνέδριο για το Παριανό Μάρμαρο από τον αρχαιολόγο Δημήτρη Σκυλάρδη, υπό την αιγίδα του Δήμου, και θα ήθελαν να έχουν και αντίγραφο του τμήματος του χρονικού που βρίσκεται στην Οξφόρδη κατά την διάρκεια του συνεδρίου.

Το Πάριο Χρονικό είναι ο παλιότερος χρονολογικός πίνακας που έχει βρεθεί μέχρι σήμερα στα ελληνικά. Ονομάστηκε έτσι επειδή βρέθηκε στην Πάρο. Είχε γραφτεί σε μάρμαρο, από άγνωστο συγγραφέα, και σώζονται δύο από τα τρία κομμάτια. Ένα χάθηκε στην Αγγλία, αλλά είχε ευτυχώς ήδη δημοσιευτεί το 1629, στο Λονδίνο. Το δεύτερο βρίσκεται στην Οξφόρδη και το τρίτο στο Αρχαιολογικό Μουσείο της Πάρου. Το Πάριο Χρονικό παρουσιάζει ιδιαίτερο ενδιαφέρον, μιας και ο άγνωστος συγγραφέας του καταγράφει τα γεγονότα από την εποχή του βασιλιά Κέκροπα των Αθηνών μέχρι το 264/3 π.Χ., που είναι πιθανότατα και η χρονολογία συγγραφής του χρονικού. Οι ιστορικοί συμφωνούν πως το Πάριο Χρονικό δεν διαχωρίζει το μύθο με την ιστορία. Οι χρονολογήσεις δεν ακολουθούν τη γνωστή αρχαιοελληνική γραφή των αριθμών, με τα γράμματα του αλφαβήτου, αλλά μια παλαιότερη μέθοδο (οι χιλιάδες Χ, οι εκατοντάδες Η, οι δεκάδες Δ, οι πεντάδες Π).

Επικοινωνήσαμε με τον Michael Vickers, διευθυντή του Ashmolean Museum, ο οποίος με μεγάλη προθυμία μάς είπε ότι μπορούσε να παραγγελθεί το αντίγραφο σε ειδικό εργαστήριο και να είναι έτοιμο σε μερικές εβδομάδες. Το προηγούμενο αίτημα του Δήμου είχε προφανώς κάπου σκαλώσει, μεταξύ Πάρου και Οξφόρδης. Το πρόβλημα, βεβαίως, ήταν ότι το συνέδριο ξεκινούσε σε λίγες μέρες και, όπως συνήθως, ο ελληνικός χρονικός ορίζοντας έδειξε και στή περίπτωση αυτή πόσο διαφορετικός είναι από τον αγγλικό. Το θέμα είχε αίσιο τέλος, αφού, με τη συνηθισμένη ελληνική επιμονή, το αντίγραφο κατασκευάστηκε σε λίγες μέρες. Έτσι, μόλις ειδοποιηθήκαμε ότι ήταν έτοιμο, προκειμένου να κερδίσουμε χρόνο, πήραμε άδεια από τις δουλειές μας, και το ίδιο απόγευμα, με τη βοήθεια της φίλης μας Μαρίας Δημάκη, που κατά σύμπτωση βρισκόταν στο Λονδίνο σε ταξίδι αναψυχής, πήγαμε στην Οξφόρδη και παραλάβαμε από το Ashmolean Museum το αντίγραφο του Πάριου Χρονικού. Στόχος μας ήταν να το πάμε κατευθείαν στην Ολυμπιακή Αεροπορία, η οποία όπως είχε συνεννοηθεί ο δήμαρχος Κώστας Αργουζής, θα το μετέφερε στην Πάρο. Πηγαίνοντας, όμως, στην Οξφόρδη, ανακαλύψαμε ότι το αντίγραφο χρειαζόταν ειδική συσκευασία για να μεταφερθεί η οποία απαιτούσε κάποιο χρόνο. Τελικά, επιστρέφοντας στο Λονδίνο βρήκαμε το κατάλληλο εργαστήριο συσκευασίας, που, με πολλά παρακάλια, συσκεύασε το αντίγραφο του Πάριου Χρονικού. Προλάβαμε, έτσι, και πήγαμε και το παραδώσαμε εγκαίρως στην Ολυμπιακή Αεροπορία, η οποία και το μετέφερε στην Πάρο την ημέρα της έναρξης του συνεδρίου!

ΚΕΦΑΛΑΙΟ VIII

Τα «Μάρμαρα» του Παρθενώνα

Στις αρχές του φθινόπωρου του 1982, η Ελένη Cubitt οργάνωσε μια επείγουσα συνάντηση στο τότε σπίτι της, στη Walton Street, στην περιοχή του Chelsea. Τη συνάντηση αυτή είχε ζητήσει ο Σπύρος Μερκούρης, αδελφός της Μελίνας και παλιός κάτοικος Λονδίνου, με σκοπό να συζητήσουμε πώς θα έπρεπε να προωθηθεί το αίτημα για την επιστροφή των λεγόμενων Ελγίνειων Μαρμάρων στην Ελλάδα. Μόλις τον προηγούμενο Αύγουστο του 1982, έπειτα από εισήγηση της Μελίνας Μερκούρη στη διάσκεψη των υπουργών Πολιτισμού της UNESCO στο Μεξικό, είχε ληφθεί απόφαση ότι τα «Μάρμαρα» του Παρθενώνα έπρεπε να επιστραφούν στην Ελλάδα, με 56 ψήφους υπέρ, 12 κατά, και 24 αποχές.

Αποφασίσαμε να υπάρξει συντονισμένη και δραστήρια κινητοποίηση. Η πρόταση του James Cubitt ήταν να επιδιώξουμε τη συγκρότηση βρετανικής επιτροπής προσωπικοτήτων, χωρίς ελληνική συμμετοχή, η οποία θα αναλάμβανε την ενημέρωση του βρετανικού κοινού και την προβολή του θέματος στους βρετανούς υπεύθυνους και στην κοινή γνώμη. Η Βρετανική Επιτροπή για την Επιστροφή των «Μαρμάρων του Παρθενώνα» (The British Committee for the Restitution of the Parthenon Marbles) ιδρύθηκε επισήμως τον Δεκέμβριο του 1982. Εν τω μεταξύ, αποφασίστηκε να μη χρησιμοποιούμε τον όρο Ελγίνεια Μάρμαρα, όπως ήταν μέχρι τότε γνωστά, αλλά «Μάρμαρα» του Παρθενώνα ως περισσότερο αντιπροσωπευτική ονομασία, η οποία και επικράτησε έκτοτε. Αργότερα, ο τότε πρόεδρος της Ελληνικής Δημοκρατίας, Κωστής Στεφανόπουλος, είχε προτείνει την ονομασία «Γλυπτά» του Παρθενώνα. Τα πρώτα μέλη της Βρετανικής Επιτροπής ήταν: πρόεδρος ο διεθνώς αναγνωρισμένος καθηγητής κλασσικών σπουδών Robert Browning, αντιπρόεδρος ο Graham Binns, μέλος του Βρετανικού Περιφερειακού Συμβουλίου Τεχνών και πολύ γνωστός στον καλλιτεχνικό χώρο και μέλη ο θεατρικός συγγραφέας Brian Clark, ο αρχιτέκτονας James Cubitt, με την Ελένη Cubitt ως γραμματέα και συντονίστρια. Αργότερα, προστέθηκαν η δημοσιογράφος και συγγραφέας Angela Lambert και η Lady Ponsonby. Στόχος της Βρετανικής Επιτροπής ήταν αφενός η άσκηση πίεσης στο Διοικητικό Συμβούλιο του Βρετανικού Μουσείου και τη βρετανική κυβέρνηση για την εφαρμογή της απόφασης της Συνόδου της UNESCO και αφετέρου η εκστρατεία ενημέρωσης του βρετανικού κοινού.

Αυτή ήταν η αρχή της εκστρατείας για την επιστροφή των «Μαρμάρων» του Παρθενώνα, η οποία σε μεγάλο βαθμό οφείλεται στην πρωτοβουλία και στις ενέργειες του James και της Ελένης Cubitt. Πολύ σύντομα η Βρετανική Επιτροπή άρχισε να ενημερώνει το βρετανικό κοινό, αλλά και τον υπόλοιπο κόσμο, μέσω του Τύπου, των άλλων μαζικών μέσων ενημέρωσης και αργότερα ειδικών εκδόσεων που αφορούσαν την ιστορία των «Μαρμάρων» του Παρθενώνα, για τον τρόπο αφαίρεσής τους και πώλησής τους από τον Lord Elgin στο Βρετανικό Μουσείο. Η θέση της Βρετανικής Επιτροπής ήταν ότι τα «Μάρμαρα» αφαιρέθηκαν παράνομα από τον Παρθενώνα, και επομένως ότι είναι δίκαιο να επιστραφούν στην Ελλάδα, καθώς αποτελούν αναπόσπαστο μέρος του μοναδικού αυτού πολιτιστικού μνημείου της ανθρωπότητας. Παράλληλα, προετοιμαζόταν το έδαφος για το επίσημο αίτημα της επιστροφής προς το Διοικητικό Συμβούλιο του Βρετανικού Μουσείου και τη βρετανική κυβέρνηση.

Η ανταπόκριση ανθρώπων των γραμμάτων και των τεχνών, ορισμένων πολιτικών, καθώς και σημαντικής μερίδας του βρετανικού κοινού υπήρξε εντυπωσιακή. Θετικά δημοσιεύματα άρχισαν να εμφανίζονται στον βρετανικό Τύπο, προκαλώντας ακόμη και έκπληξη για την τόσο θετική ανταπόκριση. Βρετανοί δημοσιογράφοι δεν απέκλειαν το ενδεχόμενο θετικής έκβασης, δεδομένου ότι υπήρχε τότε αυξημένη ευαισθησία για την ύπαρξη ξένων αρχαιολογικών θησαυρών στα μεγάλα μουσεία ευρωπαϊκών και αμερικανικών πόλεων.

Εν τω μεταξύ, θεωρήθηκε αναγκαίο τότε, στα πρώτα βήματα αυτής της προσπάθειας, να δημιουργηθεί και μια Βρετανοελληνική Επιτροπή Πολιτιστικής Φιλίας, με σκοπό την οργανωμένη υποστήριξη της Βρετανικής Επιτροπής και τον συντονισμό των ενεργειών της με εκείνες ελληνικών φορέων. Πρόεδρος αυτής της επιτροπής ήταν ο γνωστός βρετανός βουλευτής του Εργατικού Κόμματος Chris Price, και μέλη ο Graham Binns, ως εκπρόσωπος της Βρετανικής Επιτροπής, ο Paul Collard, καθώς και μέλη της ελληνικής παροικίας του Λονδίνου, όπως ο Γιώργος Α. Λαιμός, η ζωγράφος Ηρώ Κανακάκη και ο γράφων.

Τον Μάιο του 1983, η Μελίνα Μερκούρη, στην πρώτη της επίσκεψη στο Λονδίνο μετά την έναρξη της εκστρατείας για την επιστροφή των «Μαρμάρων» του Παρθενώνα, μίλησε στο Institute of Contemporary Arts, γνωστό ως ICA, με θέμα τις πολιτιστικές αξίες στην εποχή μας. Δεν αναφέρθηκε καθόλου στα «Μάρμαρα» του Παρθενώνα, αλλά, τελειώνοντας την ομιλία της, είπε: «Ζητώ συγγνώμη για την κακή μου αγγλική προφορά, αλλά έχω μάρμαρα στο στόμα μου»! Φυσικά, η αίθουσα με το πολυπληθές ακροατήριο, κυρίως με βρετανούς δημοσιογράφους, σείστηκε από τα χειροκροτήματα. Τότε ήταν, επίσης, που η

Μελίνα είπε στον διευθυντή του Βρετανικού Μουσείου Sir David Wilson, το περίφημο ότι, αν ήθελε το όνομά του να παραμείνει στην Ιστορία, θα έπρεπε να το συνδέσει με την επιστροφή των «Μαρμάρων» του Παρθενώνα στην Ελλάδα. Αλλιώς, όταν θα έπαιρνε σύνταξη, θα τον ξεχνούσαν όλοι. Είχε δίκιο!

Το αίτημα της επιστροφής των «Μαρμάρων» του Παρθενώνα, χάρις στις ενέργειες της Βρετανικής Επιτροπής και τον ζήλο της Ελένης Cubitt, άρχισε να γίνεται ευρύτερα γνωστό, σε άλλες ευρωπαϊκές χώρες, στις ΗΠΑ, στην Αυστραλία, στη Νότιο Αφρική και αλλού. Ο καθηγητής Robert Browning, ως πρόεδρος της Βρετανικής Επιτροπής, εργάστηκε ακούραστα και με μεγάλη μεθοδικότητα μέχρι τον θάνατο του, το 1997. Τον διαδέχτηκε στην προεδρία ο Graham Binns, ο οποίος συνέχισε επάξια και με μεγάλο δυναμισμό το έργο της Επιτροπής μέχρι το 2002.

Η επίσημη αίτηση για την επιστροφή των «Μαρμάρων» του Παρθενώνα έγινε στις 12 Οκτωβρίου 1983, από τον τότε πρέσβη της Ελλάδας στο Λονδίνο, Νίκο Κυριαζίδη, με τον ισχυρισμό ότι τα «Μάρμαρα» του Παρθενώνα αποτελούν αναπόσπαστο τμήμα ενός μοναδικού μνημείου στην πολιτιστική ιστορία της ανθρωπότητας. Ως εκ τούτου, ανήκουν στον αρχικό χώρο τους και πρέπει να επανέλθουν εκεί. Παράλληλα, προβαλλόταν το γεγονός ότι ο Lord Elgin τα αφαίρεσε παρανόμως και, ως εκ τούτου, η Βρετανία είχε υποχρέωση να τα επιστρέψει στην Ελλάδα. Επιπλέον, επισημαινόταν το γεγονός ότι προχωρούσαν οι εργασίες για τη συντήρηση και αποκατάσταση όλων των μνημείων στον λόφο της Ακρόπολης και ότι επρόκειτο να ανεγερθεί νέο, σύγχρονο μουσείο για να στεγάσει τα «Μάρμαρα». Επίσης γινόταν αναφορά στην υποστήριξη μεγάλου μέρους του βρετανικού κοινού, αρκετών πολιτικών, καθώς και του Τύπου.

Στο Λονδίνο οργανώθηκαν την εποχή εκείνη, δημόσιες συζητήσεις, διαλέξεις, σεμινάρια, καθώς και σειρά εκδηλώσεων όπως ειδική έκθεση και ομιλίες για την επέτειο είκοσι χρόνων από την έναρξη των εργασιών αναστήλωσης του Παρθενώνα. Τις εκδηλώσεις αυτές παρακολούθησαν συνολικά 80.000 άτομα, ανάμεσα στα οποία μαθητές από πολλά σχολεία του Λονδίνου, οι οποίοι, φεύγοντας, «ψήφιζαν» Ναι ή Όχι στην επιστροφή των «Μαρμάρων»! Μεγάλο ενδιαφέρον προκάλεσε, επίσης, η έκδοση του βιβλίου του γνωστού βρετανού δημοσιογράφου Christopher Hitchens το 1987, όταν ακόμη ζούσε στο Λονδίνο και πριν μετακομίσει στην Αμερική, όπου θα εξελισσόταν σ' έναν από τους κύριους αρθρογράφους του περιοδικού *Vanity Fair* και συγγραφέα με παγκόσμιο κύρος.

Το 1989 η Μελίνα Μερκούρη ανακοίνωσε την προκήρυξη διεθνούς αρχιτεκτονικού διαγωνισμού για την ανέγερση του Μουσείου της Ακρόπολης, το οποίο θα στέγαζε μεταξύ άλλων και τα «Μάρμαρα» του Παρθενώνα, όταν αυτά θα επιστρέφονταν στην Ελλάδα. Εκτός από τη γενικότερη ανάγκη ανέγερσης ενός σύγχρονου μουσείου, θεωρήθηκε ότι, με αυτόν τον τρόπο, θα εξουδετερώνονταν οι αντιρρήσεις που διατύπωναν ορισμένοι Βρετανοί, οι οποίοι μεταξύ άλλων, υπεστήριζαν ότι δεν υπήρχε στην Αθήνα κατάλληλος χώρος για να τοποθετηθούν τα «Μάρμαρα». Στον πρώτο διαγωνισμό που έγινε, το πρώτο βραβείο κέρδισαν δυο ιταλοί αρχιτέκτονες, ο Manfreti Nicoletti και το Studio Passarelli. Τα σχέδιά τους παρουσιάστηκαν σε ειδική έκθεση που έγινε στο Royal College of Art του Λονδίνου, το φθινόπωρο του 1991, προκαλώντας μεγάλο ενδιαφέρον στους Βρετανούς. Αργότερα, ο διαγωνισμός αυτός ακυρώθηκε, και τελικά εγκρίθηκε η μελέτη του Ελβετού Bernard Tschumi, ο οποίος επίσης παρουσίασε αργότερα την αρχιτεκτονική μελέτη του στο Royal Institute of British Architects, στο Λονδίνο, με την ευκαιρία της διεξαγωγής των Ολυμπιακών Αγώνων στην Αθήνα, το 2004. Τελικά, το σημερινό Μουσείο της Ακρόπολης εγκαινιάστηκε τον Ιούλιο του 2009, περίπου 27 χρόνια μετά την ανακίνηση του θέματος της επιστροφής των «Μαρμάρων».

Το 1989, επίσης, η Μελίνα Μερκούρη πήρε μέρος σε μια από τις φημισμένες συζητήσεις (debates) του συλλόγου φοιτητών του Πανεπιστημίου της Οξφόρδης. Εκεί υποστήριξε με επιχειρήματά την επιστροφή των «Μαρμάρων», έχοντας «αντίπαλο» τον τότε πρόεδρο του συλλόγου των φοιτητών και μετέπειτα γνωστό πολιτικό του Συντηρητικού κόμματος, Boris Johnson. Η «νίκη» της Μελίνας είχε προβληθεί τότε στον βρετανικό Τύπο, λόγω της επιδεικτικής συμπεριφοράς του Boris Johnson, ο οποίος εξελίχθηκε σ' έναν από τους πιο σημαντικούς συντηρητικούς πολιτικούς. Έγινε δήμαρχος του Λονδίνου, και αρκετοί υποστηρίζουν ότι θα είναι ένας από τους μελλοντικούς βρετανούς πρωθυπουργούς. Ας σημειωθεί ότι ο Boris Johnson έχει οικογενειακές ρίζες στην Οθωμανική Αυτοκρατορία και, κατά καιρούς, οι θέσεις του κάθε άλλο παρά φιλελληνικές είναι.

Το 1990 η Γλασκώβη, πρωτεύουσα της Σκωτίας, έγινε πολιτιστική πρωτεύουσα της Ευρώπης. Ο θεσμός είχε καθιερωθεί με πρωτοβουλία της Μελίνας Μερκούρη και του γάλλου υπουργού Πολιτισμού, Jack Lang, το 1985, με την ανακήρυξη της Αθήνας ως πρώτης πολιτιστικής πρωτεύουσας της Ευρώπης. Η είσοδος της Μελίνας Μερκούρη στην επίσημη τελετή έναρξης των εορτασμών στη Γλασκώβη, παρουσία της βασίλισσας Ελισάβετ, προκάλεσε θύελλα χειροκροτημάτων και επευφημιών.

Όσο περνούσαν τα χρόνια, τόσο πληθύνονταν οι εκδηλώσεις προβολής του ελληνικού αιτήματος και μεγάλωνε το ενδιαφέρον στη Βρετανία και το εξωτερικό. Οι ελπίδες για τελική δικαίωση γίνονταν όλο και πιο βάσιμες. Προσωπικότητες με παγκόσμια ακτινοβολία εκφράστηκαν δημόσια, υποστηρίζοντας την επιστροφή των «Μαρμάρων» του Παρθενώνα στην Ελλάδα. Ανάμεσα σε αυτούς ήταν ο πρώην πρόεδρος των ΗΠΑ Μπιλ Κλίντον και ο σημερινός πρόεδρος της Ρωσίας Βλαντιμίρ Πούτιν. Με την πάροδο του χρόνου, δημιουργήθηκαν διάφορες επιτροπές φίλων και υποστηρικτών της Βρετανικής Επιτροπής. Από τις πιο δραστήριες ήταν αυτή που συνέστησε ο Λάκης Πολυζωίδης, γνωστός χειρουργός ορθοπεδικός και για πολλά χρόνια διευθυντής του Νοσοκομείου Solihull στην ευρύτερη περιοχή του Birmingham, ο οποίος οργάνωσε σειρά από εράνους και άλλες εκδηλώσεις. Η πιο πρωτότυπη ήταν ο μαραθώνιος κολύμβησης από τη Δήλο στη Νάουσα της Πάρου από τον βρετανό γιατρό Chris Stockdale. Σε τηλεοπτική εκπομπή που παρουσίασε ο William Stewart, τον Απρίλιο του 1996 από το Channel 4 της Βρετανικής Τηλεόρασης, πήραν μέρος 99.000 άτομα, από τα οποία το 92,5% ψήφισε υπέρ της επιστροφής των «Μαρμάρων» του Παρθενώνα στην Ελλάδα.

Ενώ οι δραστηριότητες για την επιστροφή των «Μαρμάρων» εξακολουθούσαν να παίρνουν ολοένα και ευρύτερες διαστάσεις παγκόσμια, με συχνές αναφορές στον Τύπο και τα άλλα μέσα μαζικής ενημέρωσης, δεν έλειπαν και οι αντιδράσεις, που προέρχονταν κυρίως από την επίσημη βρετανική πλευρά.

Το 1994, όταν πέθανε η Μελίνα Μερκούρη, δημοσιεύτηκε στην εφημερίδα *Guardian* επιστολή 26 βρετανίδων ηθοποιών (ανάμεσά τους η Julie Christie, η Dame Judi Dench, η Juliet Stevenson, η Maggie Steed, η Emma Thompson) με την οποία εξέφραζαν την λύπη τους για τον θάνατό της, χαιρέτιζαν τον οικουμενικό χαρακτήρα της προσωπικότητάς της και υποστήριζαν το ψήφισμα 47 βρετανών βουλευτών οι οποίοι ζητούσαν να επιστρέψουν τα «Μάρμαρα» του Παρθενώνα «στο σπίτι τους».

Δεν είναι δυνατόν στο πλαίσιο των προσωπικών αναμνήσεων αυτού του βιβλίου να αναφερθούν όλες οι ενέργειες που έχουν γίνει στο Λονδίνο για την επιστροφή των «Μαρμάρων» του Παρθενώνα, όλα αυτά τα χρόνια. Σκοπός είναι να παρατεθούν ορισμένα στοιχεία, τα οποία είναι ως επί το πλείστον άγνωστα στο ευρύτερο κοινό και στα οποία είχα προσωπική ανάμειξη, λόγω της προσωπικής συμμετοχής μου στις αρχικές κινήσεις και πρωτοβουλίες για την ευόδωση αυτού του μεγάλου εγχειρήματος. Παράλληλα, επιδίωξή μου είναι να αναγνωριστεί η ανεκτίμητη προσφορά της Ελένης Cubitt, και κατ' επέκταση όλων των λοιπών πρωτεργατών, όπως των James Cubitt, Robert Browning,

Graham Binns, Chris Price, Γιώργου Α. Λαιμού, αλλά και όλων όσοι συνέβαλαν στην ανακίνηση και προώθηση του αιτήματος να επιστραφούν τα «Μάρμαρα» του Παρθενώνα στην Ελλάδα. Ανυπολόγιστη ήταν, επίσης, η αθόρυβη συνεισφορά της Βικτωρίας Σολομωνίδου, μορφωτικής σύμβουλου της ελληνικής πρεσβείας, που βρισκόταν σχεδόν πάντα πίσω από αυτές τις πρωτοβουλίες.

Υπήρχε παλαιότερα η άποψη σε ορισμένους ελληνικούς κύκλους ότι, αν θα γινόταν κυβέρνηση το Εργατικό Κόμμα, τα «Μάρμαρα» θα επέστρεφαν στην Ελλάδα, καθώς ανάμεσα στους υποστηρικτές της επιστροφής ήταν και ο τότε αρχηγός του κόμματος, Neil Kinnock. Όταν πράγματι έγινε κυβέρνηση το Εργατικό Κόμμα, το 1997, ελληνίδα δημοσιογράφος έσπευσε, λίγες ώρες αφότου ανέλαβε υπουργός Πολιτισμού ο Chris Smith, να τον ρωτήσει πότε θα επιστρέφονταν τα «Μάρμαρα» στην Ελλάδα. Η απάντηση ωστόσο ήταν κατηγορηματικά αρνητική και φυσικά η ερώτηση τελείως άστοχη.

Εν τω μεταξύ, λίγο μετά τον θάνατο του Robert Browning και ενώ συνεχίζονταν οι ενέργειες και οι δράσεις για των επιστροφή των «Μαρμάρων» του Παρθενώνα, βρετανοί φίλοι, που κατείχαν υπεύθυνες θέσεις στην κοινωνία του Λονδίνου και που αναγνώριζαν το δίκαιο αίτημα της Ελλάδας, άρχισαν να επισημαίνουν, σε προσωπικές συζητήσεις, ότι η ακολουθούμενη τακτική ήταν μάλλον λανθασμένη. Οι επικρίσεις και τα νομικά επιχειρήματα της Βρετανικής Επιτροπής, που καυτηρίαζε τον τρόπο με τον οποίο αφαιρέθηκαν τα «Μάρμαρα» από τον Παρθενώνα, έδιναν έντονα αρνητικό τόνο στην όλη διεκδίκηση και δεν την βοηθούσαν. Απεναντίας μάλιστα, η ακολουθούμενη τότε τακτική οδηγούσε σε αρνητικά αποτελέσματα. Κατά τη γνώμη τους, χρειαζόταν κάποια επαναξιολόγηση του χειρισμού του θέματος και των επιχειρημάτων που χρησιμοποιούνταν, με σκοπό να διαμορφωθεί μια άλλη στρατηγική, χωρίς κατηγορίες για ενέργειες του παρελθόντος αλλά με θετικές προτάσεις για εφικτή λύση. Μια ενδιάμεση πρόταση, που θα περιλάμβανε, ίσως, τον δανεισμό των «Μαρμάρων» στην Ελλάδα για κάποιο χρονικό διάστημα, το οποίο θα μπορούσε να παραταθεί πάλι και πάλι, μάλλον θα είχε μεγαλύτερες πιθανότητες να γίνει δεκτό. Τα επιχειρήματα αυτά των βρετανών φίλων είχαν βάση, με δεδομένο και το γενικό κλίμα της εποχής, αλλά αρχικά απορρίφθηκαν από τη Βρετανική Επιτροπή. Αργότερα, αυτός ο χειρισμός τον οποίον είχαν τότε υποδείξει βρετανοί φίλοι έγινε περισσότερο αποδεκτός από την ελληνική πλευρά, και ακόμη και σήμερα συζητείται, αν και υπάρχουν διακυμάνσεις όσον αφορά τη στάση της εκάστοτε ελληνικής πολιτικής ηγεσίας. Σοβαρές αμφιβολίες είχαν επίσης εκφραστεί, από την αρχή, ως προς το κατά πόσον, ακόμη και αν ολοκληρωνόταν το νέο Μουσείο της Ακρόπολης, η Βρετανία θα προχωρούσε στην επιστροφή των «Μαρμάρων».

Το θέμα των «Μαρμάρων» του Παρθενώνα συνεχίζει να παραμένει ανοικτό μέχρι τις μέρες που γράφεται αυτό το βιβλίο. Είναι, όμως, πολύ ενδιαφέρον να δούμε ποια θα είναι η κατάληξη. Πριν από μερικά χρόνια βρετανοί φίλοι που είχαν σχέση με τα πολιτιστικά δρώμενα της χώρας έλεγαν ότι το θεωρούσαν τελείως απίθανο να επιστρέψει η Βρετανία τα «Μάρμαρα» του Παρθενώνα στην Ελλάδα. Σήμερα, έχοντας αλλάξει γνώμη κάτω και από την πίεση των διεθνών εξελίξεων, το θεωρούν πιθανό, αρκεί να υπάρξουν οι κατάλληλοι χειρισμοί.

ΚΕΦΑΛΑΙΟ IX

ΙΑΤΡΙΚΕΣ ΕΤΑΙΡΕΙΕΣ

1. Η Ελληνική Ιατρική Εταιρεία Βρετανίας

Στις χιλιάδες των Ελλήνων που ζουν στο εξωτερικό περιλαμβάνονται και πολλοί γιατροί. Ο ρόλος των γιατρών έχει ιδιαίτερη σημασία, λόγω της παράλληλης επιστημονικής και κοινωνικής προσφοράς τους. Πέραν των καθαρά επιστημονικών τους αρμοδιοτήτων, όπως συμβαίνει και με άλλες επιστημονικές ομάδες, οι θεράποντες ιατροί έρχονται σε άμεση επαφή με ευρύτερες κοινωνικές ομάδες της χώρας όπου ζουν και εργάζονται, ασκώντας ιδιαίτερη επιρροή στις τοπικές κοινωνίες.

Ιστορικές μαρτυρίες για την Αγγλία αναφέρουν ότι ο Κωνσταντίνος Ροδοκανάκης γεννήθηκε στη Χίο γύρω στα 1635, σπούδασε ιατρική στο Άμστερνταμ, κέντρο του ευρωπαϊκού εμπορίου την εποχή εκείνη, και έγινε προσωπικός ιατρός του πρίγκιπα Κάρολου, όταν αυτός έφτασε στο Άμστερνταμ, εξόριστος, μαζί με τον αδελφό του Ιάκωβο. Με την παλινόρθωση της μοναρχίας στην Αγγλία, το 1660, όταν ο Κάρολος επέστρεψε στο Λονδίνο ως βασιλιάς Κάρολος Β΄, πήρε μαζί του, όπως φαίνεται, και τον Ροδοκανάκη, ο οποίος άνοιξε ιατρείο στην περιοχή του Holborn και θεωρούνταν ένας από τους έμπιστους της βασιλικής αυλής. Είναι, επίσης, γνωστό ότι ο Ροδοκανάκης άφησε απογόνους. Από αυτόν άρχισε ο κλάδος Ροδοκανάκη-Μερελέ. Απόγονός του ήταν και ο Ιωάννης Ροδοκανάκης, που το 1990 ήταν αντιναύαρχος του Καναδικού Ναυτικού. Εξάλλου, ο Γεώργιος Ροδοκανάκης, οικογενειακός γιατρός εγκατεστημένος στη Γαλλία, βοήθησε σημαντικά στη φυγάδευση βρετανών στρατιωτών από την κατεχόμενη από τους Ναζί Γαλλία.

Από τον 17ο έως τον 19ο αιώνα σημαντικός αριθμός Ελλήνων σπούδασαν ιατρική στην Πάδοβα. Μερικοί μάλιστα σταδιοδρόμησαν εκεί, για κάποιο διάστημα της ζωής τους. Οι σημαντικότεροι από αυτούς είναι ο Αλέξανδρος Μαυροκορδάτος, γνωστός διπλωμάτης και πολιτικός της εποχής του και ο Ιωάννης Καποδίστριας, πρώτος κυβερνήτης της Ελλάδας. Στους έλληνες γιατρούς της διασποράς θα μπορούσε να συμπεριληφθεί και ο Αδαμάντιος Κοραής, που τελείωσε την Ιατρική Σχολή του Πανεπιστημίου του Μονπελιέ το 1788, έζησε το μεγαλύτερο μέρος της ζωής του στο Παρίσι και άσκησε μεγάλη επιρροή στα ελληνικά γράμματα. Επίσης, ο Ιάκωβος Πυλαρινός από τη Σμύρνη, που εισήγαγε τον εμβολιασμό κατά της ευλογιάς στις αρχές του 18ου αιώνα και ο Κωνσταντίνος von Economo, ο οποίος περιέγραψε τη ληθαργική εγκεφαλίτιδα, το 1917, στη Βιέννη.

Ενδιαφέρον παρουσιάζει το γεγονός ότι στο Α΄ Πανελλήνιο Ιατρικό Συνέδριο, που έγινε στην Αθήνα το 1901, υπήρξε σημαντική συμμετοχή ελλήνων γιατρών από το εξωτερικό, όπως από την Κωνσταντινούπολη, τη Σμύρνη, την Αίγυπτο, καθώς και από χώρες της Ευρώπης. Ανάμεσά τους αναφέρονται και γνωστά ονόματα της ελληνικής ιατρικής του περασμένου αιώνα, όπως ο γυναικολόγος Σπυρίδων Κλάδος, από το Παρίσι, ο Παναγής Λιβιεράτος, από τη Γένοβα και ο Γεράσιμος Φωκάς, από τη Λίλ της Γαλλίας. Επίσης ο Ιωάννης Καβάφης, αδελφός του πατέρα του ποιητή Κωνσταντίνου Καφάβη που έζησε στο Λονδίνο και εργαζόταν ως παθολόγος στο St. George's Hospital. Όταν πέθανε το 1901 το British Medical Journal αφιέρωσε εκτενή νεκρολογία.

Με ελάχιστες εξαιρέσεις, όπως αυτή του Γεωργίου Παπανικολάου, του οποίου η σταδιοδρομία στις ΗΠΑ αναγνωρίστηκε από τη διεθνή επιστημονική κοινότητα και είχε ιδιαίτερη απήχηση στον ελληνικό χώρο, δεν έχει γίνει μέχρι σήμερα προσπάθεια συλλογικής παρουσίασης και αξιολόγησης της ελληνικής ιατρικής διασποράς. Στη βιογραφία του Γεωργίου Παπανικολάου, γραμμένη από την Μαρία Κόκκορη, περιγράφεται με εξαιρετική ευαισθησία η σταδιοδρομία του διάσημου έλληνα γιατρού στις ΗΠΑ κατά τη δεκαετία του 1950, η σταθερή επαφή του με την Ελλάδα, καθώς και η ικανοποίηση αλλά και οι απογοητεύσεις από την προσπάθειά του να μεταφέρει την τεχνογνωσία του στην πατρίδα του. Στοιχεία για την προσωπικότητα του Παπανικολάου βρίσκει κανείς και στο βιβλίο της Χριστίνας Ρασσιά, η οποία υπήρξε για ένα διάστημα βοηθός του και αργότερα, για περίπου δέκα χρόνια, η πρώτη γυναίκα του Ανδρέα Παπανδρέου. Το φαινόμενο γιατρών αλλά και άλλων επιστημόνων που δεν σταδιοδρομούν στην πατρίδα τους δεν είναι βέβαια αποκλειστικά ελληνικό. Υπάρχουν πολλοί σύγχρονοι διεθνώς αναγνωρισμένοι γιατροί που ζουν και εργάζονται μακριά από τη χώρα τους, παραγνωρισμένοι από αυτή, όπως υπάρχουν και άλλοι που οι χώρες τους επιδιώκουν να είναι σε στενή επαφή μαζί τους και να ζητούν τις συμβουλές και τις υπηρεσίες τους.

Την εποχή που συμμετείχα στο διοικητικό συμβούλιο του Ελληνικού Πολιτιστικού Κέντρου ο αγγειοχειρουργός Άντη Νικολαΐδης μού ανέφερε ότι γίνονταν συζητήσεις για τη δημιουργία Ελληνικής Ιατρικής Εταιρείας (ΕΙΕ) στο Λονδίνο, καθώς υπήρχαν ήδη στη Βρετανία αρκετοί γιατροί από την Ελλάδα και την Κύπρο. Έπειτα από καιρό με ρώτησε αν ο καθηγητής της ρευματολογίας Γαβριήλ Παναγής, που ήταν στο ίδιο νοσοκομείο (το Guy's) μ' εμένα είχε επικοινωνήσει μαζί μου. Ομολογώ ότι, παρόλο που είχα συμπεριλάβει κάποιους αρρώστους του Γαβριήλ Παναγή με ρευματοειδή αρθρίτιδα σε μια έρευνα που έκανα την εποχή εκείνη για τις ψυχολογικές επιπτώσεις των χρόνιων παθήσεων, δεν μου είχε περάσει από τον νου ότι ήταν Έλληνας αφού το όνομα του το έγραφε στα αγγλικά Panayi. Έπειτα από καιρό, ο Σπύρος Ρέτσας, διευθυντής τότε ογκολογικής κλινικής στο Νοσοκομείο Westminster μάς κάλεσε στο σπίτι του, σε μια κοινωνική συνάντηση στην οποία θα συζητούσαμε και την ίδρυση της ΕΙΕ. Πράγματι, ένα όμορφο καλοκαιρινό βράδυ του Ιουνίου το 1984, μαζευτήκαμε στο σπίτι του Σπύρου Ρέτσα, στο Essex, και απολαύσαμε ένα γευστικότατο μπάρμπεκιου που ετοίμασε η γυναίκα του Diana, αναισθησιολόγος. Εκεί βρίσκονταν, περίπου 10-12 γιατροί από την Ελλάδα και την Κύπρο. Μάθαμε, λοιπόν, ότι πριν από δύο χρόνια, το 1982, ο Γαβριήλ Παναγής, ο Σπύρος Ρέτσας και ο Άντη Νικολαΐδης είχαν συναντηθεί στη Royal Society of Medicine, στο κεντρικό Λονδίνο, και είχαν συμφωνήσει για τη δημιουργία της ΕΙΕ. Έτσι, η συνάντησή μας εκείνο το βράδυ θα μπορούσε να θεωρηθεί επισημοποίηση της ίδρυσης της ΕΙΕ στο Λονδίνο. Ορίστηκε οργανωτική επιτροπή με πρόεδρο τον Γιώργο Μούζα, διευθυντή χειρουργικής στο Νοσοκομείο Chase Farm του Λονδίνου, και μέλη τους Γαβριήλ Παναγή, Σπύρο Ρέτσα, Άντη Νικολαΐδη, Καλυψώ Μπαρμπάτη, Μέμο Σπάθη, Α. Θεοδόση, Πάνο Βανέζη και τον γράφοντα, με σκοπό να οργανώσει την πρώτη ιδρυτική συνέλευση.

Στις 25 Οκτωβρίου 1985 πραγματοποιήθηκε η ιδρυτική συνέλευση της ΕΙΕ, με πρωτοβουλία του Γαβριήλ Παναγή, στο Νοσοκομείο Guy' s. Την εποχή εκείνη έλειπα από το Λονδίνο, με εκπαιδευτική άδεια στο Σαν Φρανσίσκο, και έτσι δεν ήμουν παρών στην εκδήλωση. Η συνάντηση υπήρξε πολύ επιτυχής και είχε μεγάλη συμμετοχή. Πρόεδρος εξελέγη ο καθηγητής Άντη Νικολαΐδης, καθηγητής της αγγειοχειρουργικής στο Νοσοκομείο St Mary's του Λονδίνου, που οργάνωσε και την πρώτη επιστημονική εκδήλωση, στις 7 Φεβρουαρίου 1986. Έκτοτε, η ΕΙΕ Βρετανίας έχει μια συνεχή και εντυπωσιακή παρουσία στο Λονδίνο.

Η ΕΙΕ διέφερε από τις άλλες ελληνικές οργανώσεις του Λονδίνου, καθώς συνδύαζε επιστημονικές και κοινωνικές δραστηριότητες πιο ειδικού ενδιαφέροντος. Είναι χαρακτηριστικό ότι εξαρχής καθιερώθηκαν επιστημονικές συγκεντρώσεις, κατά τα πρότυπα των βρετανικών ιατρικών εταιρειών, με απονομή των βραβείων «Γεωργίου Παπανικολάου» και «Γαληνού» για τις καλύτερες επιστημονικές εργασίες από νέους γιατρούς ή από επιστήμονες βιολογικών επιστημών. Παράλληλα, ορίστηκε η καθιερωμένη ετήσια ομιλία που έφερε τον τίτλο «Hippocratic Oration» να γίνεται από σημαίνουσα ιατρική προσωπικότητα του Λονδίνου, κυρίως από προέδρους των Βασιλικών Βρετανικών Ιατρικών Κολεγίων.

Στη σύνθεση του ελληνικού ιατρικού δυναμικού που βρισκόταν τη εποχή εκείνη στη Βρετανία υπερτερούσαν αριθμητικά οι Κύπριοι, οι περισσότεροι από τους οποίους ήταν δεύτερης γενιάς, ενσωματωμένοι επιστημονικά και επαγγελματικά στη βρετανική κοινωνία. Υπήρχε, όμως, και μια μικρή ομάδα Ελλήνων από την Ελλάδα, ή από χώρες της Βρετανικής Κοινοπολιτείας, που είχαν παραμείνει στη Βρετανία οριστικά μετά τις μεταπτυχιακές σπουδές τους και είχαν εξελιχθεί στην ιατρική ιεραρχία. Επίσης, υπήρχε ολοένα αυξανόμενος αριθμός ελλήνων και κύπριων νέων γιατρών, που έρχονταν στη Βρετανία για ειδικότητα ή μετεκπαίδευση, με σκοπό όμως να επιστρέψουν στη χώρα τους. Ανάλογη παραμένει η σύνθεση και σήμερα, με τη διαφορά ότι και οι τρεις αυτές κατηγορίες έχουν αυξηθεί σημαντικά, ενώ παράλληλα δραστηριοποιούνται και αρκετοί που προέρχονται από τον ευρύτερο χώρο των βιολογικών επιστημών. Θα πρέπει, επίσης, να σημειωθεί ότι η σημερινή βρετανική κοινωνία έχει μεταβληθεί θεαματικά, με αποτέλεσμα να είναι περισσότερο δεκτική σε ανάλογες πρωτοβουλίες εθνικών μειονοτήτων απ' ότι ήταν κατά τη δεκαετία του 1980.

Η Ελληνική Ιατρική Εταιρεία της Βρετανίας είχε σημαντική απήχηση με τις επιτυχείς εκδηλώσεις της, σε τέτοιο βαθμό μάλιστα που λειτούργησε ως πρότυπο και για άλλες επιστημονικές και επαγγελματικές ομάδες Ελλήνων και Κυπρίων, προκειμένου αυτοί να ιδρύσουν τις δικές τους ανάλογες οργανώσεις. Στους ομιλητές της ετήσιας τιμητικής εκδήλωσης με τίτλο της «Ιπποκρατική Ομιλία» περιλαμβάνονταν διαπρεπείς βρετανοί γιατροί, όπως οι Harold Ellis (Vice-President of the Royal College of Surgeons), James Birley (President of the Royal College of Psychiatrists), Sir David Wheatherall (Regius Professor of Medicine, Oxford), Dame Sheila Sherlock (Professor of Medicine, Royal Free Hospital), Sir Brian Jarman (Professor of Primary Health Care, Imperial College), Sir Magdi Yacoub (Professor of Cardiac Surgery, Royal Brompton Hospital), Lord Ara Darzi (Professor of Surgery, Imperial College), καθώς επίσης και διακεκριμένοι Έλληνες της διασποράς, όπως ο Στέλιος Αντωναράκης (Geneticist, Johns Hopkins University), ο Γιώργος Κανέλλος (Professor of Oncology, Harvard Medical School), ο Κύπρος Νικολαΐδης, (Professor of Foetal Medicine, King's College London Medical School), ο Αργύρης Καράμπελας (Vice-President Novartis Switzerland) και ο Πέτρος Βανέζης (Chief Forensic Pathologist, Home Office). Επίσης, προσκλήθηκαν οι καθηγητές της Ιατρικής Σχολής του Πανεπιστημίου Αθηνών Χαράλαμπος Μουτσόπουλος και Γεώργιος Χρούσος. Άλλοι διαπρεπείς ομιλητές που προσκλήθηκαν και μίλησαν, κατά καιρούς, στην

Ελληνική Ιατρική Εταιρεία της Βρετανίας ήταν ο Sir David Hunt (διακεκριμένος βρετανός διπλωμάτης και συγγραφέας), ο Robert Browning, διακεκριμένος καθηγητής κλασικών σπουδών του Πανεπιστημίου του Λονδίνου και πρώτος πρόεδρος της Βρετανικής Επιτροπής για την επιστροφή από το Βρετανικό Μουσείο στην Ελλάδα των Γλυπτών του Παρθενώνα (βλ. Κεφάλαιο VIII), η Lady Mary Henderson (κόρη του καθηγητή Νίκου Καββαδία, προσωπικού γιατρού του Βασιλιά Γεωργίου Β΄ τον οποίο ακολούθησε στην εξορία του στο Λονδίνο και σύζυγος του βρετανού διπλωμάτη Sir Nicholas Henderson, όπως επίσης και συγγραφέας του βιβλίου *Xenia: A Memoir-Greece, 1919-49* (εκδόθηκε το 1988 από τους Weidenfeld & Nicholson). Ακόμη, οι συγγραφείς John Ebdon και Victoria Hislop, συγγραφέας του μυθιστορήματος *Το Νησί (The Island)*, που έγινε και πετυχημένο σίριαλ στην ελληνική τηλεόραση.

Οι εκδηλώσεις αυτές είχαν μεγάλο ενδιαφέρον. Ωστόσο, εξίσου μεγάλο ενδιαφέρον παρουσίαζαν συχνά και οι ιδιωτικές συζητήσεις που γίνονταν με διάφορους ομιλητές μετά το τέλος του τυπικού μέρους της εκδήλωσης. Δύο περιστατικά αξίζει να αναφερθούν. Το πρώτο ήταν όταν ο Sir David Wheatherall, κορυφαίος αιματολόγος, είχε εντυπωσιαστεί από την οργάνωση της ΕΙΕ, οπότε μάς ρώτησε αν μάς συμβουλευόταν η ελληνική κυβέρνηση σε ιατρικά θέματα. Ο ίδιος την επόμενη μέρα θα πήγαινε στο Ισραήλ, προσκεκλημένος της ισραηλινής κυβέρνησης, για να συμμετάσχει σε διαβουλεύσεις με άλλους ειδικούς και κυβερνητικούς αξιωματούχους, σχετικές με τον στρατηγικό σχεδιασμό της παροχής υπηρεσιών υγείας. Μάσησα τα λόγια μου και είπα ότι η Ελλάδα ήταν μικρή χώρα, όχι τόσο καλά οργανωμένη, ενώ και οι επαφές με τις ελληνικές αρχές δεν ήταν πολύ συχνές. Η απάντηση του ήταν ότι και το Ισραήλ ήταν μικρή χώρα, αλλά το πρόγραμμα στο οποίο θα πήγαινε να συμμετάσχει ήταν ετήσιο γεγονός. Τα πρόσωπα εναλλάσσονταν σε αυτό το πρόγραμμα, το οποίο, επιπλέον, δεν αφορούσε μόνο την ιατρική αλλά και άλλους τομείς. Το πλησιέστερο ανάλογο γεγονός που μπορώ να σκεφτώ για την Ελλάδα είναι η πρωτοβουλία του προέδρου της Δημοκρατίας, Κάρολου Παπούλια, για την επιστημονική έρευνα, για την οποία γράφω στο Κεφάλαιο III. Ένα άλλο ενδιαφέρον περιστατικό σε μια από τις συγκεντρώσεις της ΕΙΕ ήταν όταν, σε συνομιλία με τον Sir Magdi Yacoub, που είχε χειρουργήσει για καρδιακές παθήσεις δεκάδες Έλληνες, του είπαμε ότι ήταν πολύ γνωστός στη χώρα μας, αφού χειρούργησε και τον τότε πρωθυπουργό Ανδρέα Παπανδρέου. Ο Yacoub τότε ρώτησε αν ήταν ωφέλιμη για την Ελλάδα η πρωθυπουργία του ή όχι, για να πάρει την απάντηση ότι η ερώτησή του ήταν πολύ δύσκολο να απαντηθεί με λίγα λόγια!

Πληρέστερη και παραστατική εικόνα της ιστορίας της ΕΙΕ έδωσε ο Σπύρος Ρέτσας, το 1995, με την ευκαιρία του εορτασμού των είκοσι χρόνων από την ίδρυσή της (βλ. http://www.hellenicmedicalsocietyuk.org/history). Ο Σπύρος Ρέτσας έχει ιδιαίτερο ενδιαφέρον για την ιστορία της Ιατρικής, έχει κάνει πολλές δημοσιεύσεις και έχει διοργανώσει πολλές εκδηλώσεις με ανάλογο περιεχόμενο. Υπήρξε ο πρώτος έλληνας γιατρός στο Λονδίνο τα χρόνια εκείνα που, χωρίς να έχει κάνει τις βασικές ιατρικές σπουδές του στη Βρετανία, είχε εκλεγεί το 1978 διευθυντής κλινικής σε πανεπιστημιακό νοσοκομείο. Τέλος ανήκει σε αυτούς που εξακολουθούν να συνεισφέρουν στις δραστηριότητες της ΕΙΕ.

Τη δημιουργία της Ελληνικής Ιατρικής Εταιρείας της Βρετανίας πρέπει να την δει κανείς στο πλαίσιο του Εθνικού Συστήματος Υγείας (National Health Service, NHS), στο οποίο εργάζεται η συντριπτική πλειοψηφία των γιατρών στη Βρετανία. Όσοι ενταχθήκαμε στο βρετανικό Εθνικό Σύστημα Υγείας στις αρχές της δεκαετίας του 1970, είχαμε εντυπωσιαστεί από το υψηλό επίπεδο παροχής υπηρεσιών, τις άπειρες εκπαιδευτικές δυνατότητες και τις σημαντικές ερευνητικές ευκαιρίες. Η λειτουργία του NHS χαρακτηριζόταν από αξιοθαύμαστο επίπεδο ηθικών αξιών, αφοσίωση του προσωπικού, εμπιστοσύνη του κοινού, σεβασμό και αναγνώριση του ρόλου του γιατρού από τους ασθενείς και τους συγγενείς τους. Ποτέ δεν μας απασχόλησε κατά πόσον ο ασθενής θα είναι σε θέση να πληρώσει ή όχι. Το βρετανικό Εθνικό Σύστημα Υγείας κατάφερε να είναι άμεσα προσπελάσιμο απ' όλον τον πληθυσμό της χώρας, χωρίς διακρίσεις και χωρίς οποιαδήποτε οικονομική συναλλαγή, καθιερώνοντας σχέσεις αξιοπρέπειας μεταξύ ασθενούς και γιατρού. Η ποιότητα παροχής των υπηρεσιών υγείας παραμένει σε πολύ υψηλό επίπεδο σε όλη τη Βρετανία και οι επιστημονικές γνώσεις και ικανότητες των γιατρών και του νοσηλευτικού προσωπικού απολαύουν παγκόσμιας αναγνώρισης. Πρόκειται για ένα Εθνικό Σύστημα Υγείας με βαθιά ριζωμένες αρχές και στέρεες δομές.

Αρκετοί συνάδελφοι συνέβαλαν στις δραστηριότητες της ΕΙΕ και ορισμένοι από αυτούς εξακολουθούν να το πράττουν μέχρι σήμερα. Σε αυτούς με τους οποίους συνεργάστηκα στενά, εκτός απ' όσους έχω ήδη αναφέρει, συγκαταλέγονται οι γενικοί γιατροί Γιάννης Δημάδης και Γιώργος Κουλούμας, ο ορθοπεδικός Λάκης Πολυζωίδης, ο γαστρεντερολόγος Μάριος Πάνος, η εργαστηριακός Margaret Stavrou, ο πυρηνικός γιατρός Ντίνος Αναγνωστόπουλος, ο βιολόγος Πέτρος Καραγιάννης, η αιματολόγος Δώρα Φουκανέλη, ο ψυχίατρος Δημήτρης Πάσχος, και άλλοι.

2. Παγκόσμια Ελληνική Βιοϊατρική Εταιρεία

Το 1988, όταν βρέθηκα στη Νέα Υόρκη για επιστημονικούς λόγους, ήρθα σε επαφή με μέλη της Ελληνικής Ιατρικής Εταιρείας της Νέας Υόρκης, η οποία είναι η αρχαιότερη ελληνική ιατρική οργάνωση του εξωτερικού και έχει ιδρυθεί το 1936 (οι προσπάθειες για τη συγκρότησή της είχαν αρχίσει ήδη από το 1920). Η Ελληνική Ιατρική Εταιρεία Νέας Υόρκης έχει σημαντικό αριθμό μελών και μεγάλη εμπειρία επιστημονικών, πολιτιστικών και κοινωνικών εκδηλώσεων, που πραγματοποιούνται βάσει τακτικού ετήσιου προγράμματος. Στις δραστηριότητες της εταιρείας περιλαμβάνονται και προγράμματα υποτροφιών. Παράλληλα, τους καλοκαιρινούς συνήθως μήνες, οργανώνει επισκέψεις σε διάφορα μέρη της Ελλάδας και της Κύπρου, με τη μορφή τουριστικών/εκπαιδευτικών εκδηλώσεων που συνδυάζουν στοιχεία συνεχιζόμενης ιατρικής εκπαίδευσης και δραστηριότητες κοινωνικού χαρακτήρα.

Η πρώτη συνάντησή μου ήταν με τον καρδιολόγο Γιώργο Μπουσβάρο και τον ακτινολόγο Αντώνη Βασίλα, βασικά στελέχη τότε της Ελληνικής Ιατρικής Εταιρείας της Νέας Υόρκης, οι οποίοι επιβεβαίωσαν τις πληροφορίες που είχαμε ότι προσπαθούσαν να συνδέσουν οργανωτικά όλες τις ελληνικές ιατρικές Εταιρείες που δρούσαν σε μεγάλες αμερικανικές πόλεις, όπως στο Σικάγο και στη Βοστόνη, ή και σε πολιτείες όπως η Καλιφόρνια. Το εγχείρημα, όμως, αυτό δεν προχωρούσε με τον ρυθμό που προσδοκούσαν. Τότε, τους ανέφερα την ιδέα η προσπάθεια αυτή να πάρει παγκόσμια διάσταση και να περιλάβει τις ελληνικές ιατρικές εταιρείες ανά τον κόσμο. Στη συνάντηση που έγινε το επόμενο απόγευμα στο σπίτι του Αντώνη Βασίλα, παρουσία και άλλων μελών της Ελληνικής Ιατρικής Εταιρείας της Νέας Υόρκης, συμφωνήθηκε την οργανωτική πρωτοβουλία αυτής της προσπάθειας να την αναλάβει η Ελληνική Ιατρική Εταιρεία Βρετανίας. Εν συνεχεία, έγινε μια ακόμη συγκέντρωση γιατρών από τη Νέα Υόρκη, που την οργάνωσε στο σπίτι του, ο φίλος παιδοψυχίατρος και παλιός συμφοιτητής στην Ιατρική Σχολή του Πανεπιστημίου Αθηνών, Παύλος Κυμίσης. Εκείνο το βράδυ, μαζί με την υπέροχη φιλοξενία του Παύλου και της Έφης Κυμίση, είχα και μια ευχάριστη έκπληξη: συνάντησα τον παλιό συμμαθητή μου από το Αρέθειο Εκπαιδευτήριο στην Πάτρα, επίσκοπο Αλέξιο. Υπήρξε μεγάλος ενθουσιασμός με την ιδέα ότι θα προχωρούσε η ίδρυση της Παγκόσμιας Ελληνικής Ιατρικής Εταιρείας και πολλοί προσφέρθηκαν να συμβάλλουν στη δημιουργία της.

Κατά την διάρκεια των καλοκαιρινών διακοπών στην Πάρο συζήτησα την ιδέα της οργάνωσης παγκόσμιου συνεδρίου της ελληνικής ιατρικής διασποράς με τον φίλο καθηγητή Λάμπη Προυκάκη και τον καθηγητή Μενέλαο Μπατρίνο. Θεώρησαν και οι δυο την ιδέα πολύ ενδιαφέρουσα, αλλά επισήμαναν ότι χρειαζόταν πολλή δουλειά για την υλοποίησή της. Στις καλοκαιρινές διακοπές στα ελληνικά νησιά μπορούσες να συναντηθείς με ανθρώπους από άλλες περιοχές της Ελλάδας και να κάνεις ενδιαφέρουσες συζητήσεις, να ανταλλάξεις απόψεις και ιδέες και ταυτόχρονα να απολαμβάνεις τον ήλιο και τη θάλασσα! Το ίδιο βράδυ συμφάγαμε όλοι μ' έναν άλλο μόνιμο καλοκαιρινό επισκέπτη της Πάρου, τον Τζαννή Τζαννετάκη, μετέπειτα πρωθυπουργό της χώρας, ο οποίος βρήκε ενδιαφέρουσα την ιδέα και επεσήμανε ότι υπήρχαν οι προϋποθέσεις να συσπειρωθεί σημαντικό κομμάτι της ελληνικής διασποράς.

Επιστρέφοντας στο Λονδίνο, αφού ενημέρωσα τους συναδέλφους της Ελληνικής Ιατρικής Εταιρείας Βρετανίας και αυτούς της Νέας Υόρκης, αποφασίστηκε να προσπαθήσουμε να κάνουμε ότι ήταν δυνατόν ώστε να οργανώσουμε αυτό το συνέδριο. Το πιο δύσκολο πρόβλημα ήταν η χρηματοδότηση ενός τέτοιου φιλόδοξου εγχειρήματος. Ο Λάμπης Προυκάκης με έφερε σε επαφή με τον καθηγητή Θόδωρο Μουντοκαλάκη, ο οποίος ήταν τότε πρόεδρος της Ιατρικής Εταιρείας Αθηνών. Η Ιατρική Εταιρεία Αθηνών οργάνωνε (και εξακολουθεί μέχρι σήμερα να οργανώνει), το ετήσιο Πανελλήνιο Ιατρικό Συνέδριο. Το επόμενο καλοκαίρι, επιστρέφοντας από την Πάρο στο Λονδίνο, είχα συνάντηση με τον Θόδωρο Μουντοκαλάκη στην Αθήνα, Κυριακή μεσημέρι, μια από τις πιο καυτές μέρες του Αυγούστου! Ο Μουντοκαλάκης πρότεινε να ξεκινήσει το Παγκόσμιο Συνέδριο της Ελληνικής Ιατρικής Διασποράς σαν δορυφορικό συμπόσιο του επόμενου Πανελλήνιου Ιατρικού Συνεδρίου στην Αθήνα. Η ιδέα ήταν πολύ καλή και πραγματοποιήσιμη.

Η προετοιμασία αυτού του συνεδρίου απαιτούσε τεράστια προσπάθεια. Καθώς δεν υπήρχε χορηγός, έπρεπε όλη η δουλειά να γίνει εθελοντικά. Από τις πρώτες ενέργειές μας ήταν να αναλάβουμε να καταγράψουμε όλες τις ελληνικές ιατρικές εταιρείες της διασποράς και τα μέλη τους σε διάφορες χώρες. Η προσπάθεια αυτή βρήκε απήχηση. Με τη βοήθεια προσωπικών γνωριμιών αλλά και με την ανταπόκριση που υπήρξε από πολλά γενικά προξενεία της Ελλάδας, στα οποία γράψαμε ζητώντας στοιχεία για τους έλληνες γιατρούς της περιοχής τους, συγκεντρώθηκαν τα πλήρη στοιχεία 2.500 γιατρών ελληνικής καταγωγής απ' όλον τον κόσμο. Ελληνικές ιατρικές εταιρείες βρέθηκαν ακόμη και στην Αφρική και την Λατινική Αμερική, με πολυπληθέστερες βέβαια αυτές των ΗΠΑ, της Αυστραλίας και του Καναδά.

Η επικοινωνία ήταν δύσκολη, καθώς δεν υπήρχε ακόμη e-mail και οι τηλεφωνικές κλήσεις ήταν ακριβές. Έπρεπε να κάνουμε όλη την προετοιμασία ταχυδρομικά με γράμματα και μόνον περιστασιακά να χρησιμοποιούμε το fax, που μόλις είχε τεθεί σε λειτουργία τότε! Η οργανωτική ομάδα δούλεψε πυρετωδώς, μαζί με τους συναδέλφους της Ιατρικής Εταιρείας Αθηνών, που ευγενικά και αφιλοκερδώς είχαν αναλάβει μεγάλο μέρος της ευθύνης. Θυμάμαι ακόμη το πρωινό εκείνο που ετοιμαζόμουν να πάω στο αεροδρόμιο, προκειμένου να ταξιδέψω στην Αθήνα για το συνέδριο, όταν ξαφνικά με κατέλαβε ένα είδος πανικού με τη σκέψη πως δεν μπορούσα να είμαι σίγουρος αν όλοι αυτοί που είχαν δηλώσει ότι θα έρχονταν στην Αθήνα θα το έκαναν τελικά. Όλοι μας πηγαίναμε με δικά μας έξοδα, και προσωπικά γνώριζα ελάχιστους, εκτός από αυτούς που θα έρχονταν από το Λονδίνο.

Το 1ο Παγκόσμιο Ιατρικό Συνέδριο της Ελληνικής Διασποράς έγινε πραγματικότητα στην Αθήνα, τον Μάιο του 1990, υπό την αιγίδα της Ιατρικής Εταιρείας Αθηνών, στο πλαίσιο του 16ου Πανελληνίου Ιατρικού Συνεδρίου. Η συνεργασία ανάμεσα στον Θόδωρο Μουντοκαλάκη, πρόεδρο τότε της Ιατρικής Εταιρείας Αθηνών και τον γράφοντα, που ήταν τότε πρόεδρος της Ελληνικής Ιατρικής Εταιρείας Βρετανίας, υπήρξε ιδιαίτερα αποτελεσματική. Η επιτυχία του συνεδρίου ήταν ανεπανάληπτη. Συμμετείχαν συνάδελφοι από τη Βρετανία, τις ΗΠΑ, τον Καναδά, την Αυστραλία, από χώρες της Νότιας Αμερικής, από χώρες της Αφρικής, αλλά και από τη Γερμανία, τη Γαλλία, την Ιταλία, τη Σουηδία, την Ισπανία, την Ελβετία, το Βέλγιο, την Ολλανδία, την Αυστρία και τη Ρωσία. Έγιναν πολλές επιστημονικές ανακοινώσεις, υπό μορφή επιστημονικών συμποσίων. Την έναρξη των εργασιών του συνεδρίου κήρυξε ο τότε αντιπρόεδρος της Ελληνικής Κυβέρνησης, Τζαννής Τζαννετάκης, ενώ παρέστησαν πρέσβεις αρκετών χωρών και διάφοροι άλλοι αξιωματούχοι. Τιμώμενος ομιλητής ήταν ο ποιητής Νικηφόρος Βρεττάκος και τη λήξη του συνεδρίου σφράγισε η πανηγυρική ομιλία του Σπύρου Ρέτσα με θέμα «Ιατρική και Ολυμπιακοί Αγώνες της αρχαιότητας».

Ανάμεσα σε όσα συνέβησαν εκτός προγράμματος αξίζει να αναφερθεί το ακόλουθο περιστατικό. Αργά το απόγευμα της πρώτης μέρας του Πανελληνίου Ιατρικού Συνεδρίου είδα να καταφθάνει ένα συνεργείο από την Ελληνική Τηλεόραση και μερικοί επαγγελματίες φωτογράφοι. Όταν τους ρώτησα γιατί ήρθαν, μου απάντησαν ότι περίμεναν την άφιξη του Τζαννή Τζαννετάκη, ο οποίος επρόκειτο να κηρύξει την έναρξη του συνέδριου των Ελλήνων γιατρών της διασποράς. Τους είπα ότι είχαν κάνει λάθος και ότι η έναρξη θα ήταν δύο μέρες αργότερα. Αυτοί, όμως, επέμειναν ότι ήταν εκείνο το βράδυ και ότι είχαν ενημερωθεί επισήμως. Ακολούθησε πανικός όταν καταλάβαμε ότι πιθανώς από λάθος θα μπορούσε να φτάσει σε λίγα λεπτά ο αντιπρόεδρος της κυβέρνησης! Σκέφτηκα ότι μάλλον θα είχε γίνει κακή συνεννόηση γιατί είχα τηλεφωνήσει προσωπικά στον Τζαννή Τζαννετάκη όταν έφτασα στην Αθήνα, του υπενθύμισα τη συνομιλία μας στην Πάρο και του ζήτησα να μεριμνήσει ώστε ένα μέλος της κυβέρνησης να παραστεί στην τελετή έναρξης. Με διαβεβαίωσε ότι θα ερχόταν ο ίδιος. Επειδή αυτή η συνεννόηση είχε γίνει τηλεφωνικώς ανάμεσα στους δυο μας, χωρίς τη μεσολάβηση του προσωπικού του γραφείου, υπέθεσα ότι μάλλον θα του είχα δώσει λανθασμένη ημερομηνία. Κατά σύμπτωση, βρισκόταν εκεί ο παλιός φίλος Γρηγόρης Αρζόγλου, που είχε διατελέσει διευθυντής του γραφείου Τύπου στην ελληνική πρεσβεία του Λονδίνου. Του ζήτησα να τηλεφωνήσει αμέσως στο Υπουργείο Τύπου και, αν πράγματι το αυτοκίνητο του αντιπροέδρου ήταν καθ' οδόν προς το ξενοδοχείο «Caravel» να ζητήσει να το γυρίσουν πίσω. Ευτυχώς, το λάθος ήταν του συνεργείου της τηλεόρασης και όχι δικό μου!

Άλλο περιστατικό που θυμάμαι ήταν ότι με την έναρξη των επιστημονικών ανακοινώσεων ο γυναικολόγος Γιώργος Φαρμακίδης, τότε στη Νέα Υόρκη, μου είπε ότι ήταν λάθος να έχουμε ως γλώσσα μόνον τα αγγλικά, κάτι που ήταν ο κανόνας σε όλα τα διεθνή συνέδρια στα οποία συμμετείχαμε, αφού έτσι υπήρχε κίνδυνος να παρεξηγηθούμε στην Ελλάδα. Φυσικά, δεν μπορούσαμε να το αλλάξουμε τότε αλλά καθιερώσαμε τα ελληνικά και τα αγγλικά ως γλώσσες στις οποίες θα μπορούσαν να γίνουν οι ανακοινώσεις στα επόμενα συνέδρια. Βεβαίως, τέτοιο πρόβλημα δεν υπάρχει πλέον σήμερα.

Ακολούθησε η επίσημη ίδρυση της Παγκόσμιας Ελληνικής Βιοϊατρικής Εταιρείας, στην οποία εντάχθηκαν και επιστήμονες των βιολογικών επιστημών. Σκοποί της Εταιρείας είναι:

1. Η ανάπτυξη επιστημονικών δεσμών μεταξύ των μελών της και η σύσφιξη των σχέσεων μεταξύ των μελών της βιοϊατρικής κοινότητας της Ελλάδας και εκείνης της ελληνικής διασποράς,

2. Η οργάνωση επιστημονικών συγκεντρώσεων, σεμιναρίων και συνεδρίων,

3. Η έκδοση επιστημονικών περιοδικών, ενημερωτικών δελτίων, καθώς και άλλων επιστημονικών δημοσιεύσεων,

4. Η ανταλλαγή εκπαιδευτικών επισκέψεων

5. Η προώθηση της συνεργασίας σε ερευνητικά προγράμματα.

Έκτοτε, οργανώθηκαν περιοδικά (ανά διετία, περίπου) και άλλα Παγκόσμια Συνέδρια. Το 2ο Συνέδριο έγινε στην Αθήνα το 1992, πάλι στο πλαίσιο του 18ου τότε Πανελληνίου Ιατρικού Συνεδρίου, με την αμέριστη πάντα συμπαράσταση της Ιατρικής Εταιρείας Αθηνών και του τότε προέδρου της, Βασίλη Θούα, καθώς και των συναδέλφων Δημήτρη Καρδαμάκη και Γρηγόρη Σιβολαπένκο από το Λονδίνο. Για πρώτη φορά, το πρόγραμμα περιλάμβανε και συμπόσιο για θέματα πολιτικών υγείας και οργάνωσης των υπηρεσιών υγείας, οργανωμένο από τον Ηλία Μόσιαλο, από τη London School of Economics. Τότε βοήθησε πολύ και ο συνάδελφος Μάκης Τσαπόγας, αγγειοχειρουργός, που είχε ζήσει για πολλά χρόνια στο Λονδίνο, εργαζόμενος στο King's College Hospital και εν συνεχεία στη Νέα Υόρκη. Μετά, την συνταξιοδότησή του, ο Τσαπόγας είχε επιστρέψει στην Ελλάδα, όπου συνέχισε να εργάζεται, ενώ παράλληλα δούλευε σε προγράμματα ιατρικής εκπαίδευσης του Παγκοσμίου Οργανισμού Υγείας.

Το 3ο Συνέδριο έγινε πάλι στην Αθήνα, το 1994, αλλά αυτήν τη φορά ανεξάρτητα από το Πανελλήνιο Ιατρικό Συνέδριο. Το 4ο Συνέδριο έγινε στη Λευκωσία, το 1996, σε συνεργασία με την Παγκύπρια Ιατρική Εταιρεία και υπό την προεδρία του Παύλου Κυμίση, από τη Νέα Υόρκη. Η επιτυχία των συνεδρίων, μαζί με τις άλλες επιτυχείς πρωτοβουλίες της Παγκόσμιας Ελληνικής Βιοϊατρικής Εταιρείας, παρακίνησαν τους ασχολούμενους να συνεχίσουν τις προσπάθειές τους, παρά τις τεράστιες οργανωτικές δυσκολίες και την έλλειψη ουσιαστικής χρηματοδότησης, αν εξαιρέσει κανείς τις πενιχρές - πλην ιδιαίτερα ωφέλιμες - ιδιωτικές και κρατικές συνεισφορές.

Το 5ο Συνέδριο της Παγκόσμιας Ελληνικής Βιοϊατρικής Εταιρείας έγινε στη Νέα Υόρκη, το 1998, σε συνεργασία με την εκεί Ελληνική Ιατρική Εταιρεία. Η αθρόα συμμετοχή και το πλούσιο επιστημονικό πρόγραμμα αυτού του συνεδρίου έδωσαν νέα ώθηση στην εδραίωση της Εταιρείας. Ακολούθησε το 6ο Συνέδριο, στην Αθήνα, το 2000, με οργανωτή και πρόεδρο τον Κώστα Σολδάτο, καθηγητή ψυχιατρικής του Πανεπιστημίου Αθηνών. Η επιτυχία του, τόσο στο οργανωτικό όσο και στο επιστημονικό πεδίο, ξεπέρασε κάθε προσδοκία. Το νέο χαρακτηριστικό στοιχείο αυτού του συνεδρίου ήταν η μεγάλη συμμετοχή και προσέλευση συναδέλφων από τον ελληνικό χώρο, συμπεριλαμβανομένων και των εκτός Αθηνών Ιατρικών Σχολών. Το πρόγραμμα περιλάμβανε επιστημονικά συμπόσια και σεμινάρια σε κοινές συνεδρίες με συναδέλφους της ελληνικής διασποράς. Υπήρξε, επίσης, συμμετοχή του Συμβουλίου Αποδήμου Ελληνισμού, που είχε εν τω μεταξύ αναπτύξει πρόγραμμα παροχής ιατρικών υπηρεσιών σε ορισμένες περιοχές της πρώην Σοβιετικής Ένωσης, όπου κατοικούσαν πολλοί Έλληνες. Επίσημος προσκεκλημένος ομιλητής κατά την έναρξη ήταν ο ελληνοαμερικανός γερουσιαστής, John Brademas.

Το 6ο Συνέδριο έπαιξε αποφασιστικό ρόλο στο να καθιερώσει την Παγκόσμια Ελληνική Βιοϊατρική Εταιρεία στη συνείδηση των συναδέλφων, στην Ελλάδα και στο εξωτερικό, ως συλλογικό φορέα επικοινωνίας και συνεργασίας μεταξύ τους. Εδραιωμένα πλέον τα συνέδρια της Εταιρείας, συνέχισαν τη δημιουργική τους πορεία. Το 7ο και το 8ο Συνέδριο έγιναν στην Αθήνα (2003, 2005), υπό την προεδρία του Κώστα Σολδάτου.

Παράλληλα, από το 1991 μέχρι το 1997, η Ελληνική Ιατρική Εταιρεία Βρετανίας εξέδιδε δύο φορές το χρόνο το *Βιοϊατρικό Δελτίο της Ελληνικής Διασποράς* (ISSN 0961-6859), το οποίο μετατράπηκε σε *Δελτίο της Παγκόσμιας Ελληνικής Βιοϊατρικής Εταιρείας*, με το όνομα *Mosaic*, με πρωτοβουλία του Θρασύβουλου Πόδα. Το επίσημο αυτό *Δελτίο* εκδιδόταν από το 1998 έως το 2000 κανονικά, ανά τετράμηνο. Στα περιεχόμενά του υπήρχαν σύντομα επιστημονικά άρθρα, συνεντεύξεις διεθνώς αναγνωρισμένων συναδέλφων καθώς και χρήσιμες πληροφορίες. Εν τω μεταξύ, το 1997 άρχισε να εκδίδεται στην Βρετανία το *Hellenic Medical Journal* (ISSN 1365-7291), έπειτα από πρωτοβουλία του Δημήτρη Μιχαηλίδη από το Royal Free Hospital του Λονδίνου (ο Μιχαηλίδης ήταν και διευθυντής του περιοδικού), από τις εκδόσεις Smith-Gordon. Εκδόθηκαν συνολικά έξι τεύχη, αλλά η έκδοσή του διακόπηκε το 2000. (Για περισσότερες λεπτομέρειες, βλέπε http://www.whba1990.org)

Μεταξύ των άλλων δραστηριοτήτων της Παγκόσμιας Ελληνικής Βιοϊατρικής Εταιρείας ήταν και η υποστήριξη του 1ου, 2ου και 3ου International Update and Postgraduate Seminar in Hepatology, το 1999, 2001 και 2002 στην Αθήνα, οργανωμένων από το ιδρυτικό μέλος της Εταιρείας, Μάριο Πάνο. Επίσης, αξίζει να αναφερθούν το σεμινάριο στο πλαίσιο του 26ου Πανελληνίου Ιατρικού Συνεδρίου στην Αθήνα, το 2000, οργανωμένο από το ιδρυτικό μέλος Θρασύβουλο Πόδα, καθώς και το 1ο Ελληνοτουρκικό Ακαδημαϊκό Ιατρικό Φόρουμ στην Κωνσταντινούπολη, το 2003, με παράλληλο σεμινάριο συνεχιζόμενης ιατρικής εκπαίδευσης στο ελληνικής διοίκησης Νοσοκομείο Baloukli, οργανωμένο επίσης από τον Κώστα Σολδάτο.

Η πρωτοβουλία για τη δημιουργία της Παγκόσμιας Ελληνικής Βιοϊατρικής Εταιρείας ξεκίνησε από την ιδέα ότι η συλλογική παρουσία του ελληνικού βιοϊατρικού δυναμικού της διασποράς θα ήταν ωφέλιμη για όλους, δίνοντας σημαντικές ευκαιρίες συνεργασίας, ανταλλαγής απόψεων και σύσφιξης των σχέσεων. Η Ελλάδα, εξάλλου, θα είχε αφενός εύκολη πρόσβαση σε Έλληνες του εξωτερικού που κατείχαν τη διεθνή βιοϊατρική τεχνογνωσία της εποχής και αφετέρου υπεύθυνη ενημέρωση για το βιοϊατρικό δυναμικό του εξωτερικού. Από τα στοιχεία πού συγκεντρώσαμε με τη δημιουργία του καταλόγου (database) για το «ποιος είναι ποιος», με πλήρη στοιχεία για τον τόπο εργασίας και το ειδικό αντικείμενό του, διαπιστώσαμε ότι οι έλληνες γιατροί της διασποράς θα μπορούσαν να καταταγούν στις εξής κατηγορίες:

1. Αυτούς οι οποίοι εργάζονται σε πανεπιστημιακές σχολές ή ερευνητικά ιδρύματα,

2. Αυτούς οι οποίοι εργάζονται σε κλινικές ή σε εργαστήρια νοσηλευτικών ιδρυμάτων που δεν είναι συνδεδεμένα με πανεπιστημιακές μονάδες

3. Αυτούς οι οποίοι εξασκούσαν κυρίως εξωνοσοκομειακή ιατρική, στο πλαίσιο είτε της γενικής ιατρικής, είτε διαφόρων ειδικοτήτων.

Οι έλληνες επιστήμονες των βιολογικών επιστημών ανήκουν κυρίως στις δύο πρώτες κατηγορίες. Αρκετοί από αυτούς έχουν προσφέρει και εξακολουθούν να προσφέρουν πολύ σημαντικό έργο, χαίροντας μεγάλης διεθνούς αναγνώρισης.

Θεωρήσαμε, ακόμη, ότι η Εταιρεία θα μπορούσε να παίξει καταλυτικό ρόλο, συμβάλλοντας ουσιαστικά στη λύση ορισμένων χρόνιων προβλημάτων στους τομείς της ιατρικής εκπαίδευσης και παροχής περίθαλψης στον ελληνικό χώρο.

Η Εταιρεία θα μπορούσε να χαρακτηριστεί «κίνηση πολιτών», θεσμός που είναι πολύ διαδεδομένος στο εξωτερικό, αλλά στην Ελλάδα εξακολουθεί να παραμένει ασθενικός. Μερικές από τις πρωτοβουλίες στόχους της Εταιρείας είχαν θετικά, άμεσα και έμμεσα, αποτελέσματα. Θα μπορούσε να αναφέρει κανείς πολλές περιπτώσεις εποικοδομητικής και γόνιμης συνεργασίας σε διάφορους τομείς μεταξύ των μελών της Εταιρείας, τόσο στο εξωτερικό όσο και στην Ελλάδα. Στο πλαίσιο αυτό αναπτύχθηκαν και συνεχίζουν να διατηρούνται σοβαροί επιστημονικοί και επαγγελματικοί δεσμοί. Σημαντική ήταν και η συμβολή των συνεδρίων, με το ευρύ πολυκλαδικό πρόγραμμα τους και την υψηλή επιστημονική τους ποιότητα. Η συμβολή των ελλήνων συναδέλφων ήταν ουσιαστική και η υποστήριξή τους αμέριστη, ηθικά και υλικά. Θετική ήταν και η υποδοχή της Πολιτείας, που μας αντιμετώπισε ευμενώς. Όταν ξεκινήσαμε, συνάδελφοι δεύτερης και τρίτης γενιάς μεγαλωμένοι στο εξωτερικό είχαν μεγάλη δυσκολία να συνεννοηθούν στα ελληνικά, ενώ σήμερα πολλοί από αυτούς όχι μόνο συνεννοούνται θαυμάσια, αλλά είναι και σε θέση να μιλήσουν ενώπιον ακροατηρίου στη γλώσσα μας. Επιπλέον, αρκετές φιλίες δημιουργήθηκαν και διατηρούνται ακόμη σε προσωπικό επίπεδο μέσω της Εταιρείας.

Στο αρχικό στάδιο της Εταιρείας δεν ήταν όλα ρόδινα. Υπήρξαν δυσκολίες και προκλήσεις. Οι ραγδαίες τεχνολογικές εξελίξεις της εποχής που μακρόχρονα επέδρασαν στην πορεία της Εταιρείας, ήταν ανύπαρκτες στα αρχικά στάδια. Όταν άρχισε αυτή η προσπάθεια, δεν υπήρχε ηλεκτρονική επικοινωνία, ούτε κινητή τηλεφωνία και η επικοινωνία γινόταν ως επί το πλείστον με το ταχυδρομείο και με ελάχιστα τηλεφωνήματα. Μέχρι το 1990, οπότε και οργανώθηκε το 1ο Συνέδριο, ελάχιστοι συνάδελφοι του εξωτερικού είχαν ποτέ βρεθεί σε επιστημονική εκδήλωση στην Ελλάδα. Κατά την πενταετία που ακολούθησε, οι συμμετοχές αυτές πολλαπλασιάστηκαν, καθώς οι μετακινήσεις και τα ταξίδια έγιναν ευκολότερα. Έτσι, η τακτική παρουσία στην Ελλάδα άρχισε να πυκνώνει, αφού ήταν πλέον σχετικά εύκολη. Το γεγονός ότι η οργάνωση των συνεδρίων έγινε πολύπλοκη υπόθεση, με σοβαρές συνέπειες οικονομικού χαρακτήρα, δημιούργησε νέα δεδομένα για την Εταιρεία. Η Ελλάδα θεωρήθηκε από την αρχή ο προσφορότερος τόπος συναντήσεων, όντας το σημείο αναφοράς της ελληνικής διασποράς. Ανάλογες συναντήσεις γίνονται και από γιατρούς άλλων εθνικών ομάδων οι οποίοι δεν ζουν στη χώρα τους (λ.χ., Ινδούς, Κινέζους και κατεξοχήν Ισραηλινούς).

Νέα διάσταση στη συνεργασία έδωσε, επίσης, το γεγονός ότι σημαντικός αριθμός συναδέλφων με σημαντική σταδιοδρομία στο εξωτερικό επέστρεψε στην Ελλάδα, συναποκομίζοντας την τεχνογνωσία τους αλλά και τις διασυνδέσεις τους με τα ιδρύματα του εξωτερικού. Άλλος παράγοντας με καθοριστικές επιπτώσεις για το επιστημονικό μέλλον της χώρας υπήρξε η ένταξη της Ελλάδας στην Ευρωπαϊκή Κοινότητα το 1981. Με τον τρόπο αυτόν άνοιξε ευρύτατο πεδίο συνεργασίας, που οδήγησε σε κοινά ερευνητικά και άλλα προγράμματα με διάφορες ευρωπαϊκές χώρες, με σημαντικές χρηματοδοτήσεις.

Δεν έλειψαν πάντως και οι δυσκολίες συντονισμού. Για παράδειγμα, ενώ η δημιουργία του καταλόγου (data base) ήταν σε πλήρη εξέλιξη, άρχισε άλλη παράλληλη προσπάθεια σύνταξης καταλόγου. Επίσης, οι περισσότερες από τις κατά τόπους ιατρικές εταιρείες, με τις οποίες και συνεργαζόμασταν, ήταν μικρές ομάδες που στηρίζονταν κυρίως σε ατομικές ενθουσιώδεις πρωτοβουλίες, με αναιμική όμως υποδομή. Έτσι, ακόμη και ο πιο στοιχειώδης συντονισμός ήταν πολύ δύσκολος. Εξαίρεση αποτελούσε η Ιατρική Εταιρεία της Νέας Υόρκης, που είχε επαρκή οργανωτική υποδομή. Διέφερε, όμως, από την ΕΙΕ της Βρετανίας, γιατί η πλειοψηφία των μελών της ήταν ιδιώτες γιατροί, εργαζόμενοι σε διαφορετικό σύστημα παροχής υπηρεσιών υγείας απ' ότι το βρετανικό National Health Service.

Κατά τη δεκαετία του 1990, και ενώ οι εξελίξεις στην ελληνική βιοϊατρική διασπορά ήταν ιδιαιτέρως θετικές, το ελληνικό κράτος έδειξε ενδιαφέρον για τους Έλληνες του εξωτερικού και για τα οφέλη που θα μπορούσε να έχει από αυτούς· Το αποκορύφωμα ήταν η ίδρυση του Συμβουλίου Αποδήμου Ελληνισμού (ΣΑΕ) το 1995 (βλ. Κεφάλαιο Χ). Στις αρχικές δραστηριότητες του ΣΑΕ ήταν και η προσφορά υπηρεσιών υγείας, με τη δημιουργία σειράς κέντρων πρωτοβάθμιας περίθαλψης, διαγνωστικών ομάδων, καθώς και άλλων υπηρεσιών για τους Έλληνες της διασποράς. Η δραστηριότητα αυτή ξεκίνησε από χώρες της πρώην Σοβιετικής Ένωσης, κυρίως τη Γεωργία αλλά και την Ουκρανία, καθώς και από την Αλβανία, με πρωτοβουλία του τότε προέδρου Άντριου Άθενς και με συντονιστή τον καρδιολόγο, στο Σικάγο, Κυριάκο (Charles) Κανάκη. Η σημαντική αυτή δραστηριότητα, πολύ ωφέλιμη για τις περιοχές στις οποίες υλοποιήθηκε συνεχίστηκε και μετά την αποχώρηση του Άντριου Άθενς από την προεδρία του ΣΑΕ, παρά τα πολιτικά και στρατιωτικά προβλήματα της περιοχής. Δυστυχώς όμως, δεν έγινε εφικτή η μονιμότερη και στενότερη συνεργασία της Εταιρείας με το ΣΑΕ, με αποτέλεσμα αυτή να μην είναι στα μέλη του.

Η έκδοση του *Hellenic Medical Journal*, που φιλοδοξούσε να ακολουθήσει τα πρότυπα άλλων ανάλογων εκδόσεων από εθνικές ομάδες (λ.χ., *Israel Medical Association Journal*, *Croatian Medical Journal*), δεν καρποφόρησε. Συζητήσεις και διαπραγματεύσεις για την έκδοση ενιαίου αγγλόφωνου ελληνικού ιατρικού περιοδικού δεν τελεσφόρησαν. Ένας από τους λόγους που δεν προχώρησε η υπόθεση του περιοδικού είναι ότι, εν τω μεταξύ, η καθιέρωση του «impact factor» για τα επιστημονικά περιοδικά δεν έκανε το *Hellenic Medical Journal* ελκυστικό για δημοσιεύσεις. Το εμπόδιο αυτό θα μπορούσε ίσως να ξεπεραστεί με τη χάραξη κοινής όσο και συγκεκριμένης εκδοτικής πορείας.

Επίσης, ενώ τα παγκόσμια συνέδρια συνεχίζονταν, υπήρξε μεμονωμένη ατομική οργανωτική πρωτοβουλία με τον τίτλο Διεθνές Συνέδριο των Ελλήνων Ιατρών της Διασποράς στην Αθήνα, στα τέλη της δεκαετίας του 1990, χωρίς καν να ενημερωθεί η Εταιρεία μας. Το 2007 υπήρξε άλλη πρωτοβουλία της Ιατρικής Εταιρείας Νέας Υόρκης και του Υπουργείου Υγείας της Ελλάδος, με την οργάνωση συνεδρίου στην Κω, από το οποίο προέκυψε το Global Hellenic Medical Network, με σκοπούς παραπλήσιους με εκείνους της Παγκόσμιας Ελληνικής ΒιοΙατρικής Εταιρείας. Ακολούθησε, το 2008, συνέδριο στην Πάφο, της Κύπρου, με επικεφαλής της οργανωτικής επιτροπής τον Γαβριήλ Παναγή, πρόεδρο της Παγκόσμιας Ελληνικής Βιοϊατρικής Εταιρείας, με τη συνδρομή του Γιώργου Ντάγγα, προέδρου της Ιατρικής Εταιρείας Νέας Υόρκης, αλλά και με την υποστήριξη των Υπουργείων Υγείας της Κύπρου και της Ελλάδας. Το συνέδριο αυτό, ενώ επρόκειτο να είναι το 9ο της Παγκόσμιας Ελληνικής Βιοϊατρικής Εταιρείας, σε συνεργασία με το Global Hellenic Medical and Biosciences Network, εμφανίστηκε ως 1ο Global Hellenic Medical and Biosciences Diaspora Congress, προκαλώντας έτσι σύγχυση, ως προς το αν επρόκειτο για τη φυσική συνέχεια της μακροχρόνιας δραστηριότητας της Παγκόσμιας Ελληνικής Βιοϊατρικής Εταιρείας ή για νέα πρωτοβουλία. Η σύγχυση έγινε μεγαλύτερη από το γεγονός ότι μερικοί από τους οργανωτές του συνεδρίου, αλλά και οι κρατικοί φορείς της Κύπρου και της Ελλάδας, έδειξαν να αγνοούν την εικοσαετή προϊστορία της Παγκόσμιας Ελληνικής Βιοϊατρικής Εταιρείας. Χαρακτηριστική ήταν η ομιλία του τότε υπουργού Υγείας, Δημήτρη Αβραμόπουλου, ο οποίος, τελείως ανενημέρωτος, ανέπτυξε τα πλεονεκτήματα της δικής του πρωτοβουλίας να φέρει κοντά το ελληνικό ιατρικό δυναμικό της διασποράς, ενώ στην πραγματικότητα αυτό είχε αρχίσει πριν είκοσι χρόνια και είχαμε ήδη οργανώσει αλλά οκτώ παγκόσμια συνέδρια! Φυσικά, τα ιστορικά δεδομένα δεν αλλάζουν, παρότι οι πολιτικές σκοπιμότητες και μικρότητες παραμένουν.

Ακολούθησε νέο συνέδριο του Global Hellenic Medical and Biosciences Network, στο Λαγονήσι, στην Αθήνα, το 2009, με την υποστήριξη του ελληνικού Υπουργείου Υγείας, στο οποίο αυτή τη φορά συμμετείχαν και επιστήμονες από τον χώρο των βιολογικών επιστημών. Εκεί, έπειτα από εποικοδομητικές συνομιλίες στις οποίες πρωταγωνίστηκαν ο Γιώργος Ντάγγας και ο Κώστας Δροσάτος, αποφασίστηκε η διοίκηση της Παγκόσμιας Ελληνικής Βιοϊατρικής Εταιρείας να μεταφερθεί στη Νέα Υόρκη. Παράλληλα, συμφωνήθηκε η ονομασία Global Hellenic Medical and Bioscientific Network να χρησιμοποιείται στο εξής για τα περιοδικά συνέδρια της Παγκόσμιας Ελληνικής Βιοϊατρικής Εταιρείας κατά γεωγραφική περιοχή. Έκτοτε, χάρις στη συστηματική και δημιουργική προσφορά του Κώστα Δροσάτου, τη συμβολή του Γιώργου Ντάγγα και με την βοήθεια συνεργατών τους, επαναπροσδιορίστηκαν οι προτεραιότητες της Παγκόσμιας Ελληνικής Βιοϊατρικής Εταιρείας η οποία συνεχίζει την έντονη παρουσία της.

Το 2010 γιορτάστηκαν τα 25 χρόνια συνεχούς παρουσίας της Ελληνικής Ιατρικής Εταιρείας Βρετανίας, με εκδηλώσεις στη Royal Society of Medicine που περιλάμβαναν έκθεση βιβλίων από την πλούσια και μοναδική συλλογή της βιβλιοθήκης της. Η έκθεση που είχε τίτλο «Αρχαία ελληνική ιατρική» (Ancient Hellenic Medicine) και οργανώθηκε με πρωτοβουλία του Σπύρου Ρέτσα, κάλυπτε την ιστορία της ελληνικής ιατρικής από τον Ασκληπιό και την επουλωτική δύναμη θεών της ελληνικής αρχαιότητας μέχρι τα χρόνια του

Γαληνού. Το έγκυρο βρετανικό ιατρικό περιοδικό *Lancet* αφιέρωσε ευμενές σχόλιο για την έκθεση.

Ακολούθησε σεμινάριο, ενταγμένο στο τακτικό πρόγραμμα της Royal Society of Medicine, με θέμα «Ιατρικές καινοτομίες» (Medical Innovations), στο οποίο ο κυπριακής καταγωγής καθηγητής της βιοιατρικής τεχνολογίας στο Imperial College του Πανεπιστημίου του Λονδίνου, Chris Toumazou, παρουσίασε το πρώτο παγκοσμίως φορητό-αυτοκόλλητο ασύρματο ιατρικό monitor. Η μικροσκοπική αυτή συσκευή μπορεί να συλλέγει και να αποστέλλει αυτομάτως στοιχεία για τις ζωτικές λειτουργίες του σώματος, χωρίς να απαιτείται συνεχής κατάκλιση και σύνδεση του ασθενούς με τα αντίστοιχα μηχανήματα. Εν συνεχεία, η τότε πρόεδρος του Βρετανικού Συμβουλίου Ιατρικής Έρευνας και Ανάπτυξης, καθηγήτρια της αιματολογίας Sally Davies, γνωστή στην Ελλάδα από τις εργασίες της για τη θαλασσαιμία, αναφέρθηκε στις ερευνητικές προτεραιότητες της Βρετανίας στο πεδίο της ιατρικής, αλλά και στη σημασία που έχει η αξιολόγηση της παροχής υπηρεσιών υγείας.

Θα πρέπει, τέλος, να γίνει ειδική μνεία στο επιστημονικό συνέδριο, τον Οκτώβριο του 2010, της ΕΙΕ Βρετανίας, σε συνεργασία με την Παγκόσμια Ελληνική Βιοϊατρική Εταιρεία και με ομιλητή τον ομότιμο καθηγητή γενετικής του Πανεπιστημίου Columbia της Νέας Υόρκης, Αργύρη Ευστρατιάδη. Στην εκδήλωση αυτή συμμετείχαν πολλά ιστορικά στελέχη των δύο Εταιρειών, συμπεριλαμβανομένων των Γαβριήλ Παναγή, Παύλου Κυμίση, Δημήτρη Καρδαμάκη, Γρηγόρη Σιβολαπένκο, αλλά και νέα στελέχη, όπως ο Κώστας Δροσάτος από τη Νέα Υόρκη, η Δώρα Φουκανέλη, πρόεδρος τότε της ΕΙΕ, ο Δημήτρης Πάσχος και ο Πέτρος Καραγιάννης. Ακολούθησε το καθιερωμένο δείπνο, το οποίο, κατά την αγγλική συνήθεια συνοδευόταν από ομιλία (after dinner speech), του Λόρδο David Owen με θέμα το «Σύνδρομο της Ύβρεως» (Hubris Syndrome) για το οποίο έγινε ήδη λόγος στο Κεφάλαιο VII.

Όσα προηγήθηκαν δίνουν μια σύντομη εικόνα της σύγχρονης ελληνικής βιοϊατρικής διασποράς, όπως αυτή εκφράστηκε κυρίως από την Παγκόσμια Ελληνική Βιοϊατρική Εταιρεία που ξεκίνησε από το Λονδίνο πριν από περισσότερα από είκοσι χρόνια. Οι συνθήκες για τον σημερινό γιατρό είναι διαφορετικές από εκείνες που επικρατούσαν όταν ιδρύθηκε η Εταιρεία. Οι σχέσεις γιατρών, πολιτών και κυβερνήσεων βρίσκονται ενίοτε σε κάποια ένταση, ως αποτέλεσμα των διαρκώς αυξανόμενων απαιτήσεων. Πρωταρχικό μέλημα, όμως, παραμένει η επίτευξη των υψηλότερων στόχων σε ότι αφορά την παροχή υπηρεσιών υγείας στους ασθενείς και η απόλυτη προσήλωση στην ιατρική δεοντολογία. Ο ιατρός της εποχής μας καλείται να αρθεί υπεράνω όλων των προκλήσεων και να παραμείνει πιστός στον όρκο του Ιπποκράτη. Παράλληλα όμως, οφείλει να σέβεται τους θεσμούς και να υπολογίζει τους περιορισμούς που του επιβάλλει η κοινωνία και το κράτος. Η ιατρική έρευνα, παρά τις θεαματικές επιτυχίες της, βρίσκεται επίσης σε κρίση, λόγω της συνεχούς περικοπής των χρηματοδοτήσεων και του αυξανόμενου ρόλου των εμπορικών συμφερόντων. Η συνέχιση της συνεργασίας και του διαλόγου ανάμεσα στην ελληνική βιοϊατρική διασπορά και το εθνικό κέντρο δεν μπορεί, μακροπρόθεσμα, παρά να έχει θετικές επιπτώσεις.

ΚΕΦΑΛΑΙΟ Χ

Το Ελληνικό Forum του Λονδίνου

Στο τέλος της δεκαετίας του 1980 και στις αρχές της δεκαετίας του 1990 η εικόνα της Ελλάδας στη Βρετανία γινόταν ολοένα και πιο αρνητική. Αυτό είχε αρχίσει να μας επηρεάζει και σε προσωπικό επίπεδο. Το αισθανόμασταν στον επαγγελματικό μας χώρο, ακόμη και στις κοινωνικές συναναστροφές μας. Οι κύριοι λόγοι για τους οποίους ο βρετανικός Τύπος της εποχής εκείνης έβρισκε αφορμή να παρουσιάζει αρνητικά την Ελλάδα ήταν η ονομασία της Πρώην Γιουγκοσλαβικής Δημοκρατίας της Μακεδονίας ενώ και η σχέση του Ανδρέα Παπανδρέου με τη Δήμητρα Λιάνη που αποτελούσε πικάντικο θέμα για εφημερίδες και τηλεοπτικά κανάλια. Όσον αφορά το λεγόμενο Μακεδονικό, η θέση τους ήταν ότι η Ελλάδα, αρνούμενη την ονομασία Μακεδονία στην κυβέρνηση των Σκοπίων, εμφανιζόταν να υιοθετεί ακραίες εθνικιστικές θέσεις.

Με δεδομένη την πλήρη επίγνωση αυτής της κατάστασης, η ανησυχία και αμηχανία πολλών μελών της ελληνικής παροικίας αυξανόταν συνεχώς. Παράλληλα, κατανοούσαμε ότι, όσο περνούσαν τα χρόνια, χάναμε σταδιακά την υποστήριξη πολλών πανεπιστημιακών, καλλιτεχνών, διανοουμένων, καθώς και ενός μέρους των πολιτικών. Άλλωστε, αρκετοί από αυτούς που μας είχαν υποστηρίξει στα χρόνια της δικτατορίας στην Ελλάδα δεν ζούσαν πλέον. Επίσης, το κομμάτι εκείνο της βρετανικής κοινωνίας που έτρεφε θαυμασμό για την αρχαία Ελλάδα, την ιστορία της, τον πολιτισμό της, τα επιτεύγματά της, έσβηνε με τον καιρό. Η εντύπωση των νέων Βρετανών για την Ελλάδα ήταν κυρίως ότι πρόκειται για έναν όμορφο και τότε σχετικά φθηνό τόπο διακοπών, χωρίς να τους απασχολεί ιδιαίτερα η ιστορία της και το παρελθόν της. Ταυτόχρονα, είχαμε ανοίξει σοβαρό θέμα με το αίτημα για την επιστροφή των Μαρμάρων του Παρθενώνα και φυσικά εξακολουθούσε να παραμένει πάντα ανοιχτό το Κυπριακό, με την κατοχή της βόρειας Κύπρου.

Η αρνητική εικόνα της Ελλάδας και η γενικότερη δυσπιστία και επιφυλακτικότητα των Βρετανών για τις ελληνικές θέσεις μας προβλημάτιζε σοβαρά. Δεν πιστεύαμε, βέβαια, ότι υπήρχε ανθελληνική συνωμοσία, όπως υποστήριζαν μερικοί, ούτε ότι μας μισούσαν και μας ζήλευαν επειδή είμαστε χαρισματικός λαός, όπως ισχυρίζονταν άλλοι. Έπειτα από πολλές συζητήσεις που κάναμε μεταξύ μας και με φίλους μας Βρετανούς, η γνώμη που σχηματίσαμε ήταν ότι δεν υπήρχε επαρκής προβολή των ελληνικών θέσεων, ώστε να γίνονται αυτές κατανοητές από τη διεθνή κοινότητα. Αυτό οφειλόταν στην έλλειψη μακρόπνοης στρατηγικής και σε ελλείψεις στις διπλωματικές υπηρεσίες μας αλλά και σε συναισθηματικές αντιδράσεις. .

Η άποψή μας ήταν ότι οι Έλληνες που ζούσαν στο εξωτερικό και είχαν μάθει λίγο-πολύ πώς σκέπτονταν οι ξένοι θα ήταν περισσότερο χρήσιμοι από τους ειλικρινείς και φλογερούς «πατριώτες», οι οποίοι όμως αγνοούσαν εντελώς τις συνθήκες που επικρατούσαν έξω από τα ελληνικά σύνορα. Έτσι, συγκροτήσαμε μια ομάδα πρωτοβουλίας με σκοπό να εξετάσουμε το πρόβλημα που είχε δημιουργηθεί και έπαιρνε συνεχώς μεγαλύτερες διαστάσεις, αλλά και να προτείνουμε σχέδιο αντιμετώπισής του. Στην ομάδα αυτή συμμετείχαν αρχικά η Μαρία Beckett, η Ελένη Cubitt, ο Στάμος Ι. Φαφαλιός, ο Στέλιος Πατερομιχελάκης, η Ειρήνη Φαφαλιού, ο Νίκος Παπαδάκης και ο γράφων. Έπειτα από αρκετές συναντήσεις και συζητήσεις με τον ευρύτερο χώρο της παροικίας, αποφασίσαμε, στις 16 Ιανουαρίου του 1994, να ιδρύσουμε το Ελληνικό Forum του Λονδίνου. Στην πρώτη διακήρυξη του Ελληνικού Forum τονιζόταν ότι η εικόνα της Ελλάδας στη Βρετανία κατά τα τελευταία χρόνια ήταν ένα ζήτημα που απασχολούσε έντονα τους Έλληνες, αλλά και γενικότερα τους φίλους της Ελλάδας που ζούσαν στη χώρα αυτή. Γι' αυτόν τον λόγο, μέλη της ελληνικής κοινότητας από τον επιστημονικό, επιχειρηματικό, καλλιτεχνικό και πανεπιστημιακό χώρο ίδρυαν το Ελληνικό Forum. Παράλληλα, σκοπεύαμε να ενημερώνουμε τους ιθύνοντες στην Ελλάδα για την εικόνα που διάφορες ενέργειές τους εξέπεμπαν στο εξωτερικό και ειδικά στη Βρετανία, πρόβλημα για το οποίο θεωρούσαμε ότι δεν ήταν ενήμεροι, αφού δεν είχαν ικανοποιητική ενημέρωση από τις αρμόδιες υπηρεσίες λόγω των ελλείψεων που αυτές παρουσίαζαν.

Σε αυτό το πλαίσιο, γράψαμε σε δεκάδες Βρετανούς και Έλληνες, τους οποίους κατά κανόνα γνωρίζαμε προσωπικά και οι οποίοι κατείχαν υπεύθυνες θέσεις στα πανεπιστήμια ή στην οικονομική, επαγγελματική, δημοσιογραφική και πολιτική ζωή του τόπου, ζητώντας τους να μας απαντήσουν στις εξής ερωτήσεις:

- Ποιες ήταν, κατά τη γνώμη τους, οι όψεις της σύγχρονης Ελλάδας (λ.χ., ιστορία, τέχνες, πολιτισμός και παραδόσεις, φυσικό περιβάλλον, τουρισμός, εμπόριο, κοινωνικά θέματα, κ.ά.) που θα ενδιέφεραν τους σημερινούς Βρετανούς;

- Πώς νόμιζαν ότι θα έπρεπε να προβληθούν στη Βρετανία ορισμένες από τις θετικές όψεις της σύγχρονης Ελλάδας;

- Ποιες βραχυπρόθεσμες και μακροπρόθεσμες στρατηγικές θα έπρεπε να αναπτυχθούν, ώστε να επιτευχθούν οι προτεινόμενοι στόχοι για τη θετική παρουσίαση της σύγχρονης Ελλάδας στη Βρετανία;

- Ποιες ήταν οι αδυναμίες της σύγχρονης Ελλάδας που προβάλλονταν κατ' εξοχήν στη Βρετανία τότε;

- Τέλος, αν πίστευαν ότι θα έπρεπε να κληθούν Βρετανοί να συμμετάσχουν σε μια προσπάθεια αναβάθμισης της εικόνας της Ελλάδας και ποιους συγκεκριμένα αυτοί θα πρότειναν;

Από τις απαντήσεις που πήραμε διαμορφώσαμε τη στρατηγική και τους σκοπούς του Forum, οι οποίοι και περιλάμβαναν:

- Βελτίωση της εικόνας της σύγχρονης Ελλάδας και προσπάθεια για κάλυψη ελληνικών θεμάτων από τα βρετανικά μέσα μαζικής ενημέρωσης.

- Πληροφόρηση της βρετανικής κοινής γνώμης σχετικά με τις θέσεις και τους μακροπρόθεσμους στόχους της Ελλάδας και του ευρύτερου ελληνισμού.

- Προώθηση του διαλόγου για τρέχοντα θέματα που αφορούσαν την Ελλάδα, καθώς και άσκηση επιρροής προς διαμορφωτές της κοινής γνώμης στη Βρετανία.

- Καταγραφή όλων των σχετικών δραστηριοτήτων των ανάλογων βρετανικών εκπαιδευτικών, πολιτικών και πολιτιστικών φορέων και ιδρυμάτων.

- Ανάπτυξη δικτύου φιλελληνικών πρωτοβουλιών, με στόχο την προώθηση και τον συντονισμό των επαφών μεταξύ των Ελλήνων και φιλικά διακείμενων Βρετανών.

- Προσπάθεια για πληροφόρηση των ελληνικών αρχών και της ελληνικής κοινής γνώμης για την εικόνα της Ελλάδας στο εξωτερικό, και ειδικότερα για το πώς γίνονταν δεκτές από τους Βρετανούς οι ελληνικές θέσεις.

Το Ελληνικό Forum θα ήταν ανεξάρτητο από τις ελληνικές διπλωματικές υπηρεσίες του Λονδίνου, παρόλο που θα διατηρούσε επαφή με την ελληνική πρεσβεία και θα ήταν πρόθυμο να συνεργαστεί σε εκδηλώσεις και δράσεις τις οποίες θα έκρινε αναγκαίες. Στις δραστηριότητες που προγραμματίζονταν από το Ελληνικό Forum, περιλαμβάνονταν:

- Επαφές με ευρύ φάσμα Βρετανών και Ελλήνων, με στόχο τον εντοπισμό ατόμων που θα μπορούσαν να χρησιμεύουν σαν σύμβουλοι του Ελληνικού Forum, ή να συμβάλλουν σε μια πιο ευνοϊκή και συγχρόνως αντικειμενική κάλυψη των Ελληνικών θεμάτων.

- Προώθηση διαλόγου για τα ελληνικά θέματα στα μέσα μαζικής ενημέρωσης, στο χώρο των τεχνών, στον επιχειρηματικό κόσμο, στο κοινοβούλιο, στα πανεπιστήμια.

- Δημιουργία ομάδων εργασίας για τον εντοπισμό «θετικών για την Ελλάδα θεμάτων» και αντίστοιχη ενημέρωση προσωπικοτήτων και φορέων της Βρετανίας.

- Δημιουργία τράπεζας πληροφοριών και ανάλογου μηχανισμού, σε τεχνολογικού εξοπλισμού e-mail, σε συνεργασία με έλληνες επιστήμονες (Imperial College, London School of Economics κ. ά.), που θα τροφοδοτούσε τα βρετανικά μέσα μαζικής ενημέρωσης με υλικό σχετικό με την Ελλάδα.

- Δημιουργία τράπεζας πληροφοριών με πλήρη στοιχεία για άτομα, ιδρύματα και οργανώσεις που πρόσφεραν ήδη υπηρεσίες, καθώς και για άλλα που θα μπορούσαν να προσφέρουν ανάλογες υπηρεσίες στο μέλλον, σχετικές με την προώθηση των στόχων του Ελληνικού Forum.

- Καταγραφή Βρετανικών πανεπιστημίων που είχαν Τμήμα Ελληνικών Σπουδών ή στα οποία διδάσκονταν αρχαία και νέα ελληνικά.

- Συσπείρωση και αλληλογνωριμία των ελληνικής καταγωγής δημοσιογράφων και άλλων στελεχών των βρετανικών μέσων ενημέρωσης.

- Σύνδεση με ανάλογες κινήσεις και πρωτοβουλίες σε άλλες χώρες.

Η δομή του Forum περιελάμβανε τη Συμβουλευτική Επιτροπή, που θα χάραζε τους στρατηγικούς στόχους και θα προωθούσε την υλοποίηση τους, την Εκτελεστική Επιτροπή που ήταν υπεύθυνη για την καθημερινή λειτουργία του Forum, καθώς και Ομάδες Εργασίας από ειδικούς, που θα αναλάμβαναν συγκεκριμένες μελέτες και δραστηριότητες.

Μέλη της Συμβουλευτικής Επιτροπής ήταν η Μαρία Beckett, η Ελένη Cubitt, ο Τρύφων Κέδρος, ο Ντίνος Λεβέντης, ο Χάρης Μαρτίνος, ο Φίλιππος Μαυροσκούφης, ο Ηλίας Μόσιαλος, ο Νίκος Μουζέλης, ο Νίκος Παπαδάκης, ο Στέλιος Πατερομιχελάκης, ο Μιχάλης Περατικός, ο Γιάννης Σπράος, ο Στάμος Ι. Φαφαλιός, η Ειρήνη Φαφαλιού, ο Αλέξανδρος Φωστηρόπουλος και ο γράφων. Η Εκτελεστική Επιτροπή απαρτίστηκε από τα άτομα της αρχικής ομάδας πρωτοβουλίας.

Οι αρχικές συγκεντρώσεις γίνονταν στο διαμέρισμα του Στάμου Ι. Φαφαλιού, στο Knightsbridge, όπου, εκτός από τα μέλη των επιτροπών του Forum, προσκαλούσαμε και άτομα σχετικά με τους σκοπούς μας, με τα οποία ανταλλάσαμε απόψεις και κάναμε διάφορες σκέψεις για τις δράσεις που επρόκειτο να υλοποιηθούν. Αργότερα, οι συναντήσεις μεταφέρθηκαν στο γραφείο της εταιρείας Local and Regional Development Planning, του Χάρη και της Μαρίας Μαρτίνου, στην περιοχή Victoria του Λονδίνου. Από τις πρώτες αποφάσεις που πάρθηκαν ήταν ότι θα αποφεύγαμε την οργάνωση διαλέξεων και ομιλιών και θα γινόταν προσπάθεια να κινηθούμε με ανεπίσημο τρόπο, με μικρές συγκεντρώσεις σε σπίτια ή σε γραφεία, αφού έτσι θα ήταν ευκολότερο να πλησιάσουμε και να επηρεάσουμε τους κατάλληλους φορείς και ανθρώπους. Στα θέματα που τέθηκαν προς συζήτηση ήταν η ανταγωνιστικότητα της ελληνικής οικονομίας, η μακροπρόθεσμη στρατηγική της Ελλάδας στην Ευρωπαϊκή Ένωση, η ταυτότητα της Ελλάδας και η αυτογνωσία της, η απήχηση των θέσεών της στον 21ο αιώνα που ήδη πλησίαζε, κ.ά.

Τα επόμενα χρόνια έγιναν επίμονες προσπάθειες να προωθηθούν οι σκοποί του Forum, πλησιάζοντας κυρίως πρόσωπα με ισχύ και εξηγώντας τους τις ελληνικές θέσεις. Η αρνητική στάση του βρετανικού Τύπου οξύνθηκε μετά τη νίκη του Ανδρέα Παπανδρέου στις εκλογές του 1993. Στάλθηκαν τότε αρκετές απαντητικές επιστολές σε αρνητικά δημοσιεύματα, όπως ήταν το κύριο άρθρο της εφημερίδας *Independent* στις 5 Ιανουαρίου 1994 όταν η Ελλάδα αναλάμβανε την προεδρία της Ευρωπαϊκής Ένωσης, στο οποίο αναφερόταν μεταξύ άλλων: « Η ανάληψη αυτής της ευθύνης από την Ελλάδα περιέχει πολύ μεγαλύτερους κινδύνους για τις Βρυξέλλες από οποιαδήποτε θετική συνεισφορά θα μπορούσε να έχει η Ελλάδα». Σε αυτό το κείμενο διατυπώνονταν κατηγορίες για ανικανότητα της δημόσιας διοίκησης, διαφθορά, καθώς και για μεγάλα δημοσιονομικά ελλείμματα. Αν και όλα αυτά δύσκολα μπορούσαν να αντικρουστούν, καταβάλλονταν προσπάθειες να υπάρξει κάποιου είδους εποικοδομητικός διάλογος με τους Βρετανούς. Χρησιμοποιήσαμε κυρίως φίλους Άγγλους, ή κάποιους από εμάς με αγγλικά επίθετα, όπως τη Μαρία Beckett, γνωστή από τη δράση της τα χρόνια της δικτατορίας, όταν ο τότε σύζυγος της, αμερικανός δικηγόρος James Beckett, είχε υποστηρίξει την αποπομπή της χουντικής κυβέρνησης της Ελλάδας από το Συμβούλιο της Ευρώπης. Η Μαρία Beckett υπήρξε, επίσης, συντονίστρια των περιβαλλοντολογικών συνεδρίων εν πλω, που άρχισαν με πρωτοβουλία του οικουμενικού πατριάρχη Βαρθολομαίου και σκοπό είχαν την εξέταση τρόπων προστασίας του περιβάλλοντος, με επιστημονική και θρησκευτική συμβολή. Η Μαρία Beckett ήταν πραγματικά ακούραστη, δουλεύοντας ατέλειωτες ώρες στο διαμέρισμά της στο κεντρικό Λονδίνο για την προετοιμασία των Συνεδρίων, αλλά και συμμετέχοντας στην προώθηση των γενικότερων επιδειώξεων του Ελληνικού Forum.

Στα άτομα με τα οποία είχαμε συναντήσεις και συζητήσεις περιλαμβάνονταν ο βρετανός βουλευτής του Εργατικού κόμματος Eddie O'Hara, ο πρώην βουλευτής Chris Price, ο δικαστής Sir David Calvert Smith, μετέπειτα δημόσιος κατήγορος, ο καθηγητής Howard Machin, επικεφαλής τότε του European Institute της London School of Economics, καθώς και πολλοί άλλοι. Παράλληλα, υποδεχθήκαμε πολλούς οι οποίοι έρχονταν από την Ελλάδα στο Λονδίνο και τους καλούσαμε στο σπίτι μας, καθώς τότε είχαμε μεταφερθεί από το Blackheath στο South Kensington. Σε αυτό το ανεπίσημο περιβάλλον καταβάλλαμε προσπάθειες να μεταδώσουμε στους έλληνες ιθύνοντες την πραγματική εικόνα που έδινε η Ελλάδα στη Βρετανία, όπως την αντιλαμβανόμασταν εμείς, στους τομείς της εργασίας μας σε βρετανικές υπηρεσίες, σε ιδρύματα και σε οργανισμούς. Ανάμεσα στους Έλληνες που φιλοξενήσαμε σε αυτές τις συγκεντρώσεις ήταν ο Διαμαντής Πεπελάσης, ο Γιάννης Μαρίνος, τότε διευθυντής του *Οικονομικού Ταχυδρόμου*, ο καθηγητής Ευάγγελος Κωφός, ο πρέσβης Κώστας Ζέπος, ο Δημήτρης Τσάτσος, τότε ευρωβουλευτής, ο Γιώργος Ρωμαίος τότε υφυπουργός Εξωτερικών, ο Νίκος Κωνσταντόπουλος, τότε πρόεδρος του Συνασπισμού, ο Μιχάλης Παπαγιαννάκης, τότε ευρωβουλευτής, ο καθηγητής Θόδωρος Κουλουμπής, και πολλοί άλλοι. Ανάλογες συγκεντρώσεις γίνονταν και στο γραφείο του Ηλία Μόσιαλου, στη London School of Economics, όπως αυτή με τη Βάσω Παπανδρέου, όταν ήταν επίτροπος στην Ευρωπαϊκή Ένωση, τον Στέφανο Μάνο, που έδειχνε ενδιαφέρον για θέματα του συστήματος υγείας και είχε συγκροτημένη σκέψη, αλλά και με πολλούς άλλους. Υπήρξαν και μερικά ευτράπελα ακριβά, όπως η φιλοξενία πολιτικού που άφησε στο ξενοδοχείο ένα δυσανάλογα υψηλό λογαριασμό για τηλεφωνήματα και ποτά, ή η περίπτωση άλλου που η γυναίκα του τού έκανε εμφανώς συνεχή νοήματα να τελειώνει με την ομιλία του στο κεντρικό αμφιθέατρο της London School of Economics, γιατί τους περίμεναν φίλοι τους για φαγητό!

Από τις πιο επιτυχημένες τότε συγκεντρώσεις ήταν αυτές με τον καθηγητή Δημήτρη Παπούλια, την εποχή που ήταν πρόεδρος του ΟΠΕΚ (Όμιλος για την Πρόοδο και τον Εκσυγχρονισμό της Κοινωνίας), και αργότερα πρόεδρος του ΟΤΕ και της ΔΕΗ. Ο Δημήτρης Παπούλιας γνώριζε καλά τη βρετανική πραγματικότητα, από τα χρόνια που έζησε στην Οξφόρδη. Εκφράστηκαν έντονες ανησυχίες για την καθυστέρηση των απαιτούμενων μεταρρυθμίσεων και του εκσυγχρονισμού στην Ελλάδα. Η θέση του Παπούλια ήταν ότι τον καιρό εκείνο κυριαρχούσαν στην Ελλάδα δύο τάσεις. Η μια ήταν προοδευτική και εκσυγχρονιστική, ενώ η άλλη προσπαθούσε να διατηρήσει το καθεστώς που επικρατούσε ώστε να μην αλλάξει τίποτε. Άραγε, πόσο έχουν αλλάξει τα πράγματα σήμερα, τόσα χρόνια μετά; Υπήρχε ενδιαφέρον για τη δραστηριότητα του ΟΠΕΚ και εκφράστηκε η επιθυμία να υπάρξει αμοιβαία ενημέρωση μεταξύ του Ελληνικού Forum και του ΟΠΕΚ. Επαφές είχαν, επίσης, γίνει στην Αθήνα με την Κίνηση Πολιτών, την Παρέμβαση και το Ε21.

Εξίσου επιτυχής ήταν η εκδήλωση με τον Γιώργο Παπανδρέου, υφυπουργό Εξωτερικών τότε. Μετά από την ομιλία του στη London School of Economics για την εξωτερική πολιτική της Ελλάδας, ακολούθησε άτυπη συγκέντρωση στο σπίτι μας. Αυτή τη φορά αντιμετωπίσαμε το αδιαχώρητο. Για μια ακόμη φορά, οι γείτονές μας αναρωτιόντουσαν τι συμβαίνει και κάθε τόσο μαζεύεται τόσος κόσμος στο σπίτι μας! Σε αυτήν τη συγκέντρωση συνάντησα, έπειτα από πολλά χρόνια, την Άντα Παπανδρέου, με την οποία και θυμηθήκαμε τα παιδικά μας χρόνια στην Πάτρα, όπου, για πολλά χρόνια, συναντιόμαστε με τις οικογένειές μας σ' ένα φιλικό σπίτι, για να παρακολουθήσουμε την παρέλαση του Καρνάβαλου, την τελευταία Κυριακή της Αποκριάς. Επιτυχία είχε, επίσης, και η συνάντηση με την Άννα Διαμαντοπούλου, όταν ήταν επίτροπος στην Ευρωπαϊκή Ένωση και ήρθε στο Λονδίνο για να μιλήσει στη London School of Economics, προσκαλεσμένη, όπως και οι πιο πολλοί από αυτούς που προαναφέρθηκαν, από τον Ηλία Μόσιαλο, μέσω του Ευρωπαϊκού Ινστιτούτου.

Από τις πιο επεισοδιακές συγκεντρώσεις ήταν αυτή με τον Ευάγγελο Βενιζέλο, υπουργό Πολιτισμού τότε, ο οποίος είχε έρθει στο Λονδίνο για εκδήλωση που είχε σχέση με τα Μάρμαρα του Παρθενώνα. Συγκεντρωθήκαμε στο γραφείο του Ηλία Μόσιαλου, στη London School of Economics. Σύντομα έγινε φανερό ότι ο Βενιζέλος δεν είχε επίγνωση ότι μιλούσε με επιστήμονες που ήταν εγκαταστημένοι στο Λονδίνο, με υπεύθυνες θέσεις στα βρετανικά πανεπιστήμια, γνώστες της ελληνικής αλλά και της διεθνούς κατάστασης. Μας ρώτησε γιατί βρισκόμασταν στο εξωτερικό και δεν επιστρέφαμε στην Ελλάδα δεδομένου ότι η κατάσταση των ελληνικών πανεπιστημίων ήταν πολύ καλύτερη από εκείνη των βρετανικών!. Ακολούθησε μεγάλος καβγάς που φούντωσε ακόμη περισσότερο, όταν εκφράστηκαν αντιρρήσεις για το εμπάργκο από την Ελλάδα στη FYROM, για να εισπράξουμε τον ατυχή χαρακτηρισμό του ότι είμαστε «ανθέλληνες» και θα έπρεπε να μας αφαιρεθούν τα ελληνικά διαβατήρια! Μάταια γίνονταν προσπάθειες από μερικούς να κατευνάσουν τα πνεύματα. Η συνάντηση αυτή τράβηξε περισσότερη ώρα απ' όσο είχε υπολογιστεί, με αποτέλεσμα ο Βενιζέλος να πάει καθυστερημένος στην επόμενη συνάντησή του.

Μια από τις προσπάθειες που υποστήριξε το Forum, μαζί με σημαντικούς παράγοντες της κυπριακής και της ελληνικής παροικίας, ήταν και το Κέντρο Μελετών Ελληνισμού Διασποράς, που δημιουργήθηκε το 1991, με πρωτοβουλία της Μαρίας Ρούσσου, κύπριας εκπαιδευτικού. Σκοπός του Κέντρου ήταν η προαγωγή της ιστορίας και η μελέτη της εξέλιξης των ελληνικών κοινοτήτων, συμπεριλαμβανομένων και των κυπριακών, σε όλα τα μέρη του κόσμου. Οι δραστηριότητες του Κέντρου είχαν αρχίσει ουσιαστικά από το 1984, με την οργάνωση διαλέξεων και την συλλογή αρχειακού υλικού, κυρίως ελληνοκυπριακού, με απώτερο σκοπό τη δημιουργία Αρχείου Ελληνικής Διασποράς. Επίσης, ανάμεσα στα ενδιαφέροντα του Κέντρου ήταν να καλύψει τα κενά που υπήρχαν στην εκπόνηση προγραμμάτων για την εκμάθηση των ελληνικών εκτός Ελλάδας, θέμα πολύ σημαντικό για τους Έλληνες του εξωτερικού και για τα παιδιά τους. Ανάλογη πρωτοβουλία για τη μελέτη του κυπριακού ελληνισμού είχε γίνει από τον κύπριο πανεπιστημιακό Γιάννη Χαραλάμπους, στο North London Polytechnic, με την οργάνωση σχετικών διαλέξεων και συζητήσεων. Σημειωτέον ότι ο Γιάννης Χαραλάμπους είχε οργανώσει στο North London Polytechnic με επιτυχία τον Νοέμβριο του 1990 το «Sarafis Centenary Symposium. Στέφανος Σαράφης: 60 χρόνια Ελληνικής Ιστορίας. Ανάμεσα στους κύριους ομιλητές ήταν η Marion Σαράφη και ο Χρίστος Αλεξίου που μίλησε με θέμα «The Great Years of the War. The Occupation and the Resistance», στην οποία ο στρατηγός Σαράφης ως στρατιωτικός αρχηγός του ΕΛΑΣ έπαιξε αποφασιστικό ρόλο.

Από τις πιο επιτυχημένες πρωτοβουλίες του Forum ήταν η πρόταση το 1996 στον τότε έλληνα πρέσβη στο Λονδίνο, Ηλία Γούναρη, να οργανωθούν εκδηλώσεις με θέμα «Η Ελλάδα στη Βρετανία». Ο Ηλίας Γούναρης υποστήριζε θερμά τις δραστηριότητες του Ελληνικού Forum, ενώ πολύτιμη βοήθεια είχαν επίσης προσφέρει ο τότε πρέσβης σύμβουλος Τάσος Σκοπελίτης, ο γενικός πρόξενος Γιώργος Κωστούλας, ο σύμβουλος Τύπου Αχιλλέας Παπαρσένος, καθώς και ο Νίκος Παπαδάκης.

Η πρόταση που την είχε συντάξει ο Χάρης Μαρτίνος και απέβλεπε στην προβολή της σύγχρονης Ελλάδας χωρίς να εστιάζει μόνον το «ένδοξο ιστορικό παρελθόν της», περιλάμβανε στενή συνεργασία με τον Ελληνικό Οργανισμό Τουρισμού, προσπάθεια προώθησης ελληνικών προϊόντων στη Βρετανία, προβολές ελληνικών ταινιών, εκθέσεις ευρύτερου ενδιαφέροντος, προβολές ελληνικών ντοκιμαντέρ στη βρετανική τηλεόραση και, το σημαντικότερο, προσπάθεια ώστε οι βρετανικοί φορείς γραμμάτων και τεχνών να περιλαμβάνουν κάποιο «ελληνικό θέμα» στις τρέχουσες δραστηριότητές τους. Η ιδέα ήταν οι εκδηλώσεις αυτές να διαρκέσουν ένα μήνα. Τελικά, η Βικτωρία Σολωμονίδου υλοποίησε αυτήν την πρόταση δύο χρόνια αργότερα, το 1998, όταν πρέσβης εν τω μεταξύ είχε έλθει ο Βασίλης Ζαφειρόπουλος, επίσης θερμός υποστηρικτής του Forum. Η πρότασή μας τροποποιήθηκε και επεκτάθηκε με μεγάλη επιτυχία, καθιερώνοντας το θέμα «Η Ελλάδα στη Βρετανία» σε συνεχή βάση, τουλάχιστον αναφορικά με τις εκδηλώσεις εκείνες που είχαν τις απαιτούμενες προδιαγραφές. Η πρώτη σειρά εκδηλώσεων «Η Ελλάδα στη Βρετανία» έγινε από τον Ιανουάριο μέχρι τον Ιούνιο του 1998, με εντυπωσιακό πρόγραμμα, που περιλάμβανε μουσικές εκδηλώσεις, θεατρικές παραστάσεις, χορό, κινηματογράφο, εκθέσεις ζωγραφικής και φωτογραφίας, διαλέξεις και συνέδρια. Το σημαντικότερο ήταν ότι πολλές από αυτές τις εκδηλώσεις δεν ήταν αποκλειστικά ελληνικές, αλλά είχαν ενσωματωθεί στο κανονικό πρόγραμμα των σημαντικότερων πολιτιστικών φορέων του Λονδίνου, κάτι που προσπαθούσαμε να πετύχουμε εδώ και πολλά χρόνια. Μεγάλη επιτυχία είχε και ο εορτασμός των εκατό χρόνων από τη γέννηση του ποιητή Γιώργου Σεφέρη, τον Μάιο του 2000, με σειρά εκδηλώσεων μέσα στο πλαίσιο της πρωτοβουλίας "Η Ελλάδα στη Βρετανία". Οι εκδηλώσεις αυτές ενισχύθηκαν από το Ίδρυμα Ελληνικού Πολιτισμού, το οποίο, όπως προαναφέρθηκε, είχε μεταστεγαστεί ήδη στην ελληνική πρεσβεία και λειτουργούσε με ευθύνη της Βικτωρίας Σολωμονίδου, η οποία κατόρθωσε να εξασφαλίσει την υποστήριξη χορηγών.

Το 1994 έγινε συνάντηση στο Λονδίνο με τον Γρηγόρη Νιώτη, τότε υφυπουργό Εξωτερικών και υπεύθυνο για τον απόδημο ελληνισμό. Ο Γρηγόρης Νιώτης έδειχνε κατατοπισμένος στα θέματα του αποδήμου ελληνισμού, είχε όρεξη και πραγματισμό, και συνέλαβε τη σημασία και τις προοπτικές του Ελληνικού Forum του Λονδίνου με τη μορφή που προσπαθούσαμε να αποκτήσει. Την ίδια εποχή προετοιμαζόταν η ίδρυση του Συμβουλίου Απόδημου Ελληνισμού (ΣΑΕ), για την οργάνωση και λειτουργία του οποίου είχαμε μακρά συνομιλία με τον Γρηγόρη Νιώτη ο οποίος μας ανέπτυξε τη στρατηγική της ελληνικής κυβέρνησης για την εκμετάλλευση του δυναμικού του ελληνισμού της διασποράς. Η εντύπωση ήταν ότι ο Νιώτης ήταν από τους πολιτικούς εκείνους που πίστευαν σε αυτά που έλεγαν, και ότι τα ελατήριά του υπερέβαιναν τα στενά κομματικά κριτήρια. Από τη δική μας πλευρά, υποστηρίξαμε ότι θα έπρεπε ευθύς εξαρχής να υπάρχουν συγκεκριμένοι και ξεκάθαροι στόχοι για το ΣΑΕ. Από αυτές τις συνομιλίες είχε διαφανεί ότι απώτερος στόχος της τότε ελληνικής κυβέρνησης ήταν, σε μεταγενέστερο στάδιο, να καθιερώσει την ψήφο για τους απόδημους

Έλληνες, αλλά και η πιθανότητα δημιουργίας ενός Κοινοβουλίου του Απόδημου Ελληνισμού.

Η δημοσίευση στις 15 Οκτωβρίου του 1995, στο *Βήμα της Κυριακής* του κειμένου μου «Το μυστικό όπλο του ελληνισμού», λίγο πριν από την ιδρυτική συνέλευση του ΣΑΕ στη Θεσσαλονίκη, τον Δεκέμβριο του ίδιου χρόνου, έθετε επί τάπητος τη δυναμική των Ελλήνων του εξωτερικού και τη σπουδαιότητα της συμβολής τους στα ελληνικά θέματα από τις χώρες όπου είχαν επιλέξει να ζουν. Επιπλέον, τονιζόταν ότι οι Έλληνες ήταν υπεύθυνοι για την εικόνα που εμφάνιζε η Ελλάδα στο εξωτερικό και δεν έφταιγαν οι ξένοι, οι οποίοι υπερασπίζονταν τα δικά τους συμφέροντα όπως θα έπρεπε κι εμείς να υπερασπιζόμαστε τα δικά μας.

Το ΣΑΕ ιδρύθηκε επισήμως το 1995, με έδρα τη Θεσσαλονίκη. Στην ιδρυτική συνέλευση παρευρέθηκαν 265 σύνεδροι, που αντιπροσώπευαν κοινότητες, ενορίες και συλλόγους Ελλήνων του εξωτερικού από πενήντα τουλάχιστον χώρες. Πρώτος πρόεδρος του Διεθνούς Εκτελεστικού Συμβουλίου του ΣΑΕ εξελέγη ο Άντριου Άθενς, ελληνοαμερικανός επιχειρηματίας από το Σικάγο και γενικός γραμματέας ο Πασχάλης Παπαχριστόπουλος, διοικητικό στέλεχος της Ευρωπαϊκής Ένωσης. Το Ελληνικό Forum του Λονδίνου είχε εκπροσωπήσει ο Φίλιππος Μαυροσκούφης. Οι σκοποί και τα σχέδια του ΣΑΕ που ήταν πολύ φιλόδοξα, περιλάμβαναν ενδυνάμωση των σχέσεων μεταξύ των αποδήμων, σύσφιξη των δεσμών της Ελλάδας με τις χώρες όπου ζούσαν Έλληνες, αρραγές μέτωπο στα εθνικά θέματα, ενδυνάμωση του διεθνούς ρόλου του ελληνισμού και της Ορθοδοξίας, διατήρηση της ελληνικής ταυτότητας, παράδοσης και πολιτισμικής κληρονομιάς και τέλος προβολή Ελλήνων που είχαν παγκόσμια αναγνώριση στις τέχνες, τις επιστήμες, το εμπόριο, την πολιτική ζωή. Τα διάφορα προγράμματα θα αναπτύσσονταν και θα υλοποιούνταν μέσω περιφερειακών συμβουλίων και επιτροπών, που θα εκλέγονταν στις τέσσερες περιφέρειες, δηλαδή τη Βόρεια και Νότια Αμερική, την Ευρώπη, την Ασία και την Αφρική και την Ωκεανία. Η ιδέα ήταν καλή και πολύ ελπιδοφόρα, αφού θα έφερνε τα 7 περίπου εκατομμύρια των αποδήμων πιο κοντά στην Ελλάδα. Χωρίς αμφιβολία, πολλοί άνθρωποι δούλεψαν σκληρά γι' αυτήν την ιδέα, με πρωτεργάτη τον Άντριου Άθενς, ο οποίος ξόδεψε πολύ χρόνο και πολλά δικά του χρήματα.

Δεν άργησαν όμως να εμφανιστούν τα πρώτα σύννεφα στο ΣΑΕ, λόγω έλλειψης προγραμματισμού και κυρίως συντονισμού. Ένα ακόμη πρόβλημα ήταν η εξασφάλιση τακτικής χρηματοδότησης. Σε αυτά τα σοβαρά εμπόδια θα πρέπει να προστεθούν οι δαίδαλοι της ελληνικής γραφειοκρατίας και η επέλαση των στενών κομματικών συμφερόντων. Όταν το 1997 παρακολούθησα τις εργασίες της Α΄ Γενικής Συνέλευσης, στη Θεσσαλονίκη, δεν μπορούσα για πολύ καιρό να συνέλθω από την απογοήτευση που ένιωσα από τις τετριμμένες γενικότητες και αοριστολογίες που άκουγα και από το κλίμα των στενών συνδικαλιστικών συμφερόντων που επικρατούσε. Η κατάσταση με έφερε τριάντα χρόνια πίσω, στα φοιτητικά μου χρόνια, στα μέσα της δεκαετίας του 1960, όταν υπήρχε η ίδια νοοτροπία. Σε γράμμα που στείλαμε, μετά τη Συνέλευση, στον Άντριου Άθενς, τονίσαμε την άμεση προτεραιότητα που έπρεπε να δώσει το ΣΑΕ στην προβολή και υποστήριξη των ελληνικών θέσεων στο εξωτερικό, εστιάζοντας στη στρατηγική σημασία του ρόλου του, αντί να προσπαθήσει να ασχοληθεί με δραστηριότητες γενικού ενδιαφέροντος, με έντονο παροικιακό χαρακτήρα, όπως αυτές που είχαν ακουστεί στην Γενική Συνέλευση της Θεσσαλονίκης.

Έκτοτε συναντηθήκαμε με τον Άντριου Άθενς δύο φορές, σε ταξίδια του στο Λονδίνο. Με μεγάλη λύπη βλέπαμε να μεγαλώνει η απογοήτευσή του για την τροπή που έπαιρνε η πορεία του ΣΑΕ, στο οποίο είχε επενδύσει τόσες πολλές ελπίδες και προσδοκίες για να αποκτήσει ισχυρή φωνή και παρουσία η Ελλάδα στο εξωτερικό. «Δεν έχουμε άλλα περιθώρια, αν αποτύχει το ΣΑΕ» ήταν οι φράσεις που ανταλλάξαμε κατά την τελευταία μας συνάντηση. Δυστυχώς όμως, το ΣΑΕ ήταν άλλη μια αποτυχία της σύγχρονης Ελλάδας σ' ένα πεδίο όπου θα μπορούσαν να γίνουν τόσο πολλά και τόσο αναγκαία. Σε αυτό το πνεύμα, η συνεργασία του Ελληνικού Forum του Λονδίνου με το ΣΑΕ παρέμεινε πολύ χαλαρή, μέχρι που σταμάτησε. Διατηρήσαμε, όμως, επαφή με τον συνάδελφο καρδιολόγο στο Σικάγο, Κυριάκο Κανάκη, ο οποίος ήταν επικεφαλής του ιατρικού προγράμματος του ΣΑΕ, μέσω της Παγκόσμιας Ελληνικής Βιοϊατρικής Εταιρείας της Διασποράς.

Ανάμεσα στις άλλες δραστηριότητες που είχε αναπτύξει το Forum ήταν και η επαφή και συνεργασία με το Hellenic Resource Centre, ένα από τα πρώτα ηλεκτρονικά κέντρα πληροφοριών, με έδρα τη Βοστόνη. Τον Νοέμβριο του 1997 παρακολούθησα σεμινάριο στην κατοικία του τότε τούρκου πρέσβη στο Λονδίνο, Ozdem Sanberk, με θέμα το κυπριακό, στο πλαίσιο της τότε ελληνοτουρκικής επαναπροσέγγισης και των επικείμενων διαπραγματεύσεων για την εισδοχή της Τουρκίας στην Ευρωπαϊκή Ένωση. Παρόντες ήταν βρετανοί βουλευτές και πολιτικοί, ακαδημαϊκοί και επιχειρηματίες, σε μια προσπάθεια προώθησης του εποικοδομητικού διαλόγου.

Τον ίδιο χρόνο, το Forum ανέθεσε στον οικονομολόγο Παναγιώτη Δεσσύλα να συντάξει μια έκθεση με τίτλο «Πρόσφατες εξελίξεις της ελληνικής οικονομίας», την οποία και στείλαμε σε διάφορους Βρετανούς με τους οποίους είχαμε καλλιεργήσει επαφές και σχέσεις.

Παρά τον ενθουσιασμό και τη μεγάλη προσπάθεια, το Ελληνικό Forum του Λονδίνου δεν απέδωσε τα αποτελέσματα που προσδοκούσαμε. Οι βασικοί λόγοι ήταν οι σημαντικές αλλαγές που είχαν συντελεστεί στο περιβάλλον των Ελλήνων του Λονδίνου και η έλλειψη σοβαρών οικονομικών πόρων, αφού οι πενιχρές χορηγίες που είχαμε κατά καιρούς και η εθελοντική συνεισφορά δεν επαρκούσαν για μια τέτοιας εμβέλειας προσπάθεια. Το ελληνικό στοιχείο στο Λονδίνο της δεκαετίας του 1990 ήταν τελείως διαφορετικό από εκείνο των δεκαετιών του 1970 και του 1980. Υπήρχε μεγάλο ποσοστό νέων στην ηλικία Ελλήνων, χιλιάδες προπτυχιακοί και εκατοντάδες μεταπτυχιακοί φοιτητές, καθώς και αξιοσημείωτος αριθμός πανεπιστημιακών, γιατρών, δικηγόρων, τραπεζικών και ασχολούμενων με τα χρηματοπιστωτικά. Οι πιο πολλοί από αυτούς είχαν πολύ περισσότερο «διεθνιστική» αντίληψη από εκείνη που είχαμε εμείς, ζώντας άλλωστε στην εποχή της παγκοσμιοποίησης. Παράλληλα, η Ελλάδα ως μέλος της Ευρωπαϊκής Ένωσης συμμετείχε ισότιμα στις Ευρωπαϊκές διεργασίες, με συνεχείς αποστολές αντιπροσώπων ικανών να διαπραγματευθούν σαν ίσοι προς ίσους με τους βρετανούς ομολόγους τους. Τέλος, ο λόγος ύπαρξης του Forum έγινε ενδεχομένως λιγότερο αναγκαίος, όταν η εικόνα που η Ελλάδα εξέπεμπε στο εξωτερικό κατά την περίοδο της κυβέρνησης Σημίτη έγινε πολύ διαφορετική. Ποιος να προβλέψει πόσο τραγικά θα εξελίσσονταν τα πράγματα τα επόμενα χρόνια;

ΚΕΦΑΛΑΙΟ XI

Το Ελληνικό Παρατηρητήριο (Hellenic Observatory)

Από τις περισσότερο αξιόλογες δράσεις της δεκαετίας του 1990 στο Λονδίνο ήταν η ίδρυση και λειτουργία του Ελληνικού Παρατηρητήριου, το 1996, στη London School of Economics (LSE), ως τμήματος του Ευρωπαϊκού Ινστιτούτου της ίδιας Σχολής. Τα εγκαίνια έγιναν στις 10 Οκτωβρίου 1996 από τον τότε αναπληρωτή υπουργό Εξωτερικών, Γιώργο Παπανδρέου, οπότε και ιδρύθηκε η έδρα «Ελευθέριος Βενιζέλος». Η ιδέα της δημιουργίας του Ελληνικού Παρατηρητήριου ήταν του Ηλία Μόσιαλου. Είχε προηγηθεί η ίδρυση στην LSE του Ευρωπαϊκού Ινστιτούτου, του οποίου ο Ηλίας Μόσιαλος ήταν ενεργό μέλος, έχοντας αναπτύξει έντονη δραστηριότητα ως επικεφαλής του Τμήματος Πολιτικών Υγείας. Ο Μόσιαλος συζήτησε κατ' αρχήν την ιδέα του με τον διευθυντή του Ευρωπαϊκού Ινστιτούτου, Howard Machin, και εν συνεχεία με τον Νίκο Μουζέλη, καθηγητή τότε της κοινωνιολογίας στην LSE, καθώς και με τον Σπύρο Οικονομίδη, λέκτορα στο Τμήμα Διεθνών Σχέσεων. Αυτοί οι τρεις ήταν και οι πρωτεργάτες της ίδρυσης του Ελληνικού Παρατηρητήριου. Παρόλο που δεν είχα άμεση ανάμειξη στην ίδρυση του Παρατηρητήριου, εντούτοις, παρακολουθούσα στενά την πορεία της ίδρυσής του, από συζητήσεις τις οποίες είχαμε με τον Ηλία Μόσιαλο και τον Νίκο Μουζέλη.

Η LSE πείσθηκε για τη χρησιμότητα του Ελληνικού Παρατηρητήριου, και σε αυτό βοήθησαν πολύ οι χιλιάδες Έλληνες φοιτητές που είχαν περάσει από εκεί, καθώς και ο σημαντικός αριθμός Ελλήνων που ανήκαν στο μόνιμο διδακτικό προσωπικό της Σχολής. Ακολούθησε η αναζήτηση χρηματικών πόρων, οι οποίοι έπρεπε να βρεθούν από πηγές εκτός της LSE, όπως συνηθίζεται στα περισσότερα γνωστά πανεπιστήμια του εξωτερικού προκειμένου για τμήματα ειδικού ενδιαφέροντος. Η συγκέντρωση των απαραίτητων χρημάτων, διαδικασία την οποία χρηματοδότησε η LSE, κράτησε δυόμισι χρόνια. Σε αυτή συνέβαλαν σημαντικά ο Γιάννης Μπούτος, απόφοιτος της LSE και διοικητής της Τράπεζας της Ελλάδας τότε, η βρετανική πρεσβεία στην Αθήνα, καθώς και η οικογένεια Λάτση. Στη συντονιστική επιτροπή για τη συλλογή χρημάτων πρόεδρος ήταν ο Λουκάς Παπαδήμος, που διαδέχθηκε τον Γιάννη Μπούτο στη διοίκηση της Τράπεζας της Ελλάδας και διατέλεσε πρόσφατα πρωθυπουργός και γραμματέας ο Νίκος Γκαργκάνας, απόφοιτος της LSE και υποδιοικητής τότε της Τράπεζας της Ελλάδας. Σημαντική ήταν επίσης η συμβολή του πολυπληθούς συλλόγου των αποφοίτων της LSE στην Ελλάδα.

Γενναιόδωρες δωρεές έγιναν από αρκετούς ελληνικούς φορείς, κυρίως από τράπεζες, από το Εμπορικό και Βιομηχανικό Επιμελητήριο, από το Ίδρυμα Μποδοσάκη, καθώς και από επιχειρήσεις του ιδιωτικού τομέα, όπως η ΠΕΤΡΟΛΑ, η ΒΙΑΝΕΞ και η ΔΕΛΤΑ. Ενδιαφέροντα στοιχεία για τη δημιουργία του Ελληνικού Παρατηρητήριου περιέχει η συνέντευξη που έδωσε ο Ηλίας Μόσιαλος στον δημοσιογράφο Μπάμπη Μεταξά και δημοσιεύθηκε στην εφημερίδα *Ελευθεροτυπία*, στις 22 Νοεμβρίου του 1996. Η σημασία της ύπαρξης του Ελληνικού Παρατηρητήριου στην LSE είναι τεράστια, αφού εκεί φοιτούν χιλιάδες φοιτητές, πολλοί από τους οποίους θα είναι ίσως οι μελλοντικοί ηγέτες αρκετών χωρών του κόσμου, καθώς και μεγάλων οργανισμών. Έχει μεγάλη σημασία αυτές οι μελλοντικές ελίτ να έχουν πρόσβαση σε ενημέρωση για τη σημερινή Ελλάδα.

Σκοπός του Ελληνικού Παρατηρητήριου ήταν να προωθήσει τη διεπιστημονική μελέτη και έρευνα της σύγχρονης ελληνικής πολιτικής σκηνής, οικονομίας και κοινωνίας. Οι δραστηριότητές του καλύπτουν τόσο την Ελλάδα όσο και την Κύπρο, καθώς και τις σχέσεις των δυο χωρών με την υπόλοιπη Ευρωπαϊκή Ένωση και τη νοτιοανατολική Ευρώπη. Τα ενδιαφέροντα αυτά αντανακλώνται στο ευρύ φάσμα της ερευνητικής δραστηριότητας του Ελληνικού Παρατηρητήριου και στις πολλαπλές εκδηλώσεις του, μέσω των οποίων προσπαθεί να φέρει σε επαφή ξένους ερευνητές με την ελληνική πραγματικότητα. Επίσης, το Ελληνικό Παρατηρητήριο δίνει τη δυνατότητα σε έλληνες πανεπιστημιακούς να συνεχίσουν – έστω και πρόσκαιρα - μέρος της σταδιοδρομίας τους στο Λονδίνο, εξασφαλίζοντάς τους μια οργανωμένη υποδομή για την έρευνα τους.

Πρώτος καθηγητής στην έδρα «Ελευθέριος Βενιζέλος» ήταν ο Λουκάς Τσούκαλης, από το 1998 μέχρι το 2001, οπότε και επέστρεψε στο Πανεπιστήμιο Αθηνών. Τον διαδέχθηκε ο καθηγητής Kevin Featherstone, ο οποίος εξακολουθεί να είναι επικεφαλής του Ελληνικού Παρατηρητήριου, μέχρι που γράφεται αυτό το κείμενο, με αναπληρωτή διευθυντή τον διεθνολόγο Σπύρο Οικονομίδη. Το Ελληνικό Παρατηρητήριο εξακολουθεί να έχει έντονη και εντυπωσιακή παρουσία στο Λονδίνο και να είναι η κύρια εστία έρευνας και μελέτης ελληνικών θεμάτων.

Της ίδρυσης του Ελληνικού Παρατηρητήριου προηγήθηκε, όπως προαναφέρθηκε, η λειτουργία του Ευρωπαϊκού Ινστιτούτου στην LSE, με έντονη δραστηριότητα σε ελληνικά θέματα και κύριο μοχλό τον Ηλία Μόσιαλο. Τον Ιούνιο του 1994 το Ευρωπαϊκό Ινστιτούτο συνδιοργάνωσε στο Λονδίνο με την ΕΛ.Ε.Μ.Ε.Π. (για την οποία γίνεται λόγος στο Κεφάλαιο IV) διήμερο συνέδριο, στα αγγλικά, με θέμα «Η Ελλάδα στη μεταβαλλόμενη Ευρώπη: Ευκαιρίες και Εμπόδια («Greece in a Changing Europe: Opportunities and Constraints»). Κύριοι ομιλητές από την Ελλάδα ήταν ο Θόδωρος Πάγκαλος, υπουργός τότε των Εξωτερικών, που μίλησε με θέμα «Η Ελληνική προεδρία της Ευρωπαϊκής Ένωσης και Έπειτα» και ο Γιώργος Παπανδρέου, υφυπουργός τότε των Εξωτερικών, που μίλησε με θέμα: «Η ελληνική εξωτερική πολιτική μετά τον Ψυχρό Πόλεμο». Ομιλητές που ήρθαν από την Ελλάδα ήταν επίσης ο Διαμαντής Πεπελάσης, ο Λουκάς Τσούκαλης, ο Θάνος Βερέμης, ο Χρήστος Ροζάκης, ο Θόδωρος Κουλουμπής, ο Ανδρέας Ανδριανόπουλος, ο Δημήτρης Κατσούδας, ο Νίκος Αλιβιζάτος, ο Παναγιώτης Ιωακειμίδης και άλλοι. Από τους Έλληνες που εργάζονταν σε βρετανικά πανεπιστήμια συμμετείχαν ο Ηλίας Μόσιαλος, ο Κώστας Υφαντής, ο Σπύρος Οικονομίδης, ο Γιώργος Τριδήμας, ο Στέφανος Σταύρου και ο Γιώργος Μαρκοπουλιώτης από τις Βρυξέλλες, καθώς και Βρετανοί, όπως ο Kevin Featherstone, τότε στο Πανεπιστήμιο του Bradford, η Helen Wallace, ο David Marsh, ο Jonathan Eyal, η Jane Cowan, η Renee Hirschon, ο Richard Clogg, ο James Pettifer και η Susannah Verney.

Τον Νοέμβριο του ίδιου χρόνου, του 1994, με την προοπτική της έναρξης λειτουργίας του Ελληνικού Παρατηρητήριου, πάλι με πρωτοβουλία του Ευρωπαϊκού Ινστιτούτου της LSE και με καθοριστικό τον ρόλο του Ηλία Μόσιαλου, οργανώθηκε το τριήμερο συνέδριο, «Ελλάδα: Προοπτικές Εκσυγχρονισμού». Το συνέδριο έγινε στα αγγλικά, με τίτλο «Greece: Prospects for Modernisation», και στην οργάνωση συμμετείχαν επίσης το Κέντρο Διεθνών και Ευρωπαϊκών Σπουδών του Πανεπιστημίου Αθηνών, το περιοδικό *Οικονομικός Ταχυδρόμος* και η ΕΛ.Ε.Μ.Ε.Π.

Είχε προηγηθεί λίγο νωρίτερα συζήτηση στρογγυλής τράπεζας με το ίδιο θέμα, με πρωτοβουλία της ΕΛ.Ε.Μ.Ε.Π., για την οποία γίνεται λόγος στο Κεφάλαιο IV.

Την εποχή εκείνη η προοπτική και η ιδέα του εκσυγχρονισμού στην Ελλάδα ήταν πολύ ελκυστική για πολλούς από τους έλληνες πανεπιστημιακούς του Λονδίνου. Το συνέδριο αυτό, το μεγαλύτερο που είχε μέχρι τότε γίνει στο Λονδίνο από τις ελληνικές οργανώσεις, είχε βασικό στόχο να προωθήσει την έρευνα και τον προβληματισμό για την σύγχρονη Ελλάδα, από τη σκοπιά της ιστορίας, της οικονομίας, της κοινωνιολογίας, της πολιτικής επιστήμης, των διεθνών σχέσεων, του πολιτισμού. Οι κύριες ενότητες του συνεδρίου αφορούσαν την πολιτική και το πολιτικό σύστημα, τις εξωτερικές σχέσεις, την οικονομία και την οικονομική ανάπτυξη, την κοινωνία και την κοινωνική πολιτική, τον πολιτισμό, τον θεσμικό εκσυγχρονισμό. Οι οργανωτές προσδοκούσαν ότι οι εργασίες του συνεδρίου θα οδηγούσαν σε καλύτερη κατανόηση των τότε προβλημάτων της Ελλάδας και θα ενίσχυαν τις προοπτικές επίλυσής τους. Περίπου 120 ομιλητές και σχολιαστές (discussants) πήραν μέρος στο συνέδριο, από την Ελλάδα και τη Βρετανία. Οι περισσότεροι από αυτούς είχαν συμμετάσχει και σε προηγούμενες ανάλογες εκδηλώσεις και επομένως έχουν ήδη αναφερθεί. Ανάμεσα στις νέες παρουσίες ξεχώριζαν ο Σταύρος Δήμας, ο Πάνος Καζάκος, ο Γιάννος Κρανιδιώτης, η Ελένη Λουρή, ο Γιώργος Μαυρωτάς, ο Γιάννης Παλαιοκρασσάς, ο Δημήτρης Παπούλιας, ο Νίκος Πολύζος, ο Γιώργος Προβόπουλος, ο Αντώνης Μακρυδημήτρης, ο Χαρίδημος Τσούκας, ο Γιάννης Υφαντόπουλος, και αρκετοί άλλοι. Η συμμετοχή του κοινού υπήρξε πολύ μεγάλη, αφού υπολογίζεται ότι περίπου 2.000 άτομα παρακολούθησαν κάποιες από τις ενότητες του συνεδρίου. Βασικό χαρακτηριστικό ήταν ότι με αυτό το συνέδριο, όπως και με τα προηγούμενα που είχαν γίνει στο Ευρωπαϊκό Ινστιτούτο, το αγγλόφωνο κοινό, συμπεριλαμβανομένων και πολλών φοιτητών από άλλες χώρες, συνεχώς διευρυνόταν.

Ο Παύλος Ιωακειμίδης έγραψε γι' αυτό το Συνέδριο στον *Οικονομικό Ταχυδρόμο* στις 5 Ιανουαρίου 1995 ένα εκτενές κείμενο, από το οποίο έχω δανειστεί αρκετά στοιχεία. Ανάμεσα σε άλλα, σημείωνε ότι «Για τρείς ημέρες οι διάδρομοι και οι αίθουσες της LSE έζησαν μία έντονη ελληνική ατμόσφαιρα, αλλά και υψηλού επιπέδου προβληματισμό, προσφέροντας έναν άλλο τρόπο, σοβαρό αλλά και τεκμηριωμένο, προσέγγισης της περίπτωσης της Ελλάδας. Χάρις, δε, στην ανεπηρέαστη από πολιτικό ή άλλο κόστος παρρησία και εθνική αυτοκριτική των ομιλητών επετράπη να δουν οι παρόντες τα πράγματα της Ελλάδας σε αρκετή έκταση όπως έχουν και να εκτιμήσουν κατά πόσον και πως η Ελλάδα θα βαδίσει προς εκσυγχρονιστική πορεία στο προσεχές μέλλον».

Μια από τις βασικές διαπιστώσεις αυτού του συνεδρίου ήταν ότι «δεν πάει άλλο», «ο κόμπος έφθασε στο χτένι». Η Ελλάδα δεν μπορούσε να συνεχίσει με τους ρυθμούς, τις πολιτικές, τις στρατηγικές και τις πρακτικές που είχαν εδραιωθεί. Πολιτικοί και διανοούμενοι, με τον τρόπο του και τη γλώσσα του ο καθένας, αναγνώριζαν ότι το πολιτικό και οικονομικό σύστημα βρισκόταν σε αδυναμία να επιλύσει τα προβλήματα, να εφαρμόσει τα απαιτούμενα μέτρα για να βγει η χώρα από το αδιέξοδο, τόσο στο πεδίο της οικονομίας, της κοινωνίας και της διοίκησης, όσο και σε εκείνο της εξωτερικής πολιτικής. Σύμφωνα με ορισμένες απαισιόδοξες τοποθετήσεις, η Ελλάδα είχε ήδη βυθιστεί σε κατάσταση ανομίας, διαφθοράς και αδιαφάνειας. Η ολιγοπωλιακή συγκέντρωση των εξουσιών στα χέρια ορισμένων οικονομικών παραγόντων υπέσκαπτε το πολιτικό σύστημα και την πίστη στην ίδια την έννοια της πολιτικής. Η καταληκτική επωδός όλων αυτών των τοποθετήσεων ήταν ότι επιβάλλονταν ρήξεις και τομές στην πολιτική, οικονομική και κοινωνική οργάνωση, παράλληλα με εκσυγχρονισμό του συστήματος διοίκησης. Ωστόσο, όπως παρατήρησε ο Κωνσταντίνος Τσουκαλάς, οι εκσυγχρονιστικές ρήξεις, όσο αναγκαίες και αν ήταν, είχαν κόστος και θα έπρεπε να ξεκαθαριστεί ποιος θα το πληρώσει. Ίσως επειδή κανείς στην Ελλάδα δεν ήταν διατεθειμένος να πληρώσει έστω και ένα μέρος από το κόστος των εκσυγχρονιστικών αυτών αλλαγών, γι' αυτό η χώρα έφτασε στο χείλος της χρεοκοπίας 17 χρόνια αργότερα, παρόλο που επί οκτώ χρόνια είχε κυβέρνηση με εκσυγχρονιστικές τάσεις. Ο Γιάννης Μαρίνος, διευθυντής τότε του *Οικονομικού Ταχυδρόμου*, παρατήρησε ότι η Ελλάδα δεν θα έπρεπε να παρακολουθεί τις εξελίξεις, τις τάσεις και τους δείκτες μόνο της Ευρωπαϊκής Ένωσης, αλλά και τις εξελίξεις στην Ασία, τους εντυπωσιακούς ρυθμούς παραγωγής, ανταγωνιστικότητας και ικανότητας τεχνολογικής προσαρμογής που παρατηρούνταν εκεί.

Σύμφωνα με τις εξαιρετικά τεκμηριωμένες εισηγήσεις που έγιναν σε αυτό το συνέδριο, η Ελλάδα εμφανιζόταν να υστερεί απελπιστικά στους περισσότερους τομείς, σε σχέση με τις άλλες χώρες της Ευρωπαϊκής Ένωσης: στην κατανομή του εισοδήματος, στα επίπεδα φτώχειας, στην παιδεία και το εκπαιδευτικό σύστημα γενικότερα, στους μακροοικονομικούς δείκτες, στις δαπάνες για έρευνα και τεχνολογία, στη διοικητική οργάνωση και συμπεριφορά, στην περιφερειακή ανάπτυξη και ανασυγκρότηση. Κοινή ήταν η διαπίστωση όλων ότι η ουσιαστική ενσωμάτωση της Ελλάδας στην Ευρωπαϊκή Ένωση όσο και στον ευρύτερο διεθνή χώρο, συνιστούσε πλέον μονόδρομο.

Ιδιαίτερο ενδιαφέρον προκάλεσε το γεγονός ότι ωρισμένοι ομιλητές, ανάμεσά τους αρκετοί ξένοι, θεωρούσαν ότι η Ελλάδα θα έπρεπε να αναζητήσει τρόπους για σύντομη επίλυση των προβλημάτων στις σχέσεις της με τα Βαλκάνια και την Τουρκία. Για όσο διάστημα η χώρα έμενε παγιδευμένη σε αδιέξοδες πολιτικές, θα είχε και δυσκολίες στην επίτευξη της εσωτερικής της ανασυγκρότησης και του εκσυγχρονισμού της. Αναφορές έγιναν, επίσης, στην προσπάθεια καλλιέργειας στενής σχέσης με την Ρωσία.

Το συνέδριο, κατά γενική παραδοχή, ήταν πολύ επιτυχημένο δείχνοντας ότι υπήρχαν σοβαροί έλληνες πολιτικοί, που κατανοούσαν τα προβλήματα της χώρας και ήθελαν να ξεπεράσουν τα αδιέξοδα. Παράλληλα, επιβεβαίωσε ότι υπήρχε μεγάλη και αξιόλογη ομάδα διανοουμένων, εντός και εκτός Ελλάδας, που αναζητούσε νέες μεθόδους και νέους τρόπους ανάλυσης των προβλημάτων και του πλαισίου στρατηγικής με στόχο την αναζήτηση λύσεων. Για μια φορά ακόμη, σε εκδηλώσεις που γίνονταν στο Λονδίνο διατυπώθηκαν αλήθειες που δεν λέγονταν στην Ελλάδα. Η ελληνική πραγματικότητα παρουσιάστηκε γυμνή και εν πολλοίς θλιβερή, αλλά και περιέργως αισιόδοξη, αφού άρχισε να παρατηρείται βαθιά συνειδητοποίηση των προβλημάτων και να γίνεται ειλικρινής συζήτηση με στόχο την αναζήτηση λύσεων.

Τον Μάρτιο του 1998 οργανώθηκε νέο τριήμερο συνέδριο, τη φορά αυτή με πρωτοβουλία του Ελληνικού Παρατηρητήριου και με πρωτεργάτη πάλι τον Ηλία Μόσιαλο. Στην διοργάνωσή του συμμετείχε και η ΕΛ.Ε.Μ.Ε.Π. Ο τίτλος του συνεδρίου ήταν «Η συμβολή της μεταβαλλόμενης Ελλάδας στην Ευρωπαϊκή Ένωση: Η δυναμική μιας πολύπλοκης σχέσης». Το συνέδριο έγινε στα αγγλικά στη London School of Economics, με τον τίτλο «The Contribution of A Changing Greece to the European Union: The Dynamics of a Complex Relationship». Στόχος του συνεδρίου ήταν να εξετάσει όλες τις πτυχές της σχέσης μεταξύ Ευρωπαϊκής Ένωσης και Ελλάδας και κυρίως τον ρόλο της τελευταίας στην πρώτη. Πολλοί διακεκριμένοι πανεπιστημιακοί και άλλες δημόσιες προσωπικότητες παρουσίασαν τις απόψεις τους σε συζητήσεις στρογγυλής τράπεζας. Στα θέματα που εξετάστηκαν περιλαμβάνονταν η ελληνική οικονομία και η Οικονομική Νομισματική Ένωση (ΟΝΕ), η ελληνική «κοινωνία των πολιτών» και ο εκσυγχρονισμός των πολιτικών θεσμών, οι ελληνικές οικονομικές και πολιτικές σχέσεις με τα Βαλκάνια, καθώς και τα κοινωνικά ζητήματα. Μεγάλη καινοτομία, σε σχέση με προηγούμενα συνέδρια, ήταν ότι αρκετοί νέοι επιστήμονες και μεταπτυχιακοί φοιτητές έκαναν εισηγήσεις για διάφορες πτυχές της διαρκώς αυξανόμενης αλληλεπίδρασης μεταξύ Ευρωπαϊκής Ένωσης και Ελλάδας.

Μια άλλη καινοτομία ήταν η οργάνωση δορυφορικού συμποσίου με θέμα «Το Ελληνικό χρηματοοικονομικό δίκαιο στο κατώφλι του 21ου αιώνα».

Στόχος ήταν να υπάρξει ένα διεθνές forum για τη συζήτηση των θεσμικών και νομικών πτυχών του εκσυγχρονισμού, της αναδιάρθρωσης και της εμφάνισης στη διεθνή σκηνή των ελληνικών τραπεζών και αγορών κινητών αξιών. Διοργανωτές αυτού του συμποσίου ήταν ο Ross Cranston, καθηγητής και βουλευτής του Εργατικού Κόμματος και οι έλληνες πανεπιστημιακοί της London School of Economics Χρήστος Χατζημαννουήλ και Αιμίλιος Αυγουλέας. Στο συμπόσιο υπήρξε συμμετοχή από αμερικανούς και βρετανούς ειδικούς, όπως οι καθηγητές C. Crawford, William Blair, Rosa Maria Lastra, Graham Penn, Colin Bamford και Mads Andenas. Από ελληνικής πλευράς συμμετείχαν, μεταξύ άλλων, ο Π. Γεννηματάς, αντιπρόεδρος της Ευρωπαϊκής Τράπεζας Επενδύσεων, οι καθηγητές Π. Χριστοδούλου, Λ. Κοτσίρης, Μ. Μινούδης, Π. Μπενίτσας, Γ. Καλλιμόπουλος, Π. Κορυζής, Σ. Θωμαδάκης (πρόεδρος του Χρηματιστηρίου τότε), Δ. Τσιμπανούλης, Λ. Γεωργακόπουλος και Ν. Καραμούζης, υποδιοικητής τότε της Τράπεζας της Ελλάδος.

Στο κυρίως συνέδριο είχαν λάβει μέρος οι βρετανοί καθηγητές A. Walden, C. Hill, Kevin Featherstone, Howard Machin, Lord W. Wallace, καθώς και ο Oliver Miles, πρώην βρετανός πρέσβης στην Αθήνα. Επίσης, γνωστοί πανεπιστημιακοί και δημόσια πρόσωπα από την Ελλάδα, όπως ο Γιάννος Κρανιδιώτης, τότε αναπληρωτής υπουργός Εξωτερικών, ο Λουκάς Παπαδήμος, διοικητής της Τράπεζας της Ελλάδος, ο Νίκος Γκαργκάνας, υποδιοικητής της Τράπεζας της Ελλάδας, ο Διαμαντής Πεπελάσης, αντιπρόεδρος του Δημοσιογραφικού Οργανισμού Λαμπράκη, ο Νικηφόρος Διαμαντούρος, πρόεδρος του Εθνικού Κέντρου Κοινωνικών Ερευνών, ο Θόδωρος Σκυλακάκης, διευθυντής του Ε21, η Ντόρα Μπακογιάννη, ο Γιώργος Αλογοσκούφης, ο Αχιλλέας Μητσός, γενικός διευθυντής Έρευνας της Ευρωπαϊκής Ένωσης, ο Δημήτρης Παπούλιας, πρόεδρος του ΟΤΕ, της ΔΕΗ και του ΟΠΕΚ, ο Άρης Σισσούρας του Κέντρου Κοινωνικής Πολιτικής, ο Χάρης Σταματόπουλος, πρόεδρος της Ιονικής Τράπεζας, ο Νίκος Χριστοδουλάκης, υπουργός Οικονομικών, ο Στέφανος Μάνος, ο Γιώργος Παπανδρέου, αναπληρωτής υπουργός Εξωτερικών και ο δημοσιογράφος Αντώνης Παπαγιαννίδης. Στους έλληνες καθηγητές από την Ελλάδα περιλαμβάνονταν ο Λυκούργος Λιαρόπουλος, ο Θόδωρος Κουλουμπής, ο Θάνος Βερέμης, η Ιωάννα Λαμπίρη-Δημάκη, ο Γιώργος Παγουλάτος και άλλοι. Από τους έλληνες καθηγητές στο Λονδίνο ήταν ο Ηλίας Μόσιαλος, ο Λουκάς Τσούκαλης, τότε κάτοχος της έδρας «Ελευθέριος Βενιζέλος», ο Χριστόφορος Πισσαρίδης, μετέπειτα κάτοχος του βραβείου Νόμπελ στα οικονομικά, και ο γράφων, ο οποίος και συντόνισε τη στρογγυλή τράπεζα με θέμα «Κοινωνική πολιτική στην Ελλάδα και την Ευρώπη». Συμμετείχαν επίσης αρκετοί έλληνες πανεπιστημιακοί από τη Βρετανία, όπως ο Σπύρος Οικονομίδης, ο Πάνος Καναβός, ο Γιώργος Μαυρωτάς, ο Στέλιος Σταυρίδης, ο Φίλλιπος Carabott, ο Όθων Αναστασάκης, ο Βασίλης Φούσκας και άλλοι.

Από τη σύνθεση του συνεδρίου είναι φανερό ότι υπήρχε μεγάλη αντιπροσώπευση ατόμων που έδειχναν συμπάθεια στον αποκαλούμενο τότε «εκσυγχρονιστικό χώρο» ή και πρόσκειντο εμφανώς σε αυτόν. Μεγάλες ελπίδες είχαν στηριχθεί τότε στο ότι επιτέλους η Ελλάδα θα προχωρούσε στις μεταρρυθμίσεις και τις αλλαγές που τόσο χρειαζόταν από χρόνια. Προφανώς, αν κρίνει κανείς μόνον από αυτό το συνέδριο, το ανθρώπινο δυναμικό δεν έλειπε. Δυστυχώς, για μια ακόμη φορά, το προσδοκώμενο δεν επιτεύχθηκε.

Το 1998 ο Ηλίας Μόσιαλος, με αφορμή τα συνέδρια και τις δραστηριότητες τις σχετικές με την Ελλάδα στην LSE, πήρε την πρωτοβουλία και συνέταξε λεπτομερή πρόταση για τη δημιουργία ανεξάρτητου Ερευνητικού Ινστιτούτου Δημόσιας Πολιτικής, κατά τα πρότυπα των ξένων μεγάλων «think tanks». Η πρόταση ωστόσο πέρασε απαρατήρητη, μολονότι την συζήτησε εκτενώς με υπευθύνους στην Ελλάδα.

Το Ελληνικό Παρατηρητήριο συνεχίζει τη δημιουργική και δυναμική παρουσία του στο Λονδίνο. Η παρουσίαση, όμως, όλων των δράσεών του ξεφεύγει από τα όρια και τους σκοπούς αυτής της έκδοσης, η οποία, όπως προαναφέρθηκε, επικεντρώνεται στις προσωπικές μαρτυρίες και εμπειρίες του συγγραφέα από το 1974 μέχρι το 2004, με ελάχιστες εξαιρέσεις που αναφέρονται σε περισσότερο πρόσφατα γεγονότα.

ΕΠΙΛΟΓΟΣ

Όσα προηγήθηκαν δίνουν μια συνοπτική εικόνα των πολιτικοκοινωνικών προβληματισμών και των πολιτιστικών δραστηριοτήτων στο Λονδίνο τα πρώτα τριάντα χρόνια (1974-2004) μετά την αποκατάσταση της δημοκρατίας στην Ελλάδα. Τα γεγονότα που αναφέρονται αποτελούν προσωπικές αναμνήσεις και μαρτυρίες του γράφοντος, αφού σε αυτά είχε και ο ίδιος περισσότερο ή λιγότερο προσωπική ανάμειξη. Κατά κανέναν τρόπο δεν καλύπτουν, βέβαια, όλες τις δράσεις και όλες τις εκδηλώσεις που πραγματοποιήθηκαν στο Λονδίνο αυτήν την περίοδο. Υπήρξαν, προφανώς, ατομικές πρωτοβουλίες αλλά και συλλογικές δραστηριότητες οι οποίες δεν αναφέρονται εδώ, αφού δεν υπήρξε προσωπική συμμετοχή του γράφοντος σε αυτές.

Το κύριο χαρακτηριστικό που διαφαίνεται από αυτές τις προσωπικές αναμνήσεις είναι ότι κατά την περίοδο 1974-2004 υπήρξε έντονη δραστηριότητα ανάμεσα στους Έλληνες του Λονδίνου, με πλήθος πολιτιστικών εκδηλώσεων και άλλων δραστηριοτήτων, κυρίως πολιτικοκοινωνικού και οικονομικού προβληματισμού. Η πραγματοποίησή τους οφειλόταν κατ' εξοχήν στην εθελοντική προσφορά ατόμων και στη συλλογική προσπάθεια, φαινόμενο που παρατηρείται συχνά στους Έλληνες της διασποράς. Η διαφορά ήταν ότι στο Λονδίνο αυτές οι πρωτοβουλίες είχαν ευρύτερο περιεχόμενο από τις συνηθισμένες δράσεις στενού εθνικού ενδιαφέροντος. Άλλο χαρακτηριστικό ήταν ότι αρκετές από αυτές τις πρωτοβουλίες είχαν σκοπό να προσελκύσουν το ενδιαφέρον κυρίως των Βρετανών, αλλά και άλλων εθνοτήτων που ζούσαν στην πρωτεύουσα της πάλαι ποτέ Βρετανικής Αυτοκρατορίας.

Σε μεγάλο βαθμό οι δραστηριότητες των Ελλήνων του Λονδίνου που περιγράφονται αντανακλούσαν τις τάσεις που επικρατούσαν στην Ελλάδα, πράγμα που αποτελεί χαρακτηριστικό της ελληνικής διασποράς. Η διαφορά είναι ότι δεν είχαν στενά κομματικό χαρακτήρα, αλλά, απεναντίας, στις περισσότερες περιπτώσεις, επεδίωκαν κριτική προσέγγιση και συζήτηση των κύριων θεμάτων που απασχολούσαν την ελληνική κοινωνία. Υπήρξε, μεταξύ άλλων, σοβαρή ενασχόληση με θέματα σχετικά με την παιδεία, την υγεία, την οικονομία, την έρευνα, την ανάπτυξη, τη δημόσια διοίκηση, τη σύγχρονη πολιτική ιστορία.

Οι επιφυλάξεις των Ελλήνων του Λονδίνου για την επιτυχία των μεταρρυθμίσεων στην Ελλάδα είχαν αρχίσει από αρκετά παλιά, όπως διαφαίνεται από αρκετές αναφορές στο βιβλίο. Με το πέρασμα του χρόνου γινόταν όλο και περισσότερο φανερό η επικράτηση μιας αντιφατικής κατάστασης στην Ελλάδα. Από τη μια η έκταση και η απόδοση των επιχειρουμένων μεταρρυθμίσεων στον κρατικό μηχανισμό, στη δημόσια διοίκηση, στην πάταξη της γραφειοκρατίας, στην υγεία, στην παιδεία, στη βελτίωση της ποιότητας ζωής δεν ήταν ικανοποιητική, πλην μεμονωμένων εξαιρέσεων. Από την άλλη, προωθήθηκαν σημαντικές κοινωνικές μεταρρυθμίσεις, όπως η εξίσωση των δύο φύλων, το αυτόματο διαζύγιο, η αναγνώριση της Εθνικής Αντίστασης. Υπήρξε, επίσης, αναμφισβήτητη άνοδος του βιοτικού επιπέδου του ελληνικού λαού όλα αυτά τα χρόνια.

Έκδηλη ήταν η ανησυχία για την καθυστέρηση των μεταρρυθμίσεων στην Ελλάδα σε όλους τους τομείς που αναφέρονται εδώ. Σε αρκετές περιπτώσεις, από τις δράσεις αυτής της περιόδου στο Λονδίνο επισημάνθηκε η έλλειψη εθνικής στρατηγικής, αλλά και συντονισμένης αξιολόγησης των εφαρμοζόμενων κατά καιρούς προγραμμάτων σε διάφορους τομείς. Δεν είναι υπερβολικό να ειπωθεί ότι τα πρώτα χρόνια της μεταπολίτευσης, ακόμη και κατά την δεκαετία του 1980, όταν ταξιδεύαμε στην Ελλάδα για να επισκεφθούμε τους γονείς μας και τις οικογένειες μας ή για διακοπές το καλοκαίρι, υπήρχε μια αίσθηση, ούτε λίγο ούτε πολύ, ότι βρισκόμασταν σε χώρα του αναπτυσσόμενου κόσμου. Η εντύπωση αυτή άρχισε να αλλάζει σταδιακά ιδιαίτερα κατά τη δεκαετία του 2000, όταν πλέον η Ελλάδα παρουσίαζε - εκ πρώτης όψεως τουλάχιστον - την εικόνα ευρωπαϊκής χώρας. Το βιοτικό επίπεδο είχε ανέβει πολύ, σε σημείο που προκαλούσε απορία αυτή η θεαματική οικονομική άνοδος της Ελλάδας σε τόσο σύντομο χρονικό διάστημα. Υπήρχε εμφανής υπερκατανάλωση και υπερευδαιμονία, που τις θεωρούσαμε ανεξήγητες σε σύγκριση με τις δικές μας εμπειρίες στο Λονδίνο, όπου υπήρχαν υψηλότερες οικονομικές απολαβές. Ενώ πλησίαζαν οι Ολυμπιακοί Αγώνες, αλλά με αποκορύφωμα τις δύο εβδομάδες της διεξαγωγής τους, η Αθήνα έδωσε την καλύτερη δυνατή εικόνα της στο εξωτερικό. Ποτέ, ίσως, άλλοτε η Ελλάδα δεν επαινέθηκε τόσο πολύ στη σύγχρονη εποχή όσο τότε, με την υπέροχη βραδιά της τελετής έναρξης. Δυστυχώς, ήρθε η «προσγείωση» ταχύτατα, τους αμέσως επόμενους μήνες, για να επανέλθει η κατάσταση στην προηγούμενη απογοητευτική εκδοχή της. Εν τω μεταξύ, είχε εδραιωθεί το φαινόμενο της αδιαφάνειας, που γινόταν εμφανές όλο και περισσότερο σε διάφορους τομείς της καθημερινής ζωής, αλλά κυρίως στον χώρο της υγείας, στις εφορίες, στην πολεοδομία. Η εντύπωση ήταν πλέον αυτή ενός άνομου κράτους που έβαινε προς την καταστροφή, η οποία και εκδηλώθηκε με την οικονομική κρίση του 2009 και τα γεγονότα που ακολούθησαν.

Η επιφύλαξη και η απογοήτευση για την τροπή που είχαν πάρει τα πράγματα στην Ελλάδα ήταν εμφανείς, αφού δεν είχαν γίνει οι ριζικές θεσμικές αλλαγές που ήταν τόσο απαραίτητες. Δεν ήταν λίγοι αυτοί οι οποίοι προέβλεπαν ότι, αργά ή γρήγορα, η κατάσταση θα οδηγούνταν σε κάποιο αδιέξοδο με όλα αυτά, χωρίς φυσικά να παραγνωρίζεται το γεγονός ότι είχαν γίνει και κάποια θετικά βήματα, πέρα από αυτά που έχουν αναφερθεί ήδη, στα οποία περιλαμβάνονταν η δημιουργία κάποιων υποδομών, η ένταξη στην ΟΝΕ, η ένταξη της Κύπρου στην Ευρωπαϊκή Ένωση. Μολαταύτα, η γενική εντύπωση που επικρατούσε ήταν ότι όλα αυτά τα χρόνια της μεταπολίτευσης είχε, δυστυχώς, επικρατήσει κλίμα διάχυτου λαϊκισμού, κομματισμού και προώθησης ατόμων με αμφισβητούμενες ικανότητες. Το πελατειακό κράτος δεν έπαψε ποτέ να είναι ο κανόνας. Δυστυχώς στις μέρες μας η Ελλάδα αντιμετωπίζει μια από τις σοβαρότερες κρίσεις της σύγχρονης ιστορίας της. Έχει ουσιαστικά χρεοκοπήσει οικονομικά, ενώ αντιμετωπίζει τεράστια και δυσεπίλυτα πολιτικά και κοινωνικά προβλήματα, που όχι μόνο έχουν οδηγήσει σε αδιέξοδα, αλλά παρουσιάζουν και μια θλιβερή εικόνα απαξίωσης της χώρας στο εξωτερικό.

Σε σχέση με τους Έλληνες του εξωτερικού, θα μπορούσε να αναφέρει κανείς την αποτυχία και την ανικανότητα σύνταξης ειδικού μητρώου των ελλήνων επιστημόνων της διασποράς, σε αντίθεση με άλλες εξίσου μικρές χώρες με την Ελλάδα, που όχι μόνο έχουν καταγράψει το ανθρώπινο δυναμικό της διασποράς τους, αλλά και το αξιοποιούν δημιουργικά. Υπήρξαν επανειλημμένες προσπάθειες σύνταξης μητρώου των ελλήνων επιστημόνων της διασποράς, σε σημείο που να έχω πλέον χάσει τον λογαριασμό όλα αυτά τα χρόνια της παραμονής μου στο Λονδίνο. Δεν έλειψαν και οι ειδικές συγκεντρώσεις που οργανώθηκαν κατά καιρούς, στην ελληνική πρεσβεία ή αλλού, με έλληνες πολιτικούς που ζητούσαν να συναντηθούν με τους έλληνες πανεπιστημιακούς και επιστήμονες, χωρίς όμως να έχουν κάποιο συγκεκριμένο σχέδιο. Κύριος στόχος τους ήταν μάλλον να περάσει κάποια είδηση γι΄ αυτούς στον ελληνικό Τύπο και στα άλλα μέσα μαζικής ενημέρωσης, επειδή νόμιζαν ότι έτσι θα αναβάθμιζαν τη θέση τους και το κύρος τους. Κατά καιρούς γράφτηκαν και κυκλοφόρησαν διάφοροι κατάλογοι ελλήνων επιστημόνων. Ωστόσο κύρια χαρακτηριστικά ήταν πάντα η προχειρότητα και η ασυνέχεια, ενώ ασφαλώς το εγχείρημα στοίχιζε και σημαντικά χρηματικά ποσά στο ελληνικό κράτος. Έπειτα από τόσα χρόνια, ακόμα και σήμερα μητρώο δεν υπάρχει. Δυστυχώς, το τεράστιο ανθρώπινο ελληνικό δυναμικό της διασποράς, μαζί με το αξιολογότατο δυναμικό που υπάρχει σήμερα στη χώρα, παραμένει ουσιαστικά ανεκμετάλλευτο.

Κατά καιρούς υπήρξαν κύματα επιστροφής Ελλήνων του Λονδίνου στην Ελλάδα. Το πρώτο ήταν αμέσως μετά την πτώση της χούντας. Το επόμενο ήταν το 1981 και το 1982, με την πρώτη κυβέρνηση του ΠΑΣΟΚ. Πολλοί από τους παλιούς που είχαν απομείνει στο Λονδίνο, αλλά και από τους νεότερους που είχαν έλθει τα πρώτα χρόνια της μεταπολίτευσης, επέστρεψαν τότε στην Ελλάδα. Η πανεπιστημιακή και ακαδημαϊκή ελληνική κοινότητα του Λονδίνου έδειχνε, έτσι, σαφείς τάσεις αποδυνάμωσης. Οι προπτυχιακοί φοιτητές και, σε μικρότερο ποσοστό, οι μεταπτυχιακοί, που κατά τις δεκαετίες του 1990 και του 2000 κατέκλυσαν κυριολεκτικά το Λονδίνο και τη Βρετανία γενικότερα, δεν είχαν αρχίσει ακόμη να έρχονται. Παράλληλα, η άνοδος του ΠΑΣΟΚ στην εξουσία, με τις κοινωνικές μεταρρυθμίσεις που αυτό προωθούσε, δημιουργούσαν καινούργια δεδομένα τα οποία προβλημάτιζαν πολλούς από εμάς. Την αρχική ευφορία σύντομα διαδέχθηκε μεγάλη επιφυλακτικότητα, που σταδιακά μετατρεπόταν σε απογοήτευση, χωρίς να παραγνωριστεί βέβαια το γεγονός ότι είχαν υπάρξει και θετικές εξελίξεις. Τα επακόλουθα θα φανούν πολλά χρόνια αργότερα, όταν η χώρα θα φτάσει στο χείλος της οικονομικής καταστροφής και της κοινωνικής και πολιτισμικής παρακμής.

Ένα εύλογο ερώτημα που τίθεται είναι τι απέδωσε όλη αυτή η δραστηριότητα στο Λονδίνο. Η οριστική απάντηση σε αυτό το ερώτημα θα δοθεί, ασφαλώς, πολύ αργότερα. Ωστόσο, μπορεί να ειπωθεί ότι όλοι αυτοί οι πανεπιστημιακοί που είχαν ζήσει για χρόνια στο Λονδίνο και είχαν πλήρη γνώση και εμπειρία των διεθνών παραμέτρων, επιστρέφοντας στην Ελλάδα και καταλαμβάνοντας ηγετικές θέσεις σε διάφορους τομείς, δεν κατόρθωσαν να ασκήσουν θετική επιρροή. Το ίδιο ισχύει βέβαια και για όσους, πλην ελαχίστων εξαιρέσεων επέστρεψαν στην Ελλάδα από άλλες χώρες, αφήνοντας λαμπρές σπουδές και σταδιοδρομίες, αλλά γρήγορα αφομοιώθηκαν σε αυτό που αποκαλείται «ελληνική πραγματικότητα».

Η πολιτιστική δραστηριότητα στο Λονδίνο υπήρξε πράγματι εντυπωσιακή με δράσεις και εκδηλώσεις που κατάφερναν να προβάλλουν θετικά την Ελλάδα στη βρετανική κοινή γνώμη. Παράλληλα, κρατούσαν ζωντανό το ενδιαφέρον των Ελλήνων που ζούσαν στο Λονδίνο για τη χώρα τους. Αρκετές από τις πολιτιστικές και καλλιτεχνικές εκδηλώσεις όλα αυτά τα χρόνια στο Λονδίνο ήταν υψηλού επιπέδου, αποσπώντας ευμενείς κριτικές από τα βρετανικά μέσα ενημέρωσης και τους κριτικούς τους. Θα πρέπει, μάλιστα, να αναλογιστεί κανείς ότι όλες αυτές οι προσπάθειες βασίζονταν κατ’ εξοχήν στην εθελοντική προσφορά ανθρώπων που είχαν παράλληλα ουκ ολίγες επιστημονικές και επαγγελματικές υποχρεώσεις. Επίσης, θα πρέπει να αναγνωριστεί ότι υπήρξε κατά καιρούς και σημαντική συνεισφορά από άτομα και υπηρεσίες της ελληνικής πρεσβείας, του προξενείου, της Εκκλησίας, σε ορισμένες περιπτώσεις ακόμη και της ελληνικής Πολιτείας.

Η εδραίωση της παγκοσμιοποίησης στα τέλη της δεκαετίας του 1990 και στις αρχές της δεκαετίας του 2000 επέδρασαν αισθητά και στη σύνθεση των Ελλήνων του Λονδίνου, τα ενδιαφέροντά τους και τον προβληματισμό τους. Η αλματώδης τεχνολογική εξέλιξη, η εκμηδένιση των αποστάσεων, η άμεση πληροφόρηση, η εύκολη πρόσβαση σε γνώσεις, σε συνδυασμό με τη σχετική ευμάρεια, μείωσαν το ενδιαφέρον για πολιτικοκοινωνικό και οικονομικό προβληματισμό, όπως αυτό εκφραζόταν επί πολλά χρόνια. Παράλληλα, δημιουργήθηκαν νέα δεδομένα για τις πολιτιστικές και καλλιτεχνικές δράσεις και εκδηλώσεις, η οργάνωση των οποίων έγινε πλέον πιο πολύπλοκη και πολυδάπανη. Από τα τέσσερα πολιτιστικού περιεχομένου κέντρα που δημιουργήθηκαν στο Λονδίνο από το 1974 και έπειτα, έχουν απομείνει δύο και από αυτά ουσιαστική παρουσία έχει μόνο το Ελληνικό Κέντρο. Ίσως θα έπρεπε, από την αρχή, οι προσπάθειες να είχαν επικεντρωθεί στην παρουσία ενός ισχυρού πολιτιστικού φορέα και όχι σε επιμέρους προσπάθειες που κατέληγαν σ' ένα είδος «διασκορπισμού» των δυνάμεων. Είναι, όμως, μεγάλη επιτυχία ότι μπόρεσε να δημιουργηθεί ένα Ελληνικό Κέντρο, ισχυρός πολιτιστικός φορέας, με εντυπωσιακές κτιριακές εγκαταστάσεις. Επίσης, το Ελληνικό Παρατηρητήριο στη London School of Economics έχει εδραιώσει την παρουσία του, σε ότι αφορά την έρευνα και τις μελέτες για τη σύγχρονη Ελλάδα, υποσχόμενο επίσης μια δημιουργική συνέχεια.

Είναι κρίμα ότι δυο από τις σημαντικότερες προσπάθειες που κατέβαλε η Ελλάδα για τη στήριξη και αξιοποίηση του απόδημου ελληνισμού, με τη δημιουργία του Ιδρύματος Ελληνικού Πολιτισμού και του Συμβουλίου Αποδήμου Ελληνισμού, θα πρέπει σήμερα να θεωρούνται πολυέξοδες αποτυχίες. Μόνο στις ΗΠΑ υπολογίζεται ότι εργάζονται ως πανεπιστημιακοί ή ερευνητές περίπου 35.000 Έλληνες, ενώ άλλοι τόσοι περίπου δραστηριοποιούνται στην Ευρώπη. Υπερτερούμε της Πορτογαλίας σε αριθμό ποιοτικών επιστημόνων ανά κάτοικο, ενώ πλησιάζουμε χώρες όπως η Ισπανία και η Ιρλανδία. Με την τεχνογνωσία που διαθέτουμε, στο εσωτερικό της χώρας αλλά και στη διασπορά, η μετάβασή μας σε μια κοινωνία της γνώσης, όπως την πέτυχαν άλλες αντιστοίχου μεγέθους χώρες όπως η Ολλανδία, η Φινλανδία και η Σουηδία, είναι εφικτή. Η αξιοποίηση της ελληνικής διασποράς δεν υπάρχει αμφιβολία ότι παραμένει πάντα ατελής και οι δυνατότητες εν πολλοίς ανεκμετάλλευτες.

Πιστεύω ότι πρέπει να υπάρξει άμεση και συντονισμένη κινητοποίηση όλων των δυνάμεων της ελληνικής διασποράς. Θα πρέπει να ασκηθεί πίεση στα ήδη θεσμοθετημένα όργανα του απόδημου ελληνισμού, ώστε να δράσουν αποτελεσματικά, σε συνεργασία με κάθε είδους φορείς αλλά και με καταξιωμένα άτομα. Αυτό θα πρέπει να γίνει σε στενή συνεργασία με το αξιόλογο ανθρώπινο δυναμικό που βρίσκεται στην Ελλάδα, ώστε να καταστρωθεί η απαραίτητη στρατηγική, ικανή να δημιουργήσει τις απαραίτητες συνθήκες για την υλοποίηση επιτέλους των ριζικών μεταρρυθμίσεων που, σε εύθετο χρόνο, θα βγάλουν τη χώρα από το τέλμα στο οποίο βρίσκεται σήμερα.

ΕΠΙΛΟΓΗ ΒΙΒΛΙΟΓΡΑΦΙΑΣ

Βασιλόπουλος, Περικλής (επιμ.): «Η Υγεία το 2000: Το Εθνικό Σύστημα Υγείας» (1996) *Οικονομικός Ταχυδρόμος*, σελ 52-66.

Bouras N., Psacharopoulos, G: «Greek Patients in London», *British Medical Journal, 283*, 10 October 1981.

Bouras, N: «Spyros Doxiadis», *The Independent* 14 May 1991.

Bouras, N.: « Frank Menolascino», *The Independent* 28 April 1992.

Bouras, N.: «Jafar Kareem», *The Independent* 18 September 1992.

Bouras, N., Webb, Y., Clifford, P., Papadatos, Y., Zouni, M. (1992): «A needs survey among patients in Leros asylum», *British Journal of Psychiatry*, 161, pp. 75– 79.

Calvocoressi, Peter: *Threading my way*, Gerald Duckworth & Co Ltd, London 1994.

Chimbos, P.: *The Canadian Odyssey: The Greek Experience in Canada*, McClelland and Stewart, Toronto 1980.

Clogg, Richard: *The Greek Diaspora in the Twentieth Century*, Macmillan Press, London 1999.

Clogg, Richard: *Unpublished Memoirs*. Personal Communication.

Νταλιάνη-Καραμπατζάκη, Μαντώ: *Παιδιά στη δίνη του Ελληνικού Εμφυλίου Πολέμου 1946 -1949, σημερινοί ενήλικες*, Τσιάντης Ι. και Πλουμπίδης Δ. (επιμ). Μουσείο Μπενάκη, Εταιρεία Ψυχοκοινωνικής Υγείας του Παιδιού και του Εφήβου, Εκδόσεις Σχολής Ι.Μ. Παναγιωτόπουλου, Αθήνα 2001.

Deliyanidis, Th., Mezitis, S.: «Hellenic Medical Society of New York», http://www.hmsny.org/history

Φαφαλιού Σ. Μαρία: Ιερά Οδός 343: Μαρτυρίες από το Δρομοκαΐτειο, Κέδρος, Αθήνα 1995.

Fossey, J: *The Hellenic Diaspora*, Gieben, Amsterdam 1991.

«Η Ανωτάτη Παιδεία στη Δυτική Ευρώπη» *Τεχνικά Χρονικά*, 10-11, 1976.

Hassiotis I.: «Continuity and Change in the Modern Greek Diaspora», *Journal of Modern Hellenism* VI, 1989, pp 9-24.

Hitchens, Christopher: *Elgin Marbles: Should they be returned to Greece?* Chatto & Windus, London 1987.

http://www.parthenonuk.com/supporters.php

Ιορδάνογλου, Χρυσάφης: «Συνδιάσκεψη στο Λονδίνο για την Αλλαγή στην Ελλάδα». *Σύγχρονα Θέματα* 17, 1983, σελ 2-7.

Καθημερινή & *Το Βήμα*: «Κραυγή αγωνίας για την Ελλάδα της γνώσης. Για την Ελλάδα δεν υπάρχει μέλλον χωρίς έρευνα», ανακοίνωση 22 πανεπιστημιακών, 6 Ιουλίου 2008

Καραβία, Μαρία: *Το Ημερολόγιο του Λονδίνου. Σημειώσεις από την εποχή της Δικτατορίας*, Άγρα, Αθήνα 2007.

Kitroeff, A.: *The Greeks in Egypt.1919-1937: Ethnicity and Class*, Ithaka Press, 1989.

Κόκκορη, Μ. *Γεώργιος Ν. Παπανικολάου*. Κέδρος, Αθήνα 1985.

Λυκέτσος, Γ. Κ. *Το Μυθιστόρημα της ζωής μου*. Γαβριηλίδης, Αθήνα 1998.

Marketos S., Lascaratos J., Diamandopoulos A.: «The links between the Medical School of Padua and the Hellenic Medical World», *Medicina Nei Secoli*, 4 (1992), pp. 45-58

Mazower, Mark: *Inside Hitler's Greece: The Experience of Occupation, 1941-44*, Yale University Press, 1993.

Mazower, Mark: *Salonica, City of Ghosts: Christians, Muslims and Jews, 1430-1950*, HarperCollins, London 2004.

Μεττής, Χάρης: *Οι ρίζες του παροικιακού Ελληνισμού της Μεγάλης Βρετανίας*, εκδόσεις Αθήνα, 1988.

Moskos, C.: *Greek Americans*. Transaction Publishers, New Brunswick, (New Jersey), 1990.

Μούλιας, Χ., Φραγκίδης, Χ., *Πολύβιος, Νικ.*: *Κορύλλος: ένας πρωτοπόρος Έλληνας θωρακοχειρουργός*, Πάτρα, 2008.

Μουτσόπουλος, Χαράλαμπος.: *Απόψεις: «Για αυτιά που δεν ακούν»,* Εκδόσεις Α. Α. Λιβάνη, Αθήνα 2007.

Μουτσόπουλος, Χαράλαμπος: *Οδοιπορικό για τη γνώση: Στιγμιότυπα από τα μετακατοχικά Γιάννενα ώς την Αθήνα του 2000*, Εστία, Αθήνα 2009.

Μουτσόπουλος, Χαράλαμπος: *Μικρές ιστορίες... μακράς πορείας*
Εκδόσεις Α. Α. Λιβάνη, Αθήνα 2010.

Μπούρας, Ν.: «Ιατρική έρευνα στο Εθνικό Σύστημα Υγείας της Βρετανίας», (σε) Επιστημονική έρευνα και πανεπιστήμιο Ελλάδα και Ευρώπη, Παρατηρητής, Θεσσαλονίκη 1981, σσ. 57-70.

Μπούρας, Ν.: «Οι νέες μεταρρυθμίσεις στις υπηρεσίες υγείας»,
Οικονομικός Ταχυδρόμος, 8 Δεκεμβρίου 1994.

Μπούρας Ν.: «Το Μυστικό Όπλο του Ελληνισμού», *Το Βήμα,* 15 Οκτωβρίου 1995.

Μπούρας, Ν.: «Η Εμπειρία της Βρετανικής Μεταρρύθμισης»,
Οικονομικός Ταχυδρόμος, 8 Δεκεμβρίου 1996.

Μπούρας, Ν.: «Να μη χαθεί άλλη μία ευκαιρία», *Το Βήμα*, 21 Μαΐου 2000.

Μπούρας Ν.: «Ατέλειες του συστήματος παροχής ιατρικής εκπαίδευσης και του ΕΣΥ». Βιβλιοκριτική: Απόψεις: «Για αυτιά που δεν ακούν» του Χαράλαμπου Μουτσόπουλου. *Καθημερινή*, 23 Σεπτεμβρίου 2007.

Μπούρας, Ν.: «Ηγέτες με Εξουσία και Ασθένειες». Βιβλιοκριτική: *Καθημερινή*, 9 Νοεμβρίου 2008.

Μπούρας Ν.: Πρόλογος στην ελληνική έκδοση του βιβλίου του David Owen. *Ασθενείς στην Εξουσία,* Καστανιώτης, 2009, Αθήνα.

Μπούρας, Ν. : Οι Ασθένειες του ΕΣΥ και η Βρετανική Εμπειρία. Καθημερινή, 5 Δεκεμβρίου 2008.

Μπούρας, Ν.: «Χρονικό της σύγχρονης ελληνικής διασποράς», *Αρχεία Ελληνικής Ιατρικής,* 26 (2), 2009, σσ151–159.

Νικολινάκος, Μάριος (επιμ.): *Οικονομική ανάπτυξη και μετανάστευση στην Ελλάδα*, Εκδόσεις Κάλβος, Αθήνα 1974.

Νικολινάκος, Μάριος (επιμ.): *Η επιστημονική έρευνα και το πανεπιστήμιο,* Παρατηρητής, Θεσσαλονίκη, 1981.

Πάλλης, Αλέξανδρος: *Ξενιτεμένοι Έλληνες*, εκδόσεις Αετός, Αθήνα 1954.

Παπαθανασίου, Ασπασία: Σελίδες μνήμης**.** Εκδόσεις Καστανιώτη**,** Αθήνα 1996.

Πετάση, Ελένη: «Προβληματική συζυγική σχέση: μια νέα αντιμετώπιση». *Επίκαιρα*, 26 Μαρτίου. 1981, Αθήνα.

Πετρόχειλος, Γιώργος (επιμ): *Η Ελληνική διασπορά στη Δυτική Ευρώπη*, εκδόσεις Βασιλόπουλος, Θεσσαλονίκη, 1985.

Psomiades, H., Scourby, A.: *The Greek American Community in Transition*, Pella, New York 1982.

Ρασσιά, Χριστίνα: *Δέκα χρόνια σύζυγος του Ανδρέα Παπανδρέου*, εκδόσεις Ξενοφών, Αθήνα 1992.

Retsas, S: «Hellenic Medical Society of Great Britain», http://www.hellenicmedicalsocietyuk.org/history

Retsas, S: «Medicine and the Olympic Games of Antiquity», Hunterian Society Transactions, Volume LV, Session 1966-1997, pp. 117-125 (ISSN 0306-9842).

Saloutos, T: *The Greeks in the United States*, Harvard University Press, Cambridge, 1964.

Σαράφη, Μάριον (επιμ.) (1981): *Ελλάδα: Κατοχή, Αντίσταση, Εμφύλιος*, Νέα Σύνορα. Αθήνα 1981. επίσης, M. Sarafis (ed): *Greece from Resistance to Civil War,* Spokesman, London 1980.

Tamis, A: The Greeks in Australia. Cambridge University Press, 2005.

Tsiantis, J.: «The children of Leros PIKPA», *The British Journal of Psychiatry*, 167, Supplement 28, 1995.

Tzannatos, Z. (ed.): *Socialism in Greece*, Gower, London 1986.

Vladimiros, L., Frangides, C.: «The First Greek Medical Congress: One Century ago», *Archives of Hellenic Medicine*, 19(6), 2002, pp.700-709.

Wann, Mai: «Chiot Ship owners in London: An Emigrant Elite», Research paper 6, Warwick University, Warwick 1987.

ΦΩΤΟΓΡΑΦΙΕΣ & ΠΡΟΓΡΑΜΜΑΤΑ ΕΚΔΗΛΩΣΕΩΝ

Η ΕΛΛΗΝΙΚΗ ΕΤΑΙΡΙΑ ΜΕΛΕΤΩΝ &
ΕΠΙΣΤΗΜΟΝΙΚΟΥ ΠΡΟΒΛΗΜΑΤΙΣΜΟΥ
(ΕΛΕΜΕΠ)

ὀργανώνει τίς παρακάτω συναντήσεις στίς ὁποῖες ἡ εἴσοδος εἶναι ἐλεύθερη.

LONDON SCHOOL OF ECONOMICS Αἰθ.S 75 Ὥρα 7.30

1. Τρίτη 27/11/1979 — Σπύρος Δοξιάδης (Ὑπουργός Κοινωνικῶν Ὑπηρεσιῶν)
   Τό Νέο Πρόγραμμα Ὑγείας στήν Ἑλλάδα.

2. Παρασκευή 30/11/79 — Ξενοφῶν Γιαταγάνας (Νομή Ὑπηρεσία Κοινῆς Ἀγορᾶς, Βρυξέλλες).
   Φοιτητικό Κίνημα καί Κοινωνική Ἀλλαγή στήν Ἑλλάδα (1950-67).

Γιά τό ἑπόμενο τέρμ ἔχουν προγραμματιστεῖ:

- Γιῶργος Κατηφόρης (University College, London)
  "THE PRESENT STATE OF MARXIST ECONOMICS"

- BOB JESSOP (ESSEX UNIVERSITY)
  "THE CONTRIBUTION OF NICOS POULANTZAS TO RECENT MARXIST THEORY"

1. Πρόγραμμα εκδηλώσεων της ΕΛΕΜΕΠ (1979)

Ἑλληνικό Πολιτιστικό Κέντρο
12-14 Cottesmore Gardens London W8 5PR Telephone 937-0084

Π Ρ Ο Σ Κ Λ Η Σ Η

Ἡ Ἱδρυτική Ἐπιτροπή τοῦ Ἑλληνικοῦ Πολιτιστικοῦ Κέντρου σᾶς καλεῖ στίς παρακάτω ἐκδηλώσεις, τίς πρῶτες πού ὀργανώνει τό Κέντρο πού συστήθηκε στίς ἀρχές τοῦ χρόνου μέ σκοπό τήν ἐνημέρωση καί τήν πολύπλευρη παρουσίαση τῆς ἑλληνικῆς κοινωνίας καί πολιτισμοῦ.

OLD THEATRE, LONDON SCHOOL OF ECONOMICS, HOUGHTON STREET, W.C.2

Ὥρα 7.30 μ.μ.

1. Παρασκευή 2.5.1980 : Ν. Στάγκος (Ποιητής, Μεταφραστής, Ἐπιμελητής Ἐκδόσεων)
"Ἡ Ποίηση τοῦ Γιάννη Ρίτσου"

2. Τετάρτη 21.5.1980 : Δ. Μαρωνίτης (Καθηγητής Κλασικῆς Φιλολογίας, Πανεπιστημίου Θεσσαλονίκης)
"Ὁ Ἐσωτερικός Λυρισμός τοῦ Ὀδυσσέα Ἐλύτη"

3. Παρασκευή 30.5.1980 : Χρ. Ἀλεξίου (Lecturer University of Birmingham)
"Ἡ Ποίηση τοῦ Γεωργίου Σεφέρη: Μία Εἰσαγωγή ἀπό Ἄποψη Ἱστορική καί Κοινωνική"

2. Το πρώτο πρόγραμμα των εκδηλώσεων του Ελληνικού Πολιτιστικού Κέντρου (1980)

ΕΝΩΣΗ ΕΛΛΗΝΩΝ ΠΑΝΕΠΙΣΤΗΜΙΑΚΩΝ
ΔΥΤΙΚΗΣ ΕΥΡΩΠΗΣ (Τμήμα Βρεταννίας)
UNION OF GREEK UNIVERSITY TEACHERS AND
RESEARCH STAFF IN WESTERN EUROPE (UK. BRANCH)

Διήμερο μελέτης μὲ θέμα:

ΥΓΕΙΑ καὶ ΚΡΑΤΟΣ

12 - 13 Δεκεμβρίου 1980

ΕΘΝΙΚΟ ΙΔΡΥΜΑ ΕΡΕΥΝΩΝ
Βασ. Κωνσταντίνου 48, Ἀθήνα.

Διεύθυνση/Address: c/o R. PAPADOPOULOS,
DEPARTMENT OF CHEMICAL ENGINEERING,
POLYTECHNIC OF THE SOUTH BANK, LONDON SE1, ENGLAND
(TEL.: 01-928-8989/Extension 2126)

3. Αφίσα για το Συνέδριο "Υγεία και Κράτος" (1980)

ΠΡΟΓΡΑΜΜΑ

Παρασκευή 12 Δεκεμβρίου

Πρωί

9.45 Ἔναρξη Ραφαὴλ Παπαδόπουλος (ἐκπρόσωπος τῆς Ἕνωσης Ἑλλήνων Πανεπιστημιακῶν Δυτικῆς Εὐρώπης).
10.00 – 10.30 Γιῶργος Πετρόχειλος: Οἰκονομία & Ὑγεία
10.30 – 11.00 Τάσος Φιλαλήθης: Ἡ Ὀργάνωση τῶν Ὑπηρεσιῶν Ὑγείας: Διεθνὴς & Διαχρονικὴ Ἀνασκόπηση. Συντονιστής: Νίκος Γκαργκάνας.
11.00 – 11.15 Δ Ι Α Λ Ε Ι Μ Μ Α
11.15 – 12.00 T. D. Hunter. The National Health Service in Britain. Origins and Achievements.
12.00 – 12.45 Peter Draper. The National Health Service. Which Way Forward.
12.45 – 13.00 Γενικὴ Συζήτηση. Συντονιστής: Κωστὴς Χλουβεράκης

Ἀπόγευμα

5.00 – 5.30 Ἄρης Σισσούρας: Δομικὴ Ὀργάνωση τοῦ Συστήματος Ὑγείας καὶ οἱ Σχέσεις του μὲ τὸ Κράτος.
5.30 – 6.00 Ἀναστασία Γκανᾶ - Δημ. Τριχόπουλος: Περιφερειακὲς Ἀνισότητες τῆς Περίθαλψης στὰ Γενικὰ Θεραπευτήρια τῆς χώρας.
6.00 – 6.30 Νίκανδρος Μπούρας - Γιῶργος Ψαχαρόπουλος: Ἕλληνες Ἀσθενεῖς στὸ Λονδίνο. Συντονιστής: Μάριος Νικολινᾶκος
6.30 – 6.45 Δ Ι Α Λ Ε Ι Μ Μ Α
6.45 – 7.15 Σωτήριος Ἰατρίδης: Νέες Κατευθύνσεις στὴν Ἰατρικὴ Ἐκπαίδευση.
7.15 – 7.45 Λ. Λιαρόπουλος: Ἀνάλυση Δημοσίων Δαπανῶν γιὰ Ὑγεία καὶ Ἀνάγκη Ἀλλαγῶν στὴ Χρηματοδότηση τῆς Ὑγείας.
7.45 – 8.15 Σπῦρος Δοξιάδης: Νέα Μέτρα Ὑγείας. Συντονιστής: Ραφαὴλ Παπαδόπουλος

Σάββατο 13 Δεκεμβρίου

Πρωί

10.00 – 10.30 Ε. Παντελούρης: Γενετικὴ Πρόνοια
10.30 – 11.00 Π. Ἰωακείμ: Μηχανολογικὸς Ἐξοπλισμὸς Νοσοκομείων: Σημερινὴ Κατάσταση καὶ Προτάσεις γιὰ Ὀρθολογικὴ Προμήθεια καὶ Ἀξιοποίηση.
11.00 – 11.30 Ὄλγα Ζάρναρη - Μιχάλης Μαδιανός: Κοινωνικὰ καὶ Οἰκονομικὰ Χαρακτηριστικὰ Ὁμάδων Πληθυσμοῦ μὲ Προβλήματα Ὑγείας. Συντονιστής: Πανταζῆς Τερλεξῆς
11.30 – 11.45 Δ Ι Α Λ Ε Ι Μ Μ Α
11.45 – 12.15 Γιάννης Ὑφαντόπουλος: Ἐκτίμηση τῆς Περιφερειακῆς Παραγωγικότητας καὶ τῆς Οἰκονομικῆς Ἀποδοτικότητας τῶν Ὑπηρεσιῶν Ὑγείας στὴν Ἑλλάδα.
12.15 – 12.45 Δημ. Στριμμένος: Κριτικὴ τῶν Νέων Μέτρων Ὑγείας. (Τί θὰ ἔπρεπε νὰ γίνει).
12.45 – 13.15 Ἰωάννης Κρικέλης: Ἡ Ὑγεία εἶναι ἀναφαίρετο Κοινωνικὸ Δικαίωμα. Συντονιστής: Παναγιώτης Σακελλαρόπουλος

Ἀπόγευμα

5.00 – 7.30 Συζήτηση Στρογγυλῆς Τράπεζας μὲ θέμα: Ὑγεία καὶ Κράτος. Συντονιστής: Κωστὴς Χλουβεράκης. Συμμετέχουν: Ἰωάννης Κρικέλης, Γιάννης Κυριόπουλος, Λυκοῦργος Λιαρόπουλος, Ἄρης Σισσούρας, Τάσος Φιλαλήθης.

ΕΙΣΟΔΟΣ ΕΛΕΥΘΕΡΑ

Ὁ μ ι λ η τ έ ς:

Α. Γκανᾶ, οἰκονομολόγος, ΚΕΠΕ.
Σπ. Δοξιάδης, Ὑπουργὸς Κοινωνικῶν Ὑπηρεσιῶν
DR. P. Draper, Director of the Unit for the Study of Health Policy, Guy' S Hospital, London.
Ο. Ζάρναρη, κοινωνιολόγος, ΕΚΚΕ.
T. D. Hunter, Secretary of the Scottish Health Service Planning Council.
Σ. Ἰατρίδης, γιατρός, ὑφηγητὴς Πανεπιστημίου Ἀθηνῶν.
Π. Ἰωακείμ, ἐπιχειρησιολόγος, Δημοτικὸ Νοσοκομεῖο, Ἀθήνα.
Ι. Κρικέλης, γιατρός, ὑφηγητής, πρόεδρος ΠΙΣ.
Λ. Λιαρόπουλος, οἰκονομολόγος, Ἐπιστημονικὸς συνεργάτης Ὑπουργείου Κοινωνικῶν Ὑπηρεσιῶν.
Μ. Μαδιανός, γιατρός, Αἰγινήτειο Νοσοκομεῖο, Ἀθήνα.
Ν. Μπούρας, γιατρός, Guy' s Hospital Medical School, London.
Ε. Παντελούρης, διολόγος, Reader, University of Strathclyde, Glasgow Scotland.
Γ. Πετρόχειλος, οἰκονομολόγος, Lecturer, Lanchester Polytechnic, Coventry.
Α. Σισσούρας, καθηγητὴς Ἐπιχειρησιακῆς Ἔρευνας, Πανεπιστήμιο Πάτρας.
Δ. Στριμμένος, γιατρός, πρόεδρος ΕΙΝΑΠ.
Δ. Τριχόπουλος, καθηγητὴς Ἰατρικῆς Σχολῆς Πανεπιστημίου Ἀθηνῶν.
Γ. Ὑφαντόπουλος, οἰκονομολόγος, ἐπιστημονικὸς συνεργάτης Ὑπουργείου Κοινωνικῶν Ὑπηρεσιῶν.
Τ. Φιλαλήθης, γιατρὸς London School of Hygiene.
Κ. Χλουβεράκης, γιατρός, Καθηγητής, Buffalo, New York.
Γ. Ψαχαρόπουλος, οἰκονομολόγος, Lecturer, London School of Economics
Σ υ ν τ ο ν ι σ τ έ ς: Νίκος Γκαργκάνας, οἰκονομολόγος, Μάριος Νικολινᾶκος, οἰκονομολόγος, Ραφαὴλ Παπαδόπουλος, Senior Lecturer, South Bank Polytechnic. Παναγιώτης Σακελλαρόπουλος, γιατρός. Πανταζῆς Τερλεξῆς, καθηγητής.

4. Πρόγραμμα από το Συνέδριο "Υγεία και Κράτος" (1980)

5. Με τον Μιχάλη Περατικό
έξω από το Imperial College πηγαίνοντας στο συνέδριο
"3.000 Χρόνια Ελληνικής Ταυτότητας: Μύθος ή Πραγματικότητα" (1981)

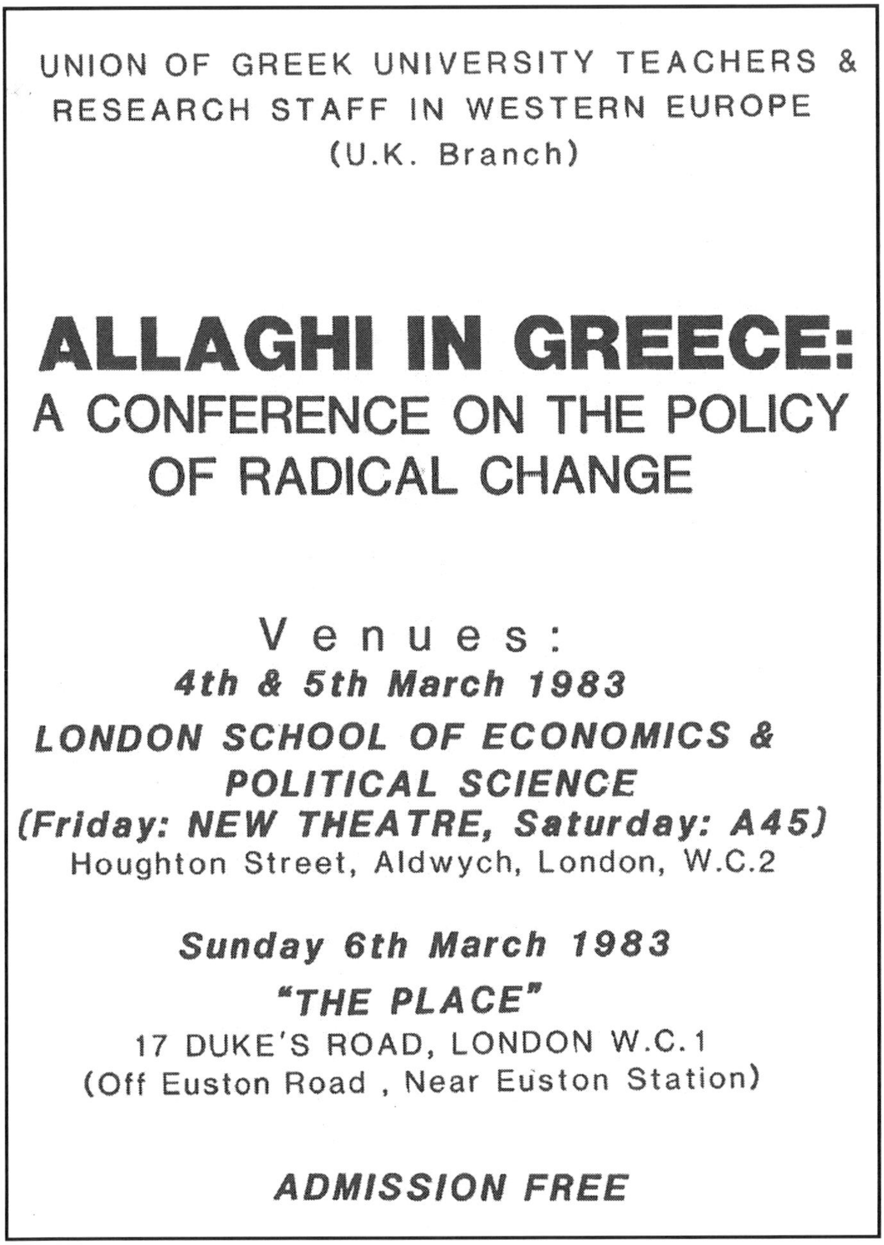

6. Αφίσα για το συνέδριο "Αλλαγή στην Ελλάδα" (1983)

PROGRAMME

FRIDAY : 4th MARCH 1983, NEW THEATRE, L.S.E., Houghton Street, London, WC2

POLITICAL ECONOMY : Chairman : J. SPRAOS

2.30 - 9.00 p.m.

J. PAPANIKOLAOU *	:	ECONOMIC TRANSFORMATION : OBJECTIVES AND CONSTRAINTS
G. DRAKOS	:	THE SOCIALIST ECONOMIC POLICY IN GREECE : A CRITIQUE
C. VAITSOS	:	PROBLEMS AND POLICY OF INDUSTRIALISATION
L. KATSELI	:	BUILDING A PROCESS OF DEMOCRATIC PLANNING
P. KORLIRAS	:	THE ECONOMICS OF STAGFLATION AND TRANSFORMATION IN GREECE
A. COURAKIS	:	MONETARY AND CREDIT POLICY IN GREECE. AIMS, MISCONCEPTIONS AND DIRECTIONS OF REFORM
S. PAPASPILIOPOLLOS	:	NECESSARY STRUCTURAL CHANGES IN GREEK AGRICULTURE
DISCUSSANTS	:	W. BRANSON, R. BACON, M. DESAI and T. HITIRIS
5.30 - 6.00 p.m.		I N T E R V A L

* Subject to confirmation.

SATURDAY : 5th MARCH 1983, ROOM A45, (Main Building), L.S.E.

STATE AND CIVIL SOCIETY : Chairman : N. MOUZELIS

10.00 - 1.00 p.m.

G. DERTILIS	:	CHANGES IN THE STRUCTURE OF THE STATE
N. DIAMANDOUROS	:	POLITICAL CHANGE AND IDEOLOGICAL CONSEQUENCES
T. KATSANEVAS	:	ON TRADE UNIONS
C. LYRITZIS	:	ON THE INTERNAL STRUCTURE OF PASOK
DISCUSSANTS	:	G. CATEPHORES, D. TONGE
1.00 - 2.00 p.m.		I N T E R V A L

SATURDAY : 5th MARCH 1983, ROOM A45, (Main Building), L.S.E.

FOREIGN POLICY : Chairman : L. TSOUKALIS

2.00 - 5.30		ROUND TABLE ON GREEK FOREIGN POLICY
PARTICIPANTS	:	HEDLEY BULL, RICHARD CLOGG, NIKOS KYRIAZIDIS, ROBERT MABRO, CHRISTOS ROZAKIS, PANOS TSAKALOYANNIS, P.J. VATIKIOTIS, THANOS VEREMIS.

SUNDAY : 6th MARCH 1983, "THE PLACE" 17 DUKE'S ROAD, LONDON WC 1

EDUCATION AND SOCIAL SERVICES : Chairman : G. CATEPHORES

10.30 - 1.00 p.m.

C. TSOUKALAS	:	STATE AND EDUCATION
D. AGRAFIOTIS	:	ON TECHNICAL AND SCIENTIFIC RESEARCH
Y. YANNOULOPOULOS	:	ON THE UNIVERSITY REFORM LAW
G. PAPANDREOU	:	ON POPULAR EDUCATION
DISCUSSANTS	:	R. PAPADOPOULOS, T. SCOURA
1.00 - 2.00 p.m.		I N T E R V A L
2.00 - 4.00 p.m.		
T. FILALITHIS	:	THE IMPERATIVE FOR A NATIONAL HEALTH SYSTEM IN GREECE IN A SOCIAL AND HISTORICAL CONTEXT
A. SISOURAS	:	TRANSFORMATION IN HEALTH AND SOCIAL SERVICES IN GREECE : ACTIONS AND REACTIONS TO THE FUNDAMENTAL CHANGE
DISCUSSANT	:	G. PETROCHILOS

A D M I S S I O N F R E E

PARTICIPANTS :

AGRAFIOTIS D.	Ministry of Research & Technology, Athens.
BACON R.	Fellow, Lincoln College, Oxford.
BRANSON W.	Professor, Princeton University, U.S.A.
BULL H.	Balliol College, Oxford.
CATEPHORES G.	University College, London.
CLOGG R.	Kings College, London.
COURAKIS A.	Fellow, Brasenose College, Oxford.
DERTILIS G.	University of Athens.
DESAI M.	Senior Lecturer, London School of Economics.
DIAMANDOUROS N.	Athens College.
DRAKOS G.	Professor, Graduate School of Industrial Studies, Piraeus.
FILALITHIS T.	Member of the Executive of the Central Health Council, Athens.
HITIRIS T.	Senior Lecturer, York University
KATSANEVAS T.	Ministry of Labour, Athens
KATSELI L.	Director, Centre of Planning and Economic Research, Athens.
KORLIRAS P.	Professor, Graduate School of Economic and Business Studies, Athens.
KYRIAZIDIS N.	Ambassador, Greek Embassy, London.
LYRITZIS C.	Ph.D. Candidate, London School of Economics.
MABRO R.	St. Antony's College, Oxford.
MOUZELIS N.	London School of Economics.
PAPADOPOULOS R.	Senior Lecturer, Polytechnic of the South Bank, London.
PAPANDREOU G.	Ministry of Education, Athens.
PAPANIKOLAOU J.	Economic Adviser to the Prime Minister, Athens.
PAPASPILIOPOULOS G.	Researcher, Agricultural Bank of Greece.
PETROCHILOS G.	Coventry (Lanchester) Polytechnic.
ROZAKIS C.	Pantios School of Political Science, Athens.
SCOURA T.	Ministry of Education, Athens.
SISOURAS A.	Director, Foundations of Social Security (IKA).
SPRAOS J.	Professor, University College, London.
TSAKALOYANNIS P.	University of Athens.
TSOUKALAS C.	Director, National Centre of Social Research, Athens.
TSOUKALIS L.	St. Antony's College, Oxford.
VAITSOS C.	Deputy Minister of National Economy.
VATIKIOTIS P.J.	School of Oriental and African Studies.
VEREMIS T.	Pantios School of Political Science, Athens.
YANNOULOPOULOS J.	University of Crete.

7. Πρόγραμμα για το συνέδριο "Αλλαγή στην Ελλάδα" (1983)

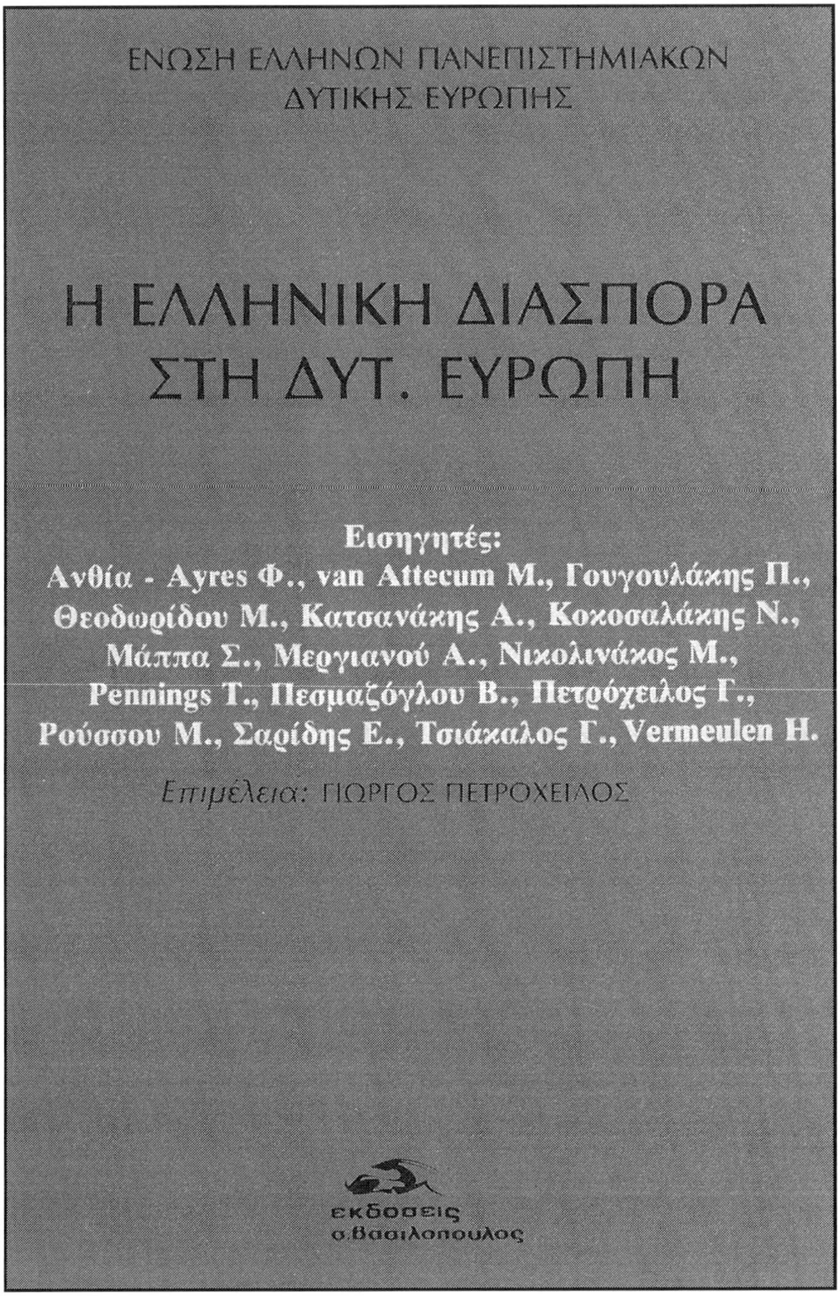

8. Εξώφυλλο από το βιβλίο
"Η Ελληνική Διασπορά στη Δυτική Ευρώπη" (1985)

HELLENIC MEDICAL SOCIETY
ΕΛΛΗΝΙΚΗ ΙΑΤΡΙΚΗ ΕΤΑΙΡΕΙΑ

1985

VASILOPITTA DINNER

Friday January 16th 1987

St. ERMIN'S HOTEL
Caxton Street
LONDON

9. Η πρώτη φορά που έγινε το κόψιμο της Βασιλόπιτας από την Ελληνική Ιατρική Εταιρεία (1987)

10. Πρόγραμμα της έκθεσης Βυζαντινών εικόνων στη Royal Academy of Arts του Λονδίνου (1987)

11. Εξώφυλλο της έκδοσης "Η Αντιμετώπιση του Στρες" (1988)

BRITISH GREEK CULTURAL FRIENDSHIP ASSOCIATION

A GARLAND FOR GREECE 1940

commemorating
THE GREEK FIGHT FOR FREEDOM

PURCELL ROOM
Sunday, November 18th 1990 at 8 pm

WORKS BY BERKELEY, BRITTEN,
GEORGIADES, CONSTANTINIDIS, SKALKOTTAS

CHRISTODOULOS GEORGIADES
piano

THE SONG OF HEROIC MOURNING
BY ODYSSEUS ELYTIS, translated by PETER LEVI
read by

FIONA SHAW

All tickets £10 available from the Box Office, Royal Festival Hall, London SE1 8XX. Tel: 071-928 8800 for all bookings. Postal applications should be accompanied by sae and cheques payable to the South Bank Centre.

Tickets also from:
Hellenic Bookshop
91 Fortress Road, London NW5.

THE SOUTH BANK CENTRE

12. Αφίσα από την εκδήλωση για την Επέτειο των 50 Χρόνων από το Αλβανικό Έπος (1990)

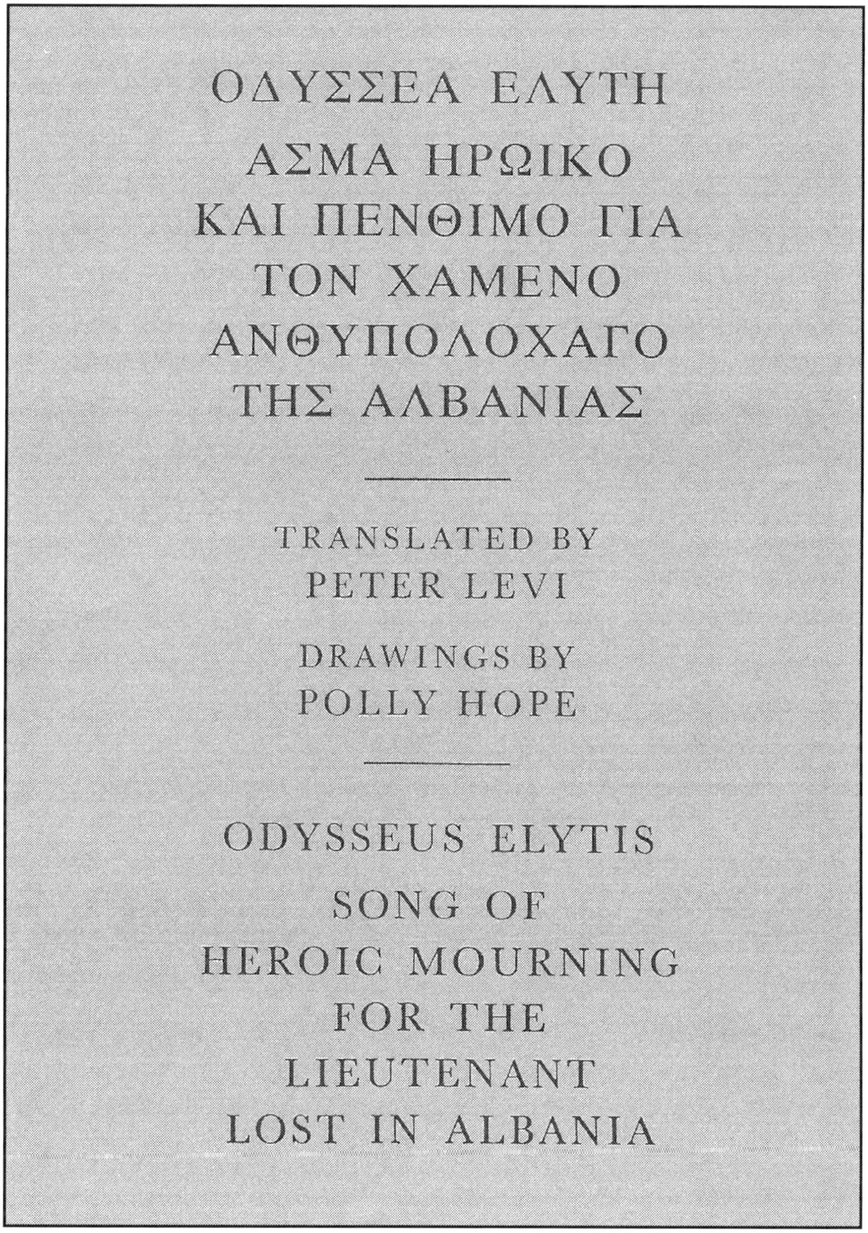

ΟΔΥΣΣΕΑ ΕΛΥΤΗ

ΑΣΜΑ ΗΡΩΙΚΟ
ΚΑΙ ΠΕΝΘΙΜΟ ΓΙΑ
ΤΟΝ ΧΑΜΕΝΟ
ΑΝΘΥΠΟΛΟΧΑΓΟ
ΤΗΣ ΑΛΒΑΝΙΑΣ

TRANSLATED BY
PETER LEVI

DRAWINGS BY
POLLY HOPE

ODYSSEUS ELYTIS

SONG OF
HEROIC MOURNING
FOR THE
LIEUTENANT
LOST IN ALBANIA

13. Εξώφυλλο της καλλιτεχνικής και αριθμημένης έκδοσης της μετάφρασης του ποιήματος του Οδυσσέα Ελύτη "Άσμα Ηρωικό και Πένθιμο για τον Χαμένο Ανθυπολοχαγό της Αλβανίας" με σχέδια της Polly Hope (1990)

14. Πρόγραμμα της έκθεσης από τον πρώτο διεθνή αρχιτεκτονικό διαγωνισμό για το Μουσείο της Ακρόπολης (1991)

15. Από αριστερά ο καθηγητής Ρευματολογίας Γαβριήλ Παναγής ο ορθοπεδικός Απόστολος Πολυζωΐδης, η Lady Henderson και ο καθηγητής Robert Browning.

16. Με την Μαρία και τον Ευγένιο Τριβιζά (δεξιά) στην παράσταση του έργου "Το Σκιάχτρο" στο Θέατρο Τέχνης στο Camden Town του Λονδίνου.

17. Με τον Ανδρέα Παπανδρέου σε επίσκεψή του στο Λονδίνο. Στο μέσον ο Νίκος Παπαδάκης και πίσω ο Χάρης Μαρτίνος. (1992)

18. Αφίσα για τον εορτασμό των 2.500 χρόνων της Αθηναϊκής Δημοκρατίας στο Λονδίνο (1993)

DEMOCRACY

2500th Anniversary

HELLENIC CULTURAL CENTRE

The celebrations for the 2,500 anniversary of the birth of Democracy in Athens, brought about by the reforms of Cleisthenes, were initiated and are co-ordinated by the Hellenic Cultural Centre, a confederation of ten Greek and Greek-Cypriot cultural societies in Britain. The events, spanning over a year, cover a variety of activities, from School Projects to University Seminars, Lectures, Dinners, Plays, Media Coverage, Books, Exhibitions, Competitions, to the visit of the Trireme "Olympias. A comprehensive programme, is hoped, will be published at the end of period. The task of co-ordinating the celebrations was entrusted to the "Democracy 2,500" Steering Committee. The Committee was greatly assisted in its work by the specially set up Democracy 2,500 Athens Committee.

Many other societies and institutions have joined in the festival, which began in July 1992, and was officially and "most fittingly" as reported in the Times of London, launched on the 7th of November with an ancient Greek Banquet at Whitehall, organised by the "Democracy 2,500" Committee of the Hellenic Cultural Centre. In addition to the Guest of Honour, Madam Speaker of the House of Commons the Rt. Hon. Betty Boothroyd, M.P., the guests included the Ministers of Culture of Britain and Greece, personalities of British public life, politicians, journalists and academics, industrialists and artists and the leadership of the Greek and Cypriot Communities. Readings by the actors Juliet Stevenson and Alan Howard.

MAJOR ACHIEVEMENTS TO DATE:

BOOK: "DEMOCRACY: The Unfinished Journey 508BC to AD 1993" by the Oxford University Press and edited by John Dunn, Fellow of King's College and Professor of Political Theory at the University of Cambridge. The book is available at book shops in Britain and abroad.

B.B.C. RADIO 4, from 3 February 1993 broadcasted a series of six half-hour programmes "GREEK AS A TREAT", partly dedicated to Democratic issues. A BBC Publication, "Greek as a Treat", by Peter France is now available.

COMMEMORATIVE MEDAL: Commissioned from Jacqueline Stieger, it depicts the Athenian origin of Democracy and on the reverse its impact on humanity. Available from Trigraph Ltd., P.O.B. 186, Haywards Heath, West Sussex, Bronze 85 pounds, Silver 160 pounds.

INTERNATIONAL PRESS YOUTH ESSAY COMPETITION - INDEPENDENT NEWSPAPER: At the suggestion of the "Democracy 2,500 " Committee, the paper initiated a national, youth essay competition on the theme of Democracy. The winners were announced in March. International newspapers, like the Irish Times, La Republica in Italy, NRC Handelslad in the Netherlands, De Morgen in Belgium, Berlingske Tidende in Denmark, to Vima in Greece, The Times of India, Yomiuri Shimbun in Japan, the Age in Australia, Le Nouveau Quotidien in Switzerland, Lidove Noviny in Czechoslovakia, Gazeta Wabotreza in Poland and Magyar Nemzet in Hungary - have also organised similar competitions in their countries. The essays were judged by eminent panels from the worlds of politics and the arts and the winners were offered ten days holiday in Athens. The group's visit is organised by the "Democracy 2,500" London and Athens Committees and the Lambrakis Press (Vima) which will cover the costs in Greece.

SCHOOL PROJECT "THE BIRTH OF DEMOCRACY" INITIATED BY THE INSTITUTE FOR CITIZENSHIP STUDIES: The institute established in 1992 by an all-party group of MPs and financed by British Gas, The Grand Metropolitan and Rowntree Foundation, launched themselves with an educational project on democracy that was sent to all schools in Britain (appr. 20,000). The schools were invited to join in the celebrations for the anniversary of the Birth of Democracy, giving an opportunity to the young people as well as their teachers a chance to study and review the achievements of the Athenian Democracy and to discuss and practice citizenship skills, relevant today. (Details attached)

CONFERENCES - LECTURES - SEMINARS / UNIVERSITIES: Over 40 Universities, all over Britain took part in the celebrations by organising relevant events. Lectures were also organised by various Societies and Clubs.

HONORARY PATRONS

H.E. the Greek Ambassador at the Court of St. James's
The British Minister of National Heritage

H.E. the British Ambassador to Greece
The Greek Minister of Culture

Neal Ascherson
Prof. John Barron, FSA
The Rt. Hon. Betty Boothroyd, MP
Prof. Robert Browning, FBA
Prof. Averil Cameron, FBA, FSA
Costas J. Carras
Lydia C. Carras
Sir Hugh Casson, CH, KCVO, RDI
Sir Anthony Cleaver
Sir Alcon Copisarow
Eleni Cubitt

Stamos J. Fafalios
Prof. George Forrest
Sir Nicholas Goodison
John A. Hadjipateras
Philip Howard
Sir David Hunt, KCMG, OBE, FSA
Lady Hunt
Jeremy Isaacs
Derek Jacobi, CBE
The Rt. Hon. The Earl Jellicoe, KBE, DSO, MC, FRS

Tryfon E. Kedros
Ambassador Constantine Leventis
Edmée C. Leventis
Terence Mullaly
Joan Plowright, CBE, The Lady Oliver
Dilys Powell, CBE
Sir Brooks Richards, KCMG, DSC
Sir Steven Runciman, CH, FBA, FSA
The Rt. Hon. The Viscount Tonypandy, DCL
The Rt. Hon. The Lord Weatherill, DL

The Hellenic Cultural Centre is a Confederation of a number of the major Greek and Greek Cypriot cultural societies in the UK. Reg. Charity No 236368I

19. Πρόγραμμα για τον εορτασμό των 2.500 χρόνων της Αθηναϊκής Δημοκρατίας στο Λονδίνο (1993)

SHAW *Theatre*

100 Euston Road, London NW1

*

A GREEK PRODUCTION

sponsored by the Foundation for Hellenic Culture

Wed 1 – Thu 2 June 1994 at 7.30 pm
Tickets: £8.00 & £12.00

ANNA REYNOLDS & MOIRA BUFFINI

JORDAN

adapted by MARIOS PLORITIS

directed by MAYA LYMBEROPOULOU
designed by LILY PEZANOU

Jordan is the true story of Shirley Jones,
a single parent who in 1986 killed her baby boy, Jordan

in the role of Shirley: KATIA DANDOULAKI

*

Box Office: 071 388 1394
10 am-6pm (Mon-Sat) for reservations and credit card bookings
Postal Bookings: Please make cheques payable to "The Shaw Theatre"

FIRST CALL 071 836 2428 24 hrs, 7 days (booking fee)

Travel:
Underground - Euston (Victoria & Northern Lines)
Buses - 10,14,14a,18, 30, 68, 73, 77A

20. Αφίσα για την πρώτη εκδήλωση στο Λονδίνο του Ιδρύματος Ελληνικού Πολιτισμού (1994)

organising committee

Ms. M. Boura (UCL/ ELEMEP)

Dr. C. Douzinas (Birbeck College/ ELEMEP)

Dr. S. Economides (LSE) - Co-ordinator

Dr. P. Ioakimidis (University of Athens) - Co-ordinator

Prof. P. Kazakos (University of Athens) - Co-ordinator

Dr. E. Mossialos (LSE/ ELEMEP) - Co-ordinator

Prof. N. Mouzelis (LSE/ ELEMEP)

Ms. E. Panagiotopoulou (LSE)

Dr. N. Papadakis (Greek Embassy/ ELEMEP)

Mr. A. Papayannidis (Economicos Tachydromos)

Dr. S. Stavridis (University of Reading)

Prof. L. Tsoukalis (University of Athens)

contact persons

LONDON:
Ms. E. Panagiotopoulou
European Institute
London School of Economics
and Political Science
Houghton Street
London WC2A 2AE
Telephone: + 44 71 955 6839
Fax : +44 71 9557546

ATHENS:
Prof. P. Kazakos and
Dr. P. Ioakimidis
University of Athens
Department of Political Science
and Public Administration
Omirou 19
Athens 106 72
Telephone: + 301 3609005

LSE

The European Institute of the London School of Economics and Political Science,

The Unit of International and European Studies of the University of Athens,

The Society of Greek Studies (ELEMEP)

and

Economicos Tachydromos

organise a conference on

greece: **prospects for modernisation**

17-19 November 1994,
The London School of Economics

ΕΛΛΑΣ 1994

Call for papers and provisional programme

21. Πρόγραμμα του συνεδρίου στην LSE “Ελλάδα Προοπτικές Εκσυγχρονισμού” (1994)

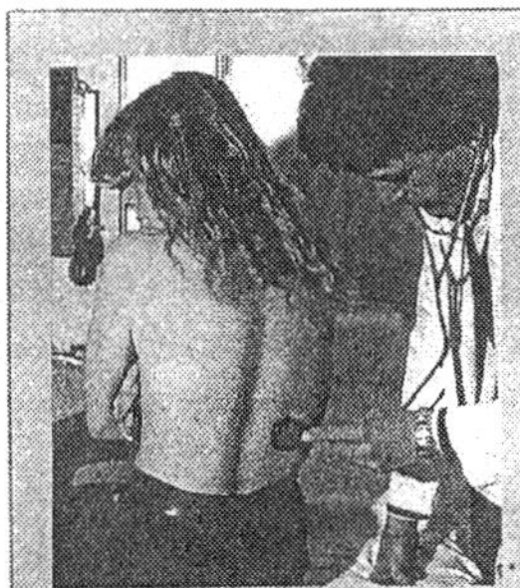

Οι νέες μεταρρυθμίσεις στις υπηρεσίες υγείας

Του ΝΙΚΑΝΔΡΟΥ ΜΠΟΥΡΑ*

Το υπάρχον σύστημα παροχής υπηρεσιών υγείας στην Ελλάδα δεν μπορεί να συνεχιστεί και χρειάζεται ριζική αναμόρφωση. Τη φορά αυτή η μεταρρύθμιση πρέπει να επιτύχει, μολονότι το σχέδιο Κρεμαστινού έχει κάποιες σημαντικές αδυναμίες

Η ΔΗΜΟΣΙΕΥΣΗ της Έκθεσης της Ειδικής Επιτροπής Εμπειρογνωμόνων για τις Υπηρεσίες Υγείας στη χώρα μας, στην οποία συμμετείχαν έμπειροι επιστήμονες του εξωτερικού, προσφέρει μοναδική ευκαιρία για τη σε βάθος ανάλυση του προβλήματος στη χώρα μας, αλλά και τη χάραξη συγκεκριμένων και αναγκαίων κατευθύνσεων. Πρόκειται για ενδιαφέρουσα και αξιόλογη εργασία που έγινε σε σύντομο χρονικό διάστημα.

Η προσέγγιση της Έκθεσης είναι σύμφωνη με τις τρέχουσες διεθνώς τάσεις για τις Υπηρεσίες Υγείας και σωστά δίνει έμφαση στους τομείς της Δημόσιας Υγείας και της προληπτικής ιατρικής. Ομοίως στην έκθεση τονίζεται η σημασία της πρωτοβάθμιας περίθαλψης, της οποίας η άμεση ανάπτυξη είναι απαραίτητη. Η λύση που προτείνεται για την ενοποίηση των ταμείων με τη δημιουργία του «Ενοποιημένου Ταμείου», και το διαχωριμό της χρηματοδότησης της παροχής υπηρεσιών υγείας από τη χρηματοδότηση για ασφάλιση έχει τεθεί σε σωστή βάση και μπορεί ίσως κατ' αυτό τον τρόπο να ξεπεραστεί ένα πολύ ακανθώδες πρόβλημα. Η άμεση ενεργοποίηση των Περιφερειακών Υγειονομικών Επιτροπών είναι επίσης αναγκαία και χρήζει προτεραιότητας. Σωστή είναι και η πρόταση για τη δημιουργία του Ιατρικού Συμβουλίου, που θα εποπτεύει την εφαρμογή των διαφόρων προγραμμάτων.

Περαιτέρω θετικές προτάσεικ είναι:

- Η εισαγωγή του θεσμού του «Γενικού Διευθυντή» (Manager) στα νοσοκομεία, στα πρότυπα των άλλων δυτικών χωρών. Ο Γενικός Διευθυντής θα έχει αυξημένες αρμοδιότητες στη λήψη αποφάσεων σε όλους τους τομείς και η ύπαρξή του θεωρείται πλέον αναγκαία προϋπόθεση για την ομαλή λειτουργία κάθε υπηρεσίας ή επιχείρησης.
- Δεδομένης της έλλειψης της απαραίτητης υποδομής για την υλοποίηση των νέων μέτρων στη χώρα μας, ορθά προτείνεται δεκαετές πρόγραμμα σταδιακής εφαρμογής σε καθολικό επίπεδο, χωρίς να προηγηθούν δοκιμαστικά σχήματα.
- Επίσης, ορθά ασκείται αυστηρή κριτική σε σχέση με την καταστρατήγηση της ιατρικής δεοντολογίας, γεγονός που θα πρέπει επιτέλους να απασχολήσει σοβαρά και επειγόντως τα αρμόδια όργανα των ιατρικών φορέων και όχι μόνο τα δικαστήρια.

Η ΕΚΘΕΣΗ όμως παρ' όλη τη θετική της συνεισφορά έχει και ορισμένες σημαντικές αδυναμίες. Μερικές από τις πιο κύριες είναι:

Υπάρχει γενική τάση να αναμιγνύονται γενικές κατευθυντήριες αρχές και προγράμματα με συγκεκριμένες προτάσεις. Δημιουργείται έτσι κάποια σύγχυση σε πολλά σημεία και κυρίως αμφιβολίες για τη δυνατότητα υλοποίησης πολλών από τις προτάσεις στον ελληνικό χώρο, δεδομένης μάλιστα της γνωστής μεγάλης ασθενικότητας της τοπικής αυτοδιοίκησης και της κατάστασης της δεινοπαθούσας δημόσιας διοίκησης.

Η Έκθεση φαίνεται να είναι επηρεασμένη κυρίως από τα πρότυπα του Βρετανικού Συστήματος Υγείας, και μάλιστα υιοθετεί αρκετές από τις πρόσφατες, και ακόμη αμφισβητούμενες, μεταρρυθμίσεις. Π.χ. συνιστά την εισαγωγή των μηχανισμών αγοράς στο σύστημα υγείας, προτείνοντας για υιοθέτηση το σύγχρονο σχήμα, όπου έχουμε τους «αγοραστές» υπηρεσιών υγείας και τους «προμηθευτές», εισάγοντας έτσι το σύστημα του συναγωνισμού. Η ιδέα φαίνεται κατ' αρχήν ενδιαφέρουσα, αν και στη Βρεταννία όπου ήδη εφαρμόζεται τα τελευταία χρόνια, πολύ απέχει από του να έχει χαρακτηριστεί γενικά σαν επιτυχημένη. Ανάλογα προβλήματα υπάρχουν και σε άλλες χώρες που έχουν υιοθετήσει τον διαχωρισμό «αγοραστών» και «προμηθευτών» υπηρεσιών υγείας. Όσον αφορά στην Ελλάδα, η Έκθεση δεν κάνει σαφές αν πράγματι εισηγείται τη δημιουργία «εσωτερικής αγοράς» ή απλώς προτείνει τον διαχωρισμό μεταξύ «προμηθευτών» και «αγοραστών πακέτων» υπηρεσιών υγείας. Ένα σημείο που θα πρέπει να τονιστεί ιδιαιτέρως είναι ότι, στην περίπτωση της Βρεταννίας, ο μοχλός που υποτίθεται ότι θα κινεί αυτό το σύστημα αγοράς είναι οι οικογενειακοί γιατροί, θεσμός που στην Ελλάδα είναι ακόμη ανύπαρκτος.

Ένα άλλο σημείο που δεν πρέπει να διαφύγει της προσοχής μας είναι ότι, σαν αποτέλεσμα των τελευταίων μεταρρυθμίσεων στη Βρεταννία συμπεριλαμβανομένης και της υιοθέτησης του σχήματος της «εσωτερικής αγοράς», οι διοικητικές υπηρεσίες του τομέα Υγείας διογκώθηκαν τόσο πολύ τα τελευταία δύο χρόνια, που σε πολλές περιπτώσεις το κόστος των απαιτούμενων διοικητικων υπηρεσιών είναι πολλαπλό του αντιστοίχου κόστους κάτω από το προγενέστερο σχήμα. Αν λάβουμε υπ' όψη μας τη σχεδόν ανύπαρκτη διοικητική υποδομή στην Ελλάδα, κάποιος ανάλογος διαχωρισμός αγοραστών - προμηθευτών στις υπηρεσίες υγείας, χρηματοδοτούμενος από το κράτος, φαίνεται μάλλον πολύ μακρινός στόχος με αμφίβολα μάλιστα αποτελέσματα.

Μήπως λοιπόν το Ενοποιημένο Ταμείο που προτείνεται από την Έκθεση να είναι ο «αγοραστής» των υπηρεσιών υγείας, εξελιχθεί σε έναν άλλο γραφειοκρατικό εφιάλτη; Μήπως θα ήταν προτιμότερη, στα αρχικά τουλάχιστον στάδια, κάποια περισσότερο συμβατική λύση, με το Ενοποιημένο Ταμείο να προσπαθήσει, μέσα στα όρια που θα του παρέχει ο προϋπολογισμός του, να επιβάλει βασικές αρχές ποιοτικής βελτίωσης των υπηρεσιών, οι οποίες θα αξιολογούνται σε περιφερειακό επίπεδο; Βέβαια, η αξιολόγηση της αποδοτικότητας και της ποιότητας των παρεχομένων υπηρεσιών και ο τρόπος μετρήσεώς τους παραμένει ακόμη άλυτο πρόβλημα, παρά τις ατέλειωτες προσπάθειες διαφόρων ειδικών.

ΣΤΟ ΖΩΤΙΚΗΣ σημασίας θέμα της πρωτοβάθμιας περίθαλψης η Έκθεση θα έπρεπε να λάβει περισσότερο υπ' όψη της τις ιδιαιτερότητες του ελληνικού χώρου. Το μοντέλο που προτείνει είναι πλησιέστερα προς το βρεταννικό, το οποίο, παρ' όλες τις επιτυχίες του, έχει και σοβαρά προβλήματα, γι' αυτό άλλωστε έγιναν και οι πρόσφατες μεταρρυθμίσεις. Κάποιο ανάλογο μοντέλο στην Ελλάδα είναι αδύνατο να εφαρμοστεί πριν γίνουν μια σειρά από γενικότερες δομικές αλλαγές και κατά συνέπεια πριν περάσουν πολλά χρόνια, πράγμα που αναγνωρίζει και η Έκθεση. Η πλειοψηφία των «ειδικευμένων γιατρών» στην Ελλάδα δεν είναι απολύτως συγκρίσιμη με τους «ειδικούς νοσοκομειακούς γιατρούς» της Βρεταννίας. Π.χ. οι περισσότεροι από τους παιδίατρους, τους καρδιολόγους τους γενικούς παθολόγους κ.λπ. στην Ελλάδα, πλέον της νοσοκομειακής ιατρικής, ασκούν και ελεύθερη ιδιωτική ιατρική. Υπάρχουν επίσης ειδικευμένοι γιατροί που εργάζονται εξ ολοκλήρου σαν ιδιώτες. Στην πράξη όμως και οι δύο κατηγορίες, εκτός νοσοκομείου στις περισσότερες περιπτώσεις, ασκούν κάτι ανάμεσα στην ειδικότητά τους και την πρωτοβάθμια περίθαλψη.

Ίσως, λοιπόν, δεν θα ήταν πολύ δύσκολο να δημιουργηθούν «πολυιατρεία πρωτοβάθμιας περίθαλψης» σε πολύ σύντομο χρονικό δάστημα και να επανδρωθούν με τις βασικές ειδικότητες. Οι μονάδες αυτές θα έχουν βασικά «λειτουργικό» χαρακτήρα σε αντιδιαστολή με τα Κέντρα Υγείας που δημιουργήθηκαν με την εισαγωγή του Εθνικού Συστήματος Υγείας πριν από μερικά χρόνια στην Ελλάδα, και όπου η έμφαση δόθηκε στο κτίσιμο των κτιρίων και τον τεχνικό τους εξοπλισμό. Τα «πολυιατρεία πρωτοβάθμιας περίθαλψης» μπορούν να αναπτυχθούν ταχύτατα στην ύπαιθρο και στις διάφορες συνοικίες και γειτονιές των μεγάλων πόλεων. Χρειάζεται όμως σωστή διοικητική υποδομή και συντονισμένη σύνδεσή τους με τα νοσοκομεία της περιοχής. Με αυτό το σχήμα θα μπορούσε να υπάρξει σε σύντομο χρονικό διάστημα πρωτοβάθμια περίθαλψη, συνδεδεμένη με τη δευτεροβάθμια, με μικρό κόστος, ενώ παράλληλα μπορούν έτσι να προετοιμάζονται και οι «γενικοί γιατροί» στα πρότυπα του «οικογενειακού γιατρού» του βρεταννικού συστήματος.

Μεγαλύτερη προσοχή χρειάζεται να δοθεί επίσης και στα προβλήματα των ηλικιωμένων ατόμων, όπως και αυτών με ειδικές ανάγκες, που επιβαρύνουν κατά πολύ τις υπηρεσίες και που, σύμφωνα με τις σύγχρονες απόψεις, πρέπει να περιθάλπονται

Συνέχεια στην σελ. 38

***Ο Νίκανδρος Μπούρας είναι Senior Lecturer της Ιατρικής Σχολής του Guy's Hospital του Πανεπιστημίου του Λονδίνου και μέλος της ελληνικής ομάδας Υγείας και Κοινωνικής Πολιτικής.**

24 ΟΙΚΟΝΟΜΙΚΟΣ 8 Δεκεμβρίου 1994

22. Άρθρο στον Οικονομικό Ταχυδρόμο (1994)

ΤΟ ΒΗΜΑ
15 Οκτωβρίου 1995

Άρθρα

Η εικόνα της Ελλάδας στον έξω κόσμο και η ανεκμετάλλευτη ισχύς των Ελλήνων της διασποράς

Το μυστικό όπλο του ελληνισμού

Του ΝΙΚΑΝΔΡΟΥ ΜΠΟΥΡΑ

ΟΙ ΣΥΖΗΤΗΣΕΙΣ και τα σχέδια για τον απόδημο ελληνισμό αναζωπυρώνουν το ενδιαφέρον γι' αυτό το σημαντικό θέμα. Η πικρία για την ανεπαρκή και αναποτελεσματική προβολή των ελληνικών θέσεων στο εξωτερικό έφερον πάλι στο προσκήνιο την «αξιοποίηση του αποδήμου ελληνισμού».

Η έντονη ανάμειξη και παρουσία των Ελλήνων του εξωτερικού στα θέματα της σημερινής Ελλάδας ανάγεται στην εποχή της δικτατορίας. Τότε συμμετείχαν στον αγώνα για την αποκατάσταση της Δημοκρατίας διάφορες ομάδες, συμπεριλαμβανομένης και μεγάλης μερίδας των ηγετών της μεταδικτατορικής περιόδου, πολλοί από τους οποίους είναι και σήμερα ενεργοί παράγοντες. Η σημαντική αυτή δραστηριότητα των Ελλήνων του εξωτερικού ήταν ένας από τους αποφασιστικούς λόγους που κράτησαν τότε το ελληνικό θέμα ανοιχτό και προβλημάτιζαν συνεχώς τη διεθνή γνώμη. Η αποκατάσταση της Δημοκρατίας στην Ελλάδα και η τραγωδία της Κύπρου ώθησαν το επίσημο κράτος να ζητήσει ενεργά τη βοήθεια των αποδήμων Ελλήνων στην προσπάθεια βελτίωσης της διεθνούς εικόνας της χώρας μας. Το έδαφος ήταν αρκετά πρόσφορο και το κλίμα της εποχής αυτής έδρασε καταλυτικά για την απαρχή επαφών και συνεργασίας μεταξύ Ελλάδας και Ελλήνων της διασποράς.

Οι τότε πρωτοβουλίες περιλάμβαναν σχέδια απογραφής των ελλήνων επιστημόνων του εξωτερικού, κίνητρα επιστροφής και ανάπτυξη ειδικών προγραμμάτων συνεργασίας. Παράλληλα, μερικά από τα νεοϊδρυθέντα ελληνικά πανεπιστήμια όρισαν ως εκλέκτορες των νέων καθηγητών τους πανεπιστημιακούς του εξωτερικού. Προωθήθηκε η ανταλλαγή επισκεπτών καθηγητών και δημιουργήθηκε ευνοϊκό κλίμα εκπαιδευτικών και ερευνητικών ανταλλαγών. Σύντομα όμως πολλές από αυτές τις προσπάθειες άρχισαν να εκφυλλίζονται και να χάνουν την αρχική δυναμική τους. Θα πρέπει πάντως να αναγνωριστούν και τα θετικά βήματα που έγιναν, π.χ. η δημιουργία της Γενικής Γραμματείας Απόδημου Ελληνισμού και αργότερα του ομώνυμου υφυπουργείου και η υποστήριξη από το κέντρο κυρίως πολιτιστικού χαρακτήρα πρωτοβουλιών των Ελλήνων του εξωτερικού.

Οι ραγδαίες τεχνολογικές εξελίξεις, [illegible] μας, ο εκμηδενισμός των αποστάσεων, η άμεση επικοινωνία και, περισσότερο από όλα, η ένωση της χώρας μας με την Ευρωπαϊκή Κοινότητα επέφεραν μεγάλες αλλοιώσεις στη σύνθεση των Ελλήνων που ζουν στο εξωτερικό. Έτσι σήμερα, εκτός από τις γενιές των Ελλήνων της διασποράς, που προέρχονται κυρίως από τα διάφορα μεταναστευτικά ρεύματα, και που είναι πλήρως εγκλιματισμένοι στη χώρα όπου ζουν ως τυπικοί και ουσιαστικοί πολίτες της, έχουμε και νεότερες σημαντικές ομάδες Ελλήνων που συμπεριλαμβάνουν επιστήμονες και πανεπιστημιακούς, στελέχη ελληνικών ή πολυεθνικών εταιρειών και διεθνών οργανισμών, καλλιτέχνες και άλλους εργαζόμενους. Σε αυτούς θα μπορούσαν να προστεθούν και οι χιλιάδες των ελλήνων φοιτητών, μερικοί από τους οποίους θα ζήσουν στο εξωτερικό για πολλά χρόνια και ίσως και να παραμείνουν εκεί μόνιμα. Π.χ. μόνο στη Βρετανία βρίσκονται σήμερα περίπου 7.000 έλληνες φοιτητές. Άλλοι από αυτούς τους σύγχρονους Έλληνες της διασποράς θα ζήσουν για μεγάλο χρονικό διάστημα στο εξωτερικό, ίσως τα παραγωγικότερα χρόνια της ζωής τους, ενώ τα παιδιά τους θα γεννηθούν εκεί και ίσως αφομοιωθούν, όπως έγινε με παλιότερες γενιές Ελλήνων, ενώ άλλοι θα επιστρέψουν στην Ελλάδα.

> *Πώς γίνεται να διαθέτουμε τόσο ισχυρό δυναμικό και ταυτόχρονα η εικόνα της χώρας στο εξωτερικό να βρίσκεται ίσως στο χαμηλότερο επίπεδό της;*

Ποτέ άλλοτε η Ελλάδα δεν διέθετε τόσο πολυπληθές και αξιόλογο δυναμικό Ελλήνων στο εξωτερικό. Πώς γίνεται όμως να διαθέτουμε τόσο ισχυρό δυναμικό και ταυτόχρονα η εικόνα της χώρας στο εξωτερικό να βρίσκεται ίσως στο χαμηλότερο επίπεδό της; Τρεις παράγοντες πρέπει να λάβουμε υπόψη μας για να εκτιμήσουμε την παρούσα κατάσταση.

Πρώτον, πρέπει να κατανοήσουμε ότι ο ελληνισμός του εξωτερικού δεν αποτελεί ένα ομοιογενές σύνολο, αλλά περιλαμβάνει διάφορες ετερογενείς ομάδες που συνυπάρχουν. Έτσι όταν αναφερόμαστε στους Έλληνες του εξωτερικού δεν θα πρέπει ως τέτοιους να θεωρούμε μόνο εκείνους που έχουν συσπειρωθεί στις οργανωμένες παροικίες της Αμερικής, της Αυστραλίας και άλλων χωρών, αλλά κι εκείνους που ανήκουν στις ομάδες που προαναφέρθηκαν.

Δεύτερον, θα πρέπει να δεχτούμε ότι η αρνητική αντιμετώπιση των ελληνικών θέσεων στο εξωτερικό δεν είναι προϊόν ανθελληνικής προπαγάνδας και συνωμοσίας σκοτεινών κύκλων, αλλά αποτέλεσμα σειράς ανεπιτυχών χειρισμών διαφόρων θεμάτων από εμάς τους Έλληνες. Η σημερινή κατάσταση αντανακλά μια προοδευτική καθοδική πορεία της εικόνας που δείχνει η Ελλάδα στον υπόλοιπο κόσμο στη διάρκεια των τελευταίων 30 χρόνων. Η παράλειψη της αναγνώρισης του ρόλου της Ελλάδας, κυρίως στη Βρετανία, στους πρόσφατους εορτασμούς των 50 χρόνων από τη λήξη του Β' Παγκοσμίου Πολέμου μάς πίκραναν πολύ. Είναι βέβαιο ότι η στάση μας στον πόλεμο του '40 τράβηξε τότε το ενδιαφέρον και προξένησε τον θαυμασμό και την αποδοχή των ξένων λαών, ενώ μετά τη λήξη του πολέμου η Ελλάδα συνέχισε να ελκύει το ενδιαφέρον τους με τις θαυμάσιες φυσικές της ομορφιές, τις παραδόσεις, τα έθιμα και την ανθρωπιά του λαού μας, και τις μεγάλες επιτυχίες καλλιτεχνών μας που μας έκαναν ευρύτερα γνωστούς στα πέρατα του κόσμου. Πολλαπλές όμως ενέργειες στη χώρα μας σε θέματα που ενδιαφέρουν και απασχολούν τους σύγχρονους ανθρώπους στον υπόλοιπο κόσμο, και που οδήγησαν στην καταστροφή του φυσικού αλλά και του αστικού περιβάλλοντος, στην υποβάθμιση της ποιότητας ζωής, ο χωρίς όρια λαϊκισμός και η ασταθής εξωτερική μας πολιτική συνέβαλαν στο να εμφανίζει η χώρα μας σήμερα στο εξωτερικό εικόνα καθόλου κολακευτική. Έτσι όταν η Ελλάδα χρειάστηκε πρόσφατα να ενημερώσει τη διεθνή κοινή γνώμη για τις θέσεις της στα γνωστά εθνικά μας θέματα αντιμετώπισε από αδιαφορία μέχρι περιφρόνηση. Μερικοί από εμάς τους Έλληνες του εξωτερικού, όντας συνηθισμένοι για χρόνια σε φιλική διάθεση από μέρους των απλών ανθρώπων στις χώρες όπου ζούμε, μείναμε έκπληκτοι όταν διαπιστώσαμε τη διάθεση αυτή να μεταβάλλεται προοδευτικά από ευνοϊκή σε εχθρική.

Το τρίτο σημείο είναι η έλλειψη εθνικής στρατηγικής, συνέπειας και συνέχειας στην πολιτική μας στα εθνικά ζητήματα αλλά και σοβαρής υποδομής. Το γεγονός ότι πρόσφατα ο ελληνισμός του εξωτερικού ξεσηκώθηκε σε τόσο μεγάλο βαθμό για την προάσπιση των εθνικών θεμάτων είναι πολύ θετικό και δείχνει τις μεγάλες δυνατότητες που έχει. Πολλοί όμως αισθάνονται τώρα τελείως αμήχανοι από τη διαφαινόμενη ασάφεια της εξωτερικής μας πολιτικής, που τους αφήνει εκτεθειμένους προσωπικά και συλλογικά απέναντι στους ξένους υποστηρικτές μας. Το σημείο αυτό θέλει ιδιαίτερη προσοχή, διότι τα τελευταία χρόνια στις γνωστές μεγάλες οργανώσεις των Ελλήνων του εξωτερικού έχουν προστεθεί και μεμονωμένα άτομα με μεγάλη ισχύ και αξιόλογοι νέοι πολιτιστικοί, επιστημονικοί και επαγγελματικοί φορείς, όπως π.χ. στη Βρετανία το Ελληνικό Ίδρυμα του Λονδίνου, η Ιστορική Εταιρεία των Ελλήνων της Διασποράς με 2.500 μέλη σε όλο τον κόσμο και άλλα. Επίσης σε μερικά μέρη έχουν αναπτυχθεί αξιόλογες κτιριακές εγκαταστάσεις, π.χ. το Ελληνικό Κέντρο του Λονδίνου. Ακόμη δεν θα πρέπει επίσης να παραληφθεί και η δημιουργία του Ιδρύματος Ελληνικού Πολιτισμού, που παρά τα προβλήματα που αντιμετωπίζει σήμερα και τα μάλλον ασαφή του σχέδια έχει τεράστιες προοπτικές.

Χρειάζεται να ξεκαθαρίσουμε πρώτα τους σκοπούς και τους στόχους που θα έχει κάθε περαιτέρω ενεργοποίηση του ελληνισμού του εξωτερικού σε οποιαδήποτε μορφή του. Αλλιώς καλύτερα το κράτος να μην τρέφει αυταπάτες και να μη δαπανά χρήματα άσκοπα, παρ' όλη την καλή διάθεση που έχει και παρά τις φιλότιμες προσπάθειες που καταβάλλουν πολλές από τις υπηρεσίες μας του εξωτερικού.

Στους άμεσους προσδιορισμούς των στόχων μας θα πρέπει να συμπεριληφθούν:

1. Ανάπτυξη μακροπρόθεσμης εθνικής πολιτικής του αποδήμου ελληνισμού και χάραξη σαφών κατευθύνσεων.
2. Δημιουργία υποδομής για τη διάχυση των θέσεων της Ελλάδας και την ταχύτερη και εγκυρότερη πληροφόρηση των αποδήμων Ελλήνων με τη βοήθεια της σύγχρονης τεχνολογίας.
3. Καλλιέργεια διαλόγου σε τρέχοντα θέματα που αφορούν την Ελλάδα μεταξύ των αποδήμων Ελλήνων και ξένων που λαμβάνουν αποφάσεις σε κυβερνητικά και μη όργανα, πανεπιστήμια, επιχειρήσεις, ανθρώπους των τεχνών και άλλους, στις διάφορες χώρες και όχι προώθηση μόνο προπαγανδιστικής προβολής.
4. Πρέπει να υπάρξει ισορροπία ανάμεσα στην προσπάθεια προβολής της σύγχρονης Ελλάδας και των επιτευγμάτων του κλασικού μας παρελθόντος. Οι σύγχρονοι ξένοι ενδιαφέρονται κυρίως για τους σύγχρονους Έλληνες, τους προβληματισμούς τους, τις τέχνες τους κλπ.
5. Η προβολή στο εξωτερικό δεν πρέπει να είναι αποκλειστικά πολιτιστική, αλλά θα πρέπει να στοχεύει στη δημιουργία του κατάλληλου κλίματος για προβολή των ελληνικών θέσεων που θα πρέπει να καθορίζονται σε διακομματικό πολιτικό επίπεδο.

> *Οι κρατικές πρωτοβουλίες πρέπει να αποβλέπουν στη χάραξη γενικού πλαισίου και κατευθυντηρίων γραμμών με μακρόχρονες προοπτικές*

Παράλληλα θα πρέπει το εθνικό κέντρο να ενθαρρύνει κριτικό διάλογο και σχολιασμό των θέσεών του με τους Έλληνες του εξωτερικού, για να έχει περισσότερο αντικειμενική αντίληψη για την εικόνα που δημιουργείται στον υπόλοιπο κόσμο και που συχνά είναι διαφορετική από ό,τι οι εκάστοτε υπεύθυνοι νομίζουν. Συνεχής κριτικός διάλογος είναι σήμερα απαραίτητη προϋπόθεση κάθε σωστής ανάλυσης.

Το έδαφος για τη συστηματική αξιοποίηση του δυναμικού των Ελλήνων του εξωτερικού εμφανίζεται στην παρούσα φάση πολύ πρόσφορο. Οι κρατικές πρωτοβουλίες πρέπει να αποβλέπουν στη χάραξη γενικού πλαισίου και κατευθυντηρίων γραμμών με μακρόχρονες προοπτικές από κοινού με τους έγκυρους φορείς των απόψεων των αποδήμων Ελλήνων.

Ο κ. Νίκανδρος Μπούρας είναι Senior Lecturer της Ιατρικής Σχολής του Guy's Hospital του Πανεπιστημίου του Λονδίνου.

23. Άρθρο στο Κυριακάτικο Βήμα (1995)

24. Το Ελληνικό Κέντρο Λονδίνου (1995)

25. Με τους Θρασύβουλο Πόδα, Ηλία Μόσιαλο και Κυριάκο Κανάκη κατά σειρά από δεξιά,
στην LSE σε συζήτηση για τον απόδημο ελληνισμό (1998)

26. Από δεξιά με τον Γιώργο Γερουλάκο, Παύλο Κυμίση και Γαβριήλ Παναγή κατά σειρά από δεξιά, στο Λονδίνο κατά την προετοιμασία του συνεδρίου της Παγκόσμιας Ελληνικής Βιοιατρικής Εταιρίας στη Νέα Υόρκη (1998)

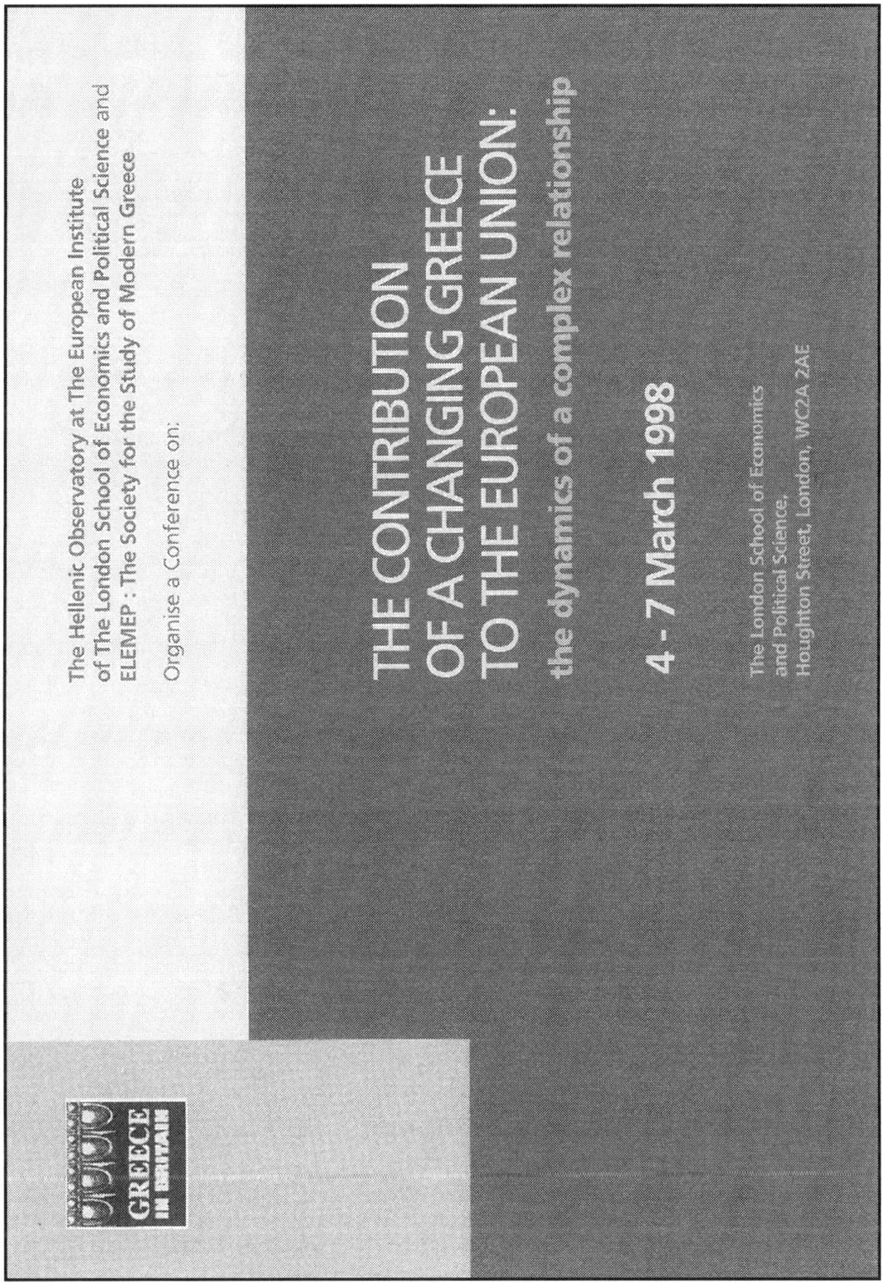

27. Πρόγραμμα του συνεδρίου στην LSE "Η Συμβολή της μεταβαλλόμενης Ελλάδας στην Ευρωπαϊκή ΄Ενωση" (1998)

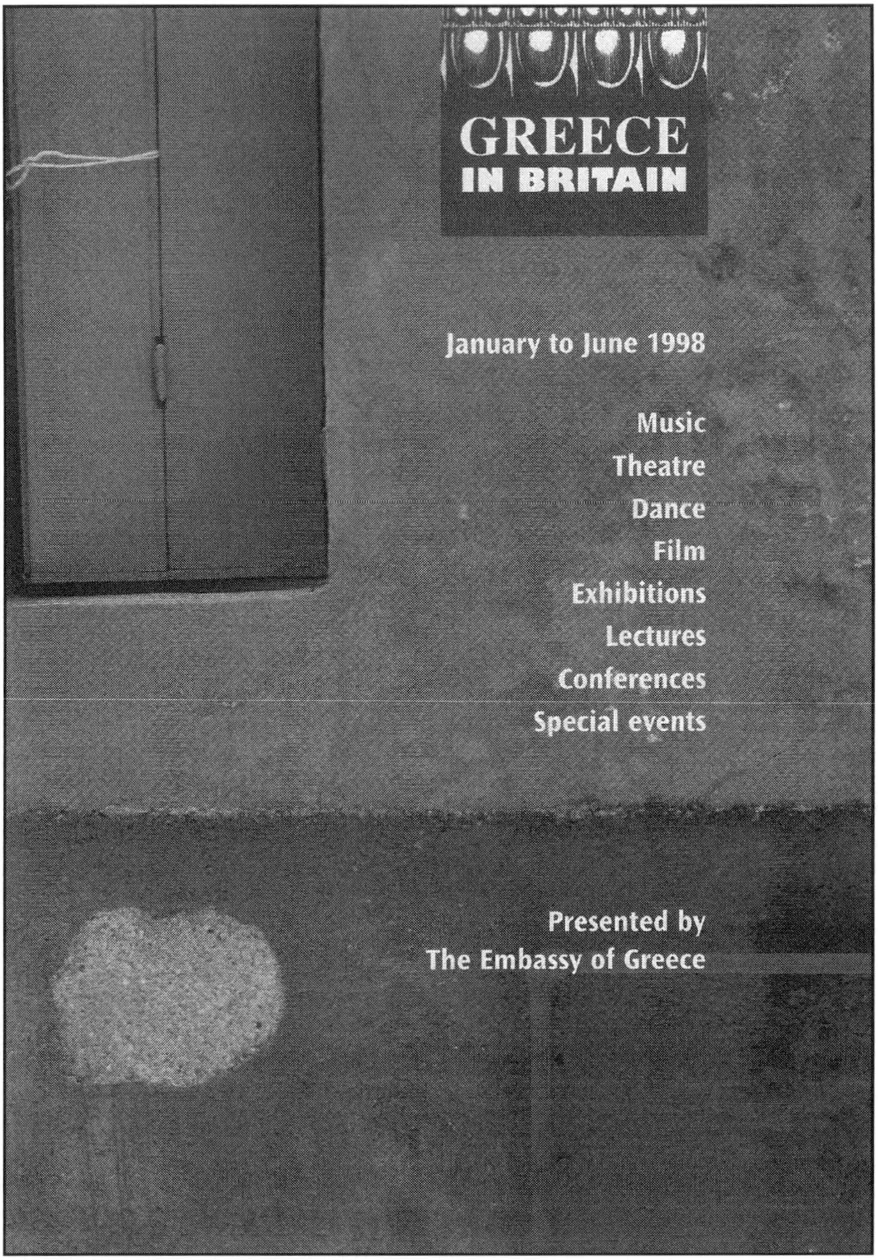

28. Πρόγραμμα των εκδηλώσεων "Η Ελλάδα στη Βρετανία" (1998)

29. Αφίσα προβολής της καμπάνιας
για την επιστροφή των Μαρμάρων του Παρθενώνα (1999)

GREECE IN BRITAIN 2000

George Seferis
Centenary Celebrations

17 May 2000

THE HELLENIC CENTRE

The Hellenic Centre
16-18 Paddington Street
Marylebone
London W1M 4AS

Professor Roderick Beaton,
King's College, London

Professor Edmund Keeley,
Princeton University, USA

Dr. Katerina Krikos-Davis,
Hon. Research Fellow
University of Birmingham

Dr. Yannis Karavidas,
Greek Section, BBC World
Service

Readings by **Leo Aylen**

Buy online
www.easyJet.com
Official Carrier

Bank of Cyprus
(London) Ltd

30. Πρόγραμμα της εκδήλωσης για τον εορτασμό των 100 χρόνων από την γέννηση του νομπελίστα Γιώργου Σεφέρη (2000)

ΤΟ ΒΗΜΑ
Κυριακή 21 Μαΐου 2000

Άποψη

Να μη χαθεί άλλη μια ευκαιρία

Του Ν. ΜΠΟΥΡΑ

ΓΙΑ ΜΙΑ ακόμη φορά το θέμα Υγεία βρίσκεται στην επικαιρότητα και στις άμεσες προτεραιότητες της νέας κυβέρνησης. Στο πλαίσιο αναζήτησης νέων μοντέλων γίνονται διάφορες συγκρίσεις με το βρετανικό Εθνικό Σύστημα Υγείας και αναφορές και παραλληλισμοί με τα πρόσφατα προβλήματά του. Χωρίς αμφιβολία στη Βρετανία το Εθνικό Σύστημα Υγείας είναι στην καρδιά του λαού και πολιτικά αποτελεί τόσο ευαίσθητο θέμα ώστε πρόσφατα ο πρωθυπουργός Τόνι Μπλερ ανέλαβε προσωπικά την ευθύνη για τη βελτίωσή του. Η μεγάλη δημοσιότητα που δίνεται στη μακρά αναμονή των ασθενών για ορισμένες θεραπείες, οι περιορισμοί στο συνταγολόγιο για οικονομικούς λόγους, τα μεμονωμένα κρούσματα δεοντολογικών λαθών γιατρών και οι συνεχώς αυξανόμενες προσδοκίες του πληθυσμού δημιουργούν ανησυχίες, χωρίς όμως αυτό να σημαίνει ότι υπάρχει κάποια μεγάλη και ανυπέρβλητη κρίση. Πρόκειται για ένα Εθνικό Σύστημα Υγείας με βαθιά ριζωμένες αρχές και δομές λειτουργίας, που είναι άμεσα προσπελάσιμο από όλο τον πληθυσμό και το κόστος του σε σχέση με το ΑΕΠ είναι αισθητά χαμηλότερο από των άλλων δυτικών χωρών. Παράλληλα η ποιότητα των παρεχομένων υπηρεσιών σε όλα τα επίπεδα της ιατρικής περίθαλψης είναι πολύ καλή, η νοσηλευτική και το προσωπικό του είναι άριστα, οι συνεργάτες των παραϊατρικών ειδικοτήτων είναι πολύ υψηλού επιπέδου, ενώ υπάρχει συνεχής εκπαίδευση και μετεκπαίδευση του προσωπικού όλων των βαθμίδων. Τα προβλήματα και οι αντιδράσεις που δημιουργήθηκαν ως αποτέλεσμα των πρόσφατων διοικητικών διαρθρωτικών μεταρρυθμίσεων εξισορροπήθηκαν προοδευτικά, κατά την παραδοσιακή βρετανική τακτική, και επετεύχθη ικανοποιητική αρμονική συνεργασία ανάμεσα στους μάνατζερ και στους κλινικούς, όταν και τα δύο μέρη κατάλαβαν ότι χρειάζονται το ένα το άλλο. Γιατροί, νοσηλευτές και παραϊατρικό προσωπικό συνειδητοποίησαν ότι έχουν να ωφεληθούν από την εφαρμογή συγχρόνων μεθόδων μάνατζμεντ, ενώ οι μάνατζερ συνειδητοποίησαν ότι μόνο με υψηλής στάθμης κλινικό προσωπικό θα μπορέσουν να διοικήσουν αποτελεσματικά. Ετσι οι τακτικές και συστηματικές εκτιμήσεις των αναγκών υγείας, οι αξιολογήσεις των προγραμμάτων, η συνεχής μέτρηση της απόδοσης οδηγούν στην ορθολογικότερη κατανομή των οικονομικών πόρων και στην αποτελεσματικότερη λειτουργία των υπηρεσιών.

Ο κορμός όμως πάνω στον οποίο βασίστηκε το βρετανικό Εθνικό Σύστημα Υγείας είναι η πρωτοβάθμια περίθαλψη: ο οικογενειακός γιατρός, τα κέντρα υγείας και οι μονάδες πρωτοβάθμιας περίθαλψης. Το βάρος που δίνεται στην πρωτοβάθμια περίθαλψη φαίνεται από το γεγονός ότι οι οικογενειακοί γιατροί συμμετέχουν αποτελεσματικά και ουσιαστικά στον προγραμματισμό για τη χρηματοδότηση, την ανάπτυξη και τη λειτουργία των υπολοίπων βαθμίδων περίθαλψης της περιοχής τους. Δηλαδή οι οικογενειακοί γιατροί και οι συνεργάτες τους έχουν αποφασιστικό λόγο στον τρόπο λειτουργίας των νοσοκομείων της περιοχής τους και των υπηρεσιών που πρέπει να παρέχουν, συμμετέχοντας στη διαδικασία κατανομής των πόρων στα νοσοκομεία και σε άλλες ειδικές υπηρεσίες υγείας. Αξίζει επίσης να αναφερθεί ο σημαντικός ρόλος των μονάδων πρωτοβάθμιας περίθαλψης στην κοινωνική φροντίδα σε συνεργασία με τις υπηρεσίες κοινωνικής πρόνοιας. Πρόσφατα τέθηκε σε εφαρμογή τηλεφωνική γραμμή 24ωρης επικοινωνίας του κοινού με ειδικευμένους νοσηλευτές που απαντούν σε κλήσεις και συμβουλεύουν σχετικά με το αν πρέπει κανείς να απευθυνθεί σε γιατρό επειγόντως ή αν μπορεί να περιμένει.

Δεν νοείται σύστημα υγείας χωρίς επαρκές δίκτυο πρωτοβάθμιας περίθαλψης. Πέρασαν 25 χρόνια από τότε που έγιναν οι πρώτες σοβαρές προσπάθειες για την ανάπτυξη της πρωτοβάθμιας περίθαλψης στην Ελλάδα. Επιτροπές, σχέδια, προγράμματα, νομοσχέδια, πολλά από τα οποία είχαν σωστές θέσεις, εμφανίστηκαν με αφθονία. Ελάχιστα όμως υλοποιήθηκαν. Η κατάσταση της παροχής υπηρεσιών υγείας στη χώρα μας δεν έχει βελτιωθεί. Δεν χρειάζονται καινούργια μεγαλόστομα σχέδια ούτε έλεγχοι για να διαπιστωθεί η κακή ποιότητα των υπηρεσιών μας. Τα προγράμματα και τα σχέδια υπάρχουν, όπως ομοίως υπάρχει και το ανθρώπινο δυναμικό σε επιτελικό επίπεδο. Η Ελλάδα διαθέτει σήμερα τεράστιο δυναμικό ανθρώπων που αν τους δοθούν οι κατάλληλες προϋποθέσεις και δυνατότητες θα δώσουν εξαιρετικά αποτελέσματα. Χρειάζεται κάποιο όραμα, πολιτική βούληση και άμεση εφαρμογή συγκεκριμένων προγραμμάτων με σαφές χρονοδιάγραμμα. Ας μην αφήσουμε να χαθεί μία ακόμη ευκαιρία για την υγεία.

Ο κ. Νικάνδρος Μπούρας είναι καθηγητής Ψυχιατρικής στην Ιατρική Σχολή του King's College του Πανεπιστημίου του Λονδίνου.

31. Άρθρο στο Βήμα για τις αλλαγές στο ΕΣΥ (2000)

32. Εκδήλωση της Ελληνικής Ιατρικής Εταιρείας Βρετανίας στο Ελληνικό Κέντρο του Λονδίνου. Από αριστερά, Νίκανδρος Μπούρας, Λάμπης Χριστόπουλος, Γιώργος Τσάκος (πίσω σειρά), Μιχάλης Κέπετζης, Ντίνος & Εντμέ Λεβέντη, Αγαμέμνων Επενετός (1993)

ΚΑΤΑΛΟΓΟΣ ΟΝΟΜΑΤΩΝ / INDEX

A

Abel-Smith Brian, 67, 88, 89, 91
Acharrya Archie, 83
Ali Tariq, 148
Andenas Mads, 194
Anyaoku Chief Emeka, 117
Ascherson Neal, 148

B

Bacon Robert, 21, 42, 67
Bacon Χαρίκλεια, 21
Bamford Colin, 194
Barker Elizabeth, 68
Beaton Roderick, 67, 123, 139
Bebbington Paul, 82
Beck Bob, 147
Beckett James, 181
Beckett Μαρία, 178, 181, 182
Benn Tony, 148
Bethell Nicholas (Lord), 116
Binns Graham, 151, 152, 153, 156
Birley James, 162
Birley Jim, 102
Black Freddie, 107
Blair William, 194
Boothroyd Betty, 118
Brademas John, 169
Branson William, 42
Brennan Teresa, 71
Browne Ivor, 97
Browning Robert, 67, 151, 153, 155, 156, 163
Bull Hedley, 42

C

Callaghan James, 25
Calvocoressi Peter, 16
Cameron Averil, 137, 139
Campbell John, 72, 123, 124, 125
Campbell Γιάννα, 128, 129
Carabott Φίλλιπος, 195
Castle Barbara, 51
Chapman Ann, 67
Christie Julie, 155
Ciclitira Denis, 143
Clark Brian, 151
Clark Kenneth, 90
Clifford Paul, 99, 100
Clogg Richard, 11, 14, 16, 42, 67, 68, 72, 83, 123, 124, 191
Collard Paul, 114, 152
Coufoudakis Van, 83
Cousins Mark, 71
Cowan Jane, 191
Cox Tom, 135
Coxon H.V., 143
Craig Tom, 99, 100, 106
Cranston Ross, 194
Crawford C., 194
Croney Αλίκη, 104
Crosby Theo, 141
Cubitt James, 111, 151, 152, 155
Cubitt Ελένη, 16, 111, 112, 114, 116, 118, 127, 132, 141, 147, 151, 152, 153, 155, 178, 181

D

Dahrendorf Ralf (Lord), 122
Darzi Ara (Lord), 89, 162
Davies Sally, 175
Dench Judi, 155
Desai Meghnad (Lord), 42
Dillon Brian, 143
Dockrill Michael, 141
Dodson Derek, 143
Draper Peter, 55, 56
Driver Paul, 112
Duncan Frank, 115

E

Ebdon John, 163
Economo Κωνσταντίνος von, 160
Egon Nicholas, 139
Ekwawi Mounir, 98
Elgin, Thomas Bruce (Lord), 152, 153
Ellis Harold, 162
Eyal Jonathan, 191

F

Farrar-Hockley Anthony, 143
Featherstone Kevin, 190, 191, 195
Fleischer Hagen, 68, 69
Foot Paul, 148
Foulkes Victor, 61
Fowles John, 129
Frank Andre Gunter, 70
Fraser Antonia (Lady), 145
Freedman Lawrence, 116

G

Gabriel Jane, 67, 74, 102, 103, 104, 106, 107
Goodrich Peter, 71
Gould John, 137
Govier Ronald, 143
Greene Graham, 79
Greene Hugh, 79
Grove Bob, 105, 106, 107

H

Habicht Christian, 137
Haig Nigel, 39
Hall Peter, 39
Hamilton Charles, 113, 114
Hammond Nicolas, 68
Hargreaves Richard, 143
Harrison Tony, 147
Havel Václav, 145
Henderson John, 105
Henderson Mary (Lady), 163
Henderson Nicholas, 163
Hill C., 195
Hirschon Renee, 191
Hislop Victoria, 163
Hitchens Christopher, 67, 71, 153
Hope Polly, 141
Hopkins Johns, 55, 135, 162
Howard Alan, 114
Howe Geoffrey (Lord), 117
Hughes Bettany, 129
Hunt David, 118, 163
Hunt Meriel Eve (Lady), 118
Hunter Tim, 56
Huxley George, 113

I

Iatrides John, 70, 72, 83
Ignatieff Michael, 148
Illich Ivan, 61, 79
Isaacs Jeremy, 107

J

Jarman Brian, 162
Jeffrys Elizabeth, 124
Jellicoe George (Lord), 143
Jessop Bob, 67
Johnson Boris, 154
Jones Inigo, 118

K

Kareem Jafar, 59, 83
Keely Edmund, 122, 137
Keen Harry, 60
Kennedy Ian, 77, 78, 79, 80
Kingsley Ben, 147
Kinnock Neil, 156
Kolvin Israel, 101
Kustow Michael, 147, 148
Kyle Keith, 71

L

Laclau Ernest, 71
Laing Ronald, 20

Lambert Angela, 151
Lang Jack, 154
Lastra Rosa Maria, 194
Leigh-Fermor Patrick, 143
Levi Peter, 113, 141
Littlewood Roland, 81
Lloyd George David, 123

M

Mabro Robert, 42
Machin Howard, 182, 189, 195
MacKenzie William, 143
Mackridge Peter, 122, 136, 139, 141
Mance Jonathan, 135
Mango Cyril, 124
Markham D., 143
Marquand David, 117
Marsh David, 191
Maynard Alan, 98
Mazower Mark, 67, 74, 137
McGowan Alec, 147
McVeigh Shaun, 71
Menolascino Frank, 59
Merritt John, 102
Miles Oliver, 195
Minas Harry, 82
Moffatt Sean, 107
Moran-Wilson Charles Mc, 69
Mortimer Edward, 67, 71
Moschos Charles, 83
Murphy Tim, 71
Myers Eddie, 21, 68, 69

N

Navarro Vincent, 55
Nelson Frank, 69
Nelson Lady, 21
Nelson Moira, 69
Nicol Donald, 123
Nicoletti Manfreti, 154
Norris Chris, 71

O

O' Hara Eddie, 135, 182
Oakley Robin, 82
Owen David (Lord), 69, 120, 175

P

Penn Graham, 194
Pennings Toon, 46
Pettifer James, 191
Pinter Harold, 145
Ponsonby Mary (Lady), 151
Powell Enoch, 148
Power Tracey, 106
Price Chris, 152, 156, 182

R

Reith John, 77
Richardson Τζένη, 129
Richter Heids, 68
Ricks David, 139
Rubens Peter Paul, 118
Runciman Steven, 139

S

Sanberk Ozdem, 187
Sands Ελευθερία, 82
Scott George, 49
Sharpe K., 143
Shaw Bernard, 141
Shaw Fiona, 141
Sherlock Sheila, 162
Sherrard Philip, 115
Smith Chris, 156
Smith David Calvert, 182
Smith Michael Llewellyn, 137
Smith Richard, 67
Stavrou Margaret, 164
Steed Maggie, 155
Stevenson Juliet, 155
Stewart William, 155
Stockdale Chris, 155
Stott Don, 68

Sweet-Escott Bickham, 68

T

Taplin Oliver, 67, 148
Theocharis John, 114
Thompson Emma, 155
Thornicroft Graham, 106
Tonge David, 42
Toumazou Chris, 175
Toynbee Arnold, 123
Tschumi Bernard, 154
Twinn Ian, 135

V

Van Attecum Marjet, 46
Vaughan Elizabeth, 114
Vermeulen Hans, 46
Verney Stephen (Bishop), 143
Verney Susannah, 72, 191
Vickers Michael, 149

W

Walden A., 195
Wallace Helen, 191
Wallace William (Lord), 195
Walton Henry, 97
Wardle Irving, 114
Warner Marina, 148
Watson Jim, 26, 27, 97, 99, 100, 104
Wheatherall David, 162, 163
Whittam-Smith Andreas, 117
Williams Helen, 117
Wilson David, 153
Wood Michael, 129
Woodhouse Chris, 72, 141, 142
Woodhouse Monty, 69

Y

Yacoub Magdi, 162, 163
Young Alison, 71

A

Αβέρωφ-Τοσίτσας Ευάγγελος, 50
Αβραμόπουλος Δημήτρης, 142, 174
Αγγελίδης Άγγελος, 132
Αγγέλογλου Γιώργος, 135
Αγγελόπουλος Θόδωρος, 112
Αγραφιώτης Δημήτρης, 32, 42
Αδαμοπούλου Αραβέλα, 84
Αδριανόπουλος Ανδρέας, 37, 66, 73
Άθενς Άντριου, 173, 186, 187
Αισχύλος, 147
Αλεξανδράκης Αλέξανδρος, 142
Αλέξιος, Επίσκοπος, 165
Αλεξίου Χρίστος, 66, 68, 112, 184
Αλιβιζάτος Νίκος, 66, 72, 191
Αλογοσκούφης Γιώργος, 195
Αμπατζόγλου Πέτρος, 121
Αμπατιέλλου Μπέττυ, 142
Αναγνωστόπουλος Δημήτρης, 106
Αναγνωστόπουλος Ντίνος, 164
Αναστασάκης Όθων, 195
Ανδρέου Χρύσω, 82
Ανδριανόπουλος Ανδρέας, 191
Ανδρικόπουλος Γιάννης, 67
Ανθία-Ayres Φλόγα, 46, 82
Αντωναράκης Στέλιος, 162
Αντωνίου Νίκος, 46
Αξελός Κώστας, 32
Αρβανιτάκης Πάνος, 120
Αργουζής Κώστας, 150
Αργυρόπουλος Θαλής, 39, 46
Αρζόγλου Γρηγόρης, 104, 168
Αρκουμάνη Ειρήνη, 132
Αρκουμάνης Ντίνος, 132
Ατοκίστης Τάκης, 113
Αυγερινός Παρασκευάς, 73, 87
Αυγουλέας Αιμίλιος, 194

B

Βαΐτσος Κώστας, 42, 43, 66, 71
Βανδώρος Αντρέι, 132
Βανέζης Πάνος, 161
Βανέζης Πέτρος, 162

Βαρθολομαίος, Οικουμενικός Πατριάρχης, 6, 145, 182
Βασενχόβεν Λούδης, 32, 36, 39
Βασίλας Αντώνης, 165
Βασιλόπουλος Περικλής, 16, 65, 91
Βατικιώτης Τάκης, 20, 42, 66, 106, 113, 119, 120
Βατίστας Σταύρος, 51
Βενιζέλος Ελευθέριος, 123, 189, 190, 195
Βενιζέλος Ευάγγελος, 183, 184
Βεργόπουλος Κώστας, 71
Βερέμης Θάνος, 42, 66, 72, 116, 125, 191, 195
Βλαβιανός Χάρης, 66
Βλασσόπουλος Νίκος, 121
Βλάχος Γιάννης, 58
Βογιαζίδης Νικολός, 116
Βουγιούκας Μάνος, 64
Βουδούρης Γιώργος, 29, 32, 33, 35
Βουκελάτος Γιώργος, 20
Βρεττάκος Νικηφόρος, 167

Γ

Γαβριήλ Γιάννης, 102
Γαληνός, 161, 175
Γαρύφαλλος Γιώργος, 84
Γεμενάκης Γιώργος, 67, 71
Γεννηματάς Γιώργος, 87, 88
Γεννηματάς Π., 194
Γερουλάκος Γιώργος, 94
Γεωργάκης Γιάννης, 127, 128
Γεωργακόπουλος Λ., 194
Γεωργιάδη Peta, 112
Γεωργιάδης Γεώργιος, 141
Γεωργιάδης Χριστόδουλος, 112, 141
Γεώργιος Β΄, Βασιλιάς, 163
Γεωργούδη Στέλλα, 32
Γιαννάς Σίμος, 29, 64
Γιαννόπουλος Γιώργος, 72
Γιαννοπούλου Ιωάννα, 74
Γιανουλόπουλος Γιάνης, 16, 36, 42, 66, 68, 71
Γιωτοπούλου-Μαραγκοπούλου Αλίκη, 42, 44
Γκαργκάνας Νίκος, 56, 189, 195
Γκιζίκης Φαίδωνας, 23
Γκίκας Μιχάλης, 33, 36
Γκούβρας Γιώργος, 94
Γουγουλάκης Πέτρος, 46
Γούναρης Ηλίας, 132, 142, 184
Γραμμενόπουλος Φίλιος, 132
Γραμμένος Κώστας, 145
Γρηγόριος, Αρχιεπίσκοπος Θυατείρων και Μ.Β., 132, 145
Γρηγορίου Παύλος, 16

Δ

Δανδουλάκη Κάτια, 128
Δαυίδ Ανδρέας, 131, 132
Δερτιλής Γιώργος, 42, 66, 125
Δεσποτόπουλος Νίκος, 23
Δεσσύλας Παναγιώτης, 187
Δημάδης Γιάννης, 83, 164
Δημάκη Μαρία, 150
Δημαράς Αλέξης, 72
Δήμας Σταύρος, 66, 192
Δημητράκος Νέντης, 32, 66
Δημητρίου Χάρης, 29
Διαμαντοπούλου Άννα, 183
Διαμαντούρος Νικηφόρος, 42, 66, 72, 195
Δογάνης Ρήγας, 29, 66, 68, 71
Δοξιάδη Ευφροσύνη, 133
Δοξιάδης Αρίστος, 66, 71, 109
Δοξιάδης Σπύρος, 52, 54, 55, 56, 57, 58, 59, 87, 94, 97
Δορωβίνης Βασίλης, 32
Δουζίνας Κώστας, 64, 71
Δούκα Μάρω, 121
Δραγούμη Λένα, 22
Δραγούμης Μάρκος, 22, 67, 116
Δράκος Γιώργος, 42, 43
Δρεττάκης Μανώλης, 34
Δρίτσα Μαργαρίτα, 64
Δροσάτος Κώστας, 174, 175
Δρουκόπουλος Βασίλης, 33

Δωρή Ελένη, 120

E

Έβερτ Μιλτιάδης, 104
Ελευθερία Καρανίκα, 51
Ελισάβετ (Βασίλισσα), 142, 154
Ελύτης Οδυσσέας, 112, 115, 141
Εμμανουήλ Αργύρης, 70
Εμπειρίκος Φίλιππος, 120
Επαινετός Αγαμέμνων, 132
Ευαγγελόπουλος Γιώργος Λ., 16, 35
Ευσταθόπουλος Νίκος, 29, 34
Ευστρατιάδης Αργύρης, 175

Z

Ζαφειρόπουλος Βασίλης, 41, 185
Ζέα Άλκη, 121
Ζέπος Κώστας, 182
Ζολώτας Ξενοφών, 91
Ζομπανάκης Μίνως, 135
Ζούνη Μαίρη, 99
Ζουράρις Κώστας, 33

H

Ηλιόπουλος Λευτέρης, 51, 52, 59, 110, 115
Ηλιού Μαρία, 34

Θ

Θάτσερ Μάργκαρετ, 51, 60, 90
Θεοδωρίδου Μαρία-Εύα, 46
Θούας Βασίλης, 169
Θουκυδίδης, 147, 148
Θωμαδάκης Σ., 194

I

Ιατρίδης Σωτήρης, 56
Ίκκος Γιώργος, 81
Ιορδάνογλου Χρυσάφης, 43
Ιπποκράτης, 176
Ιωακειμίδης Παναγιώτης, 191
Ιωακειμίδης Παύλος, 192
Ιωαννίδης Κώστας, 115, 132

K

Καβάφης Ιωάννης, 160
Καβάφης Κωνσταντίνος Π., 5, 114
Καββαδίας Νίκος, 163
Καβουριάρης Μάκης, 32
Καζάκος Πάνος, 192
Καζαντζάκης Νίκος, 114
Κακαλάκης Ε., 143
Κακλαμάνης Νικήτας, 79
Κάλας Μαρία, 114
Καλησπέρα Αγάθη, 132
Καλλία Μαρία, 82
Καλλιανέση Αθηνά, 121
Καλλιμόπουλος Γ., 194
Καλλιμπάκα Ταρσίτσα, 109
Καλοφωλιάς Αλέξανδρος, 46
Καναβός Πάνος, 195
Κανακάκη Ηρώ, 152
Κανάκης Κυριάκος, 187
Κανάκης Κυριάκος (Charles), 173
Κανδύλης Γιάννης, 32
Κανέλλος Γιώργος, 162
Καπετανάκης Δημήτρης, 112
Καπετανάκη-Σηφάκη Κατερίνα, 29
Καπετανγιάννης Βασίλης, 16, 44, 64, 72
Καποδίστριας Ιωάννης, 159
Καρά Άντζελα, 52
Καραβίας Θεόδωρος, 41
Καραγιάννης Πέτρος, 164, 175
Καραμανλής Κωνσταντίνος, 24, 25, 50, 57, 127, 142
Καραμούζης Ν., 194
Καράμπελας Αργύρης, 162
Καραστεργίου Τασούλα, 106
Καρατζάς Νίκος, 56
Καρατζάς Τάκης, 29
Καρδαμάκης Δημήτρης, 169, 175
Καρέλλα Λίντα, 120
Κάρκας Γιάννης, 19
Κάρολος (Πρίγκιπας), 141, 145
Κάρολος Β΄, Βασιλεύς, 159
Καρούμπαλος Κώστας, 29, 32, 34, 35

Καρρά Λυδία, 109, 111, 114, 118
Καρράς Κώστας, 16, 111, 113, 119, 120, 148
Καστοριάδης Κορνήλιος, 32
Κατηφόρης Γιώργος, 21, 32, 36, 40, 42, 44, 46, 68
Κατσανάκης Τάσος, 33, 36, 46
Κατσανέβας Θόδωρος, 42
Κατσέλη Λούκα, 42, 43
Κατσούδας Δημήτρης, 72, 191
Κατσούλης Ηλίας, 33
Καφάτος Φώτης, 31, 63
Κέδρος Ανδρέας, 68
Κέδρος Τρύφωνας, 120, 132, 143, 181
Κέκροπας, 149
Κέπετζης Μιχάλης, 22
Κιτρομηλίδης Πασχάλης, 125
Κιτσίκης Σπύρος, 32
Κλάδος Σπυρίδων, 160
Κλεάνθους Κώστας, 132
Κληρίδης Γλαύκος, 132
Κλίντον Μπιλ, 155
Κογεβίνας Μανώλης, 64
Κόκκορη Μαρία, 160
Κολλιόπουλος Γιάννης, 141
Κοραής Αδαμάντιος, 159
Κορλύρας Πάνος, 42, 43
Κορομηλά Μαριάννα, 122
Κορυζής Π., 194
Κοσιονίδης Στάθης, 34
Κοτζιάς Αλέξανδρος, 121
Κοτσίρης Λ., 194
Κούλογλου Στέλιος, 107
Κουλουκουντής Στάθης, 119
Κουλούμας Γιώργος, 83, 164
Κουλουμπής Θόδωρος, 72, 182, 191, 195
Κουλούρης Κίμων, 23
Κουλουριάνος Δημήτρης, 66, 72, 73
Κουμανταρέας Μένης, 121
Κούνδουρος Ρούσος, 56, 63, 109, 112
Κουράκης Αντώνης, 42, 44, 125
Κούρκουλας Άλκης, 116
Κουτσόγιωργας Αγαμέμνων, 59
Κουφουδάκης Van, 72
Κρανάκη Μιμίκα, 32
Κρανιδιώτης Γιάννος, 192, 195
Κρεμαστινός Δημήτρης, 46, 88, 91
Κρητικός Ιωάννης Δ., 137
Κριμπάς Γιώργος, 39
Κριμπάς Κώστας, 33, 34
Κυδονιέως Σοφία, 132
Κυμίση Έφη, 165
Κυμίσης Παύλος, 165, 169, 175
Κυριαζίδης Νίκος, 41, 42, 153
Κυριακίδου-Νέστορος Άλκη, 113
Κυριακού Γιώργος, 132
Κυριακού Ρίτσα, 132
Κυρτάτος Νίκος, 34, 36, 37
Κωνσταντινίδη Πάμελα, 82
Κωνσταντινίδης Γιάννης, 141
Κωνσταντόπουλος Νίκος, 182
Κωστούλας Γιώργος, 184
Κωφός Ευάγγελος, 182

Λ

Λαγάκος Ευστάθιος, 41
Λαιμός Γιώργος Α., 114, 120, 122, 141, 152, 156
Λαιμού Καλλιόπη Π., 120
Λαιμού Κούλα, 109, 111, 114, 118, 132
Λαμπίρη-Δημάκη Ιωάννα, 42, 44, 195
Λαμπρίας Τάκης, 20
Λάτση Μαριάννα, 133
Λεβέντη Εντμέ, 115, 132
Λεβέντης Ντίνος, 115, 121, 181
Λεντάκη Καίτη, 141
Λιάκος Άρης, 26, 106
Λιάνη Δήμητρα, 46, 177
Λιαρόπουλος Λυκούργος, 56, 97, 195
Λιβιεράτος Παναγής, 160
Λιγνού Έφη, 64
Λοΐζος Πέτρος, 66
Λουκάκης Παύλος, 34
Λουκάς Γιάννης, 100, 101, 104, 105
Λουκίδου Ευαγγελία, 106
Λουρή Ελένη, 192
Λυκέτσος Γιώργος, 135, 136

Λυκέτσος Κωνσταντίνος, 135
Λυκέτσου Φρόσω, 135
Λύρα Μαριάννα, 121
Λυριντζής Χρήστος, 42
Λυριτζής Χρήστος, 72

M

Μουζέλης Νίκος, 181
Μαδιανού Δήμητρα, 66
Μακάριος (Αρχιεπίσκοπος), 23, 25
Μακρυδημήτρης Αντώνης, 192
Μαλλιώρη Μένη, 105
Μάνος Στέφανος, 54, 182, 195
Μάππα Σοφία, 46
Μαρίνος Γιάννης, 91, 182, 193
Μαρκοπουλιώτης Γιώργος, 191
Μαρτίνος Χάρης, 16, 29, 39, 181, 184
Μαρτίνου Μαρία, 181
Μαρωνίτης Δημήτρης, 33, 112
Μαστρογιαννάκης Τάσος, 106
Μαυράκης Δημήτρης, 33
Μαυρέας Βένος, 82
Μαυρογορδάτος Γιώργος, 66, 72
Μαυροκορδάτος Αλέξανδρος, 159
Μαυροσκούφης Φίλιππος, 181, 186
Μαυρωτάς Γιώργος, 192, 195
Μεγαλοοικονόμου Θόδωρος, 105
Μεγκίσογλου Γιάννης, 135
Μεργιανού Αγγελική, 46
Μερκούρη Μελίνα, 122, 151, 152, 153, 154, 155
Μερκούρης Σπύρος, 151
Μεταξάς Βασίλης, 23, 29, 32
Μεταξάς Ιωάννης, 70, 120
Μεταξάς Μπάμπης, 190
Μεττής Χάρης, 16
Μητσός Αχιλλέας, 195
Μητσοτάκης Κωνσταντίνος, 20, 50, 63
Μίγας Ηλίας, 34
Μικρούτσικος Θάνος, 116
Μινούδης Μ., 194
Μιχαηλίδης Δημήτρης, 170
Μόσιαλος Ηλίας, 16, 88, 90, 91, 92, 94, 96, 169, 181, 182, 183, 189, 190, 191, 194, 195
Μόσχος Μιχάλης, 16, 121, 123, 124, 132, 136, 137
Μούζας Γιώργος, 161
Μουζέλης Νίκος, 6, 10, 16, 40, 42, 44, 63, 64, 65, 72, 73, 113, 189
Μουντοκαλάκης Θόδωρος, 56, 166, 167
Μουτσόπουλος Χαράλαμπος, 16, 58, 60, 95, 162
Μπαϊρακτάρης Κώστας, 105
Μπακογιάννη Ντόρα, 66, 195
Μπάλτσα Αγνή, 113
Μπαρμπάτη Καλυψώ, 161
Μπατρίνος Μενέλαος, 166
Μπενίτσας Π., 194
Μπλερ Τόνι, 93
Μπουλουγούρης Γιάννης, 26, 59
Μπούρα Ειρήνη, 16, 26
Μπούρα Μαρία, 16, 19, 20, 21, 24, 25, 49, 64, 102, 149
Μπούρα Χριστίνα, 16, 26
Μπούρας Νίκανδρος, 4, 9, 10, 11, 254
Μπουσβάρος Γιώργος, 165
Μπουσουλέγκας Άρης, 105
Μπούτος Γιάννης, 189
Μπραουδάκης Γιώργος, 34, 106
Μπράουν Γκόρντον, 89
Μωραΐτης Σπύρος, 82

N

Ναθαναήλ Παύλος, 39
Ναυπλιώτης Γιώργος, 20, 22, 23
Νικίας, 147
Νικολαΐδης Άντη, 87, 109, 116, 132, 160, 161
Νικολαΐδης Κύπρος, 162
Νικολινάκος Μάριος, 31, 32, 33, 38, 46, 56, 71
Νιώτης Γρηγόρης, 132, 185
Νούκιος Νίκανδρος, 13
Ντάγγας Γιώργος, 173, 174
Νταλιάνη Μαντώ, 74

Νταλιάνης Δημήτρης, 74
Ντάνκας Νίκος, 82
Ντασέν Ζυλ, 122
Ντούνη Τούλα, 20
Ντούνης Λευτέρης, 20

Ξ

Ξαρχάκος Σταύρος, 114
Ξενάκης Γιάννης, 32
Ξυδάκης Νίκος, 35
Ξυλά Μάττι, 139

Ο

Οικονομίδης Σπύρος, 189, 190, 191, 195
Ομπάμα Μπαράκ, 96

Π

Πάγκαλος Θόδωρος, 32, 36, 66, 73, 118, 191
Παγουλάτος Γιώργος, 195
Παλαιοκρασσάς Γιάννης, 192
Πάλλης Αλέξανδρος, 16
Πάλλης Δώρος, 57, 58
Παναγής Γαβριήλ, 160, 161, 173, 175
Παναγούλης Αλέκος, 31
Πάνος Μάριος, 164, 170
Παπαγεωργίου Γιώργος, 100, 101
Παπαγιαννάκης Μιχάλης, 32, 33, 36, 66, 71, 182
Παπαγιαννίδης Αντώνης, 195
Παπαδάκης Ανδρέας, 132
Παπαδάκης Νίκος, 41, 46, 64, 71, 73, 104, 132, 178, 181, 184
Παπαδάτος Γιάννης, 99
Παπαδήμος Λουκάς, 189, 195
Παπαδόπουλος Αλέκος, 92, 94
Παπαδόπουλος Ραφαήλ, 16, 29, 32, 33, 34, 35, 36, 37, 39, 40, 42, 56
Παπάζογλου Μηνάς, 37
Παπαθανασίου Ασπασία, 114
Παπαϊωάννου Γιάννης, 113
Παπαϊωάννου Νίκος, 121
Παπανδρέου Ανδρέας, 20, 22, 23, 36, 39, 40, 42, 44, 46, 50, 61, 160, 163, 177, 181
Παπανδρέου Ανδρέας Α., 66
Παπανδρέου Άντα, 183
Παπανδρέου Βάσω, 66, 73, 182
Παπανδρέου Γιώργος Α., 65, 66, 132, 183, 189, 191, 195
Παπανικολάου Γεώργιος, 160, 161
Παπανικολάου Γιάννης, 36, 42
Παπαρσένος Αχιλλέας, 184
Παπασπηλιόπουλος Σπήλιος, 32, 42, 71
Παπαστράτης Προκόπης, 68
Παπαταξιάρχης Άκης, 66
Παπαχριστόπουλος Πασχάλης, 186
Παπούλια Λίτσα, 21
Παπούλιας Δημήτρης, 16, 21, 25, 182, 183, 192, 195
Παπούλιας Κάρολος, 35, 163
Παππάς Ανδρέας, 16
Παρίσης Γρηγόρης, 132
Πασχάλης Κώστας, 113
Πασχάλης Χρήστος, 26
Πασχόπουλος Γιάννης, 16, 19, 21, 41
Πασχοπούλου Κατερίνα, 21
Πάσχος Δημήτρης, 164, 175
Πατέλη Κατερίνα, 23
Πατερομιχελάκης Στέλιος, 37, 45, 133, 178, 181
Πεπελάσης Διαμαντής, 37, 129, 182, 191, 195
Πεπονής Γιάννης, 71
Περατικός Μιχάλης, 109, 111, 112, 115, 121, 181
Περικλής, 91, 147
Πεσμαζόγλου Βασίλης, 21, 46
Πεσμαζόγλου Γιάγκος, 33
Πεσμαζόγλου Στέφανος, 21, 66, 72
Πετάση-Κούνδουρου Ελένη, 64
Πετρόχειλος Γιώργος, 16, 32, 34, 35, 36, 37, 39, 40, 42, 45, 46, 55, 64, 115
Πιπερόγλου Μιχάλης, 82
Πισπινής Βασίλης, 41
Πισσαρίδης Χριστόφορος, 132, 195
Πλουμπίδης Δημήτρης, 74

Πλωρίτης Μάριος, 128
Πόδας Θρασύβουλος, 170
Πολίτη Τζίνα, 66
Πολύζος Νίκος, 192
Πολυζωίδης Λάκης, 155, 164
Πουλαντζάς Νίκος, 67
Πούτιν Βλαντιμίρ, 155
Προβόπουλος Γιώργος, 192
Προμηθέας, 147
Προυκάκης Λάμπης, 59, 88, 136, 166
Προυκάκης Χρήστος, 136
Πυθέας, ο Μασσαλιώτης, 13
Πυλαρινός Ιάκωβος, 159

Ρ

Ράλλης Γεώργιος, 57, 62
Ρασσιά Χριστίνα, 160
Ρέτσα Diana, 161
Ρέτσας Σπύρος, 54, 161, 164, 167, 174
Ρήγος Άλκης, 34
Ρίτσος Γιάννης, 111
Ροδοκανάκης Γεώργιος, 159
Ροδοκανάκης Ιωάννης, 159
Ροδοκανάκης Κωνσταντίνος, 159
Ροδόπουλος Γιώργος, 120, 137
Ροζάκης Χρήστος, 42, 191
Ρόκος Δημήτρης, 33
Ρούσσου Μαρία, 46, 184
Ρούφος Λουκάς, 21
Ρούφου Κατερίνα, 21
Ρωμαίος Γιώργος, 182

Σ

Σακελλαρίου Μιχάλης, 128
Σακελλαρόπουλος Τάκης, 56, 97, 105, 106
Σαμούρης Γιώργος, 19
Σαράφη Marion, 68, 70, 74, 184
Σαράφης Στέφανος, 68, 70, 184
Σαρίδης Εμμανουήλ, 46
Σβορώνος Νίκος, 22, 32
Σεφέρης Γιώργος, 13, 112, 185
Σημίτης Κώστας, 40, 65, 66, 73, 74, 92, 94, 188
Σιβολαπένκο Γρηγόρης, 169, 175
Σινόπουλος Τάκης, 113
Σισσούρας Άρης, 42, 56, 87, 195
Σιώτης Γιάγκος, 29, 32
Σιώτης Ίων, 46, 66
Σκαλκώτας Νίκος, 112, 141
Σκοπελίτης Τάσος, 184
Σκουλικίδης Θόδωρος, 39
Σκούρα Τζέλα, 36, 42, 70
Σκούρας Θάνος, 36, 46, 67, 70
Σκυλακάκης Θόδωρος, 195
Σκυλάρδης Δημήτρης, 149
Σολδάτος Κώστας, 169, 170
Σολωμονίδου Βικτωρία, 16, 116, 118, 129, 141, 185
Σοφούλης Κώστας, 34
Σπάθης Μέμος, 161
Σπράος Γιάννης, 16, 29, 31, 32, 40, 41, 42, 181
Σπυράκη Χριστίνα, 93
Στάγκος Νίκος, 111
Σταθάτος Στέφανος, 87, 98
Σταματόπουλος Χάρης, 36, 195
Σταυρίδης Στέλιος, 195
Σταύρου Στέφανος, 191
Στεφανής Κώστας, 103, 136
Στεφανόπουλος Κωστής, 142, 151
Στρατής-Καλογερόπουλος Στρατής, 29
Στριμμένος Δημήτρης, 56
Σωκράτης, 148
Σωτηρίου Διδώ, 121

Τ

Τενεκίδης Γιώργος, 29, 32
Τζαβάρας Θανάσης, 32
Τζαβάρας Νίκος, 20, 26, 106
Τζαννάτος Ζαφείρης, 37, 40, 44
Τζαννετάκης Τζαννής, 166, 167, 168
Τζιόβας Δημήτρης, 66
Τζουμάκας Στέφανος, 33, 34
Τραυλός Σπύρος, 109
Τριβιζάς Ευγένιος, 83

Τριδήμας Γιώργος, 191
Τριχόπουλος Δημήτρης, 92
Τρυπάνης Κώστας, 122
Τσαβλίρης Γιώργος, 121
Τσακαλογιάννης Πάνος, 42
Τσάλα Γιολάντα, 51
Τσαούσης Γιώργος, 39
Τσαπατσάρη Βάσω, 67
Τσαπατσάρης Τάσος, 67
Τσαπόγας Μάκης, 169
Τσάτσος Δημήτρης, 66, 182
Τσέγκος Γιάννης, 27
Τσιάκαλος Γιώργος, 46
Τσιάντης Γιάννης, 97, 101, 105, 106
Τσιμπανούλης Δ., 194
Τσιριγωτάκης Λάμπης, 54, 67, 71
Τσουκαλάς Κωνσταντίνος, 42, 66, 71, 73, 129, 193
Τσούκαλης Λουκάς, 21, 36, 40, 42, 65, 190, 191, 195
Τσούκας Χαρίδημος, 192
Τσώρτσιλ Ουίνστον, 21, 69

Υ

Υφαντής Κώστας, 191
Υφαντόπουλος Γιάννης, 192

Φ

Φακίνου Ευγενία, 121
Φαρμακίδης Γιώργος, 168
Φαφαλιός Στάμος Ι., 16, 120, 132, 141, 178, 181
Φαφαλιού Ειρήνη, 119, 178, 181
Φαφαλιού Μαρία, 136, 137
Φερεντίνου Αριάννα, 78
Φιλαλήθης Τάσος, 42, 44, 56, 87
Φίλιππος (Πρίγκιπας), 145
Φλώρος Γιάννης, 99
Φουκανέλη Δώρα, 164, 175
Φούρλας Θανάσης, 33, 36
Φούσκας Βασίλης, 195
Φραγκισκάτος Νίκος, 110
Φραντζής Κώστας, 119
Φρειδερίκη (Βασίλισσα), 142
Φυλακτή Καίτη, 132
Φυλακτής Άκης, 132
Φωκάς Γεράσιμος, 160
Φωστηρόπουλος Αλέξανδρος, 181
Φωτήλας Ασημάκης, 19
Φωτόπουλος Τάκης, 39

Χ

Χαγιαλίδης Γιώργος, 109
Χαμπίπης Όμηρος, 132
Χαραλάμπους Γιάννης, 184
Χαρτοκόλης Πέτρος, 58
Χατζηεμαννουήλ Χρήστος, 194
Χατζηιωσήφ Ρεβέκκα, 83
Χατζηματθαίου Γιώργος, 46, 67
Χατζηπατέρας Γιάννης Α., 120, 137, 141
Χατζηπατέρας Κώστας Ν., 109, 120, 136, 137, 141
Χατζής Γιάννης, 120
Χατζής Θανάσης, 68
Χατζιδάκις Μάνος, 135
Χειμωνάς Γιώργος, 121
Χλουβεράκης Κωστής, 16, 34, 37, 56, 59, 60, 61, 62, 95
Χριστοδουλάκης Νίκος, 195
Χριστοδούλου Άθως, 132
Χριστοδούλου Γιώργος, 26, 101, 105
Χριστοδούλου Π., 194
Χριστοφέλλης Αλέξανδρος, 33, 34
Χρούσος Γεώργιος, 162
Χρυσολούρης Σταμάτης, 32
Χυτήρης Τηλέμαχος, 41, 42

Ψ

Ψαρούδα-Μπενάκη Άννα, 118
Ψαχαρόπουλος Γιώργος, 16, 34, 36, 52, 53, 55
Ψαχαροπούλου Λένα, 53, 54

Ω

Ωνάσης Αριστοτέλης, 104

ΓΙΑ ΤΟ ΣΥΓΓΡΑΦΕΑ

Ο Νίκανδρος Μπούρας είναι ομότιμος καθηγητής της Ψυχιατρικής στο Ινστιτούτο Ψυχιατρικής που ανήκει στο King's College του Πανεπιστημίου του Λονδίνου. Γεννήθηκε και μεγάλωσε στην Πάτρα. Σπούδασε στην Ιατρική Σχολή του Πανεπιστημίου Αθηνών και ειδικεύθηκε στη Νευρολογία και Ψυχιατρική στο Αιγινήτειο Νοσοκομείο. Από το 1974 ζει και εργάζεται στο Λονδίνο. Διετέλεσε επί σειρά ετών Διευθυντής και τακτικός Καθηγητής της Πανεπιστημιακής Ψυχιατρικής Κλινικής της Ιατρικής Σχολής του Νοσοκομείου Guy's του Λονδίνου. Το κλινικό, ερευνητικό, διδακτικό και ακαδημαϊκό του έργο, κυρίως στον τομέα της κοινωνικής ψυχιατρικής και στην τεκμηρίωση της αποτελεσματικότητας ποικίλων μοντέλων παροχής υπηρεσιών ψυχικής υγείας, είναι ευρύτατο. Έχει δημοσιεύσει πολλά επιστημονικά άρθρα και βιβλία, αρκετά από τα οποία μεταφράστηκαν σε διάφορες γλώσσες. Συμμετέχοντας όλα αυτά τα χρόνια σε αρκετές διεθνείς επιστημονικές οργανώσεις, ανέπτυξε παράλληλα έντονη κοινωνική και πολιτισμική δράση μέσα στον ελληνισμό της διασποράς στον βρετανικό χώρο. Τα τελευταία χρόνια είναι διευθυντής του Maudsley International, βασικοί σκοποί του οποίου είναι η προαγωγή της παγκόσμιας ψυχικής υγείας, μέσω της ανάπτυξης εκπαιδευτικών και ερευνητικών προγραμμάτων. Επίσης, είναι επικεφαλής της ερευνητικής ομάδας του Daedalus Trust, το οποίο ερευνά τη συμπεριφορά ατόμων σε ηγετικές θέσεις, συμπεριλαμβανομένων πολιτικών, διοικητών μεγάλων επιχειρήσεων και τραπεζών, στρατιωτικών, δικαστών, κ.ά.

28425978R00146

Made in the USA
Charleston, SC
14 April 2014